Henri IV
le passionné

ANDRÉ CASTELOT

Henri IV le passionné

FRANCE LOISIRS
123, boulevard de Grenelle, Paris

Illustration : Geneviève CHASTENET
Cartes : Marie-Lise QUESSOT-LEMOINE

Édition du Club France Loisirs, Paris,
avec l'autorisation de la Librairie Académique Perrin

ISBN 2-7242-3332-8

A Hélène Bourgeois

« Henri, par ses malheurs, apprit à gouverner
Calma les factions, sut vaincre et pardonner,
Confondit et Mayenne et la Ligue et Ibère,
Et fut de ses sujets le vainqueur et le père. »

(B.N./L.A.P.) Voltaire

En guise de préface :

LE VERT-GALANT PAR LUI-MÊME

Les uns me blâment d'aimer trop les bâtiments et les riches ouvrages ; les autres la chasse, les chiens et les oiseaux ; les autres les cartes, les dés et autres sortes de jeux ; les autres les dames et les délices de l'amour ; les autres les festins, banquets et friandises ; les autres les assemblées, comédies, bals, danses et courses de bagues... Mais aussi dirai-je que, ne passant pas la mesure, tout cela me devrait plutôt être dit à louange qu'à blâme !

D'ailleurs, je ferai voir à ces gens que je quitterais maîtresses, amours, chiens, oiseaux, brelans, bâtiments, festins, banquets et toutes autres dépenses de plaisir et de passe temps, plutôt que je perde la moindre occasion et opportunité pour acquérir honneur et gloire.

Première partie

Le roi de Navarre

Jeanne d'Albret, mère d'Henri IV, « la mignonne de deux rois », disait Clément Marot. (Château de Pau)

Chapitre premier

Le « petit fruit »

Tu seras un vrai
Béarnais !

Le 14 juin 1541, dans la triste forteresse de Châtellerault, la cour de François Ier assiste à un spectacle pour le moins insolite. Après plusieurs jours de fêtes, on célèbre le mariage de la toute jeune Jeanne d'Albret, fille de Marguerite d'Angoulême et du roi de Navarre, avec Guillaume de La Marck, duc de Clèves et de Gueldre.

— Je me jetterai dans un puits plutôt que d'épouser le duc de Clèves, s'était exclamée la fillette qui venait d'atteindre sa treizième année.

Mais, pour des raisons politiques, François Ier tient à l'alliance avec les princes d'outre-Rhin, et Marguerite — pourtant elle n'approuve guère cette union — fait fouetter la récalcitrante qui ose tenir tête au roi.

Jeanne doit se résigner.

Après la bénédiction nuptiale, la redoutable cérémonie du « coucher de la mariée » se déroule, selon le vieil usage, en présence de nombreux témoins. Jeanne, avant que son époux ne la rejoigne, se trouve seule dans le lit. Mais dès que le duc germanique approche, la mariée a une terrible crise de nerfs. Elle éclate en sanglots et se débat farouchement. L'ardeur du duc s'en trouve refroidie et, devant l'assistance consternée, le marié se contente de glisser une jambe nue symbolique dans le lit nuptial, comme s'il s'agissait d'un mariage par procuration. Vexé et penaud, Guillaume de La Marck, regagne ensuite sa chambre où, solitaire, il passe la nuit.

Et l'union sera déclarée nulle pour non consommation du mariage.

Par la suite, Jeanne manque d'épouser son cousin germain le duc d'Orléans, deuxième fils de François Ier.

— Qu'on me la réserve, si je ne trouve pas mieux, se serait écrié peu galamment le prince — du moins s'il faut en croire une dépêche du nonce apostolique.

Mais le destin ne laisse pas au frère du dauphin le temps de faire un choix. Après avoir bu un verre d'eau glacée, il meurt un soir de 1545.

La politique toujours changeante de François Ier l'incline maintenant à remplacer le mari germanique honoraire par le candidat désigné par sa chère sœur Marguerite : Antoine de Bourbon, duc de Vendôme, un cousin au huitième degré du roi de France (1). Malheureusement, le roi-chevalier rend l'âme en 1547. En fils respectueux du désir exprimé par son père, Henri II prie Marguerite et Henri d'Albret, roi de la petite Navarre, dont la plus grande partie est devenue espagnole, de donner leur consentement au mariage de leur fille Jeanne avec le bel Antoine de Bourbon, un prince « brave, téméraire et d'humeur joyeuse ».

Celui-ci descend en droite ligne du comte de Clermont, sixième fils du roi Saint Louis, mais ne possède pas « suffisance de moyens pour soutenir l'éclat de sa famille et faire paraître sa noblesse ». La cousine

(1) Voir tableau généalogique II en fin de ce volume.

germaine du roi Henri II est pour lui un fort beau parti : outre de nombreuses terres en Gascogne, les d'Albret possèdent le titre de roi, même s'il s'agit là, étant donné la petitesse de la Navarre (1), d'un titre de courtoisie... Le père de Charles Quint avait, en effet, ravi à la Navarre ses provinces transpyrénéennes, s'était même emparé de sa capitale Pampelune, et avait annexé toute la Haute-Navarre à l'Espagne en 1512. Plus tard, on se moquera du futur roi Henri IV qui, disait-on, possédait « plus de nez que de royaume », ce royaume dont on précisait qu'on pouvait le traverser à cloche-pied...

(1) Huit lieues de long et huit de large. Le royaume de Navarre se limite en effet à quelques cantons du versant nord des Pyrénées. La mariée de 1548 possède des espérances plus tangibles que le royaume de Navarre : elle est, pour l'instant, l'unique héritière d'Henri d'Albret, dont les possessions viennent des maisons de Foix, d'Albret et d'Armagnac. En 1436, l'héritière de la Navarre a épousé Gaston IV de Foix : depuis le XIIIe siècle, les possessions de la maison de Foix s'étaient agrandies de la vicomté de Béarn et du comté de Bigorre. En 1484, par le mariage de Catherine de Foix et de Jean d'Albret, s'ajoutent les domaines de la maison d'Albret : Albret (duché en 1520) ; Bazadais, Tartas et Buch ; comté de Gaure ; comté de Périgord ; vicomté de Limoges ; vicomtés de Tursan et Gabardan. En 1527, lorsque leur fils Henri épouse Marguerite d'Angoulême, veuve du duc d'Alençon, il obtient, par la grâce de François Ier, les biens des Armagnac dont avait hérité le duc : comtés d'Armagnac et de Fézensac, de l'Isle-Jourdain et de Pardiac ; vicomtés de Fézensaguet, de Lomagne, des Quatre-Vallées, de Carlat. Henri d'Albret, seigneur suzerain de Navarre et de Béarn, est le vassal du roi pour les biens venus des d'Albret et des d'Armagnac.

Quant au marié de 1548, Antoine de Bourbon-Vendôme, il possède, outre le duché de Vendôme, des terres picardes transmises par sa grand-mère Marie de Luxembourg : comtés de Marle et de La Fère ; seigneuries de Ham et Condé-en-Brie ; quelques fiefs flamands. Sa mère, Françoise d'Alençon, a apporté aux Vendôme, outre le duché d'Alençon, le comté de Soissons, les baronnies de Château-Gontier, La Flèche et Beaumont (érigée en duché en 1543).

1. Royaume de Basse-Navarre
2. Vicomté de Béarn
3. Comté de Foix
4. Comté de Bigorre
5. Duché d'Albret
6. Vicomté de Limoges
7. Comté de Périgord
8. Comté d'Armagnac
9. Comté de Fézensac
10. Comté de Rodez
11. Vicomté des Quatre-Vallées
12. Vicomté de Lomagne
13. Duché de Vendôme
14. Comtés de Marle, La Fère et Soissons
15. Duché d'Alençon
16. Duché de Beaumont

Antoine, de dix ans plus âgé que sa fiancée, trouve Jeanne fort à son goût. « Plus belle qu'une Grâce, nous affirme Ronsard, on la dit ronde en toute chose. » Jeanne parle, en effet, « rondement » et mène « rondement » ses affaires. Elle est de surcroît, nous assure un chroniqueur, si guillerette et « d'une humeur si joviale qu'on ne pouvait s'ennuyer avec elle ».

— Je ne vis jamais mariée plus joyeuse que celle-ci. Elle ne fit que rire, constate Henri II le soir du mariage célébré à Moulins, capitale de la famille de Bourbon, le 20 octobre 1548.

Le lendemain, Antoine de Bourbon annonce en souriant à son entourage qu'il a fait « son devoir de jour et de nuit, de sorte que six coups s'en étaient allés fort gaiement ». Après cette performance, Jeanne dut se féliciter d'avoir tenu tête avec tant de fermeté à la volonté de son oncle. La gaieté et les propos joyeux que tient la nouvelle duchesse plaisent à Antoine. De son côté, la jeune femme aime l'humeur fantaisiste de son mari qui change fréquemment la coupe de sa barbe. Elle apprécie son tempérament fort gaillard. Certes, plus tard, elle lui reprochera son égoïsme, son insolence et même un certain cynisme. Mais pour l'instant, tout baigne dans la joie et l'avenir se présente sous d'heureux auspices.

Marguerite d'Angoulême, la quatrième des Grâces, la dixième des Muses, la sœur de François Ier, mourra l'année suivante, en 1549. A moins que le valétudinaire Henri d'Albret ne se remarie et n'engendre un fils, Jeanne, unique héritière, régnera sur la Navarre, la loi salique n'existant pas dans le petit royaume. Plus tard, outre la Navarre, Jeanne, devenue « la reine de fer », possédera les comtés de Foix, de Bigorre et d'Armagnac, une partie de la Guyenne, ainsi que le pays d'Albret, berceau de sa famille.

Obligé de suivre Henri II dans ses randonnées guerrières, Antoine adresse à sa femme des lettres bien savoureuses : « Je tairai ce propos pour vous assurer que la poste que j'ai courue hier ne m'a tant fâché que m'a fait cette nuit seul au lit sans vous... Je délibère bien une autre fois quand je ferai long voyage de vous avoir toujours avec moi, car tout seul je m'ennuie... » Il affirme que les autres femmes sont devenues pour lui « toutes laides et fâcheuses ». Et Jeanne lui répond aussi tendrement et signe sa lettre par ces mots touchants : « Votre très humble et obéissante fille et mignonne, femme et maîtresse... »

Demeurant en Béarn, la petite duchesse attend un enfant et annonce son intention de faire ses couches à Mont-de-Marsan. Antoine — il est au loin — est désespéré, car il ne peut quitter le roi Henri II, alors qu'il aimerait tellement se trouver près de Jeanne au moment où leur premier enfant va naître. Aussi exige-t-il que sa femme vienne le rejoindre à La Flèche.

Jeanne quitte donc le Béarn, et un fils, qui reçoit le titre de duc de Beaumont, vient au monde le 21 septembre 1551, à Coucy, domaine des Bourbon-Vendôme. Cette naissance renforce encore l'amour qu'Antoine porte à Jeanne car, lui affirme-t-il, « mari n'aime jamais tant femme que je vous fais ».

L'enfant est confié aux soins de Mme Aymée de La Fayette, une Caennaise tellement frileuse qu'elle exige que l'on fasse un feu d'enfer dans sa chambre, même au mois d'août !

— Il vaut mieux suer que trembler, explique-t-elle à ceux qui s'étonnent en pénétrant dans cette fournaise où ruisselle le nourrisson.

Le petit duc de Beaumont est robuste et résiste deux années à cette atmosphère d'étuve... puis finit par en mourir, à La Flèche, le 20 août 1553. « Mamie, écrivait alors Antoine de Bourbon à sa femme en guise de consolation, j'eusse bien voulu qu'il eusse plu à Dieu de nous visiter par un autre moyen que celui-là. Cependant, pour un que Dieu peut nous ôter, il nous en peut donner une douzaine, car nous sommes tous deux jeunes assez pour en avoir beaucoup. »

D'ailleurs, en cette fin du mois d'août, Jeanne se trouve enceinte d'un nouveau « petit fruit », selon l'expression employée par le roi de Navarre, et, précisons-le, c'est à Abbeville que le futur Henri IV a été conçu.

Apprenant que Jeanne commence le cinquième mois de sa grossesse, Henri d'Albret oblige sa fille à quitter Compiègne pour venir accoucher en Béarn. Il pourrait ainsi veiller sur son futur petit-fils et le préserver des feux de bois meurtriers de Mme de La Fayette — car il ne doute pas de la naissance d'un garçon.

Antoine est très attristé par le départ de sa femme et la supplie de lui donner le plus de détails possible sur son état, « car j'y prends fort grand plaisir, lui écrit-il, et principalement quand j'entends que l'enfant est endéméné (endiablé) et qu'il bouge... »

Tel est le premier document constatant l'ardeur et la vitalité du futur roi.

Le 5 décembre 1553, au lendemain de l'installation de la duchesse de Bourbon au château de Pau (1), le roi lui montre un coffret d'or.

(1) L'architecture composite du château de Pau reflète les hauts et les bas de son histoire. Établi au XIIe siècle pour les vicomtes de Béarn au confluent du Gave et du Hédas, il allait être fortifié et embelli pendant les trois siècles suivants. Gaston Fébus construisit vers 1370 le donjon de briques et l'aile du midi. Au XVe siècle, Gaston IV de Foix-Béarn édifia l'aile nord, perça de grandes fenêtres et coiffa le château de hautes toitures d'ardoise. Au XVIe siècle, Henri d'Albret, roi de Navarre, et son épouse, Marguerite d'Angoulême, apportèrent à la façade et à la cour intérieure le sourire de la Renaissance, avec, notamment, des fenêtres ouvragées dans le goût des châteaux de la Loire.

L'accès au trône de France d'Henri de Navarre entraîne la décadence du château de Pau. Les Bourbons le négligeront et la Révolution en parachèvera le déclin.

C'est Louis-Philippe qui entreprendra de le relever de ses ruines, à la fois pour rendre hommage à Henri IV et pour en faire une résidence royale. Comme l'écrit Jacques Pérot, l'actif

— Ma fille, il ne sera tien que tu m'aies montré ce que tu portes.

Ce coffret contient le testament par lequel il offre à son héritière son beau domaine du Béarn — avec Albret, Foix et Bigorre. On devine la joie de Jeanne ! Ainsi son père acceptait de ne pas se remarier ! C'était là un événement toujours à craindre étant donné le tempérament vigoureux d'Henri d'Albret.

— Et, afin que tu ne fasses point une pleureuse, poursuit le roi, ni un enfant *rechigné*, je te promets de te donner tout, pourvu qu'en enfantant tu chantes une chanson en béarnais.

Quelques jours plus tard, le 13 décembre 1553, au deuxième étage du château, peu avant 2 heures du matin, on réveille Henri d'Albret : Madame de Bourbon est prête à accoucher ! Le roi s'enveloppe hâtivement d'une robe de fourrure et descend au premier étage dans cette chambre que l'on visite toujours aujourd'hui (1).

Sa fille lui a obéi.

Lorsqu'il entre dans la pièce, il entend la petite voix claire — et tremblante — de Jeanne chanter l'invocation à Notre-Dame-du-Bout-du-Pont, le pont de Jurançon qui enjambe le Gave, chanson qui, affirme-t-on en Béarn, est propice aux femmes en couches :

Nouste Daune deu cap deu poun
Adjudat me a d'aqueste hore
Pregat au Diu deu ceu
Que m'boulhe die deliura leu,
Que mon frute que sorte dehors !

conservateur du musée national du château de Pau : « Remeublé dans l'esprit troubadour cher au XIXe siècle, mais en intégrant une exceptionnelle collection de tapisseries, le château de Pau est le seul palais royal pouvant présenter un décor complet datant du règne de Louis-Philippe. »

(1) Je remercie vivement M. Jacques Pérot, qui a bien voulu me faire visiter avec science et talent le château de Pau.

La cour du château de Pau, dû au bon goût d'Henri d'Albret et de son épouse Marguerite d'Angoulême, grands-parents d'Henri IV. (B.N.)

Et le fruit sortit dehors...

Le roi Henri d'Albret, sans plus attendre, tend à sa fille le coffret, ainsi qu'une lourde et longue chaîne d'or, puis s'empare du nouveau-né « sans patienter qu'il fût honnêtement accommodé », le roule dans sa robe de chambre et s'enfuit en criant :

— Il est à moi ! Il est à moi !

Lors de la naissance de Jeanne, les Espagnols, enchantés de ne pas apprendre la venue au monde d'un héritier mâle au royaume de Navarre, avaient ironisé :

— Miracle, la vache a fait une brebis !

C'était là une allusion au blason de la maison de Béarn portant « deux vaches encornées et clarinées d'or sur champ de gueule ».

Le roi de Navarre, en ce jour de décembre 1553, n'a pas oublié cette raillerie et, admirant la force et la beauté du nouveau-né, il s'écrie :

— Regardez, cette brebis a enfanté un lion !

Ce n'est certes pas pour donner de la vigueur au nouveau-né que le grand-père frotte ensuite d'une tête d'ail les lèvres du « petit fruit », et lui fait respirer une coupe d'or dans laquelle se trouvait du vin de Jurançon. Plus simplement, le roi appliquait ce double traitement afin d'enrayer « la contagion d'une maladie qui sévissait alors en ce pays-là ». Cependant, « le petit prince bransla alors la tête comme peut faire un enfant, et lors ledit seigneur roi s'exclama : “ Tu seras un vrai Béarnais ! ” »

Cette asepsie, vrai remède de bonne femme, est devenue un mythe, aussi l'ail et le jurançon accompagneront-ils désormais — et jusqu'à nos jours — la naissance des fils de la maison de France.

Cependant l'ail et le jurançon qui furent sans doute administrés aux autres enfants de Monsieur et Madame de Bourbon n'empêchèrent pas leur fille Madeleine, née en 1556, de mourir prématurément. Quant au comte de Marle, troisième fils de Jeanne, il trépassa alors que sa nourrice et un gentilhomme, s'adonnant au *desport*, s'amusaient à se lancer l'enfant d'une fenêtre vers le sol, comme s'il s'agissait d'un ballon. Les joueurs étaient maladroits… et le petit prince se rompit les os dans sa chute.

On ne prit alors guère au sérieux la prédiction de Ronsard :

Mon prince, illustre sang de la race bourbonne,
A qui le ciel promet de porter la couronne
Que ton grand Saint Louis porte dessus le front.

Henri était si loin du trône ! Successivement six princes du sang de France auront plus de droits que lui.

***

Il faut essayer sept nourrices « bien carrées de poitrine et bien brunes de peau », non, sans doute, pour venir à bout de l'insatiable appétit du petit Henri, ainsi que Michelet et d'autres l'ont prétendu, mais parce que le lait de ces sept premières femmes choisies ne convenait point au royal nourrisson. Finalement, c'est à Jeanne Fourcade, épouse du laboureur Jean Lassanséa, que revient l'honneur d'allaiter le futur roi. Elle demeure à Billère et c'est dans cette métairie, à mi-chemin de Pau et de Lescar, que « l'enfançon » vivra les premiers mois de son existence.

Avec magnificence, le baptême se déroule trois mois après la naissance dans la salle du trône, au premier étage du château de Pau. Henri a deux parrains, son grand-père le roi de Navarre et son oncle le cardinal de Bourbon (1), le futur roi Charles X de la Ligue, un jour

(1) Parmi les nombreux enfants de Charles de Bourbon et Françoise d'Alençon, trois frères d'Antoine retiennent plus particulièrement l'attention : François (1519-1546), comte

Les habitants de la vallée d'Ossau viennent admirer le berceau du futur Henri IV, une écaille de tortue que l'on entoura, sous la Restauration, de drapeaux blancs et que l'on surmonta d'un casque emplumé. (Vincent Dubourg/Société des Amis du château de Pau)

rival d'Henri IV. La marraine est Isabelle d'Albret, sœur du roi de Navarre. Pendant la cérémonie célébrée avec « pompe et parements », le nouveau-né est étendu

d'Enghien, qui se distingua en combattant pour François Ier au Piémont, où il remporta la magnifique victoire de Cérisoles. Charles (1523-1590), le cardinal de Bourbon : cardinal en 1548, archevêque de Rouen en 1550, pair du royaume, il est l'un des chefs de la Ligue. Emprisonné lorsque Henri III fait assassiner le duc et le cardinal de Guise, il sera proclamé roi par la Ligue après la mort du dernier Valois, sous le nom de Charles X. Son frère Louis (1530-1569), premier prince de Condé, choisit le camp opposé : ayant épousé la nièce du connétable de Montmorency, Éléonore de Roye, il se convertit à la Réforme, et ne tarda pas à devenir l'un des chefs des armées huguenotes. Condamné à mort après la conjuration d'Amboise, et sauvé par la mort de François Ier, il périt à la bataille de Jarnac, non en combattant, mais exécuté par le capitaine des gardes du duc d'Anjou, Montesquiou.

dans son berceau, spacieuse écaille de tortue, devant laquelle on peut toujours s'attendrir au château de Pau. Ainsi couché, il reçoit le titre de duc de Beaumont, une terre bourbonnienne, et celui de prince de Viane, du nom d'une principauté navarraise située en territoire espagnol — ceci pour bien montrer à tous que le roi de Navarre n'abandonne pas au puissant voisin le territoire que l'Espagne s'est approprié. Le soir, on « mène grande joie » et l'on allume des feux de fagots au pied des tours du château.

Cette journée est la dernière joie d'Henri d'Albret qui, l'année suivante, au mois de mai 1555, meurt au château d'Hagetmau. Jeanne monte alors sur le trône navarrais, tandis qu'Henri, qui n'a encore que dix-huit mois, devient « prince de Navarre ».

Le petit prince accompagne ses parents lors de leur joyeuse entrée et de leur réception par les États de

Béarn, mais les syndics ne veulent jurer fidélité et obéissance qu'à « leur vraye et naturelle reine ». Pour eux, Antoine de Bourbon n'est que « le seigneur de sa femme ». Cependant, après une longue discussion, « ils font acte de foi conjointement à tous deux ». Et, à leur tour, Jeanne et Antoine prêtent serment, les mains posées l'une sur l'autre — *te igitur*.

Puisque son lointain cousin est maintenant l'époux de la reine de Navarre, le roi Henri II de France nomme Antoine de Bourbon gouverneur et amiral de Guyenne — mais il doit abandonner son gouvernement picard.

***

Le sevrage est terminé. De quelle manière ? On ne sait (1)... Le petit Henri a été confié à sa gouvernante, Suzanne de Bourbon-Busset, issue d'une branche non dynaste de la maison de Bourbon. Elle a épousé un d'Albret, titré baron de Miossens, et son château de Coarraze, dominant la bien belle vallée du Gave, jouit d'une superbe vue sur la chaîne pyrénéenne (2).

La petite enfance du futur roi est celle d'un paysan élevé « à la rustique », loin, avait recommandé son grand-père, des « délicatesses françaises ». On le nourrit de viande, mais surtout de pain bis, de fromage, de laitage et d'ail, bien sûr... Sa première langue est le béarnais. Il joue et se bat avec les montagnards de son âge, mène une existence qui sera bien souvent racontée et citée en exemple. On illustrera par de nombreuses

(1) Dans le domaine de la puériculture, on demeure quelque peu surpris lorsqu'on apprend que le futur Louis XIII mangera pour son premier plat — à dix-huit mois — un hachis de canard gras à souhait !...

(2) Il ne demeure de la forteresse que le donjon, une grosse et haute tour carrée dont le rez-de-chaussée a été transformé en chapelle. L'actuel et harmonieux petit château date du XVIIIe siècle.

Le village de Coarraze, dominé par son château dont le donjon existait du temps du petit prince de Navarre. A droite, le Gave où le futur roi se baignait. (Pérony/Château de Pau)

gravures le retour d'Henri après ses courses folles à travers « des lieux fort rudes et pierreux ». Ses cheveux sont ébouriffés, ses vêtements déchirés, son visage, ses bras, ses jambes et surtout ses pieds — il marche pieds nus — sont couverts d'égratignures. Au retour, Mme de Bourbon-Busset, après lui avoir fait avaler une forte soupe d'ail — une panacée — lui administre le fouet et lui ordonne de se mettre au lit, ou plutôt sur sa paillasse, car il couche à la dure ! On le fouette fréquemment. Ainsi qu'il le recommandera un jour encore lointain à Mme de Montglat — la *Mamanga* du futur roi Louis XIII :

— Je vous commande de le fouetter toutes les fois qu'il fera l'opiniâtre ou quelque chose de mal, sachant bien par moi-même qu'il n'y a rien au monde qui fasse plus de profit que cela : ce que je reconnais par expérience d'en avoir profité, car étant de son âge, j'ai été fort fouetté.

Bien sûr, on ne le lave qu'en cas de maladie. A la fin du XVIe siècle, seules les courtisanes et quelques excentriques baignaient autre chose que leur figure et leurs mains...

Le chevalier de Belleforest, dans son livre écrit en 1575, parle avec admiration du peuple béarnais « gaillard, courtois et accostable, bien disant dans sa langue », qualités que l'on retrouvera chez Henri IV, et qui frapperont tous ceux qui connurent *lou noustre Henric*, le plus illustre des Gascons. Jusqu'à la fin de sa vie, Henri sera le fier Béarnais, quelque peu fanfaron, tant il sera marqué par les premières images de son enfance et par le sang qui coule en ses veines.

Jeanne donne régulièrement des nouvelles de l'enfant à son mari. « Quant à ce que vous me mandez de notre fils, qu'il triomphe, lui répond Antoine, je ne doute pas que, tant qu'il sera avec vous et entre vos mains, il ne soit le plus joli du monde... »

Au début de 1557, ses parents l'emmènent avec eux à la cour de France. Il a tout juste trois ans, et, s'il comprend le français, il ne le parle pas encore. Le 12 février, on le conduit au Louvre auprès du roi Henri II. Le roi, oncle à la mode de Bretagne du prince de Navarre, le trouve « gentil, dispos et gaillard ». Après l'avoir embrassé, il demande si l'enfant voulait « bien de lui pour père ». Le petit Henri désigne alors Antoine de Bourbon en répondant :

— *Aquet es lou seigne reï* — c'est celui-ci qui est mon seigneur-roi.

— Puisque vous ne voulez pas être mon fils, reprend le roi en riant, voulez-vous être mon gendre ?

Henri le veut bien :

— *Obé*, répond-il.

Et le chroniqueur Henri Fagyn de conclure dans son *Antoine de Navarre* publié en 1612 : « Et, dès lors, le roi Très Chrétien et les roi et reine de Navarre accordèrent le mariage de leur fils avec Madame Marguerite de France. » Je pense que tous les assistants sourirent et ne crurent pas devoir ajouter foi à la promesse royale. Cependant, celle-ci devait se réaliser quinze années plus tard...

***

Au cours du mois de juillet 1559, une terrible nouvelle bouleverse le royaume, une nouvelle qui rapproche d'un degré le petit Béarnais du trône.

Le jeudi 30 juin 1559, rue Saint-Antoine, entre la rue Saint-Paul et l'entrée de la Bastille, se déroulait le tournoi royal donné à l'occasion d'un double mariage, celui de Philippe II d'Espagne avec Élisabeth de France, fille d'Henri II, âgée de treize ans, et l'union de Marguerite, sœur du roi Henri II, avec le duc de Savoie, Philippe-Emmanuel. La reine Catherine s'installa dans sa loge placée à la hauteur de l'actuel 62 de la rue Saint-Antoine. Près d'elle se tenait Diane de Poitiers, duchesse de Valentinois, maîtresse du roi. Henri l'aimait et la désirait à la folie, bien que Diane d'une éternelle jeunesse, eût alors soixante ans...

Le troisième combat allait commencer, lorsque la reine fit demander à son mari « de ne plus travailler », l'heure étant déjà « tardive et le temps extrêmement chaud ». Midi venait, en effet, de sonner au clocher de l'église Saint-Paul. Le roi Henri répondit à Catherine qu'il était *tenant* et qu'à ce titre il se devait de courir une troisième course. Déjà son adversaire, le commandant de la garde écossaise, Gabriel de Montgomery, comte de Lorges, était en selle. « Trompettes et clairons sonnèrent et fanfarèrent à tue-tête et étourdissements d'oreilles. » Les deux hommes prirent du champ, puis foncèrent l'un vers l'autre. Le choc fut terrible, les deux lances se brisèrent, mais les combattants ne mordirent pas la poussière. Le roi pouvait s'arrêter, mais il voulait rompre encore une lance.

— Sire, supplia Vieilleville, je jure le Dieu vivant qu'il y a plus de trois nuits que je ne fais que songer qu'il doit vous arriver malheur aujourd'hui, et que ce dernier juin vous est fatal. Vous en ferez comme il vous plaira !

Montgomery insista, lui aussi, pour cesser le combat, mais le roi décida de poursuivre. Le tenant et l'assaillant se précipitèrent l'un vers l'autre. De nouveau le choc fut d'une rare violence, les deux lances se brisèrent, cavaliers et montures eurent du mal à retrouver leur aplomb. Arrivés au bout du couloir, les deux combattants firent demi-tour. Henri II prit une nouvelle lance, mais Montgomery oublia de jeter le tronçon qu'il tenait à la main. Contrairement à l'usage, et l'on ne sait pourquoi, les trompettes se turent.

Un angoissant silence planait sur la rue.

Les cavaliers, drapés de fer, repartirent au grand galop, et l'on n'entendit plus qu'un grand grincement d'acier et le martèlement des sabots sur le sable répandu sur la chaussée de pierre. Les spectateurs retenaient leur souffle : tous voyaient que le commandant de la garde écossaise avait omis de jeter son arme brisée, il la tenait toujours devant lui. Les deux hommes se heurtèrent une nouvelle fois, le morceau de lance de Montgomery glissa sur la cuirasse, souleva la visière du casque et pénétra dans la tête du roi. Une immense clameur monta de la foule, Catherine et Diane s'étaient levées d'un seul bond et, glacées d'horreur, assistaient à ce terrifiant spectacle. Henri II avait titubé et embrassé l'encolure de son cheval. Les plumes noires et blanches se mêlèrent avec celles de sa monture, mais il eut encore la force de poursuivre sa route jusqu'au bout de la lice. Là, il se laissa glisser dans les bras de ses écuyers qui se hâtèrent de lui enlever son armure. On transporta le roi aux Tournelles. Il était difficile d'imaginer une blessure plus atroce. La lance, entrée par l'œil droit, était sortie par l'oreille.

Montgomery sanglotait au pied du lit. Dans le château, ce n'étaient que pleurs et gémissements. Catherine et Diane étaient en larmes, le dauphin François — bientôt le roi François II — se tenait debout, atterré, aux côtés de sa femme, la jolie Marie Stuart. Ils allaient régner et n'avaient que quinze ans ! Les autres enfants — les futurs Charles IX, Henri III, la très jeune Marguerite, qui épousera un jour Henri le Béarnais, et le petit Alençon — erraient dans la demeure à l'abandon…

Un peu d'espoir se mit à luire lorsqu'on apprit que l'on était en train de décapiter à la hâte quelques condamnés au Châtelet, afin de porter leurs têtes chez Ambroise Paré, en lui demandant de trouver la méthode qui sauverait le roi. Le célèbre chirurgien eut beau enfoncer dans les têtes des « trouzons » de lances tronquées, crever des yeux et des tympans, ces effroyables dissections ne servirent à rien. Le roi Henri II expira le 10 juillet 1559.

Dans les trente années qui suivront, trois rois de France et un dauphin vont mourir. Ces coups du sort favoriseront Henri qui pourra monter, non sans difficultés, sur le trône de France.

***

Henri a maintenant sept ans. La baronne de Miossens termine sa mission. L'éducation du jeune prince de Navarre est confiée à un précepteur, le huguenot La Gaucherie « fort docte aux langues grecques », et à un gouverneur, Charles de Beaumanoir de Lavardin. Celui-ci est le père d'un petit garçon de huit ans qui sera élevé avec le Béarnais. Henri commence à parler

Jeanne d'Albret se promène avec son fils dans le parc du château de Pau. (Pérony/Coll. part.)

français, mais il a gardé de son enfance un accent rocailleux et coloré qu'il conservera toute sa vie.

Il a vite appris à lire et sa première lecture est une traduction de Plutarque. On douterait du fait si Henri n'avait pas lui-même rapporté : « L'aimer c'est m'aimer, car il a été l'instrument de mon bas âge. Ma bonne mère, à qui je dois tout, et qui avait une affection si grande de veiller à mes bons déportements, et ne voulait pas, disait-elle, voir en son fils un illustre ignorant, me mit ce livre entre les mains, encore que je ne fusse à peine plus qu'un enfant de mamelle. Il m'a été comme ma conscience, et m'a dicté à l'oreille beaucoup de bonnes honnêtetés et maximes excellentes pour ma conduite et pour le gouvernement des affaires. »

Une seconde nouvelle dramatique parvient à Pau au mois de décembre 1560. Le roi François, un adolescent égrotant, bouffi et boutonneux, souffre en permanence d'une mastoïdite. Un affreux abcès derrière l'oreille suinte continuellement. Le 7 novembre 1560, à Orléans, cet abcès suppure plus que de coutume. Les médecins pensent tout d'abord que l'aggravation du mal est due à un refroidissement. La Loire était gelée et François avait commis l'imprudence de jouer à la paume assez légèrement vêtu. Le dimanche 17, il vomit son dîner. Une horde de médecins accourt et ils prescrivent purgatifs et décoctions de rhubarbe en abondance. L'abcès coule toujours et les migraines deviennent intolérables. Au cours de la semaine suivante, l'écoulement s'arrête par deux fois, mais les douleurs redoublent, la fièvre monte, bien que l'on ait tout tenté pour juguler le mal. Le dimanche 30 novembre, le petit roi gémit à fendre l'âme, réclame sans cesse à boire. Une souffrance atroce lui arrache des cris que l'on entend jusque dans la rue. Personne n'ose parler de trépanation et l'agonie se prolonge jusqu'au 5 décembre. Ce jour-là, à midi, on administre au mourant l'extrême-onction, et vers le soir, François II expire.

Le nouveau roi de France, un tuberculeux aux yeux « jaunastres », sujet à de terrifiantes colères, s'appelle Charles IX.

⁂

En 1561, le prince de Navarre — il n'a pas encore huit ans — arrive à Paris en compagnie de sa mère et de sa petite sœur Catherine. Celle-ci n'est âgée que de deux ans. Ils viennent retrouver Antoine.

Depuis deux années, les parents d'Henri ne sont plus que des étrangers l'un pour l'autre. Il ne leur reste que le souvenir de leur grand amour. La reine de Navarre a été profondément déçue par la vanité, l'inconstance et l'ambition qui rongent son mari — il voudrait tant ceindre une vraie couronne, alors qu'il n'est en quelque sorte qu'un prince consort ! Peut-être pour prouver son indépendance, il trompe sa femme sans aucun ménagement. Il fait même un enfant à Louise de La Béraudière, surnommée la belle Rouet, fille d'honneur de la reine Catherine. Malgré ses aventures extra-conjugales, il entend bien que sa femme soit toujours pour lui une bonne ménagère : « J'ai reçu la chemise que vous m'avez envoyée, lui écrit-il, mais je vous la rapporterai toute blanche, car un homme, qui couche tout vêtu par ce froid, ne prend pas grand plaisir, le matin, à se dépouiller... »

Antoine se tourne tantôt vers les Valois, tantôt vers Philippe II, espérant toujours récupérer la Haute-Navarre devenue espagnole. Au lendemain du tournoi tragique de la rue Saint-Antoine, il a reçu la charge de lieutenant général du royaume. Désormais, il oscillera entre les deux partis à la fois religieux et politiques qui déchirent la France. Antoine s'est ainsi lancé dans « la monstrueuse guerre », selon l'expression de Montaigne, qui, telle la peste, ronge le pays. Les parents d'Henri ont d'abord glissé ensemble vers le protestantisme. Jeanne — et il faut voir ici l'influence de sa mère

Marguerite d'Angoulême — estime, en effet, que la Réforme est juste et nécessaire. Il est certain que le catholicisme à cette époque exigeait de se voir appliquer d'importants amendements et avait besoin d'entreprendre un sérieux rétablissement. Il était indispensable de redresser la barre. La papauté demeurant inerte, Antoine avait demandé, dès 1557, que Genève lui envoie des prédicateurs protestants.

La première, Jeanne a abjuré le catholicisme et s'emploie à faire d'Henri un bon protestant. Le château de Nérac ne tarde pas à devenir le phare du protestantisme, par la présence en Béarn de Théodore de Bèze.

Parallèlement, Antoine — tantôt calviniste tantôt luthérien, tantôt catholique — opte pour le catholicisme : « Il se retire du premier zèle qui l'ennuie », soupire Jeanne, lorsque son mari abandonne, définitivement cette fois, le protestantisme ! Ce reniement est pour elle une rude épine :

— Je ne dirai pas au pied, mais au cœur...

C'est peut-être dans l'espoir de faire revenir Jeanne vers la doctrine de ses pères qu'Antoine a demandé à sa femme de venir le rejoindre à la cour de Charles IX, ou plutôt, à celle de la reine Catherine, régente de France. Il lui conseille même d'apporter à la reine-mère, dans le dessein de l'amadouer, des graines de melon et de concombre, mets favoris de la Florentine. Le mari de la reine de Navarre ne se contente pas de la charge de lieutenant général du royaume de France, il aimerait être nommé officiellement régent suppléant. Si Catherine tombe malade, la présidence du conseil royal ne devrait-elle pas lui revenir ?

Malade ? Catherine ? Elle ne le sera que pour mourir !

La reine-mère a ordonné de préparer un banquet en l'honneur de la reine de Navarre. Antoine, accompagné de son frère Condé et de l'amiral de Coligny — les deux chefs du parti protestant —, s'est porté à la rencontre de sa femme et de son fils. Le soir, au Louvre, dans la salle basse des Suisses, la reine de Navarre préside le dîner près de Catherine. Le prince de Béarn est entouré par le roi Charles — de plus en plus déséquilibré — et par son frère le duc d'Anjou qui, lui aussi, ceindra un jour la couronne, sous le nom d'Henri III.

Quel tableau !

— Ah ! Madame, s'était exclamée la duchesse de Guise en regardant avec Catherine, l'année précédente, les pendus qui se balançaient au balcon du château d'Amboise, combien le sang appelle le sang !

Phrase prémonitoire s'il en fut ! Ceux qui vont devenir les compagnons de jeu du petit Henri, ceux auprès desquels il vivra durant six années, tous mourront de « méchante mort ». Moins de deux ans après le banquet du Louvre, le 18 février 1563, François de Guise mourra assassiné devant Orléans, et ses deux fils, Henri et le cardinal Louis, seront, un jour du mois de décembre 1588, exécutés sur l'ordre d'Henri III !

En 1574, Charles IX, dans ses draps rougis de son sang, mourra de la plus affreuse des tuberculoses, l'hémorragie sous-cutanée. Dix ans plus tard, son frère, le jeune duc d'Alençon, nerveux, fiévreux, continuellement agité, s'éteindra poitrinaire à trente ans. Quant au futur Henri III, le dernier Valois, il rendra le dernier soupir, le 1er août 1589, frappé au ventre par un coup de couteau fatal, celui de Jacques Clément.

Mais le cycle sanglant ne se fermera pas pour autant !...

***

En dépit de l'accueil chaleureux de Catherine de Médicis, Jeanne ne se laisse pas circonvenir et se refuse à suivre l'exemple de son mari qui, toujours poussé par l'intérêt, brûle ce qu'il a adoré. Bientôt, il essaiera de mener de force sa femme à la messe et lui interdira d'assister au prêche protestant.

Mais Jeanne demeure fidèle à sa nouvelle foi.

— Je jetterai plutôt mon fils, mon mari et mon royaume dans le fond de la mer, plutôt que d'aller à messe ! s'exclame-t-elle.

Quant à Catherine, du moins à cette époque, elle espère encore pouvoir réconcilier les deux partis. La reine-mère partageait l'opinion du cardinal de Lorraine lorsque celui-ci déclarait :

— Le roi Charles aime mieux qu'au carême on mange du poisson que de la viande ! Mais qui voudra manger de la viande, il ne l'empêchera pas !

Les enfants royaux font un jeu de la querelle qui oppose et divise leurs parents. Le 24 octobre 1561, la reine-mère est en conférence dans sa chambre avec le légat du pape, le cardinal de Ferrare. Soudain, Henri de Béarn, juché sur un âne, pénètre dans la pièce. Il est revêtu d'une soutane rouge et d'un camail cardinalice. Charles IX et ses frères, pareillement déguisés et montés, le suivent. Cette cavalcade de bourricots amuse la reine Catherine qui, en souriant, la traite de « badinage de petits enfants ».

Le mois suivant, les princes reprennent leur mascarade et leur chevauchée burlesque avec, à sa tête, cette fois-ci, Charles IX vêtu d'une aube. Il agite en tous sens une crosse d'évêque, tandis qu'Henri s'exclame bien haut : *Ventre-saint-Gris* ! Ce juron dut certainement étonner la reine. Béarn l'emploiera jusqu'à sa mort ; il lui avait été autorisé par son gouverneur. On désignait ainsi, en guise de plaisanterie, les franciscains bedonnants sous leur robe grise.

La colère d'Antoine éclate lorsqu'il apprend que sa femme, passant outre à sa défense, a assisté à la Cène protestante — la communion sous les deux espèces. Au Louvre, la cohabitation des deux époux devient intenable après le massacre de Vassy. Le 1er mars 1562, François de Guise s'est arrêté devant la petite cité champenoise de Vassy-sur-Blaise pour entendre la messe. Soudain, on vient le prévenir que deux cents réformés, « gens scandaleux, arrogants et forts », osaient écouter le prêche dans une grange voisine. Dans l'esprit de François de Guise, il n'y eut pas de doute, il s'agissait d'une provocation. A grands pas, il se dirige vers la grange. Deux de ses gentilshommes, qui ont pris les devants, sont accueillis avec courtoisie par les protestants :

— Messieurs, s'il vous plaît, prenez place !

— Mort Dieu ! Il faut tout tuer ! répondent les deux guisards prenant l'invitation pour une insulte.

Lorsque le duc arrive à son tour, il trouve ses gentilshommes jetés à la porte et les protestants en train de se barricader dans la grange. La bataille s'engage. Les réformés lancent des pierres et les guisards répondent par des coups d'arquebuse. La porte de la grange enfoncée, le massacre se déchaîne.

Sur son lit de mort, l'année suivante, le duc de Guise parlera avec inconscience de « l'inconvénient advenu à ceux de Vassy ». Le mot avait assurément à l'époque un sens plus fort..., mais « l'inconvénient » n'en causa pas moins la mort de soixante-treize protestants, sans parler d'une bonne centaine de blessés.

Jeanne ne peut plus désormais demeurer à la cour. Son mari est bien de cet avis et l'engage à partir pour Vendôme avec sa fille. Elle laissera le jeune Henri à Paris. En quittant le Louvre, au mois de mars 1562, Jeanne fait promettre à son fils de refuser de se rendre à la messe :

— Si vous me désobéissez, je vous déshériterai !

Mais comment le petit prince — il vient d'avoir neuf ans — pourrait-il ne pas obéir à son père, alors que sa mère vivra au loin ?

Et Jeanne part en pleurant.

Réplique au massacre de Vassy, le prince de Condé, frère d'Antoine, se met officiellement cette fois à la tête des protestants et commence à recruter des hommes. Le 2 avril 1562, avec deux mille cinq cents cavaliers, il prend Orléans « au galop », tout en déclarant que les réformés ne portent les armes que dans le but d'obtenir la paix religieuse et délivrer le petit roi Charles des mains des Guise.

L'escalade se poursuit : quatre cents cavaliers huguenots arrivent à Vendôme où Jeanne séjourne toujours, ils envahissent la collégiale Saint-Georges, brisent les cercueils et dispersent les ossements des Bourbon-Vendôme — en commençant par ceux de Charles de Vendôme et de son épouse Françoise, grands-parents du prince de Béarn. On devine la fureur d'Antoine ! Comment Jeanne a-t-elle pu laissé commettre une telle profanation !

Le pays est ensanglanté. Dans toutes les villes, dans tous les bourgs, au pied de tous les châteaux, on assomme, on viole, on massacre et l'on noie !... L'atroce conflit, ces « temps calamiteux » se prolongeront jusqu'au *Paris vaut bien une messe* du roi Henri IV.

Plus de trente années de tueries !...

L'autorité royale est bafouée. Charles IX est traité par les paysans de « petit royot de merde ». Jeanne, craignant qu'Antoine, comme il le crie, ne la fasse arrêter et enfermer, préfère fuir vers le Béarn.

Toujours enfermé avec la cour à Vincennes, Henri — il a maintenant neuf ans et trois mois — a « grand peur ». Il supplie de recevoir des nouvelles de sa mère. Fidèle à la promesse qu'il lui a faite, l'enfant refuse de se rendre à la messe, affirmant qu'il est malade. On le menace du fouet et, sur l'ordre de son père, il est contraint de s'incliner. Dans le chœur de la chapelle de Vincennes, le voici dans l'obligation de jurer de garder la foi catholique jusqu'à sa mort ! En récompense, il est armé chevalier de l'Ordre de Saint-Michel. Il n'est pas heureux. Souvent, par la pensée, il s'évade vers sa mère et son cher Béarn qu'elle a retrouvé : « Larchant — Nicolas de Grimouville —, écrivez-moi pour me mettre hors de peine de la reine ma mère, car j'ai si grande peur

Antoine de Bourbon, le père d'Henri IV. « Tout bon et gentil prince, brave, vaillant, car de cette race de Bourbons il n'y en a point d'autres », écrira Brantôme. (Pérony/Société des Amis du château de Pau)

qu'il lui advienne mal de ce voyage où vous êtes, que le plus grand plaisir que l'on puisse faire, c'est m'en mander souvent. »

Antoine craint que les huguenots veuillent enlever son fils. Aussi, afin de mettre l'enfant à l'abri, le conduit-on à Montargis où la princesse de Ferrare, Renée de France, fille de Louis XII, et belle-sœur de François Ier, veillera sur lui. N'est-elle pas bien vue à la fois des réformés et des catholiques ? Cependant, ce n'est pas contre ceux qui mettent la France de 1562 à feu et à sang, c'est contre la rougeole ou la petite vérole — les chroniqueurs ne sont pas d'accord — qu'il lui faut défendre le jeune prince. Par chance, il ne s'agit pas de la jaunisse. On lui aurait administré, en ce cas, des vers de terre mangés à la cuiller ! Plus compétente, et surtout pleine de bon sens, la princesse fait tout simplement prendre au petit Henri une infusion de rhubarbe, qui le purge et fait sortir de son corps « une grande quantité d'humeurs fort corrompues ». Puis, et pendant sa convalescence, elle lui administre du « bouillon de bonnes herbes ».

Montargis est menacé par les huguenots — ils veulent s'emparer du fils de celui qui les combat. Bien que la princesse ait des accointances dans les deux camps, Henri regagne Vincennes.

Bientôt un triste événement vient assombrir le prince. Au mois d'octobre 1562, les huguenots, soutenus par les Anglais de la reine Elisabeth, occupent Rouen dont les troupes royales, commandées par Antoine et le duc de Guise, font le siège. La ville est défendue par Gabriel de Montgomery, celui-là même qui a blessé à mort le roi Henri II dans le tournoi des Tournelles. Le 16 octobre 1562, Antoine commet l'imprudence — un besoin le pressait... — de quitter le talus protégeant la tranchée et « estant à pisser », précise le chroniqueur — et non en montant à l'assaut, ainsi que le diront certains flagorneurs complaisants —, il reçoit un coup d'arquebuse qui lui pulvérise l'épaule gauche. Louise de La Béraudière a beau le soigner avec dévouement, la blessure s'infecte. Commandée par Guise, l'armée royale reprend Rouen, puis se replie vers Paris. On place le blessé sur une barque qui, à force de rames, remonte la Seine, mais, à la hauteur des Andelys, Bourbon sent qu'il va devoir quitter ce monde. Il saisit son valet de chambre italien par la barbe :

— Servez bien mon fils et qu'il serve bien le roi.

Et Antoine rend le dernier soupir. Déjà l'on rime :

Cy-gist qui quitta Jésus-Christ
Pour un royaume par écrit
Et sa femme très vertueuse
Pour une puante morveuse.

Henri, prince de Béarn, est désormais également duc de Vendôme.

Décor d'un plat représentant le château de Pau. Au premier plan, le pont du Jurançon, qui enjambe le Gave. (Pérony/Société des Amis du château de Pau)

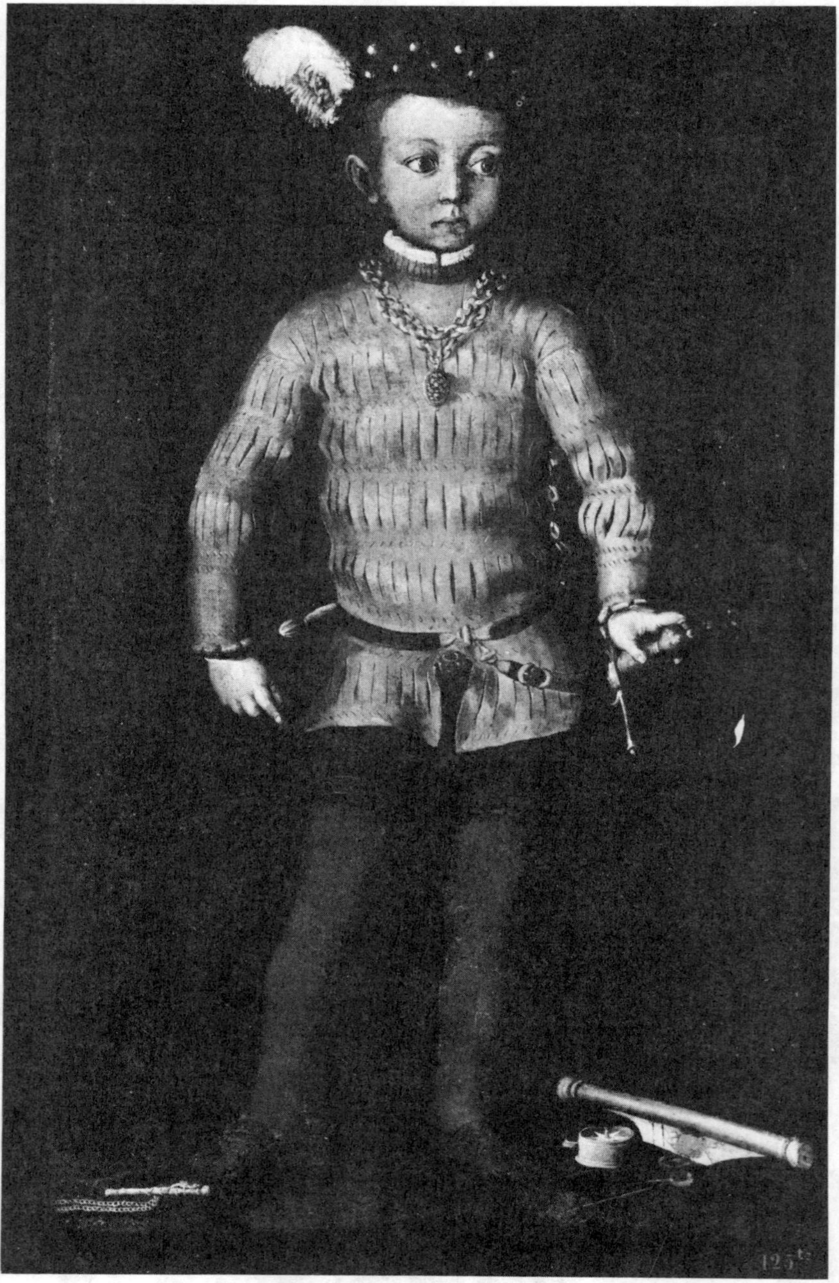

« Mon prince, illustre sang de la race bourbonne
A qui le ciel promet de porter la couronne. » Ronsard
(Vincent Dubourg/Société des Amis du château de Pau)

Chapitre II

Le petit Vendômet

« Celui-là aura tout l'héritage. »
Nostradamus.

La reine Catherine décide de garder Henri à la cour, mais elle laisse toute liberté à Jeanne d'élever dans la religion calviniste celui que tous appellent « le petit Vendômet ». Ainsi, le gouverneur, M. de La Gaucherie, qui avait été éloigné, est-il rappelé. Désormais, Henri accompagne avec respect le roi Charles jusqu'au portail de l'église, mais, ostensiblement, n'en franchit pas le seuil. Il regagne ensuite d'une allure fière ses appartements. Cette attitude un peu frondeuse n'impressionne guère Catherine qui, voulant ménager la chèvre et le chou, ne se contente pas de donner au prince de Navarre son titre honorifique de lieutenant général, de gouverneur et d'amiral de Guyenne, mais lui offre le commandement purement symbolique d'une compagnie de cent lances.

Il succède ainsi à son père dans ses charges.

En contrepartie, la Guyenne sera effectivement gouvernée par Monluc, un homme brutal, vainqueur à plusieurs reprises des huguenots. Cette nomination irrite au plus haut point la reine Jeanne. On la comprend : en pénétrant dans Bordeaux, Monluc, qui a tout du soudard, avait déclaré avec délicatesse :

— J'espère que le roi me donnera l'ordre d'entrer en Béarn, car je voudrais essayer s'il fait aussi bon coucher avec les reines qu'avec les autres femmes !

En dépit des protestations de Jeanne, Monluc est maintenu dans sa charge. La reine de Navarre se console en pensant que la vie de son fils est plus en sûreté au Louvre qu'elle ne le serait à Pau où le cynique et cruel gouverneur bordelais n'hésiterait pas à s'emparer de l'héritier du petit royaume.

A Paris, Henri suit les cours du fameux collège de Navarre, fondé en 1304 par la reine Jeanne, épouse de Philippe le Bel, et reconstruit par Louis XI. Parmi ses condisciples se trouvent le duc Henri d'Anjou, qui sera son roi, et Henri de Guise « qui le voulut être ». Ces deux derniers s'entendent fort mal... Un diplomate prédit que « leurs deux tempéraments s'accorderont difficilement par la suite ». Cette prédiction devait s'accomplir un matin de décembre à Blois par les poignards des Quarante-Cinq, cette garde privée du roi Henri III.

Henri ne tarde pas à se familiariser avec le grec, et surtout avec le latin pour lequel il a une prédilection, au point que, plus tard, dans son entourage, un habitué dira :

— Il ne faudrait pas parler mal latin devant lui, il s'en apercevrait fort bien.

Vendômet est également un excellent élève en grammaire. Sa correspondance révélera qu'il possédait bien joliment « les bonnes lettres » de la langue française.

***

La reine Catherine publie, le 19 mai 1563, l'édit signé à Amboise le 12 du même mois, mettant fin à la première guerre de religion. L'édit d'Amboise accorde « aux barons châtelains, justiciers, seigneurs et autres gentilshommes ayant fief *la liberté du culte* en leur maison ». Quant au peuple, il a le libre exercice de la religion réformée dans une seule ville par bailliage et son temple devra être élevé dans les faubourgs, comme s'il s'agissait d'une maladrerie. Ce traité avantageant les nantis, défavorisant les autres, est on ne peut plus partial et Catherine de Médicis n'a pas dû s'illusionner sur les lendemains de cette paix boiteuse. La cohabitation, pour employer un mot à la mode aujourd'hui, ne sera guère aisée.

— C'est reculer pour mieux sauter ! remarque-t-elle.

Et quel saut !

Malgré ces tueries qui creusent chaque jour un peu plus le fossé entre les Français des deux camps, la reine-mère, l'espoir chevillé au cœur de réconcilier ses sujets, décide de présenter son fils au royaume. L'image d'une famille royale unie peut rassurer le peuple de France déchiré. Durant deux années, elle sillonnera le pays, et le « petit Vendômet », par sa seule présence dans le cortège royal — cette cour de soie et de sang —, devient en quelque sorte le symbole même de la difficile réconciliation entre les Français. La randonnée, qui achèvera son éducation et en fera un homme, commence le 13 mars 1564.

Charles IX a maintenant quatorze ans. Le souverain est escorté par une douzaine de chevaux qui lui sont réservés. A la suite, tout un cortège bigarré défile sous les yeux émerveillés des badauds. Jugez un peu : une litière dorée de parade « couverte et peinte de tant de belles devises » et traînée par des mules, un chariot doublé de velours vert, des coffres contenant des chiens dits de chambre — dogues et levrettes —, du matériel destiné aux tournois, des lances pour courir la bague, un arsenal de déguisements maures, grecs et albanais pour les bals costumés et, bien entendu, des services de garde-robe, des tapisseries et du mobilier. Une véritable armée de gentilshommes servants et de domestiques accompagne le roi.

Catherine de Médicis se déplace, elle aussi, avec sa litière, deux chariots « tirés par seize mules » et une importante cavalerie au milieu de laquelle se font remarquer deux mulets choisis pour porter les confitures de la reine. Mais ce qui captive surtout l'attention, ce sont les ravissantes filles d'honneur de la reine-mère, ce fameux « escadron volant » qui, sur l'oreiller, surprend les secrets d'État ou influence les amants. Ces jolies filles, précieuses auxiliaires politiques, sur leurs haquenées *Lamiraude, Charenssonay, Bressuire, Montal* — ce sont les noms des montures —, trottent gaiement derrière leur maîtresse... Et, toujours dans le sillage de la reine, notre Béarnais que Catherine invite souvent à prendre place dans sa litière.

A Troyes, le 14 avril 1564, le prince de Navarre fait une chute en courant aux barres. Annonçant l'accident à Jeanne, Catherine la rassure : « Avant de me mettre en chemin, j'ai voulu qu'il fût en état de pouvoir mener avec nous et ne l'ai voulu abandonner, encore qu'il n'eût pas grand mal, Dieu merci. »

La reine de Navarre devant précéder le cortège royal à Mâcon, Catherine achève sa lettre en précisant : « J'espère que vous trouverez votre fils en très bonne santé et, à mon avis, à votre contentement, car tous ceux qui le voient en sont bien contents et le trouvent comme il est : le plus joli enfant que l'on vît jamais. Je m'assure que vous ne le trouverez pas empiré en mes mains. »

Jeanne est arrivé à Mâcon accompagnée de trois cents cavaliers — huguenots bien sûr — et entourée par huit sévères ministres protestants aux tristes habits noirs. Le 1er juin, elle n'a pas empêché sa suite d'insulter la procession de la Fête-Dieu qu'elle avait interdite en Béarn. De même elle a chassé de ses États les prêtres et les religieuses. Mise au courant de ces événements, dès son arrivée, Catherine ordonne la célébration d'une

Catherine de Médicis, « une sorte d'intelligence serpentine qui lui tient lieu de génie politique ». (B.N./L.A.P.)

seconde procession — expiatoire celle-ci — à laquelle Henri, sa mère et les Béarnais présents sont sommés d'assister, têtes découvertes.

Sitôt la cérémonie terminée, Henri, bien remis de sa chute, est emmené par sa mère au service huguenot célébré en plein vent dans un faubourg, puisqu'il ne peut y avoir de temple dans la ville. Jeanne se rend vite compte que la ferveur protestante de son fils s'est attiédie au contact de Catherine. Comme autrefois son père, le jeune Henri oscille maintenant entre les deux cultes. Jeanne espère, en lui faisant regagner le Béarn, le conduire à basculer définitivement vers les réformés. Mais Catherine ne l'entend pas de cette oreille, elle

Cette statuette du futur roi à l'âge de dix ans, en terre cuite polychrome, devait ensuite être exécutée en marbre pour la ville de Pau — mais ce projet n'a pas été réalisé. (Vincent Dubourg/Société des Amis du château de Pau)

conseille plutôt à la reine de Navarre de quitter seule Mâcon pour ses possessions vendômoises. On se retrouvera au début de l'an prochain en Béarn !

Et la cavalcade de huit mille chevaux poursuit sa route vers le sud.

Le 17 octobre 1564, voici le « petit Vendômet » à Salon-de-Crau, en Provence. Le lendemain matin, au château de l'Empéri, alors qu'à son réveil il veut passer sa chemise, Nostradamus, qui a demandé à voir l'héritier de Navarre, entre dans la pièce. Son bonnet de velours d'une main, un gros jonc marin d'Inde emmanché d'argent de l'autre, il regarde longuement Henri. On devine la gêne de l'enfant, demeuré nu, au milieu de la pièce. Nostradamus, ayant achevé son examen, se retourne vers le gouverneur, M. de La Gaucherie. L'astrologue veut bien cette fois laisser son obscur jargon des *Centuries* dans son encrier et prédit :

— C'est lui qui aura tout l'héritage... Et si Dieu vous fait grâce de vivre jusque-là, vous aurez pour maître un roi de France et de Navarre.

Henri racontera l'histoire plus tard en précisant :

— J'ai eu peur qu'on voulût me donner le fouet, en me voyant ainsi contemplé, alors qu'on tardait tant à me bailler la chemise !

Vingt mois plus tard, Nostradamus mourait à Salon.

A propos de prédiction, on affirme qu'un soir de 1559, dans la chambre de Catherine, au château de Chaumont, Ruggieri avait fait apparaître dans son miroir magique le jeune roi François II qui venait de monter sur le trône :

— Il fera autant de tours sur lui-même, annonça-t-il à la reine-mère, qu'il a encore d'années à vivre.

Et la silhouette du roi François, après avoir exécuté un seul tour, disparut aux yeux horrifiés de Catherine de Médicis qui tomba évanouie. Elle revint à elle pour voir son deuxième fils, le futur Charles IX, effectuer treize rotations. Anjou, qui sera un jour Henri III, roi de France et de Pologne, tourna quinze fois et laissa sa place à Henri de Bourbon, roi de Navarre.

Ainsi, s'il fallait en coire ses astrologues — et Madame Catherine les croyait toujours — la race des Valois-Angoulême s'éteindrait... au profit de celle des Bourbons.

Après un long cheminement, la suite royale arrive en Guyenne où Henri, en qualité de gouverneur, est chez lui. Son rôle devient effectif. A Hendaye, le 13 juin 1565, on salue la cour espagnole menée par le duc d'Albe, qui représente Philippe II. Élisabeth de Valois — la mariée du tournoi tragique des Tournelles — retrouve sa mère et ses frères. Henri a précédé le cortège à la tête d'une compagnie de « six chevaliers habillés de velours orange enrichi de cordons d'argent et doublé de toile d'argent avec les corps en cuirasse ». Un témoin s'extasie devant Henri de Navarre, « toujours magnifique en son train, splendide en son service, doux et agréable à tous, mais avec une telle majesté qu'il est admiré des Français et redouté des Espagnols ».

Les négociations ne feront guère avancer les problèmes qui divisent les trois royaumes. Henri, dissimulé dans la pièce, écoute les interlocuteurs essayer de s'entendre. Pourparlers au cours desquels, selon Henri IV lui-même, « furent forgées les lames d'épées qui versèrent plus tard le sang chrétien ». On se sépare de la cour espagnole et la longue cavalcade rebrousse chemin vers le château de Nérac, résidence de la reine de Navarre, situé au bord de la Baïse — et capitale du duché d'Albret. La ville compte quinze mille habitants, le double d'aujourd'hui. Catherine demande à Jeanne de se montrer plus tolérante envers les catholiques. La reine de Navarre veut bien s'incliner pour les habitants du duché d'Albret et pour ceux des possessions dont elle n'est que vassale du roi de France, mais pour le Béarn, où elle est chez elle, la mère d'Henri affirme fièrement agir selon sa conscience et ses convictions. Après quatre jours de vaines palabres, on se sépare fraîchement. Catherine donne rendez-vous à Jeanne et à son fils à Blois. Et la cour reprend son tour de France qui s'achèvera le 1er mai 1566 à Paris.

⁂

La reine de Navarre estime que La Gaucherie — il vient de mourir — n'a pas été à la hauteur de sa tâche. Henri, en dehors de ce qu'il a appris au collège de Navarre, est franchement ignorant en ce qui concerne les sciences, et surtout la religion. La reine en parle à Théodore de Bèze, celui-là même qui fut le collaborateur de Calvin.

— Les sept années que feu M. de La Gaucherie a tenu mon fils, il les a perdues, n'ayant rien appris que par certaines règles mal assurées, en sorte que n'ayant nul fondement ou rudiments, le bâtiment, qui se montrait apparent, par ce qu'il lui avait fort appris par cœur sans art, est tombé en ruine.

C'est le calviniste Jean Morely, seigneur de Villiers, qui succédera au trop faible La Gaucherie. Jeanne obtient non sans mal de Madame Catherine l'autorisation de présenter Henri aux sujets et domaines de son père. Cette fois, la reine-mère ne peut que s'incliner. Le prince de Béarn quitte enfin le Louvre et visite la Picardie, puis descend vers Vendôme, La Flèche et le Maine. Enfin, les voyageurs se dirigent vers le Béarn. Pour l'ardente Jeanne, la présence de son fils auprès d'elle démontre à tous que le jeune Henri est « bon et vrai protestant ».

En ce début de l'année 1567, le 1er février, *noustre Henric*, comme l'appellent ses futurs sujets, est accueilli à Pau avec enthousiasme. Le prince possède déjà le maintien et le comportement d'un jeune homme de vingt ans — bien qu'il n'ait encore que quatorze ans !

Il paraît « civil et obligeant », nous dit un magistrat bordelais, qui l'observe longuement et admire sa manière d'entrer dans la conversation, « en fort honnête homme ». Il est l'adresse même et « ne dit jamais rien que ce qu'il faut dire en la place où il est »... Ainsi que le précisera Sully dans ses *Mémoires*, le prince est, déjà depuis deux ans, fort habile « pour tirer les armes qu'il maniait des mieux, tant l'épée, l'arquebuse, le pistolet, la pique, la hallebarde ». Au manège des Tuileries, il est devenu un vrai centaure sous la direction de François Kernevenoy — un Breton, comme l'indique son nom. Plus tard, Henri tiendra quinze heures d'affilée à cheval et fera « voltiger en l'air » sa monture.

Il se livre déjà avec ardeur au plaisir des tournois. On disait alors « combattre à la barrière », cette barrière étant la pièce de bois qui séparait les deux adversaires. Son éducation béarnaise l'a familiarisé avec le *desport*. Il saute « à plein saut », lutte, joue aux barres, nage et « danse toutes sortes de danses ».

Durant le long voyage qui vient de se terminer, Henri n'a pu obtenir l'autorisation d'embrasser Marguerite, qui passe toujours pour sa fiancée, il n'a pas même pu lui baiser les mains. Un témoin affirme que Charles IX, malgré sa jeunesse et son peu d'expérience, avait été néanmoins assez prudent pour juger certaines défenses nécessaires, « parce qu'il avait remarqué dans sa sœur et dans l'époux qu'il lui destinait trop de vivacité pour n'en pas craindre les suites, si on n'eût pas fait observer à l'un et à l'autre les règles de la décence la plus sévère ».

Henri sait se faire aimer et les femmes regardent déjà avec arrière-pensée ce garçon toujours de bonne humeur, ce prince vif, hardi, audacieux, quelquefois casse-cou, dont le teint est hâlé et le « poil ardent ». Autrement dit ses cheveux châtains ont des reflets roux. Deux adjectifs reviennent sans cesse dans les récits de ceux qui vivent près de lui, il est « gaillard et gai ». Son premier amour — du moins le premier dont l'Histoire ait conservé la mémoire — fut une inconnue. On ignore tout de leur aventure. Seul reste un billet d'Henri commençant par ces mots : « Mon cher cœur », et s'achevant par « un million de baisers », une formule pas très originale qu'il emploiera durant toute sa vie lorsqu'il écrira à ses maîtresses...

Déjà fort dépensier, lorsque le futur roi a besoin d'argent, il adresse à l'un ou l'autre de ses amis « une promesse écrite de remboursement » et, avant de la signer, il leur indique le montant de la somme qu'il attend de leur amitié. Mais son escarcelle demeure fréquemment vide et il fait alors passer ses charités par d'autres mains que les siennes. Arrivant un jour en avance à Lectoure, il trouve devant la porte de la ville, au lieu des autorités habituelles qui auraient dû l'attendre, une horde de mendiants qui lui font une bruyante escorte jusqu'à son gîte. En chemin, le prince rencontre les magistrats de la ville qui s'excusent de leur retard.

— Qu'auriez-vous dépensé, Messieurs, leur lance-t-il, pour me fêter aujourd'hui ? 600 livres et plus ? Eh bien, donnez 600 livres à ces pauvres mendiants et demain vous serez mes convives.

***

La guerre civile, ce massacre fratricide entre protestants et catholiques, se déchaîne à nouveau. L'entente n'a guère duré ! Catherine met en œuvre toute sa ruse — Dieu sait qu'elle n'en manque pas ! — pour récupérer le jeune prince de Béarn. Si les réformés, comme ils en prennent le chemin, parviennent à occuper une grande partie de la France, quelle inestimable garantie entre les mains des catholiques que la présence parmi eux du premier prince du sang ! Machiavélique à souhait, la reine-mère charge même Jean de Losse, ancien gouverneur d'Henri lors de son séjour à la cour, de s'emparer de force du prince lorsqu'il se trouverait à la chasse. Mais Jean de Losse est arrêté en chemin par « la main de Dieu »... et par « un flux au ventre ».

Henri de Navarre est sauvé !

Aussi Jeanne donne-t-elle à son fils de fréquentes missions dont la plupart — il n'a pas encore quinze ans — sont simplement destinées à l'aguerrir. Ces manières d'exercices terminés, la reine de Navarre, au mois d'août 1568, juge préférable de quitter Pau, de rallier en chemin le maximum de troupes et, en compagnie d'Henri, de rejoindre l'armée huguenote commandée par son beau-frère Condé, qui occupe La Rochelle.

La reine et son fils « passent à trois doigts du nez de Monluc » chargé de les surveiller. Mais en cours de route, à Tonneins, Jeanne et Béarn sont rattrapés par La Mothe-Fénelon, envoyé par Catherine au nom du roi, afin de dissuader Henri de Navarre et sa mère de poursuivre leur voyage. La Mothe-Fénelon apprend vite à ses dépens qu'il ne doit pas adresser de remontrances à Henri, car celui-ci possède déjà un sens étonnant de la repartie.

— N'aggravez point par vos présences le feu qui embrase la France, conseille-t-il au prince.

— C'est un feu à éteindre avec un seau d'eau, affirme Henri, en souriant dédaigneusement.

— Mais comment cela ?

— En faisant boire le seau jusqu'à crever au cardinal de Lorraine, le vrai et le principal boute-feu de la France.

Jeanne, en revanche, ne plaisante pas. Elle affirme que le « cardinal marmiteux » ne reculera devant aucun moyen pour, « avec des finesses renardes, raser de la terre tous ceux qui font profession de la vraie religion ». Elle lui reproche encore de pousser le roi Charles à se boucher les oreilles afin de ne pas entendre « les plaintes des gens de bien » — entendez les protestants.

Mme de Béarn tient bon : elle ne regagnera pas Paris — et réfute les arguments invoqués par La Mothe-Fénelon.

— Ils me veulent attirer à la cour, et mon fils aussi, sous l'ombre de me vouloir honorer et me rendre médiatrice entre le roi et ses sujets de la religion réformée... Voilà de quelle glu sont frottées les belles paroles dont on me veut prendre à la pipée !

Elle l'avoue : « C'est alors que, vraiment, j'eus la guerre en mes entrailles... » — et l'on se hâte de renvoyer La Mothe-Fénelon à la reine Catherine en le chargeant de lui expliquer les raisons qui font prendre les armes aux Bourbons, à cette « tige de la fleur de lys au service de Dieu et celui de la vraie religion ». Mais surtout — et elle insiste sur ce point — il ne s'agit nullement pour les Navarre d'un crime de lèse-majesté. Jeanne et Henri demeurent « fidèles au roi » !

Le 28 septembre 1568, le prince de Béarn et sa mère font leur entrée à La Rochelle. Le maire, Jean de Labèze, les salue longuement, si longuement que le prince de Béarn lui répond par ces paroles teintées d'ironie :

— Je n'ai pas tant étudié pour savoir bien parler comme vous, mais je vous assure que, si je ne dis pas assez bien, je ferai mieux, car je sais beaucoup mieux faire que dire.

L'armée dite des princes sera bientôt forte de trente mille hommes et, sur le front des troupes, Jeanne remet à son fils sa première armure en lui disant :

— Toute l'Europe a les yeux fixés sur vous, vous cessez d'être un enfant. Allez apprendre sous Condé à commander !

A la tête des troupes royales, le duc d'Anjou, en dépit de ses dix-sept ans, a été nommé lieutenant général du royaume de France. C'est contre lui que se battront le prince de Condé et l'amiral de Coligny. Cependant, en attendant que l'armée royale puisse se rassembler, le Béarnais et son cousin, le jeune Condé, jouent un rôle passif. On préfère ne pas trop les exposer et ils se contentent d'assister en spectateurs à la prise d'Angoulême.

Lorsque le prince de Béarn arrive devant Loudun, il est surpris. Pourquoi ne se porte-t-on pas plus rapidement au-devant des forces royales ?

— Le duc d'Anjou, affirme-t-il, s'il se croyait assez fort, ne manquerait pas de nous attaquer. Marchons donc sans délai, la victoire est certaine !

On le calme...

Le 13 mars 1569, à Jarnac, le futur Henri III attaque l'armée des princes... qui est battue. Bien plus, Condé, alors qu'il redressait sa visière pour se rendre, reçoit du capitaine des gardes du duc d'Anjou, M. de Montesquiou, un coup de pistolet mortel.

Le découragement s'empare de l'armée huguenote.

C'est alors qu'à Tonnay-Charente Jeanne intervient. « De grand cœur et d'esprit mâle », elle engage ses bijoux, aliène certaines de ses terres, et offre la vie de son fils « pour la cause ». Puis Henri, aux côtés du grave amiral de Coligny, prononce ce serment devant le front des troupes :

— Sur mon âme, honneur et vie, je jure d'être à jamais tout à vous !

« Et cela, ainsi que l'annonce fièrement Jeanne à Théodore de Bèze, jusqu'à ce qu'il ait plu au Seigneur d'accorder aux Églises de France soit une sainte paix, soit quelque assurance de la liberté de conscience. »

On frappe douze médailles d'or pour fêter l'événement. Le prince de Navarre devient, à seize ans, le chef en second de l'armée huguenote renforcée maintenant par douze mille mercenaires allemands !

On quitte la molle Charente et la guerre reprend, en pays agenais cette fois. Catholiques et protestants se battent ensuite à travers les monts du Vivarais et de Bourgogne. Le premier vrai combat mené par Henri, dans l'ombre de l'amiral, se déroule à Arnay-le-Duc — et c'est pour Gaspard de Coligny une victoire.

Le sang coule, les incendies se multiplient, la haine se déchaîne. « Ces séditieux, communément appelés *hugueneaux*, raconte un syndic, font mourir de cruelle mort, forcent les femmes et violent les filles, constituant prisonniers jusque aux pauvres laboureurs et leurs enfants, les tenant prisonniers en grande détresse, pendus en l'air, ayant à l'entour de la tête une corde, et un billot au derrière pour leur faire rançonner or ou argent... »

Malheur aux combattants solitaires, surtout s'ils sont allemands : « Ils seront massacrés par les paysans que les lansquenets ont par trop pressurés et foulés. » Pauvre peuple ! comme l'écrit Henri de Navarre à Charles IX.

L'armée des princes est maintenant considérable et tourne en rond à travers le royaume en semant la terreur. Trois cents lieues de ravages, de flammes, de tueries et de « picorées », autrement dit de pillages.

Où s'arrêtera cette folie ?

Jeanne et surtout Catherine s'emploient à juguler cet horrible carnage et, après l'armistice du 14 juillet 1570, un traité de paix est signé, le 8 août, à Saint-Germain. Reprenant les termes de l'édit d'Amboise, il accorde aux protestants la liberté de conscience ; les réformés obtiennent en outre quatre villes de sûreté pour deux ans : La Rochelle, Cognac, Montauban, et La Charité. Bientôt, l'amiral de Coligny entrera au Conseil du roi Charles.

Sur ces entrefaites, la terrible Florentine découvre la liaison de sa fille, la coquette et ensorcelante Marguerite, avec le jeune duc de Guise déjà « fort caresseux des dames ». Arrière-petit-fils à la fois de Louis XII et de Lucrèce Borgia, Guise est un bel athlète blond. En apprenant les amours de la future reine Margot, Catherine et le roi Charles lui font une scène effroyable. L'ambassadeur de Florence, adressant une dépêche à sa cour, affirme que la jeune princesse a été « battue comme plâtre ». Faut-il le croire ?

Il est urgent, en tout cas, de marier le duc de Guise, afin qu'il comprenne que le sang de France n'est pas pour lui. Puis, réalisant le projet du défunt roi Henri II, Marguerite épousera Henri de Navarre. Éloigné de sa mère, le prince reviendra sans doute au catholicisme — du moins l'espère-t-on. Catherine y veillera ! Jeanne d'Albret ne voit dans l'union projetée qu'une chose : l'édit de Saint-Germain n'en aura que plus de force pour être appliqué. Elle reste cependant sceptique devant ce « surcroît d'honneur et de faveur » accordé à sa maison. Elle ne croit guère aux bons traitements qui lui sont promis :

— Je suis de complexion soupçonneuse !

La reine-mère et Charles souhaiteraient qu'Henri et sa mère viennent au plus vite les rejoindre au Louvre ou à Blois.

On tergiverse. La suite prouvera que la reine de Navarre avait quelque raison de se méfier... En attendant le départ, elle ironise en écrivant à Catherine : « Je ne sais pourquoi vous me mandez que vous voulez voir mes enfants et moi, et que ce n'est pas pour nous faire mal ; pardonnez-moi si, lisant ces lettres, j'ai eu envie de rire, car vous me voulez assurer une peur que je n'ai jamais eue, et ne pensais jamais, comme l'on dit, que vous mangeassiez les petits enfants... »

Catherine feint de croire que tout est arrangé et commence les négociations. Elle désire obtenir de Rome la double dispense permettant de passer outre les liens de sang qui unissent Henri et Marguerite (1) et la différence de religion qui les sépare.

Le pape — il fallait s'y attendre — rejette la demande. Catherine, sans s'émouvoir, ne tient pas compte de ce refus et prie le cardinal de Bourbon, frère d'Antoine, de célébrer la future union. Il n'est pas facile de trouver un évêque qui veuille bien assister le prince de l'Église. Prompt à la parade, Amyot, évêque de

(1) Voir tableau généalogique I en fin de ce volume.

Damiette, lance au duc d'Anjou, qui le prie d'accepter — et insiste :

— Monseigneur, puisque le roi accorde aux huguenots la liberté de conscience, il doit aussi me la laisser.

— Alors, riposte le futur Henri III, vous ne pensez pas que, nous autres, nous avons une conscience et que nous sommes catholiques ?

— Sa Majesté et Votre Altesse ont le devoir de prendre notre conseil. Mais en ce qui touche ma conscience et moi, je ne suis pas obligé de le demander à Votre Altesse.

Finalement, c'est l'évêque de Digne qui secondera le cardinal de Bourbon. Il le fera, on s'en doute, de fort méchante humeur...

Jeanne part bientôt pour Blois où séjourne la cour afin de débattre les conditions du contrat de mariage. Secrètement, elle espère — espoir utopique — extorquer à Catherine son consentement à la conversion au protestantisme de sa future belle-fille. Henri accompagne sa mère jusqu'à Agen. Il la rejoindra plus tard à Paris où, bien entendu, on ne s'attardera guère pour revenir au plus vite en Béarn. Il ne faudrait pas que le prince demeure au Louvre et soit pris en otage !

La mère et le fils se quittent.

Une lettre d'Henri rejoint Jeanne au château de Biron : « Je suis bien aise que vous vous portez si bien, répond Jeanne, et que *Pistolle* a fait ses petits, mais j'eusse désiré qu'il y eût plus de chiens que de chiennes... Je vous prie vous appliquer à vos devoirs plus qu'à votre plaisir... d'ouïr souvent les prêches et tous les jours les prières... »

A Tours, le 21 février 1572, Jeanne répète ses recommandations : « Je vous prie de ne bouger de Béarn que vous n'ayez reçu une seconde dépêche de moi... L'on ne parle que de vous faire venir et hâter, même avant la conclusion... »

Henri la tranquillise : « J'ai bien vu par votre discours

qu'ils ne tendent sinon de me faire aller à la cour, pensant me séparer de la Religion et de vous, mais je vous supplie de croire, quelque embûche qu'ils me puissent dresser pour ce fait, qu'ils ne gagneront pas, car il n'y aura plus jamais plus obéissant fils à mère que je vous serai. »

Arrivée à Blois, la reine de Navarre est horrifiée par la licence qui règne à la cour des Valois : « Je ne voudrais pour chose au monde, écrit-elle à son fils, que vous y fussiez pour y demeurer. Voilà pourquoi je désire vous marier, et que vous et votre femme vous vous retiriez de cette corruption, car encore que je la croyais bien grande, je la trouve encore davantage... Ce ne sont pas les hommes ici qui prient les femmes, ce sont les femmes qui prient les hommes ! » Ces femmes qui, comme le dira Montaigne, portaient des robes « ouvertes presque jusqu'au nombril ». Elle conclut : « C'est pitié que cette cour ! Je m'y fâche extrêmement... » Quant à la beauté de Marguerite : « J'avoue qu'elle est de belle taille, reconnaît-elle, mais aussi elle se la serre extrêmement. Quant au visage, c'est avec tant d'aide que cela me fâche, car elle s'en gâtera ; mais en cette cour, le fard est presque commun... »

Le 25 avril, elle recommande encore à son fils « trois choses, à savoir d'accommoder votre grâce, de parler hardiment et même dans les lieux où vous serez appelé à part, car notez bien que vous imprimerez à votre arrivée l'opinion que l'on aura de vous plus tard. Enfin, accoutumez vos cheveux à se relever, mais non pas à l'ancienne mode ; je vous recommande la dernière comme celle que j'ai le plus en ma fantaisie... Votre sœur a une bien fâcheuse toux et garde encore le lit ; elle boit du lait d'ânesse et appelle le petit ânon son frère de lait... » Celle qu'Henri nommera durant toute sa vie « petite sœur » sera une perpétuelle valétudinaire, malade de la poitrine.

S'il faut en croire Jeanne, les discussions entre les deux parties s'engagent difficilement : « Il me faut

Le caractère de Jeanne d'Albret a changé. Agrippa d'Aubigné l'a peinte « n'ayant de femme que le sexe et l'âme entière aux choses viriles ». (B.N./L.A.P.)

négocier tout au rebours de ce que j'avais espéré et que l'on m'avait promis ; car je n'ai nulle liberté de parler au roi... seulement à la reine-mère qui me traite à la fourche... Elle ne fait que se moquer de moi et dire à chacun le contraire de ce que je lui ai dit... » Les entretiens reprennent, se prolongent : « L'on me gratte, l'on me pique, on me flatte, on me brave, soupire encore la reine, et on me veut tirer les vers du nez. »

Tout semble à peu près s'arranger, mais Marguerite — le contraire eût été surprenant — gardera la religion de ses pères. Navarre reçoit enfin l'ordre de rejoindre sa mère au Louvre. En marche vers Paris, il se trouve de passage à Verteuil, au bord de la Charente, lorsqu'il apprend que la reine est tombée gravement malade à l'hôtel du prince de Condé, rue de Grenelle-Saint-Honoré. Elle est atteinte d'« une fièvre continue, causée d'un mal de poumons ». Henri se hâte, mais le lendemain, à Chaunay, à cinq lieues de Ruffec, alors qu'il se met à table pour dîner, le pasteur lit les oraisons « pour l'âme de la reine Jeanne », morte le 10 juin 1572.

C'est de cette manière qu'Henri apprend qu'il est orphelin. Le coup le frappe cruellement. Il quitte la table et se retire dans sa chambre pour cacher son profond chagrin. Ses amis entendent ses plaintes. « Je ne vous saurai dire en quel deuil et angoisse je suis réduit, qui est si extrême que c'est bien malaisé de le supporter. Toutefois, je loue Dieu en tout », écrit-il au lieutenant général en Béarn, le baron d'Arros.

Le voici devenu roi de Navarre. Sa mère, ayant senti venir la mort, a rédigé son testament, recommandant à son fils, « pour servir à l'honneur et gloire de notre Dieu », de suivre en tous points les directives de l'amiral de Coligny. Il devrait, en outre, « vivre selon l'institution que Dieu lui a fait la grâce de lui donner », autrement dit, demeurer bon protestant et « fuir les appas de volupté et corruptions ordinaires de ce monde ». Cette débauche dans laquelle Jeanne a vu la cour de Valois se vautrer !

La reine lui demande encore de protéger sa jeune sœur Catherine — elle est alors âgée de treize ans — afin qu'elle demeure près des femmes « réformées et de bonnes mœurs ». Bien sûr, elle ne pourra épouser qu'un prince protestant ! Ce ne sera d'ailleurs pas le cas...

Cependant, autour d'Henri, on laisse entendre que peut-être Jeanne n'aurait pas quitté ce monde de mort naturelle — alors que la malheureuse est décédée des suites de la tuberculose dont elle était atteinte depuis longtemps — et on juge qu'il est imprudent pour le nouveau roi de gagner Paris. N'y a-t-il pas à craindre quelque piège ? Coligny estime, lui, qu'il lui faut « observer inviolablement » les instructions de la défunte reine :Navarre doit se rendre au Louvre pour épouser Marguerite.

Lorsque Henri veut quitter Chaunay, la fièvre le saisit. Il ne partira qu'à la fin du mois, accompagné de neuf cents gentilshommes huguenots qui portent tous le deuil de la reine Jeanne — ces gentilshommes dont la plupart mourront le matin de la Saint-Barthélemy. Mais n'anticipons pas, pour l'instant ils sont tout heureux d'assister aux prochaines noces de leur roi !

Le 8 juillet, Henri est accueilli à Palaiseau, à six lieues de la capitale, par ses cousins Bourbons et, à la barrière Saint-Jacques, par les magistrats de la ville. Puis le cortège s'achemine lentement vers le Louvre. Quittant la rue Saint-Honoré, Navarre suit la rue d'Hostriche (1) et passe entre deux grosses tours rondes avant de pénétrer dans la cour, dont a disparu le célèbre donjon de Charles V (2). Le palais étant inachevé, l'ensemble de l'édifice paraît alors hétéroclite. L'aile, superbe, commencée sur l'ordre de François Ier, et le deuxième corps de bâtiment ne sont pas tout à fait terminés. Quant aux autres constructions destinées à former la cour carrée, elles ne seront pas bâties avant le règne du fils d'Henri IV.

Catherine loge son futur gendre dans l'appartement de l'attique occupé autrefois par la reine Eléonore, seconde femme de François Ier.

C'est dans ce cadre que le Béarnais vivra jusqu'à ce jour du mois de février 1576 où il faussera compagnie à Henri III.

(1) Que l'on écrira plus tard Autriche.

(2) On a achevé de dégager ses importants soubassements en 1986, sous la cour du Louvre.

Henri de Bourbon épouse Marguerite de Valois. « La plupart du temps elle allait le visage découvert... pour ne pas priver le monde de sa belle lumière. » (B.N./L.A.P.)

Chapitre III

Les noces sanglantes

Lorsqu'il revoit la brune Marguerite, le jeune montagnard béarnais se sent un peu impressionné. Le raffinement et la beauté éclatante de sa fiancée l'intimident.

— Ne trouvez-vous pas, dira plus tard Brantôme à Ronsard, que cette belle reine ressemble à l'aurore quand elle vient de naître, avec sa face blanche estournée de sa vermeille couleur ?

— Cela est vrai, monsieur, approuva Ronsard.

Il mit en vers cette charmante image et offrit le poème à Brantôme qui, hélas ! le perdit. Par bonheur, le poète fut également inspiré par d'autres appas de Margot et rima de plus belle :

Deux monts de lait qu'un vent presse et represse
Qui sur le sein, sans bouger, s'ébranlaient,
Comme deux coings enflés se pommelaient,
En deux tétins, messagers de jeunesse.

Les robes de l'époque les découvraient volontiers et Margot les arborait avec complaisance. Les dames d'honneur avaient la permission d'y poser leurs lèvres ; elles le faisaient, paraît-il, « avec ravissement ».

Étrange cour que celle des Valois !

Dans le visage de Marguerite, les lèvres voluptueuses et les grands yeux transparents, vifs et malicieux, attiraient d'abord l'attention. La jambe aussi était admirable. La jeune princesse suivait l'exemple donné par sa mère Catherine, qui avait inventé la « monte à l'amazone », ce qui permettait à la reine de montrer, en chevauchant, ce qu'il y avait de plus réussi chez elle.

Pas un homme, même les rois ses frères, ne résistait à son éblouissante beauté. Lorsque les ambassadeurs polonais arrivèrent à la cour de France, tous furent fascinés par la sœur de leur nouveau roi, et Albert, palatin de Céradie, déclara en se retirant :

— Non, je ne veux rien plus voir après telle beauté ! Volontiers je ferais comme d'aucuns Turcs, pèlerins de La Mecque, qui demeurent si aises, si éperdus, si ravis et si transis d'avoir vu une si belle et si superbe mosquée, qu'ils ne veulent rien plus voir après, et se font brûler les yeux par des bassins d'airain ardents, disant qu'après cela rien ne se peut voir de plus beau, ni ne veulent rien plus voir après.

Don Juan d'Autriche portait un jugement plus clairvoyant :

— Bien que cette beauté de reine soit plus divine qu'humaine, elle est plus faite pour perdre et damner les hommes que les sauver.

Marguerite aime les plaisirs de la conversation car elle y excelle. A Henri, à ce paysan béarnais, qui sent l'ail à deux pas, la future reine de Navarre aurait bien préféré épouser le duc de Guise. L'élégance, le raffinement, la haute stature de ce prince héroïque l'attiraient. Mais la politique, c'est-à-dire Madame Catherine, en a décidé autrement. La reine-mère a le plus grand désir de pacifier le royaume, ce beau royaume déchiré par le pire des fanatismes, en donnant sa fille au roi des huguenots. Certains historiens vous diront qu'en réalité la reine-mère n'a pas trouvé de meilleur moyen pour attirer à Paris tous les chefs protestants afin de les faire égorger en masse. Laissons à Catherine le bénéfice du

Marguerite de Valois. « On la prendra toujours pour une déesse du ciel, plus que pour une princesse de la terre », dira Brantôme. (L.A.P.)

L'amiral de Coligny qui, note l'ambassadeur d'Espagne, « gouvernait alors la France ». Il était parvenu à arracher le pouvoir des mains de Catherine de Médicis — ce qui mettait la reine mère hors d'elle-même. (B.N./L.A.P.)

doute : elle n'a point prémédité la Saint-Barthélemy — du moins avant le mariage de sa fille. Pour l'instant, elle n'en veut qu'au lugubre amiral Gaspard de Coligny, tête et cœur du parti huguenot.

L'année précédente, il était arrivé à Blois suivi de cinquante gentilshommes pour se rapprocher de la monarchie. Aussi rude que son oncle Montmorency, il avait comme lui quelques manies. Montmorency égrenait d'une main nerveuse son chapelet aux moments critiques, son neveu, lui, mâchait un cure-dent devenu légendaire. De même que l'on disait : « Dieu nous garde des patenôtres de Monsieur le Connétable », on soupirait : « Dieu nous garde du cure-dent de Monsieur l'Amiral. » Il avait paru faire amende honorable ; en réalité, il avait pris en quelques jours une autorité considérable sur Charles IX, enchanté d'échapper à l'autorité maternelle. Selon lui, les Français des deux religions devaient s'unir pour délivrer les Pays-Bas du joug espagnol.

Le 17 juillet précédent, à Mons, on a tenté de secourir le prince d'Orange encerclé par l'ennemi. Or, l'opération s'est soldée par un terrible échec. Quatre mille soldats ont été exterminés. Coligny en a eu « le cœur percé par un couteau aigu », et ne pense plus qu'à se venger. La reine Catherine, qui se cramponne à la paix, est atterrée. Assurément, l'amiral entraîne le royaume et son fils dans une aventure effroyable !

Fort de son influence sur le roi, — cet ascendant qui épouvante la reine-mère — l'amiral a haussé le ton, autant que son bégaiement naturel le lui permet et a déclaré d'un air menaçant :

— Sire, puisque l'avis de ceux-ci a persuadé Votre Majesté, je ne puis m'opposer à votre volonté, mais je suis certain que vous vous en repentirez. Quoi qu'il en soit, Votre Majesté ne trouvera pas mauvais qu'ayant promis appuis et secours au prince d'Orange je m'efforce de les lui fournir à l'aide de tous mes amis, parents et serviteurs, et même de ma personne s'il en a besoin.

Aujourd'hui, en ce mois d'août 1572, pendant le Conseil qui se tient au rez-de-chaussée du palais, Coligny, une fois de plus, développe son point de vue. En vain ! Il est battu : on ne fera pas la guerre à l'Espagne !

L'amiral, en se tournant vers Catherine, lance alors un nouvel avertissement :

— Madame, si le roi renonce à entrer dans une guerre, Dieu veuille qu'il ne lui en survienne pas une autre de laquelle il ne serait pas en son pouvoir de se retirer.

Néanmoins, Charles IX laisse Coligny ordonner le rassemblement de douze mille arquebusiers et de trois mille chevaux destinés à attaquer — un jour... — l'Espagnol. Si l'amiral a perdu, Catherine n'a pas encore gagné et ne décolère pas : ce maudit Coligny compromet la paix !

***

En attendant, on marie Margot.

Selon l'usage, la fiancée a passé la nuit à l'évêché. Le matin du lundi 18 août 1572 — un matin ensoleillé — « habillée à la royale, avec la couronne et le couet d'hermine mouchetée, toute brillante de pierreries et le grand manteau bleu à quatre aunes de queue », celle qui, dans quelques instants, deviendra reine de Navarre retrouve Henri devant le portail de Notre-Dame. Ses yeux sont humides des larmes qu'elle vient de verser. Elle s'est, en effet, « effondrée en pleurs ». Le fiancé, puisqu'il est protestant, ne pénètre pas dans l'église. C'est donc sur le parvis que le cardinal de Bourbon unit les deux cousins. Lorsqu'on pose la question rituelle à Margot, elle reste muette, jette un regard éploré vers le duc de Guise — et c'est le roi, vêtu « en soleil », qui, d'un brusque coup de main, oblige Margot à incliner la tête en signe d'assentiment. On doit se contenter de cet étrange consentement... qui servira plus tard de prétexte à l'annulation.

Henri laisse le duc d'Alençon — il va devenir son beau-frère — conduire Marguerite jusqu'à l'autel. Devant le transept, le roi de Navarre quitte Notre-Dame et, en compagnie de « quelques seigneurs de la Religion », attend à l'évêché que s'achève la longue cérémonie. Enfin, il regagne le transept et embrasse son épouse. Un banquet interminable est servi au premier étage, dans la grande salle des Gardes du

Louvre. Le festin est accompagné d'un défilé de rochers artificiels et argentés qu'on fait entrer dans la vaste pièce traînés sur des chars, et qui portent des dieux et des monstres marins, tandis que des musiciens chantent des vers français.

S'il faut en croire certains, la nuit de noces se déroula ensuite dans le plus profond silence... et le mariage ne fut sans doute pas consommé ce soir-là. Henri précisa même plus tard :

— On a été sept ans couchés ensemble sans s'entreparler.

Il est vrai que rien n'empêche de s'aimer en silence...

Le mercredi, un divertissement — ou plutôt une mascarade —, étonnante préfiguration du massacre, est proposé aux invités, dans l'hôtel du Petit-Bourbon, proche du Louvre.

Charles IX et ses deux frères, armés de pied en cap, gardent l'entrée du paradis, « à savoir les Champs-Élysées, un jardin embelli de verdure et de toutes sortes de fleurs », au milieu duquel s'ébattent une douzaine de gracieuses nymphes. Soudain, on voit apparaître des « chevaliers errants » — tous huguenots — conduits par le roi de Navarre et son cousin Condé. Ils veulent « gagner le paradis », mais les trois chevaliers « rompent la pique contre les assaillants » et à coups de coutelas « les renvoyent vers l'enfer où ils sont traînés par les diables et diabloteaux »... Le spectacle surprend l'auditoire. Les assistants se regardent stupéfaits. Les huguenots, plus particulièrement, sont médusés et manifestent un certain malaise.

Le lendemain, jeudi 21 août, se déroule une grande *Turquerie*. Navarre et ses amis, coiffés de turbans, ont revêtu des robes de drap d'or, Charles IX, d'Anjou et d'Alençon se sont déguisés en amazones, poitrines découvertes et arcs en bandoulière.

Les fêtes se sont ainsi prolongées durant trois journées et s'achèvent sans incident.

Le vendredi 22 août 1572, la vie reprend son cours. Comme d'habitude, Gaspard de Coligny se rend au Conseil qui se tient au Louvre, puis il quitte le roi peu avant 11 heures. Il sort du palais, franchit le pont-levis, puis le pont de bois qui enjambe le fossé de la vieille enceinte de Philippe-Auguste. L'amiral se hâte. Le lieu empeste. Il règne, en effet, à cet endroit, particulièrement en ce chaud mois d'août, une odeur d'autant plus nauséabonde que les valets viennent y jeter le contenu des chaises percées provenant « des chambres de courtoisie »...

Coligny s'engage maintenant dans l'étroite rue d'Hostriche. Cette voie, datant du XIIIe siècle, est une espèce de goulet. Étranglée entre deux jeux de paume, elle longe l'ancien chemin de ronde du rempart. Depuis François Ier, les femmes qui « tenaient bordeaux » tout le long de la rue ont disparu. Soudain, un coup de feu part d'une fenêtre du rez-de-chaussée de l'un des hôtels bordant la ruelle. C'est un certain Charles de Maurevert qui a tiré. Il perçoit une pension en qualité de « tueur du roy » et l'ordre d'arquebuser l'amiral lui a été donné par le surintendant François de Villiers, agissant au nom de Catherine, de son fils d'Anjou et, bien sûr, du duc de Guise.

L'amiral est immédiatement transporté chez lui, à son petit hôtel de Rohan-Montbazon, situé rue de Béthizy, et qui fait un angle avec la rue de l'Arbre-Sec. C'était à deux pas (1).

L'inévitable Ambroise Paré accourt. La blessure n'est pas très sérieuse ; le pire a été évité. Coligny a seulement un bras cassé et un index emporté. Décidément, Maurevert est bien maladroit ! Son arquebuse abandonnée rue des Fossés-Saint-Germain a été retrouvée : elle appartient à un garde du corps de « Monsieur », le futur Henri III.

(1) A l'emplacement du 114 de notre rue de Rivoli. L'hôtel a été détruit lors du percement de la rue en 1849.

Coligny calme ses amis qui l'entourent :

— Je vous prie de ne rien entreprendre et de renoncer à venger cette offense par les armes : ce serait rendre notre cause odieuse dans le moment que nos ennemis viennent de commettre une faute qui ne peut se déguiser ni excuser.

Lorsque Charles IX apprend que l'état de Coligny n'est pas trop grave, il s'exclame, sincère :

— Vous me voyez bien joyeux de ces nouvelles ! J'espère que l'amiral sera bientôt sur pied et me pourra faire à nouveau quelques bons et signalés services.

En compagnie de sa mère et de son frère d'Anjou — tous deux fort mal à l'aise — le roi rend visite à son cher amiral. Les larmes aux yeux, il affirme :

— Mon père, si la blessure est pour vous, la douleur est pour moi.

Et il ajoute qu'il « tirera de ce crime une vengeance si terrible que jamais elle ne s'effacerait de la mémoire des hommes ». Le roi l'ayant quitté, l'amiral apaise encore la colère de ses amis et les incite à la patience :

— Attendez avec moi ce que va faire le roi, qui m'a promis solennellement brève et exemplaire justice !

Cependant, Paris bouillonne « le sang mue aux bourgeois », on ferme les boutiques, des gentilshommes protestants accourent vers l'hôtel de Rohan-Montbazon. Ils n'ont que des mots de vengeance à la bouche.

— Que veut dire tout ceci ? s'étonne le roi. Voici que l'on me dit que le peuple se mutine et prend les armes ?

— Il ne fait ni l'un ni l'autre, intervient précipitamment Catherine, mais, s'il vous en souvient, vous avez commandé au bureau de la ville que dès le grand matin chacun se tienne en son quartier, de peur que quelque trouble n'advienne.

— Cela est vrai, reconnaît Charles IX... Toutefois, j'ai défendu que personne ne prît les armes ; en tout cas, je veux que l'on protège le logis de l'amiral.

Ce vendredi 22 août, Henri et son cousin Condé vont

voir le roi Charles. Les chefs calvinistes estiment qu'ils ne sont pas en sûreté dans Paris, d'autant moins qu'ils soupçonnent la vérité : Catherine et son fils Henri ont été les instigateurs de l'attentat. Aussi demandent-ils l'autorisation de quitter la ville. Le roi les tranquillise : il n'y a rien à craindre ! Bien plus, pour les rassurer, il propose de faire transporter Gaspard de Coligny au Louvre. On pourrait le coucher dans l'appartement de Marguerite de Navarre, situé dans l'attique méridional du palais. Ainsi serait-il soigné et protégé !

Les deux princes déclinent l'offre, ils préfèrent que l'amiral demeure à l'hôtel de la rue de Béthizy, où il sera préservé et entouré mieux qu'il ne le serait au Louvre. On emmagasine des cuirasses et des épées pour soutenir un siège éventuel. Sans vergogne, d'Anjou envoie à l'hôtel Rohan-Montbazon cinquante arquebusiers, auxquels Henri de Navarre joint cinq Suisses de sa garde personnelle.

Dès le lendemain, samedi, Charles IX fait demander des nouvelles du blessé. Tant de sollicitude exaspère la reine-mère. Elle estime que « l'affaire » s'engage mal. Ce même samedi matin, le Gascon Pardaillan lui a jeté à la face que les huguenots feraient justice eux-mêmes, si le roi ne le faisait point. Catherine a reçu cette menace comme un soufflet. C'en était trop ! Ce soir, il faut en finir et persuader son fils qu'une seule solution s'impose désormais : un massacre. Pour le convaincre, elle lui envoie Gondi, en qui Charles a toute confiance. Le tableau qu'il fait au roi de la situation est effroyable. Les huguenots vont certainement attaquer et venger leur chef ; il y va de la vie de la famille royale et de celle de l'État ! Catherine succède à Gondi et approuve :

— Oui, mon fils, le parti des huguenots s'arme contre vous. L'amiral a envoyé plusieurs dépêches en Allemagne pour lever dix mille reîtres, et aux cantons suisses pour réunir autant d'hommes de pied. Dans tout le royaume, les capitaines huguenots recrutent eux aussi des troupes. Les rendez-vous sont pris : le jour, le lieu.

A cette armée se joindront les alliés que comptent les huguenots hors du royaume. Et, faible comme vous l'êtes, en hommes et en argent, je ne vous vois en sûreté nulle part dans votre royaume.

Le roi est ébranlé et la reine-mère assène un dernier coup :

— A un si grand danger qui vous menace, et avec vous tout votre État, à tant de ruines et de calamités, au meurtre de tant de milliers d'hommes, un seul coup d'épée donné ce soir peut remédier...

Elle va légaliser la future tuerie. En une heure, Charles est convaincu au-delà de toute espérance et, lorsque sa mère lui demande s'il n'est pas effrayé d'assumer la responsabilité d'une aussi terrible décision, il trépigne, crie, hurle même :

— Il faut les tuer tous afin qu'il n'en reste pas un seul pour me le reprocher un jour !

Catherine a gagné. La machine à massacrer est mise en route.

Le roi mande auprès de lui le prévôt Le Charron et, en présence de la reine et du duc d'Anjou, l'avertit « que ceux de la nouvelle religion se voulaient élever, par conspiration, contre Sa Majesté et contre son État et troubler le repos de ses sujets et de sa ville de Paris ». Et il indique les mesures à prendre :

— Saisissez-vous des clés de toutes les portes de la ville, recommande-t-il ; faites-les soigneusement fermer. Vous tirerez tous les bateaux sur la rive droite de la Seine, et les ferez enchaîner. Vous appellerez aux armes tous les capitaines, lieutenants, enseignes et bourgeois capables de porter les armes, et les ferez tenir prêts aux carrefours pour recevoir et exécuter mes ordres. En outre, toute l'artillerie de la ville devra être prête tant dans l'Hôtel de Ville qu'en place de Grève.

Dans la nuit du samedi au dimanche 24 août, une sourde rumeur monte de la ville, les émissaires guisards galopent à travers Paris, l'Hôtel de Ville reçoit leurs directives, les troupes sont appelées à rejoindre leurs cantonnements, de lourdes chaînes barrent la Seine. Enfin, Guise réunit chez lui les principaux capitaines :

— Voici l'heure que, par la volonté du roi, il faut se venger de la race ennemie de Dieu : la bête est dans les toiles, il ne faut pas qu'elle se sauve...

A la lueur des flambeaux, les troupes royales se concentrent dans la cour du Louvre. Afin de se reconnaître dans la nuit, les hommes portent une croix blanche au chapeau et une écharpe blanche en sautoir. Dans son cabinet, Marguerite est inquiète « sans savoir de quoi », dira-t-elle. Une étrange angoisse l'étreint. Elle court vers sa chambre où Henri est couché. Trente à quarante gentilshommes entourent son mari. Marguerite « toute transie et éperdue » se glisse dans le lit. Mais, pas plus que les autres, elle ne peut dormir. Tous ont le pressentiment qu'un danger les menace. L'atmosphère est oppressante et le sommeil les fuit ; peut-être aussi pour oublier leur inquiétude, ils palabrent jusqu'au petit jour.

L'aube de la Saint-Barthélemy se lève.

L'air est déjà chaud et lourd. Le duc de Guise fait les cent pas devant la demeure de l'amiral. Il attend. Ses hommes viennent d'envahir l'hôtel où Coligny est couché. On n'oppose aucune résistance, la surprise est totale.

— Es-tu l'amiral, coquin ? demande l'un des tueurs — Besme, un spadassin tchèque — en entrant dans la chambre.

— Jeune homme, répond l'amiral, tu devrais avoir égard à ma vieillesse et à mon infirmité, mais tu ne rendras pourtant ma vie plus brève...

Dehors, le duc s'impatiente et crie :

— L'affaire est-elle finie ?

— Oui, Monseigneur !

— Eh bien, qu'on le jette par la fenêtre : M. d'Angoulême (1) ne le croira pas s'il ne le voit à ses pieds.

Guise n'a que le temps de reculer. Un grand corps, revêtu d'une robe de chambre, est jeté par la croisée et, dans un bruit sourd, vient s'écraser sur le pavé. Le duc se penche, sort son mouchoir, essuie le sang qui couvre le visage du cadavre, et se relève le sourire aux lèvres. A ce moment, arrive un envoyé du duc d'Anjou, le futur Henri III. Celui-ci, brusquement « épris de terreur et d'appréhension », ordonne expressément de ne rien entreprendre contre l'amiral. Madame Catherine, s'il faut en croire son fils, aurait, elle aussi, été épouvantée devant « les grands désordres qui s'allaient commettre ».

Mais il est trop tard !

Maintenant, on ne peut plus reculer : l'heure du monstrueux carnage a sonné, l'irréparable a été commis. Dédaigneusement, Henri de Guise repousse le cadavre du pied. Seize années plus tard, s'il faut en croire la légende, le roi Henri III, à Blois, frappera du pied le visage du Balafré, assassiné par les Quarante-Cinq, en criant :

— Ainsi que tu l'as fait à l'amiral couché sur le pavé de la rue !

Marie, la cloche de Saint-Germain-l'Auxerrois, sonne le tocsin sans relâche. Durant des heures, elle accompagnera la tuerie de son tintement lugubre. Quoi qu'on en ait dit, c'est toujours *Marie* qui sonne aujourd'hui les naissances, les mariages et les morts du quartier s'étendant des anciennes Halles au Louvre.

Et Henri ?

Fait à peine croyable, après une nuit de discussions fébriles, il se trouve à deux pas de la maison de l'amiral, et, dans l'ignorance totale des événements, il joue à la paume rue d'Hostriche avec son cousin Condé !... C'est

(1) Le bâtard d'Angoulême, fils d'Henri II.

là que des gardes viennent interrompre leur partie. Le roi les demande. En traversant la cour carrée, Navarre voit une trentaine de huguenots, parmi lesquels son ancien gouverneur Charles de Lavardin. Ils viennent d'être arrêtés et veulent suivre leur maître, mais les gardes les en empêchent.

— Adieu, mes amis, leur lance Henri, tandis qu'on l'entraîne avec Condé. Dieu sait si nous nous reverrons !

Charles IX apparaît à la fenêtre et assiste au meurtre des « parpaillots » demeurés dans la cour. Puis il se tourne vers les deux princes qui viennent d'être conduits dans la pièce. Avec virulence, il leur reproche d'avoir fomenté un complot contre lui. Toutefois, il leur laissera la vie sauve s'ils consentent à abjurer. Le malheureux roi écume :

— Messe, mort ou Bastille ! hurle-t-il.

Point de difficulté pour Henri qui, depuis son enfance, a été tiraillé entre les deux religions. Il demande simplement — il rirait sous cape si l'heure était à la plaisanterie — d'être instruit dans la religion catholique qu'il ne conçoit guère, affirme-t-il (1) !...

Au Louvre, Marguerite, qui était demeurée seule, pouvait enfin « dormir à son aise » : « Comme j'étais la plus endormie, voici un homme frappant des pieds et des mains à la porte et criant : “ Navarre ! Navarre ! ” Ma nourrice, pensant que ce fut le roi mon mari, court vivement à la porte. Ce fut un gentilhomme nommé M. de Leran, qui avait un coup d'épée dans le coude et un coup de hallebarde dans le bras, et était encore poursuivi de quatre archers, qui entrèrent tous après lui en ma chambre. Lui se voulant garantir se jeta dessus mon lit. Moi, sentant cet homme qui me tenait, je me jette dans la ruelle, et lui après moi, me tenant

(1) Condé résistera plus longtemps ; il s'inclinera cependant quelques jours après, cédant sous la menace d'une exécution.

toujours à travers du corps. Je ne connaissais point cet homme, et ne savais s'il venait là pour m'offenser, ou si les archers en voulaient à lui ou à moi. Nous criions tous les deux, et étions aussi effrayés l'un que l'autre. Enfin Dieu voulut que M. de Nançay, capitaine des gardes, y vint qui, me trouvant en cet état-là, encore qu'il y eut de la compassion, ne se put tenir de rire ; et se courrouça fort aux archers de cette indiscrétion, les fit sortir, et me donna la vie de ce pauvre homme qui me tenait, lequel je fis coucher et panser dans mon cabinet... »

Puis la reine de Navarre descend vers la chambre de son frère afin d'obtenir la vie sauve de Miossens et d'Armagnac, respectivement premier gentilhomme et premier valet de chambre de son mari. Le roi la lui accorde. A ce moment, Charles IX est-il occupé à tirer lui-même de sa fenêtre des coups d'arquebuse sur les huguenots qui tentent de fuir en barque sur la Seine ? Le fait est controversé, mais rien n'est impossible quand se déchaînent les passions.

La ville, étouffante de chaleur, est frappée de folie sanguinaire. Une vision de cauchemar ! Ce ne sont que hurlements de bêtes traquées s'achevant dans un hoquet de sang, ce ne sont que coups d'arquebuses, rires gras et cris de victoire des tueurs qui basculent les corps par les fenêtres. Le sire de Tavannes a trouvé une formule dont il n'est pas peu fier :

— Saignez ! Saignez ! La saignée est aussi bonne au mois d'août qu'au mois de mai !

On tue, on vole, tous les instincts s'assouvissent. « Les Parisiens se mettent au pillage avec une extraordinaire avidité, raconte le nonce Salviati, bien des gens ne s'étaient jamais imaginé qu'ils pourraient posséder un jour les chevaux et l'argenterie qu'ils ont ce soir dans les mains. »

A chaque carrefour, on empile en tas des « faces hideuses et couvertes de sang »... Enfin, vers midi, le carnage s'arrête... mais il reprendra de manière spasmodique, et c'est seulement le lendemain que les

La Saint-Barthélemy. « Le sang et la mort couraient les rues en telles horreurs, écrivait l'ambassadeur d'Espagne, que

Leurs Majestés mêmes, qui en étaient l'auteur, ne se pouvaient garder de peur dans le Louvre. » (B.N./L.A.P.)

meurtriers remettront les lames sanglantes au fourreau. Les corps des huguenots ont été basculés dans la Seine, par pleines charretées. Onze cents cadavres viennent s'amonceler au tournant de la rivière devant la colline de Chaillot, et il faudra envoyer des fossoyeurs qui enterreront les corps dans une île qui se trouvait là... Une île qui sera un jour rattachée à la terre ferme et sur laquelle on construira la tour Eiffel. On découvrira de nombreux ossements en creusant les fondations de la tour : c'étaient ceux des victimes de la Saint-Barthélemy, de ces noces sanglantes de la reine Margot et du roi Henri, qui firent trois mille victimes à Paris, et au moins trente mille en province. Bien qu'une *Chanson nouvelle* publiée au lendemain de la tuerie versifiât :

De savoir le nombre des morts
C'est une chose impossible ;
Sans fin, sans cesse les corps
Pendant la fureur terrible
Tant des mâles que des femelles
Étaient tous jetés dans l'eau
Pour emporter les nouvelles
Jusques à Rouen sans bateau.

Le 27 août, Charles IX, accompagné de sa mère, se rend au gibet de Montfaucon où le corps de Coligny a été exposé « alors qu'il commençait à rendre quelques senteurs, précise Brantôme... Aucuns qui étaient avec lui bouchaient leur nez à cause de la senteur dont le roi les en reprit en disant :

— Je ne le bouche comme vous autres, car l'odeur de son ennemi est très bonne ».

A la Saint-Michel — le 29 septembre —, Catherine ricane en voyant Henri, devenu son prisonnier, s'agenouiller devant l'autel et assister pieusement à la messe. Elle regarde les ambassadeurs étrangers, semblant les prendre à témoin de son triomphe. La terreur qui s'est abattue sur Paris et qui, telle une traînée de sang, s'est répandue à travers toute la France n'a pas affecté le moins du monde la reine-mère. Le lendemain du drame, Sully nous rapporte que « Catherine de Médicis et ses dames d'honneur se sont offert la lubrique satisfaction d'examiner sur des cadavres nus certaines vitalités masculines ». La Florentine n'est pas rongée par le remords ! Pourquoi le serait-elle d'ailleurs ? Ces atrocités, ne les a-t-elle pas souhaitées ? Elle se félicite même du résultat obtenu et, dans une lettre à Philippe II d'Espagne, le principal bénéficiaire de l'opération, elle souligne « l'énergie du moyen employé pour se défaire de sujets rebelles »...

Quelques jours plus tard — le 3 octobre — la terrible reine oblige son gendre à écrire au pape Grégoire XIII — elle lui aurait dicté sa lettre — pour supplier le Saint-Père « de lui ouvrir les bras de l'indulgence et de l'accueillir en la loi en laquelle il avait été baptisé ». Le roi de Navarre se prosterne ainsi humblement devant ce même saint pontife qui a accueilli l'annonce de l'hécatombe de la Saint-Barthélemy avec joie et en remerciant le ciel de ses bontés... Cette tuerie ne lui suffit sans doute pas et, le 20 novembre, le pape demande à son cardinal-légat, Mgr Orsini, d'exiger l'extermination totale de tous les huguenots français. Mais la reine Catherine, spécialiste en matière de double jeu, répond :

— Désormais, je ne permettrai pas que le pape mette sa main dans les affaires de France.

***

Si Catherine possède au plus haut point le génie de la dissimulation, Henri ne le lui cède en rien. Durant les trente-neuf mois où il sera l'otage de la Florentine — et de sa politique —, il se comportera parfois avec une duplicité digne de la reine-mère. Il ira jusqu'à sommer les États du Béarn de rétablir le culte catholique...

Sachant pertinemment que ceux-ci n'obéiront pas à cet ordre qui leur paraîtra pour le moins étrange. Avec un art consommé, Navarre jouera le double jeu qui lui est imposé. Il sera aidé d'ailleurs par Marguerite qui, lorsque sa mère lui proposera de faire annuler son mariage, refusera fièrement :

— Vous m'avez mise auprès de lui ; j'y dois demeurer !

Elle avait pourtant pleuré à la veille de ce mariage d'intérêt auquel sa mère l'avait forcée et cette attitude ressemble plus à une manière de vengeance qu'à une preuve d'amour. Cette vengeance s'est déjà exercée lorsque Catherine a demandé à sa fille si son mariage avait été consommé. Margot, en levant les yeux au ciel avec une feinte innocence, a répondu, non sans ironie :

— Je ne m'y connais pas encore en ce que vous me mandez.

Elle aurait même ajouté :

— Je pourrais dire, comme cette Romaine à qui son mari se courrouçant de ce qu'elle ne l'avait pas averti qu'il avait l'haleine mauvaise, lui répondit qu'elle croyait que tous les hommes l'eussent semblable, ne s'étant jamais approchée d'autre homme que de lui.

Si ce propos a été rapporté à son ex-amant, le duc de Guise, il a dû bien rire... Quoi qu'il en soit, Marguerite n'était certes pas une candide jeune fille lorsque Henri est devenu son époux. Celui-ci le dira lui-même avec sa verdeur coutumière :

— Elle n'avait pas mal débuté avant notre mariage, et tout le monde sera aisément persuadé que je n'ai pas eu besoin d'une grande vigueur pour emporter la bague à mon doigt.

***

La guerre allait reprendre pour la quatrième fois. Catherine exige de son gendre qu'il fasse partie de l'expédition royale menée contre la forteresse calviniste de La Rochelle. Ainsi que l'a fort bien expliqué Jean Héritier, il s'agissait d'un port dont les habitants étaient animés d'« un républicanisme protestant... un curieux mélange de survivance féodale ou communale et de théocratie biblique ».

Tous les princes, amis et ennemis, du parti des massacreurs et de celui des massacrés, sont donc présents à Nieul où se tient le quartier général de l'armée catholique, sous les ordres d'Henri, duc d'Anjou. Tous s'observent, se haïssent et intriguent... Pendant le siège, un troisième parti se forme groupant les « mal contents » des deux bords, composé de catholiques et de protestants partisans de la tolérance. On les appelle aussi les politiques. Allait-on continuer à s'entretuer pour ou contre la messe ?

D'une rare laideur, d'un tempérament anxieux et, ce qui est plus grave, parfaitement incapable, le duc d'Alençon — alors âgé de dix-huit ans — prend la tête des politiques, non pour réconcilier les Français — c'était bien là le cadet de ses soucis ! — mais par ambition personnelle afin de nuire au roi son frère. Navarre prête une oreille complaisante à ses projets et accepte même d'y participer, nourrissant le secret espoir de quitter la cour et de s'enfuir enfin vers son cher Béarn. Cependant, impassible, du moins en apparence, sans se trahir, il joue la comédie du « bon et hardi compagnon ». Henri participe effectivement au siège. On le verra même ordonner à ses propres gardes de prendre part à l'assaut général de la ville. Mais, est-ce lui qui recommandera à ses hommes d'attaquer en poussant de tels hurlements que, la garnison alertée, l'offensive échouera ?... Dans les deux camps, les soldats gascons ne sont pas dupes. Ils savent que leur roi combat contraint et forcé. On entendra, au-dessus des remparts, un soldat protestant assiégé demander à un assaillant gascon, catholique et assiégeant, des nouvelles « de *leur* roi de Navarre ». Certains affirmeront avoir vu le Béarnais viser « l'ennemi » avec une arquebuse à mèche. Mais l'avait-il allumée ?

Le siège est levé à la suite d'un événement qui bouleverse la cour des Valois. D'Anjou, grâce aux intrigues menées de main de maître par Catherine, est élu roi de Pologne et grand-duc de Lithuanie. Le nouveau souverain, bien que fort épris de Marie de Clèves — celle-ci, étant mariée au prince de Condé, ne pourra l'accompagner —, finit par accepter la couronne, sans se douter de ce qui l'attend sur les bords de la Vistule. La pittoresque ambassade polonaise semble venue d'un autre monde : les seigneurs portent de fluviales barbes blondes et sont vêtus de longues robes tissées d'or qui tombent jusqu'à terre. Ils sont, en outre, ceinturés de cimeterres et de carquois. Cette image moyenâgeuse aurait dû éveiller la méfiance d'Henri de Valois.

Charles IX, qui déteste son frère — décidément, on s'aimait peu dans la famille —, exige un prompt départ. Pour être certain qu'au dernier moment Henri n'hésitera pas à franchir la frontière, le roi tient à l'accompagner lui-même sur la route de l'Est. Bien sûr, Navarre est du voyage. Catherine a appris par Marguerite que les huguenots préparent un complot pour enlever le Béarnais et le duc d'Alençon, au cours de la randonnée. Mis au courant des projets de ses amis, Henri avait tressailli d'espoir, mais sa femme, estimant que c'était là « une entreprise fort pernicieuse », avait révélé le complot à sa mère.

— Promettez-moi que cela ne portera aucun préjudice à ceux que je nommerai.

Catherine accepta, mais, excédée, la reine-mère mit « les rebelles » dans son propre chariot, afin de les mieux surveiller. Arrivée à Vitry-le-François, la cavalcade s'arrête : le roi Charles crache déjà le sang et doit s'aliter. D'Anjou poursuit sa longue route et la cour regagne le Louvre. Le duc d'Alençon, appelé « Monsieur » après le départ de son frère, espère bien

Charles IX. « Il était grand de taille, mais un peu voûté, a écrit un contemporain, il avait le visage pâle, les yeux jaunâtres, bilieux et menaçants, le nez aquilin et le col un peu de travers... Il jurait et se parjurait sans grands scrupules... » (B.N./L.A.P.)

recueillir la succession française du nouveau roi de Pologne, et se voir attribuer le titre de lieutenant général du royaume.

Charles IX refuse.

Tout heureux de voir s'éloigner son frère d'Anjou, le roi essaye de se débarrasser maintenant de cet autre trouble-fête, le duc d'Alençon, en lui faisant épouser la reine Elisabeth d'Angleterre, qui pourrait être sa mère ! L'affaire n'aboutit pas et Charles, sitôt rétabli, se consolera de ses déboires familiaux en se livrant, avec une rage forcenée, à la chasse. Il manifeste un goût dépravé pour les plaisirs cruels, comme celui de fendre en deux de pauvres ânes, ou encore d'égorger des moutons...

⁂

Dix mois après ses noces sanglantes, Marguerite tombe éperduement amoureuse de Joseph Boniface, seigneur de La Mole, un gentilhomme à la barbe soyeuse. Il est âgé de quarante ans et son expérience émerveille Margot. « Ce gentilhomme, écrivait à son sujet le chroniqueur Pierre de l'Estoile, était meilleur champion de Vénus que de Mars... Il écoutait trois ou quatre messes tous les jours. Le reste du temps, il l'employait à l'amour, ayant cette persuasion que la messe ouïe dévôtement expiait tous les péchés et gaillardises qu'on eût pu commettre ; de quoi, le feu roi bien averti a dit souvent en riant que « pour celui qui voulait tenir registres des débauches de La Mole, il lui suffirait de compter le nombre de ses messes » !

Henri se moque bien des amours de sa femme ! Il en est autrement de Charles IX qui, mordu par la jalousie — avait-il été, lui aussi, l'amant de sa sœur ? —, monte un complot afin de surprendre le séduisant quadragénaire dans un des escaliers du Louvre qui mène à l'appartement de Margot. Mais son plan échoue, La

Mole ayant tout simplement emprunté un autre chemin pour rejoindre la reine de Navarre...

La Mole, en compagnie du duc d'Alençon, conspire. Leur premier objectif est de rallier Marguerite à la cause des politiques. D'Alençon « emploie toutes sortes de recherches et moyens pour se rendre agréable à mes yeux, écrit celle que l'on appellera familièrement la reine Margot, afin que je lui fasse amitié, comme j'avais fait au roi Charles... M'y croyant conviée par tant de soumissions et de sujétions et d'affection qu'il me témoignait, je me résolus de l'aimer et d'embrasser ce qui lui concernerait ».

Quant à Henri, son mari, il préfère roucouler aux pieds de l'une des plus appétissantes filles de l'escadron volant de Catherine. Elle a nom Charlotte de Sauve et, affirme un contemporain, a « la cuisse longue et la fesse alerte ».

La Mole et son ami Coconas — un nom qui prêtait à sourire... —, amant de la duchesse de Nevers, projettent de faire évader Navarre, Condé et d'Alençon, et de les conduire à Sedan, principauté alors indépendante. Henri ne se méfie pas... et, sur l'oreiller, confie le secret des conjurés à Charlotte de Sauve qui le révèle à Catherine. Charles IX entre dans une des terribles colères qui lui sont habituelles. Il ne se contient plus et renverse une table en hurlant : « Il faut les arrêter tous ! » Margot sollicite la grâce de son mari en rédigeant elle-même un plaidoyer qui justifie l'action et les sentiments du Béarnais. Le roi de Navarre, affirme sa femme, est satisfait de vivre à la cour et ne pense nullement à s'enfuir. Lors de l'interrogatoire que lui font subir les commissaires royaux, ceux-ci sont « tout étonnés de le voir si bien préparé ». Henri est sauvé — et du même coup d'Alençon, qui certifie, lui aussi, aimer son frère et sa mère. Il se déclare satisfait de la vie qu'il mène au Louvre — mais La Mole et Coconas sont condamnés à mort :

— Messieurs, soupire ce dernier, vous le voyez, les

petits sont punis et les grands, qui ont fait la faute, demeurent !

L'histoire n'est-elle pas un perpétuel recommencement ? Sur l'échafaud, La Mole murmure :

— Dieu ait merci de mon âme et la Benoîte Vierge. Recommandez-moi aux bonnes grâces de la reine de Navarre et des dames.

Selon la légende, les deux princesses auraient acheté du bourreau les têtes de leurs amants pour les faire embaumer. Quoi qu'il en soit, Marguerite et la duchesse de Nevers paradèrent au Louvre en robes de deuil semées de têtes de mort !

***

Charles IX, ce pauvre tuberculeux voûté, au visage pâle, aux yeux jaunâtres, « bilieux et menaçants », est atteint, nous l'avons dit, d'un mal atroce : l'hémorragie sous-cutanée. A Vincennes, se sentant mourir, il appelle à son chevet Henri de Navarre :

— Mon frère, lui dit-il en l'embrassant, vous perdez un bon maître et un bon ami.

Certes, on lui a dit beaucoup de mal de son beau-frère. Si le roi « l'avait voulu croire »,

— Vous ne seriez plus en vie, affirme-t-il.

Le 30 mai 1574, dans la chapelle neuve, la reine-mère Catherine et la reine Elisabeth prient Dieu pour que la mort épargne ce jeune Valois de vingt-quatre ans. Charles n'en est pas moins moribond. Il soupire :

— Maintenant, ma mère, je sais bien qu'il faut que je vous dise adieu et que je prenne congé de vous.

Il pense aux terribles luttes fratricides. Que de fantômes se pressent dans sa chambre ! Toutes ces « faces hideuses et couvertes de sang » dansent autour de son lit une ronde macabre ! Il appelle sa nourrice qui est huguenote :

— Ah ! ma nourrice, ma mie. Que de sang ! Que de meurtres ! Ah que j'ai eu de méchants conseils !

Et le roi Charles exhalant son dernier souffle s'enfonce dans la nuit éternelle.

Un homme vêtu de noir, une heure plus tard, traverse la cour : c'est le sieur Ambroise Paré, médecin de Sa Majesté, qui vient pratiquer une curieuse opération : il détache la tête du roi et l'emporte à l'abbaye de Saint-Antoine-des-Champs. Pendant cette étrange décapitation, une grande procession se prépare : le corps du roi Charles IX doit quitter Vincennes pour Saint-Denis. Cinq cents pauvres vêtus de noir et portant chacun un cierge de cire jaune sont déjà massés dans la cour... et Ronsard soupire :

Ah, malheureux cent fois, vieux château de Vincennes !
Parc et bois malheureux, coupables de nos peines !
En toi ce jeune prince a fermé ses beaux yeux
Dignes de voir toujours la lumière des cieux !

Lentement ce cortège funèbre parcourt les rues, transportant sous les yeux de la foule le corps décapité de son roi.

Henri de Navarre a fait un pas de plus vers le trône de France...

Un portrait peu connu du jeune roi de Navarre, acquis dernièrement par le château de Pau. « On m'accuse, dira-t-il un jour, d'être chiche ; je fais trois choses bien éloignées d'avarice : je fais la guerre, je fais l'amour et je bâtis. » (Pérony/Société des Amis du château de Pau)

Chapitre IV

Le « Reyot » s'évade...

« Je le trouve plus grand en une mauvaise qu'en une bonne fortune. »

Dès que le duc d'Anjou, qui devient Henri III, apprend la nouvelle de la mort de son frère, il décide d'abandonner ses sujets polonais. Il se sent si mal à l'aise parmi ces rustres ! Le 15 juin 1574, alors qu'il n'a régné que six mois sur les « Sarmates », il s'enfuit. Mais sitôt la frontière franchie, il muse en Autriche, puis s'attarde à Venise où il achète des parfums : il dépense pour onze cent vingt-cinq écus de musc. Le raffiné Henri III est ravi en découvrant la fourchette, cet ustensile si pratique permet enfin de ne plus manger avec ses mains, et, surtout, de ne pas salir l'encombrante fraise dont on était affublé, ornement à un tel point important que la tête semblait posée sur un plat (1).

Ce long détour énerve la reine-régente Catherine, qui trépigne littéralement d'impatience. Outre le

(1) On pouvait se protéger avec une serviette nouée derrière le cou, mais l'ampleur de la fraise était telle qu'il était souvent difficile d'en « joindre les deux bouts » — et l'expression passera dans la langue.

royaume dont elle a la charge, elle ne cesse d'espionner Navarre et d'Alençon afin de déjouer leurs éventuels complots et les empêcher de prendre la clé des champs. Point question de les laisser sans surveillance au Louvre ! Aussi Catherine, se portant vers la Savoie pour accueillir le nouveau roi, ordonne-t-elle à Henri et à François de l'accompagner afin de les mieux surveiller.

⁂

Henri III commence un règne qui durera quinze années. Quinze années de tueries, de guerres civiles et de complots. Années frivoles aussi où le roi, parfois déguisé en femme, des anneaux ornant ses oreilles, surprendra ses visiteurs et particulièrement les ambassadeurs étrangers.

Henri III est une bénédiction pour les historiens ! Selon leur humeur, leurs goûts, leur amour du paradoxe, leurs opinions politiques, leur désir de scandaliser ou de réhabiliter, ils peuvent, en faisant état de certains documents, en voulant en ignorer d'autres, camper du dernier Valois des portraits parfaitement opposés.

Il faut bien reconnaître que l'historien impartial plonge dans un abîme de perplexité s'il confronte les témoignages du temps. Un chroniqueur peint Henri III sous les traits d'un « guerrier amoureux », un autre compare le « doux roi à une très jeune fille tout adonnée aux dames », tandis qu'un troisième témoin peint cette « très jeune fille » sous les traits d'un « farouche et viril guerrier ».

Le comportement d'Henri III — le roi ayant dépassé la trentaine — est tout aussi déconcertant. C'est l'amoureux de Mlle de Châteauneuf ou de la princesse de Condé qui, apprenant la mort de cette dernière, se roule sur le sol, tombe évanoui, se frappe la tête contre les murs, et sombre dans la plus totale des prostrations. C'est l'homme, écrit l'ambassadeur d'Espagne à son maître Philippe II, « épuisé pour avoir été trop près des femmes ». C'est aussi le prince « d'agréable conversation et amateur de livres ». C'est enfin — et nous arrivons au portrait le plus populaire mais très excessif — la coquette parfumée, aux mains gantées, dormant avec ses carlins et ses guenuches, parmi un océan de coussins : un roi-bouffe hérissé d'aigrettes, rutilant de bagues ! Sully l'a même vu un jour porter « un panier plein de petits chiens pendu à son cou par un large ruban et il se tenait si immobile qu'en nous parlant il ne remua ni tête, ni pieds, ni mains »...

Mais ce joueur de bilboquet — cette bille plutôt, inventée par le menuisier parisien Boquet — est aussi un homme d'État qui souffre « mille morts » en constatant la triste situation de son royaume déchiré par les tenants des deux religions qui, aveuglés, fanatisés, pour servir leur idéal, commettent tant d'atrocités. Henri III n'est alors plus le duc meurtrier de la Saint-Barthélemy ! Il cherchera maintes fois à se rapprocher d'Henri de Navarre, en lui demandant soit de revenir à la religion catholique, soit de se réconcilier avec lui.

La vie à la cour reste aussi surprenante : « Nous sommes prêts à nous couper la gorge les uns les autres, écrit le futur Henri IV. Nous portons dagues, jacques de mailles, et bien souvent la cuirassine sous la cape... »

Le roi de Navarre et le duc d'Alençon demeurent le plus souvent dans leurs appartements : « Ils n'avaient d'autre exercice, rapportera le futur duc de Sully, qu'à faire voler des cailles dans leurs chambres. » Les deux princes sont l'objet d'une vigilance implacable. Chaque jour — le Béarnais le racontera — le capitaine des gardes pénètre dans leur appartement dont les fenêtres sont grillagées et « regarde dessous le lit s'il n'y avait personne ». Catherine espère ainsi garder bien en main son autorité et démontrer « son habileté en débrouillant

Henri joue la comédie de main de maître. Apparemment résigné, il déguise ses « déplaisirs ». — « On prend plus de mouches, remarque-t-il, avec une cuillerée de miel qu'avec vingt tonneaux de vinaigre. » (B.N./L.A.P.)

ce qu'elle-même avait le plus souvent brouillé ». On comprend que Navarre n'ait plus qu'une idée en tête : retrouver sa liberté.

Marguerite estime, non sans raison, que l'existence de son mari à la cour de France est de plus en plus menacée et qu'il serait prudent qu'il quittât Paris. Pour protéger sa fuite, elle trouve un subterfuge qu'elle raconte dans ses *Mémoires :* « Comme je sortais et entrais librement en coche sans que les gardes regardassent dedans, ni que l'on fît ôter le masque à mes femmes », la reine propose à son mari et à son frère de revêtir les robes de ses chambrières et de leur faire quitter le Louvre dans sa voiture, dissimulés sous cet accoutrement. Ils porteront même un loup puisque les dames de qualité, et celles qui ne l'étaient pas... sortaient alors masquées. Toutefois, pour réussir, l'opération devrait se faire en deux temps : « Jamais, poursuit la reine, ils ne purent s'accorder lequel des deux sortirait le premier... De sorte que ce dessein ne put être exécuté. » C'est son frère qui fit avorter le projet. En effet, d'Alençon, dévoré d'ambition, avait nourri le secret espoir de prendre la tête et le commandement des protestants. Pour réussir, il devait absolument devancer son beau-frère Henri.

Lamentable François d'Alençon ! Chez ce « petit moricaud au visage bouffi, ne rêvant que guerre et tempête », aucune qualité : le sang des Médicis prédomine ! Ce phtisique, qui porte également le prénom d'Hercule, bien mal choisi, est un traître, mais hélas, sans l'allure d'un Laurent le Magnifique ! Précurseur de Gaston d'Orléans, à l'heure du péril, il abandonnera ses amis avec une perfidie qui laisse pantois. François d'Alençon ne vécut que trente-deux ans, deux mois et vingt-trois jours, mais à lui seul réussira à empoisonner l'existence du roi Henri III plus que tous les protestants réunis — ce qui n'est pas peu dire !

Le 15 septembre 1575, il parvient, à l'aide d'une échelle de corde, à s'enfuir du Louvre par une fenêtre de la chambre de Margot. De là, il gagne l'abbaye Saint-Germain-des-Prés où l'attend son favori, le fameux Bussy. Le mur d'enceinte du couvent forme alors la clôture de la capitale. On pratique un trou dans ce mur et d'Alençon prend la route d'Angers. Deux jours plus tard, il apparaît sur les rives de la Loire.

Henri III est épouvanté.

La présence de son frère — et héritier — à la tête de l'armée protestante donne aux coalisés une apparence de légitimité et de légalité. Catherine de Médicis, elle-même, faiblit. La reine, qui a si souvent redressé la situation, sent que cette fois il lui faut traiter ! Suivie de son escadron volant de jolies filles et de sa cohorte d'astrologues, elle rejoint le duc d'Alençon au château de Chambord. Le duc dicte ses conditions : à titre de garanties, il exige un considérable apanage comprenant le Maine, la Touraine, le Berry et l'Anjou dont il portera désormais le titre de duc, puisque le précédent titulaire est monté sur le trône. Le roi, poussé par sa mère, s'incline et une trêve de sept mois est signée peu après. La liberté du culte est rétablie hors les villes fortifiées et, à Paris, sont créées des chambres de justice mi-partie huguenote et catholique. Huit places fortes sont laissées aux réformés, et l'on condamne formellement la matinée sanglante de la Saint-Barthélemy qu'Henri III appelle un « malheureux accident » auquel il ose affirmer « n'avoir eu aucune part »... Le gouvernement de la Picardie est concédé au prince de Condé et l'on promet de donner au Béarnais, lorsqu'on le relâchera, le commandement de la Navarre... qui lui appartient !

Henri, toujours prisonnier, poursuit ses amours avec Mme de Sauve, dont il apprécie « les tétins fermes et blancs emplissant bien la main du gentilhomme ». Il passe aussi d'agréables moments avec une certaine demoiselle de Rouet, fille d'honneur de la reine. Madame Catherine, s'il faut en croire un témoin, aurait commandé à cette jeune et adroite rouée « d'entretenir l'amoureux et de le complaire en tout ce qu'elle pourrait ». C'était, du moins la reine-mère le pensait-elle, un excellent moyen pour désarçonner Navarre.

Henri montre peu d'empressement à rejoindre le nouveau duc d'Anjou, d'autant qu'il lui est loisible de circuler plus librement. C'est avec philosophie qu'il assiste, ne pouvant rien y changer, aux écarts amoureux auxquels se livre Marguerite. Il a appris à dissimuler ses sentiments et donne même le change à son ami et écuyer le protestant d'Aubigné qui l'entend un jour pousser de lourds soupirs dans son lit :

— Sire, lui demande Agrippa, après avoir tiré le rideau, est-il donc vrai que l'esprit de Dieu travaille et habite encore en vous ? Vous soupirez à Dieu pour l'absence de vos amis. Or, vous n'avez que des larmes aux yeux et eux les armes aux mains. Ils comptent battre vos ennemis, et vous les servez ; ils les remplissent de crainte véritable, et vous les courtisez pour des espérances fausses !.. Ils sont à cheval, et vous à genoux... Vous êtes criminel de votre grandeur et des offenses que vous avez reçues. Ceux qui ont fait la Saint-Barthélemy s'en souviennent bien !

Pour sa part, il préfère quitter la place.

— Avisez, Sire, ajoute Agrippa, qu'après nous les mains qui vous serviront n'oseront refuser d'employer sur vous le poison et le couteau.

C'était peut-être une manière de chantage, mais cette sinistre prédiction pouvait aussi se réaliser. Henri le sait. Il hésite cependant encore. Certes, au Louvre, on le bafoue, mais d'autre part, être le second de l'ex-duc d'Alençon ou de son cousin Condé, tous deux à la tête des protestants ? Cela ne le tente guère. Pourtant, ne serait-il pas souhaitable qu'il devienne le chef du tiers parti qui se forme en France ? Il le dira, plein d'espoir :

— Peut-être, entre les deux religions, le différend n'est si grand que par l'animosité de ceux qui les prêchent. Un jour, par mon autorité, j'essaierai de tout arranger.

Brusquement, Navarre prend la décision de fuir, mais il commet l'erreur de mettre au courant certains de ses amis — dont Fervaques. Le 1er février 1576, il fait semblant de disparaître. On s'inquiète, on jure qu'il s'est enfui, on le recherche.. et on le voit surgir le lendemain, souriant et goguenard, tout botté comme s'il revenait de la chasse. Après ce coup d'essai, il faut passer à l'action. Le 3 février, Henri fait savoir qu'il courre le cerf du côté de la forêt d'Halatte, au nord de Senlis. Sans prévenir Marguerite de ses intentions, il part en compagnie du capitaine et du lieutenant des gardes. Henri est encore indécis. Le lendemain matin, d'Aubigné et Roquelaure rejoignent leur maître dans les faubourgs de Senlis. Agrippa a assisté la veille au coucher du roi et annonce :

— Sire, le roi sait tout par Fervaques, qui me l'a confessé ! Le chemin de la mort et de la honte, c'est Paris ; ceux de la vie et de la gloire sont partout ailleurs... Il est temps de sortir des ongles de vos geôliers pour vous jeter dans le sein de vos vrais amis et bons serviteurs.

Cette fois, Navarre ne tergiverse plus ! On se débarrasse au plus vite des deux officiers de garde en les chargeant de galoper vers le Louvre afin de porter à Henri III un billet, dont on n'a pas conservé le texte exact. Le Béarnais expliquait, paraît-il, à son beau-frère, qu'il ne pouvait supporter plus longtemps « les vilenies et les mépris dont il était abreuvé ». Bref, il préférait quitter Paris.

Henri III s'incline, et laisse même les amis du Béarnais, parmi lesquels se trouve un jeune page, M. de Rosny — il sera un jour le duc de Sully —, prendre le chemin de Senlis pour rejoindre leur maître. Le roi pousse la complaisance jusqu'à offrir à son beau-frère une somme de 12 000 livres et six chevaux de son écurie. Ils espère sans doute faire d'Henri un allié, plutôt qu'un ennemi. Néanmoins, il place des gardes près de sa sœur, au cas où l'envie de suivre son mari la prendrait.

Henri et ses compagnons se retrouvent à Fleurines, à une lieue et demie de Senlis. Ils descendent au grand galop vers la forêt de Montmorency qu'ils ont beaucoup de « peine à démesler en une nuit très obscure et fort glaceuse ». Ils se reposent durant quelques heures à

Saint-Prix, puis, le matin du 5 février, traversent la Seine en empruntant le pont de Poissy. Le brouillard monte du fleuve, et en attendant leurs compagnons — ceux-ci traverseront la Seine en barque —, Henri et d'Aubigné, tenant leur cheval par la bride, récitent le psaume :

Seigneur le roi s'esjouira
D'avoir eu délivrance.

Henri retrouve la religion de sa mère.

Agrippa d'Aubigné, historiographe du règne. (L.A.P.)

La petite troupe s'attable près de Montfort-l'Amaury et reprend des forces en se livrant à une « petite repue ». Un peu plus tard, les fugitifs s'approchent d'un village, à mi-chemin de Dreux et de Chartres, lorsque arrive à leur rencontre un gentilhomme, qui les prend pour une troupe régulière. Il s'adresse à Roquelaure

« parce qu'il était le mieux doré » et lui demande « d'exempter son village de logements » :

— Acceptez, ordonna Henri à mi-voix, à la condition qu'il nous guide jusqu'à Châteauneuf-en-Thymerais.

La place appartient, en effet, aux Bourbon-Vendôme. « Ce gentilhomme donc, en cheminant avec nous, poursuit Agrippa d'Aubigné, se mit à entretenir le roi de Navarre des galanteries de la cour et particulièrement des amours des princesses, où la reine sa femme en était une des premières actrices, en racontant des tours qui levaient la paille dont fut force au bon prince d'en rire comme les autres. Mais ce fut bien le diable quand arrivant de nuit à la porte de Châteauneuf, Frontenac cria au capitaine Lépine :

— Ouvrez vite la porte au roi de Navarre, votre seigneur.

« Notre pauvre chroniqueur des amours des princesses, qui reconnut à ces mots notre maître, en prit une telle frayeur, que je fus obligé, afin de le rassurer, de lui faire prendre un chemin détourné pour s'en retourner chez lui, où il n'arriva de trois jours tant la peur lui avait troublé la cervelle. »

⁂

Une fois de plus, la trêve achevée, la lutte reprend. La victoire d'Henri de Guise à Dormans, en octobre 1575 — c'est là que le duc a reçu sa balafre —, sur les reîtres allemands appelés par Condé et menés par Jean Casimir, n'était pas définitive : de nouveaux contingents ont franchi la Meuse au moment où Henri s'évadait. Le parti de François d'Alençon est à présent trop puissant et, poussé par sa mère, Henri III se résout à traiter. Catherine, toujours suivie de son escadron de filles d'honneur, est accompagnée cette fois par Marguerite et reprend le chemin de la Loire. L'entrevue a lieu dans l'abbaye où est enterré Foulques

Nerra. L'escadron volant a beau faire feu de toutes ses pièces, Margot « mignoter » son cadet, d'Anjou demeure inflexible. Le roi doit s'incliner. Le 7 mai 1576, les larmes aux yeux, Henri de Valois appose sa signature au bas de la *Paix de Monsieur*.

A Alençon, Navarre assiste au prêche « sans façon ni cérémonie », puis, à La Flèche, il fait célébrer un service « à la huguenote ». Cependant, il n'y a encore aucune abjuration officielle. Hésite-t-il ? Veut-il donner le change ? La gravité de la décision qu'il doit prendre lui fait-elle peur ?... Il faudra l'arrivée de sa sœur Catherine — elle le rejoindra à Niort — pour qu'officiellement Henri abjure enfin le catholicisme. Après avoir passé la Loire, le Béarnais se débonde. Il pousse un grand soupir, lève les yeux au ciel et s'exclame :

— Loué soit Dieu qui m'a délivré ! On a fait mourir la reine ma mère à Paris ; on y a tué M. l'amiral et tous mes meilleurs serviteurs ; on n'avait pas envie de me mieux faire si Dieu ne m'eût gardé. Je n'y retourne plus si l'on ne m'y traîne..

Et puis, il lance cette boutade en éclatant de rire :

— Je n'ai regret à Paris que pour deux choses que j'y ai laissées : ce sont la messe et ma femme ! Toutefois, quant à la première, j'essaierai de m'en passer, mais de l'autre je ne peux et je la veux ravoir.

Tout en galopant, Henri réfléchit. Peu à peu, l'idée que le royaume pourrait bien un jour lui appartenir s'insinue dans son esprit. Monsieur a une mauvaise santé, le roi souvent ne va guère, et la reine Louise, jusqu'alors, n'a pas encore mis au monde un dauphin. Aussi, au cours de cette même année 1576, Navarre s'exclame-t-il :

— J'ai plus grand intérêt à la conservation et au rétablissement de ce royaume que personne en ce monde.

En effet, le royaume des Valois, après la saignée des

guerres civiles, a bien besoin de se « rétablir » — et le roi de Navarre peut le constater à chaque étape de sa randonnée. Non seulement la famine est à l'état endémique, mais le clergé n'est que « simonie, paillardise, ignorance », l'orgueilleuse noblesse qui « piaffe » n'a en tête qu'ambition et rapines, enfin la justice n'est que corruption et convoitise. Quant aux pauvres villageois, « maigres, deschirez, langoureux », ils sont « pillés, meurtris en toutes les façons par le soldat insolent et cruel ». Un témoin résume la situation en affirmant que « le royaume n'est qu'un magasin du vice et a le goût de toutes turpitudes ». Brochant le tout : le drame des deux religions. Ce sont bien des « temps calamiteux », selon l'expression d'Agrippa d'Aubigné.

Pendant ce temps, le duc d'Anjou, comblé de faveurs royales, ne peut faire moins que de soutenir, aux états généraux réunis à Blois, la politique de son frère Henri III et de se déclarer l'ennemi des protestants. C'était bien grâce à eux cependant qu'il avait obtenu son apanage !

Les états, qui ne comptent qu'un seul député protestant — l'élu de la noblesse de Saintonge —, exigent qu'il n'y ait plus désormais en France qu'une seule religion. On vote, et l'exercice du culte réformé est déclaré interdit. Dogmatisants, ministres et pasteurs sont bannis.

C'est une fois de plus la guerre !

— Cela me fâche fort du sang qui se répand, soupire Henri.

Une guerre beaucoup plus féodale que religieuse. On ne se bat que pour soutenir les intérêts des grands, tels Navarre, Guise, d'Anjou, Condé, Mayenne, ou le maréchal de Biron. Ce dernier disait d'ailleurs avec une belle franchise :

— A quoi serions-nous bons sans les guerres ?

Et ces messieurs recrutent force reîtres, lansquenets ou troupes écossaises pour mieux s'étriper. Ce qui permet à Montaigne de s'exclamer :

— Monstrueuse guerre ! Nos armées ne se lient et ne se tiennent que par ciment étranger ! Quelle honte !

A la tête des calvinistes, le frère du roi avait à peu près reçu un royaume... Que n'obtiendrait-il pas en battant les huguenots ? Aussi, sans vergogne, prend-il maintenant le commandement de l'armée royale. Il commence la guerre contre ses anciens compagnons et met le siège devant La Charité. Du haut des remparts, les huguenots narguent le duc d'Anjou en ces termes :

En vain vous employez le blocus et la mine
Le canon ne peut rien contre La Charité
Bientôt vous détruiront la peste et la famine
Car jamais sans la foi n'aurez la charité.

Il n'y eut ni peste ni famine et la ville dut se rendre le 1er mai 1577. Trois jours avant la fin de ce même mois, d'Anjou commence le siège d'Issoire. Le mercredi 12 juin, il entre dans la ville. Il ne peut contenir ses hommes qui se livrent au pillage, brûlent et tuent « inhumainement tout ce qui se trouvait devant eux, sans discrétion ».

Et ce fut, à la fin du mois de septembre, la signature de l'édit de Poitiers. Une fois encore, on établit une paix, la paix dite du Roi, une paix bien éphémère !

***

Lorsque le roi de Navarre arrive à Agen, siège de son gouvernement, il constate à quel point la ville a souffert de la guerre. Un chroniqueur de l'époque en dresse ce tableau : « Il s'est trouvé en ce pays, qui n'est que de l'étendue de quatorze lieues de long et huit de large, plus de quatre mille maisons brûlées, une grande partie dudit pays, qui auparavant était fertile, rendue sans culture, le tout à faute du bétail de labourage, qui a été tout pillé, et à faute d'hommes de labeur aussi, qui ont été occis et massacrés. » De leur côté, les protestants démolissent toutes les églises devant lesquelles ils passent... « et après avoir fait les plus grandes ruines que la journée leur en pouvait permettre, ils mettent en feu tout le village. Ce ne sont que pilleries et massacres de part et d'autre ».

Cette haine acharnée, jusqu'alors irréductible, Navarre voudrait la dompter. Il a le plus grand désir de rétablir la paix religieuse, de trouver le terrain d'entente qui ferait taire les fanatiques des deux camps. Henri signe des ordonnances : les habitants sont invités « à vivre et à se comporter noblement les uns avec les autres, ni se quereller, injurier, provoquer, troubler ni empêcher respectivement en leur religion, jouissant de leurs biens sans rien entreprendre les uns contre les autres ».

Quant à lui, il déclare, philosophe :

— Ceux qui suivent tout droit leur conscience sont de ma religion ; et moi je suis de celle de tous ceux-là qui sont braves et bons.

Il s'adresse ensuite aux paysans, que l'on appelle des *bérets* car ils portent déjà cette coiffure typique de la région, et ordonne : « Tous les manants et habitants des villes et pays de Guyenne reçoivent commandement de vivre aimablement les uns avec les autres. » Afin de protéger les agents du Trésor, il est défendu de menacer et de maltraiter « les collecteurs de tailles, taillons, impôts et autres deniers royaux ». Il faut aussi mettre de l'ordre dans l'armée : « Les soldats y seront régulièrement enrôlés. Quiconque lèvera compagnie, sans commission de chef, sera dévalué et sévèrement puni. »

Le pillage est interdit : « Il est enjoint de ne prendre, tant pour les hommes que pour les chevaux, qu'en payant selon le taux qui en a été fait par le maître d'hôtel, sous peine de prison. » Quant à ceux qui « violenteront femmes ou filles », ils seront pendus.

Avec ces ordonnances, Henri commence sa vie de souverain. Il vient d'avoir vingt-quatre ans. Outre la fermeté, l'intelligence, la tolérance, il possédait — nous l'avons vu — la duplicité d'un prince et la ruse d'un paysan madré. Ses qualités font déjà pressentir l'homme de gouvernement, mais, en lui, il y a aussi un autre homme, l'homme du franc parler et du contact humain. Il lui arrive d'entrer à l'improviste chez ses amis afin « de tâter leur vin en passant », disait-il. Il envoie aussi des billets, entre autres celui qu'il adresse à Manaud de Batz, quand il faut repartir en guerre : « Mon faucheur, mets tes ailes à ta meilleure bête, j'ai dit à Montespan de crever la sienne. Pourquoi ? Tu le sauras de moi à Nérac ; hâte, cours, viens, vole, c'est l'ordre de ton maître, la prière de ton ami. »

Comment résisterait-on à un appel aux armes si affectueux ?

Henri recherche volontiers ceux qui lui tiennent tête. L'esprit de repartie l'enchante, ayant lui-même la réplique facile. Dans un village il avisera un paysan dont le sourire et les yeux pétillent de malice.

— Assieds-toi en face de moi, lui dit Henri, et dînons ensemble. Comment t'appelles-tu ?

— Sire, je m'appelle Gaillard, répond le paysan en prenant place vis-à-vis du roi.

Le roi éclata de rire :

— Gaillard ! Le beau nom que voilà !... Et peux-tu me dire, mon ami, la différence entre gaillard et paillard ?

— Sire, répondra le bonhomme, il n'y a que la table entre eux !

— Ventre-saint-Gris, j'en tiens un ! Je ne croyais pas trouver si grand esprit dans un village si petit !

Les exemples de sa vivacité d'esprit sont nombreux. Un soldat lui lance, alors qu'il passe devant lui :

— Sire, deux mots : argent ou congé.

— Soldat, quatre mots, lui répond notre Béarnais : ni l'un ni l'autre !

Un jour, son jardinier de Nérac se plaint :

— Sire, il ne pousse rien ici.

En croupe derrière Henri, le meunier de Capchicot reconnaît le roi. (Pérony/Soc. des Amis du château de Pau)

— Sème donc des Gascons, lui réplique le roi en riant, il en poussera partout !

Autre anecdote connue — mais on me reprocherait de ne pas l'avoir rapportée. A Capchicot, Navarre partage le dîner d'un charbonnier, Étienne de Saint-Vincent. Celui-ci ne l'a pas reconnu et, après le *chabichou* — le fromage de chèvre — et le traditionnel pain noir, Saint-Vincent sert la hure d'un sanglier qu'il a braconné dans quelque forêt royale.

— Surtout n'en dites rien à *long nez*, recommande-t-il.

Henri — le long nez — promet, bien sûr. Au matin, le charbonnier demande à partir avec son invité jusqu'au château de Durance où, d'après lui, se trouve le roi de Navarre.

— Je veux faire sa connaissance, mais comment le reconnaîtrai-je ?

— Tu le reconnaîtras, explique Henri : c'est le seul qui porte son chapeau sur la tête.

Le roi prend le charbonnier en croupe. En arrivant au château, et en voyant les courtisans, chapeau bas, qui s'avancent à la rencontre d'Henri, le charbonnier s'exclame :

— Il n'y a que nous deux qui ont leur chapeau sur la tête... C'est moi ou toi qui es le roi.

Henri se met à rire, et transformera plus tard la maison du charbonnier de Capchicot en manoir exempté du paiement de l'impôt.

Combien de fois, au cours de ses randonnées, en Guyenne et en Gascogne, passe-t-il la nuit dans quelque logis de rencontre ? Bien traité, bien nourri, il a toujours récompensé le lendemain matin ses hôtes (1).

Henri a le geste large. Ses chevaux ayant piétiné une récolte, il indemnise le soir même le propriétaire du champ. En 1578, il remboursera à un paysan de Tartas le prix d'une vache « que ses chiens avaient étranglée ».

A côté de ces fréquents élans de générosité, on est quelque peu surpris de constater parfois chez Navarre une certaine ingratitude. Agrippa d'Aubigné raconte qu'étant revenu en Gascogne en 1577, « après une longue et périlleuse course », le roi lui donna pour toute gratification son portrait — faute, assurément, de

(1) C'est ainsi que dans ma famille on prétend que le roi de Navarre, surpris par un orage, en 1578, près de Saint-Émilion, alla passer la nuit dans l'hostellerie du Bousquet. La femme de l'aubergiste le reçut si bien qu'Henri permit à son hôte de construire à la place de sa demeure une « maison noble » qui accordait le privilège au propriétaire de flanquer son logis de deux tours et de transformer ainsi sa maison en petit château. « Tu l'appelleras " le Castelot " » aurait dit le roi... *Se non è vero...*

moyens financiers. Agrippa fut « si piqué », qu'il écrivit au bas du tableau ce quatrain :

Ce prince est d'étrange nature
Je ne sais qui diable l'a fait,
Car il récompense en peinture
Ceux qui le servent en effets (1).

Il semble que d'Aubigné soit atteint de parti pris. Ses propos sont amers et teintés de fatuité. Se trouvant partout où il y avait de la gloire à acquérir, il s'attira « la haine et l'envie du roi de Navarre, affirme-t-il, à cause des louanges qui m'en revenaient et qu'il voulait toutes pour lui seul »... Et d'Aubigné de poursuivre : « Remarquez de quoi sont susceptibles les grands, voire les plus grands et les meilleurs. Le roi de Navarre, mon maître, quoique brave et doué de grandes vertus, était d'une nature envieuse, et blâmait volontiers les fautes de ses serviteurs, et ne souffrait qu'avec peine qu'on leur donnât des louanges, quand ils faisaient bien. » Agrippa ose même blâmer le roi :

— Sire, votre mémoire vous reprochera douze ans de mes services et douze plaies reçues sur mon corps en vous servant. Elle vous fera souvenir de votre prison et des mains qui vous écrivent et en ont rompu les verrous.

Agrippa, toujours lui, affirme qu'il trouva un jour, chez Mme de La Roque, « un grand épagneul qui avait accoutumé de coucher sur les pieds du roi de Navarre et souvent dans son lit entre Frontenac et lui. Cette pauvre bête — on l'appelait Citron — était alors abandonnée de son maître... Il mourait de faim. Il me reconnut, vint aussitôt à moi et me fit cent caresses. De quoi je fus si touché et attendri que je mis ce malheureux chien en pension chez une femme de la ville, faisant graver sur son collier ce sonnet :

(1) De commerce.

Le fidèle Citron, qui couchait autrefois
Sur votre lit sacré, couche d'ores sur la dure
C'est ce fidèle chien, qui apprit de nature
A faire des amis et des traîtres le choix.

C'est lui qui effrayait les brigands de sa voix,
Des dents les assassins. D'où vient donc qu'il endure
La faim, le froid, les coups, les dédains et l'injure,
Payement coutumier du service des rois ?...

Courtisans qui jetez vos dédaigneuses vues
Sur ce chien délaissé, mort de faim par les rues,
Attendez ce loyer de la fidélité.

En revoyant Citron et en lisant ces vers, Henri, rongé de remords, « changea de couleur »...

L'amour continue de tenir une place importante dans sa vie. Il s'y adonne avec des courtisanes, des paysannes de rencontre, et avec les dames de sa petite cour.

Passons sur les passades.

Il s'éprend d'abord de Jeanne de Tignonville, avec qui il jouait étant enfant, aussi l'appelle-t-elle encore avec un joli sourire « Navarre ». Toutefois, n'étant pas mariée, elle oppose aux assauts royaux une vertueuse résistance. Henri demande à d'Aubigné de lui servir d'entremetteur car, dans ce domaine, affirme-t-il, « rien ne lui est impossible » ! Agrippa refuse, bien que, s'il faut le croire, le roi l'ait supplié à deux genoux — ce qui paraît tout de même quelque peu excessif... Reste une seule solution : marier la prude avec François de Pardaillan, baron de Panjas — ce qui fut fait —, mais c'est sous le vocable de « la petite Tignonville » que l'Histoire a retenu son nom. L'état de femme mariée lui ayant donné de la curiosité... elle accepte de satisfaire celle-ci avec Henri.

Cependant, Marguerite lui manque. Henri, lorsqu'il était au Louvre, avait de longues conversations avec son épouse. Elle « n'était rien qu'esprit, prudence et savoir », disait-il.

— Elle ne m'était pas inutile. Sa considération fléchissait sa mère et ses frères aigris contre moi. D'un autre côté, sa beauté m'attirait quantité de braves !

Marguerite prétend, dans ses *Mémoires*, que son mari espérait sa venue, car « il retirait beaucoup d'utilité de son amitié ». Il est certain que la présence de la sœur du roi de France à Nérac ne pouvait qu'affermir l'autorité d'Henri de Navarre. Marguerite deviendrait la pièce maîtresse de l'échiquier politique. Henri envoie donc à son royal beau-frère des émissaires chargés de réclamer la venue de sa femme. Mais Henri III refuse de laisser sa sœur quitter le Louvre :

— Je l'ai donnée à un catholique et non à un huguenot, déclare-t-il avec mauvaise humeur.

Ce qui d'ailleurs est faux...

Cependant au grand contentement de Marguerite, on lui confie une mission aux Pays-Bas espagnols, sous le prétexte d'aller prendre les eaux de Spa. Les sujets de Philippe II s'étant une fois de plus révoltés, Henri espérait profiter du soulèvement des Flamands contre l'Espagnol. En les aidant à se libérer, peut-être pourrait-on former un royaume au profit du duc d'Anjou ? L'opération échoue... Et Margot, dès son retour, se met derechef à comploter avec son frère puîné. Pour en finir avec Margot et ses conspirations, Henri III autorise sa sœur à partir pour la Gascogne. Peut-être parviendra-t-elle à convertir le Béarnais...

C'était là singulièrement se méprendre !

Afin de donner plus de pouvoir à Marguerite, le roi la transforme en quasi-souveraine. Il lui cède l'Agenais, le Quercy, le Rouergue, le comté de Gaure, et nombre de « jugeries ». Son autorité s'étend jusqu'aux lisières des États du Béarnais, elle pourra ainsi plus facilement exercer son influence et rallier à la cause royale nombre de « rebelles ». C'est donc avec une satisfaction évidente, puisqu'on lui donne un rôle politique à jouer, que

Marguerite accepte de prendre la longue route du Languedoc, et non, comme le prétend Pierre de l'Estoile, « à son grand regret et corps défendant ».

Catherine a décidé d'accompagner sa fille. Elle poursuit toujours le même rêve : réunir catholiques et protestants au cours d'une conférence qui pourrait se tenir au château de Nérac, demeure habituelle d'Henri de Navarre. Afin que les deux reines puissent voyager en grand équipage, Henri III demande au clergé un décime et demi d'impôt extraordinaire... Les clercs — on les comprend — font la grimace, mais finissent cependant par s'incliner et ouvrir leurs aumônières, d'autant que le roi de France se rend ostensiblement à la messe dans toutes les paroisses de Paris, afin de prouver qu'il est « fort bon catholique, et que le clergé ne peut ni ne doit rien lui refuser de ce qu'il demande ».

Le samedi 26 juillet 1578, Marguerite et sa mère vont dire au revoir à Henri III, qui séjourne dans son château d'Ollainville, non loin d'Arpajon. Les deux reines sont suivies par près de trois cents personnes parmi lesquelles cavalcade l'indispensable escadron volant de Catherine. Charlotte de Sauve chevauche sa mule, espérant sans doute reprendre ses amours avec le Béarnais — si l'intérêt de la reine-mère l'exigeait...

Marguerite est étonnée que son mari ne se porte pas à sa rencontre à Bordeaux. La raison en est simple. D'abord le gouverneur, le redoutable maréchal de Biron, y règne, et Navarre est toujours au plus mal avec lui. Ensuite, les Bordelais lui ont fait l'affront de l'empêcher d'entrer dans leur ville. Aussi est-ce seulement le 2 octobre, à Casteras, une maison isolée à mi-chemin de la catholique Saint-Macaire et de la protestante La Réole, qu'Henri s'avance avec contentement au-devant de sa belle-mère et de sa femme. Catherine le racontera à Henri III : le roi de Navarre « nous ayant fort honnêtement, de très bonne grâce et, ce me semble, de très grande affection, et avec fort grande aise, saluées... Après le bon accueil que vous pouvez bien penser que nous lui avons fait, et nous étant entretenus un peu de temps de propos communs, nous sommes descendus de ladite salle et montés en mon chariot où il est aussi entré et venu avec nous jusque en ce lieu ».

Ce lieu est La Réole où Marguerite et Henri passent la nuit. Mais c'est seulement le lendemain que les époux partageront le même lit, car Henri dégageait un tel fumet que, le premier soir, Marguerite préféra dormir seule. Le roi de Navarre ne prête aucune attention à Charlotte de Sauve et s'intéresse à une autre demoiselle de la reine-mère, Victoire d'Alaya, qu'on appelle la Dayelle. Elle est jolie, espagnole et fait donc partie du lot des cinquante-six maîtresses répertoriées du Vert-Galant... C'est à peu près tout ce que l'on en sait ! Marguerite, qui a l'esprit large, ne prend nul ombrage des passades de son mari, à la condition, déclare-t-elle, qu'Henri lui conserve « honneur et amitié ».

Pendant que la reine de Navarre fait la connaissance de ses nouveaux vassaux, Catherine essaye de faire appliquer partout l'édit de paix d'Henri III. Le roi de Navarre « va, vient, et virevolte autour du cortège », ainsi que l'écrit joliment Philippe Erlanger. Lorsque la famille royale se trouve en pays catholique, le roi de Navarre disparaît... pour reparaître en terre huguenote. Catherine veut séduire Henri. Aussi, lorsqu'on lui présente les clés de la ville d'Auch, arrête-t-elle aimablement les échevins d'un geste gracieux :

— Gardez-les pour mon gendre !

Henri — un furoncle mal placé l'a retardé — arrive seulement le surlendemain sur les bords du Gers et de fort méchante humeur, car les Auscitains — tout comme l'avaient fait les Bordelais — lui ont dernièrement fermé la porte de la ville.

Alors que Catherine chasse la palombe, les Parisiens rapportent aux provinciaux les dernières nouvelles de

Paris. Les ragots vont bon train. Henri apprend le meurtre de Saint-Mégrin, « l'un des mignons frisés et fraisés » du roi Henri III. Vingt à trente hommes se sont jetés sur lui et l'ont lardé de coups de coutelas. L'instigateur de ce crime est, paraît-il, le duc de Guise lui-même, « pour le bruit qu'avait ce mignon d'entretenir sa femme ».

— J'ai bon gré au duc de Guise, mon cousin, s'exclame Navarre, de n'avoir pu souffrir qu'un mignon de couchette comme Saint-Mégrin le fit cocu ! C'est ainsi qu'il faudrait accoutrer tous ces autres petits galants de la cour, qui se mêlent d'approcher les princesses pour les mugueter et leur faire l'amour.

Tout semble aller le mieux du monde jusqu'au moment où d'Armagnac vient annoncer que le château de La Réole, place protestante, a été livrée aux catholiques. Aussi, à son retour de la chasse aux palombes, Henri accueille-t-il fraîchement sa belle-mère.

— Madame, nous espérions que votre venue assoupirait les troubles, et, au contraire, vous les allumez. Mais je suis le serviteur du roi de France, et espère qu'il se trouvera autant de gens de bien pour maintenir son service qu'il y en put avoir de méchants pour l'empêcher.

Catherine approuve et demande au maréchal de Biron de rendre la place aux huguenots, mais Navarre préfère agir par lui-même. Au cours d'un bal, le soir du 22 novembre 1578, il fit signe à Turenne et à Rosny :

— Avertissez, le plus secrètement que vous pourrez, tous mes serviteurs dont vous pourrez savoir les logis, ordonne-t-il, afin que dans une heure je sois à cheval hors de la porte de la ville, avec ma cuirasse sous ma jupe de chasse, et que tous ceux qui m'aiment et voudront avoir de l'honneur me suivent !

Ce n'est pas sur la route de La Réole qu'il galope avec ses compagnons, mais sur celle de Fleurance, capitale du comté catholique de Gaure, appartenant à Marguerite. La place est occupée après un bref combat et Henri revient à Auch en vainqueur.

— Il a voulu faire chou pour chou, constate en souriant la reine-mère qui veut avoir le dernier mot, mais le mien — celui de La Réole — est plus pommé.

A sept lieues d'Agen, des nymphes accueillent gracieusement les deux reines au château de Nérac, dont le corps de logis principal, fort élégant mais aujourd'hui disparu (1), s'élève au bord de la Baïse. Une Gasconne, la demoiselle Sauvage, montée sur une haquenée blanche, s'avance au-devant de Margot et lui récite un poème gascon — *Saludat d'un doux cant la plus belle deu moun*, écrit par Guillaume de Bartas, qui fait partie de la maison d'Henri en qualité d'écuyer tranchant. « La plus belle deu moun » offre son écharpe brodée à la jeune nymphe et remercie le poète qui l'a appelée « la Marguerite unique ».

On banquette, on danse, jusqu'aux fêtes de Noël que Catherine et Margot vont passer à l'abbaye du Paravis, sur les rives de la Garonne, car les huguenots de Nérac ont mis à sac l'église Saint-Nicolas qui se dresse à deux pas du château.

Le 2 février 1579, après une longue et difficile discussion, les conférences s'ouvrent enfin à Nérac. Henri commence par énumérer les brimades dont les huguenots sont victimes. Au cours des procès intentés aux prisonniers protestants, ceux-ci sont « promptement condamnés et exécutés à mort »... Il en est tout différemment lorsqu'il s'agit de détenus politiques. On refuse aux réformés d'être enterrés au cimetière de leur village ; ils sont inhumés dans un coin de leur jardin. Enfin, Henri accuse — et l'accusation est grave — les prêcheurs catholiques de pousser le peuple vers de nouveaux massacres en les persuadant qu'« on pense

(1) Il n'en subsiste qu'une galerie ajourée.

faire sacrifice agréable à Dieu de les tuer et meurtrir ». Et Navarre de conclure :

— C'est à mon très grand regret qu'il m'a fallu retourner aux armes... Je déclare que je ne les ai prises contre la personne du roi, mon seigneur souverain, ni contre son État et sa couronne, mais plutôt pour l'entière conservation de celle-ci.

Après un mois de propositions et de contre-propositions, les protestants obtiendront, pour une durée de six mois, trois nouvelles places de sûreté en Guyenne et onze places en Languedoc... dont Henri III rétribuera les garnisons. Les gouverneurs seront tantôt catholiques, tantôt huguenots. Toujours la politique de l'équilibre qui a été maintes fois rompu. Certains ministres huguenots, en agitant leurs longues manches noires, telles des ailes de corbeaux, ont menacé de quitter Nérac. Henri a dû se fâcher pour que ses coreligionnaires lâchent enfin quelques concessions.

La reine Catherine se dirige maintenant vers le Languedoc en passant par Toulouse et Castelnaudary. A Fanjeaux, Henri rattrape le cortège, voulant réitérer ses adieux à sa belle-mère. Ce geste émouvant touche la Florentine. Elle est tout sourire, et Henri accepte de lui sacrifier son « toupet de grands cheveux » qu'il porte autour de l'oreille gauche et qui agace au plus haut point sa belle-mère. Elle affirme que cette coupe de cheveux sert de signe de ralliement aux partisans d'Henri... « Il m'a permis de couper moi-même le toupet », annonce victorieusement Catherine à Henri III.

Les gentilshommes qui accompagnent le roi de Navarre sont bien obligés de suivre son exemple. D'ailleurs, Henri le leur a demandé :

— Il les faut tous couper et ôter !

Mais ils les laisseront bientôt repousser ! S'imaginer pouvoir résoudre, par un simple coup de ciseaux, des problèmes religieux aussi complexes et dramatiques relève de l'utopie.

Avant de regagner Nérac, Henri entraîne sa femme à

Le grand salon du château de Pau a été reconstitué sous le règne du roi Louis-Philippe. (Vincent Dubourg/Société des Amis du château de Pau)

Pau. Cette venue n'enchante guère les Palois qui persécutent avec acharnement les catholiques, et c'est « d'un fort mauvais œil, qu'ils virent arriver la reine dont ils avaient réclamé le divorce ».

C'est à Pau qu'Henri s'amourache d'une fille d'honneur de sa femme, Mlle Rebours qui, nous dit Marguerite, « était une fille malicieuse, qui ne m'aimait point, et qui me faisait tous les plus mauvais offices qu'elle pouvait en son endroit ».

Aussi est-ce avec un infini plaisir que la reine quitte

Pau « jurant et protestant qu'elle ne mettrait jamais le pied en ce pays-là, d'autant qu'elle voulait être libre en l'exercice de sa religion »...

Les époux s'acheminent maintenant vers Montauban : « Nous passâmes, raconte Marguerite, par une petite ville nommée Eauze, où la nuit où nous arrivâmes, le roi mon mari tomba malade d'une grande fièvre continue, avec une extrême douleur de tête, qui lui dura dix-sept jours, durant lesquels il n'avait repos ni jour ni nuit, et le fallait perpétuellement changer de lit à un autre. Il me rendit si sujette à le servir, ne me partant jamais tout près de lui sans me déshabiller, qu'il commença d'avoir agréable mon service et à s'en louer à tout le monde... »

Enfin, le 7 août 1579, on retrouve Nérac !

Une des ailes du château de Nérac que l'on peut encore voir aujourd'hui. (L.A.P.)

Chapitre V

Surprenant Nérac

A Nérac, la cour est « fort douce, car on n'y parlait que d'amour et des passe-temps qui en dépendent... ». Pendant que le roi et sa sœur se rendent au prêche, Marguerite et sa suite vont prier dans une ravissante chapelle élevée dans le parc même — dit le Jardin du Roi. Puis, les dévotions terminées, elles se promènent dans un très beau jardin orné de fontaines, flânant dans les allées de lauriers et de cyprès. Lorsque le temps le permet, on traverse la rivière et on musarde dans le parc rustique dessiné par Marguerite elle-même.

C'est la Garenne.

La reine y a fait aménager une allée de trois mille pas qui longe la rivière. On y retrouve encore aujourd'hui les bornes qui jalonnaient la promenade. Le reste de la journée se passe « en toutes sortes d'honnêtes plaisirs » — du moins Margot l'affirme-t-elle. Quand il fait chaud, la cour se dirige vers le pavillon des Bains, et l'on se baigne dans la Baïse. Parfois, pour se distraire, on va contempler le *tortuaire* destiné à l'élevage des tortues.

« Notre cour était si belle et si plaisante, raconte encore Marguerite, que nous n'enviions point celle de France. » La reine trouve les seigneurs et les gentilshommes qui accompagnent son mari « aussi honnêtes

Le pavillon de bains du château de Nérac, au bord de la Baïse. S'il faut en croire certains Néraçais d'aujourd'hui, Henri ne faisait pas que s'y baigner... (J. Darthial)

gens que les plus galants que je vis à Paris ; et il n'y avait rien à regretter en eux, sinon qu'ils étaient huguenots ». Mais on évite de parler de cette divergence. Le soir, on joue la comédie ou bien la petite cour danse. La reine a auprès d'elle un orchestre de musique de chambre, luth, musette et viole.

La reine de Navarre fait tourner bien des têtes et des cœurs, alors que son mari — ne sont-ils pas mariés « sous un régime d'infidélités mutuelles » ? — multiplie les aventures avec les dames d'honneur de sa femme... et l'on fredonne :

Il y a bien de la besogne
A regarder ce petit roi
Car il a mis en désarroi
Toutes les filles de sa femme.
Mais hélas ! que la bonne dame,
S'en venge bien de son côté !

En effet, écrit Henri, « il fallait que je souffrisse la complaisance qu'elle avait pour Clermont d'Amboise, qui l'embrassait souvent en déshabillé sur la porte de sa chambre, tandis que le soir, pour lui donner le temps de se mettre au lit, je jouais ou me promenais dans ma salle avec mes officiers ».

Margot s'étendait entre des draps de taffetas noirs qui faisaient ressortir le nacré de sa peau, tandis que mille bougies illuminaient sa chambre. Clermont d'Amboise n'était pas le seul privilégié qui pouvait, sans enfoncer la porte, pénétrer dans la chambre de Margot. D'autres eurent cette faveur, ainsi Henri de La Tour d'Auvergne, autrement dit le beau Turenne. Assez rapidement d'ailleurs, il s'éloignera « des passions qui tirent nos âmes et nos corps »... Margot ne regrette pas trop son départ, estimant que le vaillant soldat était un piètre amant : « Il fait penser, disait-elle, à ces nuages vides qui n'ont que l'apparence dehors »... Tout aussi beau, Jacques de Harlay de Champvallon, grand écuyer de Monsieur, lui succédera. C'est pour elle le coup de foudre et, lorsque « le seul soleil de son âme, son beau cœur, son tout, son Narcisse » — ainsi que la reine appelait son amant — devra quitter la Guyenne, Marguerite se sentira « réduite en un affreux désert... gravant mille et mille fois sur les plus durs rochers le nom et les beautés de son amant ».

La Dayelle s'est éloignée avec Madame Mère, et Henri se console plus ou moins simultanément avec une demoiselle de Montagu et une Mme d'Allous. Avec aussi Aimée Le Grand, qui avait épousé Jean de Sponde, dont d'Aubigné nous dit « qu'il n'avait rien de public que sa femme ». Une certaine Arnaudine, puis une inconnue nommée « la garce de Goliath » font de fugitives apparitions dans la vie du roi. Catherine de Luc, fille d'un médecin d'Agen, leur succède. Lorsque Henri l'abandonne, elle se laisse mourir de faim plutôt que de vivre pour l'enfant dont le roi lui a fait présent en guise de souvenir. Anne de Cambefort, apprenant que son royal amant la délaisse, emploie une méthode plus rapide : elle se jette par la fenêtre lorsque le volage reprend sa route.

Henri fait l'amour avec esprit : « Quand on lui produisait la " Fanuche " qu'on lui faisait passer pour pucelle, il trouva le chemin assez frayé, et il se mit à siffler.

— Que veut dire cela ? s'étonne-t-elle.

— C'est, répondit-il, que j'appelle ceux qui sont passés par ici.

— Piquez, piquez, dit-elle, vous les rattraperez. »

Il semble que les femmes de Nérac se seraient crues déshonorées si elles n'avaient pas été remarquées — au moins une fois — par le maître de logis. Quant à la maîtresse de maison, elle ne parvient toujours pas à s'habituer à « la fâcheuse senteur de l'aile et du pied » de son mari. Henri l'avoue lui-même :

— Ne vous étonnez point si, poudreux et suant au retour de la chasse, ma femme avait mal au cœur de me caresser, jusqu'à faire changer les draps où nous avions seulement demeuré qu'un quart d'heure ensemble.

D'Aubigné affirme que le roi était « envahi de parasites. Ces poux espagnols qui, las de posséder les parties basses, ou étant trop pressés au logis, avaient pris un domicile évident dans les aisselles et le rond des cheveux, siège de la couronne ». Heureusement l'influence de la reine s'exerce sur Henri qui, le soir, abandonne son accoutrement usé et troué de coureur des bois pour revêtir des pourpoints soyeux noir et blanc, des chausses de vives couleurs et des collants de toile de Hollande. Il porte même parfois des bas de soie. Dans l'inventaire de sa garde-robe, on trouve encore « des manteaux de reistre écarlate rouge avec passements d'or et d'argent », ainsi que « des capes de frisé d'Espagne ». Bien plus, il lui arrive de se laver ! Du moins, d'après les comptes de Nérac où l'on découvre avec une heureuse surprise l'acquisition d'une « éponge pour laver la tête du roi », et aussi, peut-être dans le but de purifier son haleine ou de soigner ses dents cariées, un ordre d'achat « d'or pour aurifier ses dents »...

Ces comptes montrent également la générosité d'Henri envers Margot. Il la couvre de bijoux et lui fait présent de tissus pour ses robes, de gants parfumés, raffinement à l'époque... surtout quand ils étaient empoisonnés. Ce qui, en l'occurrence, n'était pas le cas.

La reine de Navarre, férue d'humanisme et de platonisme — le *Banquet* de Platon n'est-il pas son livre de chevet ? —, aime discuter longuement de problèmes philosophiques avec Michel de Montaigne, qu'Henri a nommé gentilhomme de sa chambre. Margot a bien vite « desrouillé les esprits et fait rouiller les armes ». Pour elle « un cavalier est sans âme s'il est sans amour », et, précise Agrippa d'Aubigné, « l'exercice qu'elle en faisait n'était nullement caché »...

Il régnait au château de Nérac une extravagante atmosphère. Le roi, d'humeur gaillarde, donnait le ton. « Cette cour, nous dit un chroniqueur, où, à table, les gentilshommes prenaient l'habitude de mettre plus fréquemment la main aux fesses des dames qu'aux plats pourtant savoureux qui leur étaient servis. » Henri ayant eu « une fort grande faiblesse qui lui venait d'excès qu'il avait fait avec les femmes », Marguerite, compréhensive, le soigne avec dévouement.

La seule conquête du roi qui, à cette époque, ait été sérieuse et fît vivement battre son cœur — peut-être pour la première fois — fut la toute jeune Françoise de Montmorency-Fosseux, dite la Fosseuse, si jeune — elle avait quinze ans — qu'il l'appelait « ma fille », alors qu'il n'avait lui-même que vingt-cinq ans ! Moyen commode, nous dit Raymond Ritter, « de passer avec plus de commodité des privautés innocentes à celles qui ne le sont pas ». La petite Fosseuse était gourmande. Aussi Henri fait-il d'abord sa cour en gavant la jeune fille de confiture de Gênes et de « poire de safran de Tours » ; il se permet, en échange, des « cajoleries bizarres ». Elle cède au désir du roi pendant le séjour de la cour à Montauban, poussée d'ailleurs par Margot qui la trouve « tout enfant et toute bonne ». Après que l'enfant fut devenue femme, elle prend une autorité insoupçonnée, parle à Marguerite avec arrogance et cesse de « se gouverner avec honneur ». La reine déconcertée change d'avis : « Fosseuse, qui aimait extrêmement le roi mon mari, explique-t-elle, s'activa tellement à le contenter, que le malheur fut si grand qu'elle devint grosse. » Aussi, une nuit de 1581, Henri réveille-t-il sa femme en tirant le rideau du lit :

— Ma mie, obligez-moi tant de vous lever à cette heure, et allez secourir la Fosseuse qui est fort malade... Vous savez combien, je l'aime !... Je vous prie, obligez-moi en cela !

La Fosseuse attendait un enfant pour cette même nuit.

— Je vous honore trop pour m'offenser d'une chose qui vient de vous, repartit Marguerite en souriant avec ironie et en prenant le chemin de la chambre de la future accouchée.

« Dieu voulut qu'elle ne fît qu'une fille qui encore était morte », expliquera Marguerite en se remettant au lit.

Cette première bâtarde mort-née ouvrira une liste impressionnante d'enfants de l'amour. Cette abondance de rejetons illégitimes, ce goût pour les amourettes et les amours adultères, cette exubérance de paroles pittoresques et cette vivacité d'esprit, bref tout ce trop plein de vie donnera naissance à ce personnage légendaire qui fait du « bon roi Henri » — un jour le Vert-Galant — le souverain le plus populaire de l'histoire de France.

Il serait malhonnête de taire les lacunes de ce tableau de légende. Quand l'ardeur de sa passion commence à s'éteindre, il lui arrive de faire cruellement souffrir les femmes qu'il a aimées à la folie. Il est égoïste, d'une lésinerie excessive, sauf pour ses maîtresses. Il jette l'or à pleines poignées sur leurs lits, ce qu'il regrette d'ailleurs par la suite, car cette générosité compromet l'instable et difficile budget du royaume. Henri est cynique et, à force d'employer la ruse, il devient menteur. Avec une légèreté incroyable, lorsque « les feux de l'amour l'embrasent », il se détourne de ses devoirs. Son conseiller intime, Duplessis-Mornay, lui reprochera un jour son manque de conscience :

— Vos amours auxquelles vous donnez tant de temps, ne semblent plus de saison. Il est temps que vous fassiez l'amour à toute la chrétienté, et particulièrement à la France !

Henri s'efforce d'écouter les conseils de Duplessis-Mornay « pour donner quelques règles à sa vie ». Son ami lui recommande d'être habillé à 8 heures du matin au plus tard et de se rendre après la prière au Conseil. Le dîner pourrait être servi à 10 ou 11 heures du matin et le souper à 6 ou 7 heures. « Jusqu'au dîner le temps se passera en tel plaisir ou exercice que le roi trouverait bon, sauf les jours de prêche, où son dîner sera entretenu de quelques bons propos, auxquels ceux de son Conseil pourraient assister... L'après-souper serait aussi libre et le ministre (du culte) se trouverait à 9 heures du soir dans sa chambre pour prier... » Et Mornay conclut : « Le règlement de sa Maison suivrait aisément celui de sa personne, car chacun, même en particulier, s'y voudrait conformer. »

En dépit de la toute relative sagesse du Béarnais, les intrigues amoureuses de Nérac parviennent aux oreilles d'Henri III qui les répand complaisamment — et mignons et archimignons font chorus !... Pour se venger de son frère, Margot et ses femmes exhortent leurs maris et leurs amants à reprendre les armes. De leur côté, les favoris d'Henri III, nous dit d'Aubigné, « y furent pareillement incités par leurs maîtresses qui voulaient de leur côté tirer vanité de la bravoure que leurs amants y feraient paraître ». On appellera ce nouveau conflit armé la « guerre des amoureux ».

Les hostilités reprennent en Guyenne, et, au mois d'octobre 1579, Henri écrit à François de Montesquiou, baron de Faget et d'Auriac : « Faget, je m'en vais avec mon armée joindre les troupes de M. de Montmorency pour secourir Brugairolles. Je te prie que je trouve prêt et accommodé, qu'il ne faille que mettre le pied à l'étrier ; et avoir quitté le lit pour être de la partie... P.S. J'irai tâter de ton vin en passant ! »

L'animosité entre le roi de Navarre, gouverneur de la Guyenne, et son lieutenant général, le catholique Armand de Gontaut, baron de Biron, atteint son paroxysme. Les deux hommes auraient d'ailleurs pu s'entendre — ils le feront un jour — mais, en attendant, comme le dit Brantôme, « de capricieux à capricieux, et de brave à brave, malaisément la concorde y règne ».

Avant de mettre sa cuirasse, Henri prend sa femme à témoin : Henri III est un dissimulateur qui a bien caché son jeu depuis le traité de Nérac. Navarre a vainement pris de la peine pour y apporter de la douceur : « Tout cela n'a aguerri de rien ; le mal, s'augmentant toujours, s'est rendu presque incurable. Le roi Henri III dit qu'il veut la paix : je suis content de le croire, mais les moyens dont son Conseil veut user tendent à notre ruine... » Et aujourd'hui, « nos ennemis sont à cheval, les villes ont levé les armes », alors que les protestants se sont laissés surprendre — du moins notre Béarnais l'affirme-t-il.

⁂

Souvent quelques centaines d'hommes, ou même moins, s'affrontent en des combats fratricides. On fait le siège de petites places et un auteur de l'époque donne des recettes à la population affamée pour accommoder non seulement les rats, qui sont, dit-il, « meilleurs à l'étuvée », mais aussi les peaux, les « harnois de cheval », qu'il donne le conseil de laisser tremper et de faire longuement bouillir. Que d'images d'horreur insoutenables ! Ainsi, ce vigneron, nommé Simon Potard, et sa femme, tenaillés par la faim, qui se jettent avec bestialité sur la cervelle et les viscères de leur fille âgée de trois ans, déjà « morte toutefois de faim » !

Henri de Navarre n'est pas fâché de montrer à Condé, qui se pose toujours comme le chef des réformés, ce qu'il est capable de faire l'épée à la main... sans son cousin. Il réunit ses partisans, gentilshommes et arquebusiers, et s'empare par surprise de Cahors, une ville bien fortifiée, dont la garnison compte deux mille cinq cents hommes d'armes que la forme de leur casque a fait appeler les « salades ». L'actuel pont Valentré, jadis flanqué d'une poterne, de deux bastions et d'une porte bardée de fer, permet de se rendre compte de la puissance des remparts et des défenses qui entouraient la ville. Le roi de Navarre, l'épée ébréchée à force de ferrailler, se montre dans l'affaire vaillant capitaine et mène l'assaut avec furie, tandis que l'on crie « Charge ! Charge ! Tue ! Tue !... » Le tintamarre de la « pistolade » se prolongera durant quatre journées de barricade en barricade, « sans avoir bu ni mangé, raconte le

Le pont Valentré qui, à Cahors, enjambe le Lot. « A l'entreprise de Cahors, écrira Marguerite, le roi, mon mari, fit paraître sa prudence et valeur, non comme un prince de sa qualité, mais comme un prudent et hasardeux capitaine. » (Roger-Viollet)

futur Sully, qu'un coup et un morceau par ci, par là, en combattant, ni dormi que tout debout, armes et cuirasses appuyées sur quelques étaux de boutiques »...

Nous sommes le 1er juin 1580. Alors que ses pieds sont « tout fendus et saignants », Henri, fourbu, harassé de fatigue, pense aux épouses de ses compagnons qui s'inquiètent : et voici le billet qu'il expédie fort gentiment à Mme de Batz : « Je ne me dépouillerai pas, bien que je sois tout sang et poudre, sans vous bailler bonnes nouvelles, et de votre mari, lequel est sain et sauf. Le capitaine Navailles, que je dépêche par delà, vous déduira comme nous avons eu bonne raison de ces paillards de Cahors. Votre mari ne m'y a quitté de la longueur de sa hallebarde... »

« Le bien vôtre à vous servir : Henri. »

Après cette brillante victoire, le roi de Navarre rencontre les troupes de Biron aux environs de Marmande. L'escarmouche, mal engagée, convainc le Béarnais de l'infériorité de ses forces. Le voici prêt à traiter.

Le samedi 26 novembre 1580, est signée en Périgord la paix du Fleix. Au grand contentement d'Henri, Armand de Biron est remplacé par le maréchal de Matignon. Les clauses de l'édit de Nérac sont confirmées. Grand avantage pour les protestants : les villes de sûreté accordées pour six mois aux huguenots le sont désormais pour six années. Mais Cahors doit être rendu au roi de France « avec la douceur et l'obéissance possibles », admet Navarre.

Catherine demande à Henri et à Marguerite de rejoindre Paris. Auparavant, elle les prie de venir la retrouver au château de La Mothe-Saint-Héray, non loin de Saint-Maixent. Mais ce « gaillard, paillard et raillard » roi de Navarre se plaint de ne pas être obéi dans son gouvernement de Guyenne. Ce n'est donc pas le moment de quitter son poste et de retourner au Louvre, comme le souhaite la reine-mère ! Finalement, Henri laisse son épouse — celle-ci n'a maintenant que le sire de Champvallon en tête — repartir, le 31 mars 1582, avec Catherine de Médicis. Il n'est pas fâché d'être débarrassé d'elle et de ses soupirs amoureux qui ne s'adressent pas à lui... Henri est plus affecté en assistant au départ de la Fosseuse que la reine-mère emmène dans ses bagages, peut-être avec le secret espoir que son gendre vienne chercher sa maîtresse à Paris.

C'était mal le connaître... Il est trop rusé pour se laisser prendre au piège.

Dès le retour de Marguerite à Fontainebleau,

Henri III, sans dévoiler ses intentions, insiste pour que sa sœur mette tout en œuvre pour faire revenir son époux à Paris. Navarre, après en avoir longtemps discuté avec Duplessis-Mornay et Maximilien de Béthune, ses meilleurs et fidèles conseillers, refuse de quitter la Guyenne, prétextant que son départ rallumerait les troubles. En réalité, il se méfie toujours d'Henri III. Pourtant, Catherine lui a écrit : « Je vous assure que mon fils vous aime autant que l'on saurait dire. »

Le Béarnais n'en est pas tellement persuadé... Ce refus mécontente Henri III, mais il enchante Margot qui roucoule avec Champvallon. Le regard rêveur, un corps harmonieux qui aurait pu servir de modèle à un sculpteur grec, l'amant de la reine séduisait les femmes, et les hommes recherchaient « son bon esprit et son bon entendement ». Margot l'aimait et Champvallon lui écrivait ces vers qui la faisaient sourire :

Ma vie, si tu vis, ne peut être ravie,
Vu que ta vie est plus que la vie de ma vie.

A la demande de son frère, la reine de Navarre n'en continue pas moins à supplier Henri de venir la rejoindre :

« Vous regagnerez les serviteurs que vous aviez, par la longueur de ces troubles, perdus, lui écrit-elle, et en acquerrez plus en huit jours, étant ici, que vous ne feriez en toute votre vie demeurant en Gascogne. Vous y pourrez voir les dons du roi pour accommoder vos affaires... Je vous supplie très humblement prendre ceci comme de la personne du monde qui vous aime le plus et désire le plus votre bien... »

Devant l'entêtement du Béarnais, qui s'obstine à ne pas quitter le Languedoc, la reine Catherine monte sur ses grands chevaux et, pour se venger, déclare que l'honneur de la reine de Navarre devrait lui interdire de garder près d'elle la Fosseuse, maîtresse de son mari. Sans tarder davantage, on renvoie la jeune femme à sa mère. Henri l'apprend au mois de mai 1582 et, furieux, il expédie à Paris son écuyer, Antoine de Frontenac, avec ordre de présenter une protestation. Celui-ci s'exécute avec une telle vigueur que le roi et les deux reines en demeurent abasourdis.

Marguerite se ressaisit et, prenant sa plus belle plume, écrit à son mari d'une encre insolite : « Si vous me commandiez, comme vous dites de vouloir faire, de tenir avec moi une fille à qui vous eussiez fait un enfant, au jugement de tout le monde, vous trouveriez que ce serait une honte double, pour l'indignité que vous me feriez et pour la réputation que je m'acquerrais. Vous m'écrivez que, pour fermer la bouche au roi, aux reines et à ceux qui m'en parleront, je leur dise que vous l'aimez et que je l'aime pour cela. Cette réponse serait bonne pour l'un de vos serviteurs ou servantes, mais non de votre maîtresse ! »

A son tour, Catherine trempe sa plume dans l'encre la plus corrosive de son écritoire et accable son gendre de reproches véhéments : « Vous n'êtes pas le premier mari jeune et non pas bien sage en telle chose ; mais je vous trouve bien le premier seul qui fasse, après un tel fait advenu, tenir tel langage à sa femme... Ce n'est pas la façon de traiter les femmes de bien, et de telle Maison de les injurier à l'appétit d'une putain publique et leur mander un tel langage, lequel je ne puis croire qu'il vienne de vous. »

Un nouvel incident vient envenimer les choses : Henri III exige que sa sœur renvoie Mme de Duras et Mlle de Béthune. Le roi prétend qu'elles sont « des vermines très pernicieuses ». Navarre prend leur défense et écrit à Catherine qu'il n'ignore pas « la vie scandaleuse de Mme de Duras et de Mlle de Béthune, cependant, ajoute-t-il, Marguerite ayant cet honneur de vous être ce qu'elle est, et même d'être près de Vos Majestés, je ferai quelque tort à votre bon naturel si j'entreprenais d'en être plus soigneux de loin que Vos Majestés de près. »

Après ces gracieusetés, un scandale éclate à la cour — et la rumeur s'en répand bientôt à travers toute la France et jusqu'à l'étranger. Marguerite, on le sait, déteste ces mignons politiques, ces archimignons, tels Joyeuse et Epernon, qui ne cessent de clabauder auprès de leur maître, en lui peignant avec force détails les amours de la reine de Navarre. Ils affirment que Champvallon, transporté dans un coffre, rejoignait en cet équipage la reine qui l'attendait dans un lit entouré de flambeaux, couchée entre ses habituels draps de taffetas noir. Lorsqu'on s'aperçut que Margot grossissait fâcheusement, Henri III aurait fait à sa sœur une scène effroyable devant toute la cour. Bassompierre, dans ses *Mémoires*, assure que le roi se serait laissé emporter par la colère jusqu'à énumérer la longue liste des amants de Marguerite. Influencé par ses mignons, Henri III, au cours d'un dîner, aurait dit :

— La reine de Navarre ne s'est pas contentée de se prostituer aux cadets de Gascogne, elle allait trouver les muletiers et les chaudronniers d'Auvergne.

Excédée, Marguerite s'est alors exclamée en parlant de son frère :

— Il se plaint que je passe mon temps ? Eh ! ne sait-il pas que c'est lui qui m'a mise le premier au montoir ?

Les aventures amoureuses de Margot déplaisent au roi de France — peut-être est-il inconsciemment jaloux ? Il laisse éclater son indignation dans une lettre qu'il écrit à Joyeuse, alors en Italie. Or, le courrier est assassiné en cours de route et la lettre disparaît. Henri III accuse évidemment Marguerite. Elle est à l'origine du guet-apens. Qui d'autre que sa sœur avait intérêt à s'emparer de cette lettre compromettante ? A la faveur d'un bal, le roi, prenant à témoin ses mignons, les courtisans et les dames d'honneur, dénonce la vie dissolue de sa sœur, et lui ordonne de quitter la cour.

Le 8 août 1583, Marguerite obéit et se met en route.

A Bourg-la-Reine, elle croise le cortège royal.

Henri III se rend à Bourbon-Lancy. Le roi, d'humeur chagrine, remonte ostensiblement le rideau de cuir de son carrosse pour que l'on puisse bien remarquer qu'il ne salue pas sa sœur. C'était pourtant — mais il ne le savait pas — la dernière et spectaculaire rencontre de ces deux êtres qui s'étaient tant aimés...

Entre Palaiseau et Saint-Cler, le carrosse de Margot est arrêté par des arquebusiers que commande un capitaine royal. Sans ménagement, on oblige la reine à se démasquer, puis on fouille avec minutie la voiture, inspectant d'un œil fureteur la literie ! Marguerite aurait été enceinte d'un enfant né de ses amours avec Champvallon, et dissimulé dans ses bagages... Ce n'est qu'une supposition, mais en revanche, on a la certitude que les arquebusiers ne trouvèrent rien de suspect dans le carrosse, pas même la présence d'un enfant.

Henri III a expédié à son beau-frère un courrier pour lui annoncer le retour de sa femme et lui en expliquer les raisons. Le lendemain, un peu calmé, il lui adresse une seconde lettre où il reconnaît que Margot a peut-être été victime de calomnies. Aucune princesse n'en est à l'abri. La reine Jeanne d'Albret elle-même, la mère d'Henri, n'en avait-elle pas souffert jadis ?

— Hier le roi m'appelle cocu ; aujourd'hui, fils de putain ! s'exclame Henri. Je l'en remercie !

Navarre interdit à son épouse d'aller au-delà de Jarnac. « Je trouvai mon maître dans une furieuse colère pour les affronts que la reine sa femme avait reçus à la cour de France, raconte Agrippa d'Aubigné. Il me dépêcha au roi Henri III pour demander réparation desdits affronts... Sa Majesté Très Chrétienne me répondit qu'Elle écrirait pour cela au roi son frère ; à quoi je repartis hardiment que de telles indignités ne se réparaient pas par des écritures ; et tant qu'il resterait un pied d'épée au roi mon maître, il ne les souffrirait pas...

— Et que fera-t-il ?

— Il viendra, repris-je audacieusement, à la tête de

trente mille hommes demander une satisfaction proportionnée à l'offense qu'il a reçue.

« Le visage du roi Henri III s'enflamma de colère :

— Retirez-vous, je ne sais à quoi il tient que je ne vous fasse repentir de votre insolence. »

Pauvre Margot ! La voici au plus mal à la fois avec son frère et son mari ! Si Henri garde rancune à sa femme, il le dissimule d'autant mieux que ses préoccupations sont ailleurs. En ce même été 1583, le Béarnais fait à Pau une nouvelle conquête, la catholique Corisande, qui contraste fort avec ses maîtresses précédentes. Quelque peu maternelle — elle a vingt-six ans — elle appelle le roi son *Petiot*. Un surnom exprimant « tout ce qu'il y a de tendre et de caressant », ainsi que l'expliquera beaucoup plus tard Mme de Genlis. Ce ne sont pas les parents de Corisande, M. et Mme d'Andouins, qui affublèrent leur fille d'un prénom aussi difficile à porter, c'est elle qui avait décidé de troquer son prénom de Diane contre celui de Corisande, héroïne du fameux roman de chevalerie intitulé *Amadis de Gaule*. Liaison fort honorable, qui allait interrompre durant sept années la « longue chiennerie royale », ainsi que l'a remarqué Raymond Ritter, qui n'a point peur des mots.

Grande, mince, intelligente, la grave et belle Corisande est la cousine de Diane de Poitiers et la veuve du comte Philibert de Gramont, comte de Guiche, tué au siège de La Rochelle. Elle l'avait épousé à l'âge de seize ans et en avait eu deux enfants, Antonin et Catherine. Henri, âgé de quatorze ans, avait assisté au mariage et signé au contrat puisque le beau-père de la mariée, en l'absence de Jeanne d'Albret, était gouverneur du Béarn et de la Navarre. Elle possède une fortune considérable et se montre on ne peut plus désintéressée. Corisande engagera spontanément ses bijoux pour apporter une aide financière à Henri, toujours en retard pour payer la solde de ses soldats. La jeune femme est altière, autoritaire et s'emporte facilement, mais sa

Diane d'Andouins, comtesse de Guiche et de Grammont, que Montaigne baptisa « la Grande Corisande ». (Hachette)

moralité est parfaite, aussi blanche et pure que son teint est éblouissant. Elle n'en accepte pas moins de devenir la maîtresse de son roi, d'abord parce qu'elle aime Henri de toute son âme et pour lui-même — ce qui pourrait paraître une raison suffisante — ensuite parce qu'elle est libre, enfin parce qu'elle se rend compte du rôle bénéfique et modérateur qu'elle pourrait jouer auprès du « héros de sa destinée ». Un témoin le notera : « Je vois cette femme, qui est de bonne maison, qui tourne et remue ce prince comme elle veut. »

A son contact, Henri devient chevaleresque et galant :

— Il est peu de dames de France qui se jugent mieux et se servent plus à propos de la poésie, lui a dit Montaigne.

Pour Navarre, Corisande est « sa dame » et il ne demande qu'à être « son chevalier ». La forte personnalité de Corisande lui en impose, son originalité l'amuse : lorsqu'elle se rend à la messe, suivie d'un Maure, de son nain Bertrand, d'un page anglais et d'un laquais tenant en laisse un barbet, c'est un véritable spectacle. Pour parachever le tableau, Henri lui offre deux perroquets...

***

A Nérac, au mois d'avril 1584, Marguerite et Henri se sont réconciliés. La petite cour aux aguets les a vus se promener lentement le long de la rivière. Les reproches ont fait pleurer Margot. Elle regagne le château, le visage défait et les yeux « noyés de pleurs ». Le pardon obtenu, Marguerite écrit à son frère en lui peignant la satisfaction qu'elle éprouve de retrouver son mari. Selon Pierre de l'Estoile, les relations conjugales reprennent entre les époux terribles, bien que Corisande ait, paraît-il, mis en garde son « Petiot », s'il remplissait ses devoirs d'époux, en lui inspirant la crainte de légitimer un enfant né de quelque nouvelle toquade de Margot...

Le mois suivant, de graves nouvelles atteignent Nérac : le duc d'Anjou est mort à Château-Thierry « d'un flux de sang accompagné de fièvres lentes qui l'ont petit à petit atténué et rendu tout sec et étique ». La reine Catherine soupire :

— Vous pouvez penser comme je suis malheureuse de tant vivre et de voir tout mourir devant moi...

La question la plus grave qui se pose maintenant est celle de la succession à la couronne. Marié depuis neuf années à la douce Louise de Vaudémont, Henri III, malgré les pèlerinages de sa femme et les cures annuelles à Bourbon-Lancy, n'a pas eu d'enfant, et n'en aura sans doute jamais. Henri de Navarre est donc sans conteste le futur souverain — du moins, s'il survit à Henri III. Mais, de religion protestante, peut-il régner sur une France catholique ? Pour Henri III, il n'y a pas de problème. En effet, un mois avant la mort du duc d'Alençon, alors qu'il se chauffait le dos à la cheminée, il a déclaré aux compagnons qui l'entouraient :

— Aujourd'hui, je reconnais le roi de Navarre pour mon seul et unique héritier. C'est un prince bien né. Mon naturel a toujours été de l'aimer, et je sais qu'il m'aime. Il est un peu colère et piquant, mais le fond est bon. Je vous assure que mes humeurs lui plairont et que nous nous accommoderons bien ensemble.

Par sa grand-mère maternelle, Marguerite d'Angoulême, sœur de François Ier, le roi de Navarre se rattache aux Valois. Mais cette filiation par les femmes n'est pas valable. Il ne peut pas non plus espérer prétendre au trône de France en arguant du fait qu'il a épousé la sœur des trois derniers rois de France (1). Les légistes du XIVe siècle ont en effet utilisé, en le détournant, l'un des articles de la très ancienne loi salique, un ensemble de

(1) Parmi les seize quartiers d'Henri IV, on trouve encore Madeleine de France, fille de Charles VII et sœur de Louis XI.

coutumes qui remontait aux Francs Saliens, pour écarter les femmes non seulement de la couronne de France, mais de sa transmission (1).

Par son père, Antoine de Bourbon, Henri de Navarre descend de Robert de Clermont, fils de Saint Louis, et Henri III de son fils aîné, Philippe III : les deux Henri sont donc cousins, bien qu'à un degré si éloigné — le neuvième — qu'il n'est pas reconnu pour les successions de droit privé. Mais, si Henri de Navarre peut prétendre au trône de France, le problème de la religion est beaucoup plus difficile à surmonter. Les Bourbons catholiques conseillent à Henri d'abjurer le protestantisme et de revenir dans le sein de l'Église romaine. Le roi de Navarre répond en haussant les épaules :

— La religion ne se dépouille pas comme une chemise !

Certains pensent alors au cardinal de Bourbon, frère d'Antoine et oncle d'Henri de Navarre. Il pourrait renoncer à ses vœux, se marier et avoir un héritier ! Lui au moins — de par sa soutane pourprée — est un catholique indiscutable ! Mais le prélat est âgé, et, s'il n'a pas d'enfant mâle, à sa mort le problème toujours insoluble réapparaîtra.

(1) En fait, l'ancienne loi des Saliens ne concernait que le droit privé, excluant les femmes de la succession aux biens fonciers, et non de la succession au trône. Cette dernière n'a pas posé de problème en France jusqu'au début du XIVe siècle, tant que les fils purent l'assurer dans l'ordre de primogéniture. Tout change à la mort de Jean Ier le Posthume (1316) : en l'absence de successeur mâle, les femmes sont écartées du trône au profit de Philippe V puis de Charles IV, frères de Louis X, et enfin de Philippe VI de Valois, leur cousin : le principe de la masculinité est établi. La guerre de Cent Ans et les prétentions anglaises sur le trône de France ne pouvaient que renforcer ce principe qui permettait d'écarter les étrangers de la succession, et qui fut peu à peu considéré comme l'une des règles fondamentales de la monarchie : ainsi, au fil des années, l'habileté des légistes à interpréter la loi salique a permis de donner une assise juridique à l'exclusion des femmes.

Enfin, il y a encore les Guise qui, avec superbe, s'agitent derrière le décor. Ils descendent, eux aussi, mais par les femmes, des rois de France. Pour eux, la loi salique est la pierre d'achoppement infranchissable — une loi que la reine Catherine voudrait bien d'ailleurs voir supprimée. Devant cet obstacle, grâce à des généalogistes ingénieux, pour ne pas dire retors, on démontre que la maison de Lorraine — dont les Guise descendaient par une branche cadette — remonte aux Carolingiens, et qu'elle est antérieure par conséquent à l'ancienne maison capétienne. Pour l'accession au trône le sang de Charlemagne prime celui d'Hugues Capet.

Henri III, voulant sans doute gagner son paradis, risque un nouvel essai auprès de son beau-frère. C'est au duc d'Épernon qu'échoit la responsabilité d'amener Navarre à se convertir. Après une première entrevue à Pamiers, le 25 juin 1584, puis à Escosse, le 29, Navarre reçoit fort civilement d'Épernon au château de Pau. Il a ordonné d'apporter des chevreuils des vallées d'Aspe et d'Ossou, des hérons de Guyenne, des fruits d'Orthez et même de la neige des Pyrénées pour rafraîchir les boissons, car il fait bien chaud cet été-là en Navarre.

Entre les agapes, les deux hommes s'entretiennent longuement en présence des représentants des deux religions. Henri, tout en arpentant son cabinet de travail, prend l'avis de ses conseillers. On parle peu, on réfléchit beaucoup, l'atmosphère est tendue. Enfin, le silence est rompu et chacun émet son opinion.

— Ne vaudrait-il pas mieux ouïr cinq cents messes tous les jours que d'allumer une guerre civile ? demande Roquelaure au nom des catholiques. Si le roi n'est pas catholique de cœur, qu'il le soit de la bouche et à l'extérieur !

— Qu'on punisse d'abord les criminels de la Saint-Barthélemy, réplique Mermet au nom des protestants.

— Je crois, fait alors remarquer le chancelier du Ferrier, que le roi de Navarre demeure tel qu'il est, plutôt que de se mettre en danger d'être réputé inconstant et léger, sans appparence certaine d'en tirer commodité. Devenu catholique, il serait abandonné des uns, mal servi des autres, qui ne croiraient pas à sa sincérité.

Remarque judicieuse qui reflétait bien les sentiments d'Henri, trop intelligent pour ne pas savoir qu'en abjurant il perdait ses partisans, sans être assuré de rallier les catholiques. Aussi Navarre se contente-t-il d'offrir au roi de France l'alliance et l'appui de son parti.

⁂

Le 15 mai 1585, Margot, alors qu'elle a fermé les yeux sur les nombreux coups de canif dont Henri a entaillé leur contrat de mariage, prend soudainement ombrage de sa liaison avec Corisande. La reine prétend que celle-ci en veut à sa vie. Elle quitte Nérac et se retire à Agen qu'elle ouvre aux ligueurs. Aidée par l'or de Philippe II, elle lève douze cents hommes et décide d'attaquer à la fois son mari et son frère, afin de soutenir Henri de Guise, son ancien amant !

Quel revirement !

Henri III, avec raison, se fâche, envoie contre sa sœur et ses troupes le maréchal de Matignon qui parvient à empêcher la redoutable amazone de s'emparer de Tonneins et de Villeneuve-d'Agen. Cependant Margot a écrasé les habitants d'impôts et ordonné de démolir tout un quartier de la ville afin d'établir un champ de tir... La reine a pris des mesures tellement impopulaires qu'elle se fait honteusement chasser de la ville par les Agenais écœurés. Le 25 septembre, Marguerite s'enfuit en croupe derrière son nouvel amant, le brutal, jeune et rouquin d'Aubiac, qui soupirait d'amour pour elle depuis longtemps. Ses filles d'honneur ont été obligées de partir en hâte sans masque, à moitié déshabillées. « On les eût prises plutôt pour des Égyptiennes, nous dit un témoin, que pour les filles d'honneur d'une grande reine. »

Matignon, qui occupe maintenant Agen, a la délicatesse de renvoyer à Marguerite vingt-six chevaux de bât chargés de ses coffres, meubles et toilettes... moins deux colliers qui sont portés au roi de Navarre. Henri refuse de les restituer à sa femme. Bien plus, lorsque la reine lui demande de lui faire parvenir cinq cents tonneaux de vin sans que ceux-ci soient frappés de taxes, il refuse, s'exclamant :

— C'est être gargouille à outrance !

Que va devenir Margot ?

Les troupes royales, commandées par Canillac, finiront par arrêter les deux amants au château d'Ibois, en octobre 1586. D'Aubiac est condamné à mort pour assassinat et pendu à Aigueperse. Jusqu'au dernier instant, il serre dans ses bras le petit manchon bleu de sa maîtresse.

Et Margot devient la prisonnière du roi son frère. Elle demeurera dix-neuf années dans la sombre forteresse d'Usson « où le soleil seul pouvait entrer de force ». Néanmoins, l'amour est habile... Margot aime l'amour et, à défaut de soleil, l'amour entrera à Usson sous la forme de quelques valets et vigoureux laboureurs de la région, sans oublier certains de ses geôliers.

***

Aidé par l'or espagnol — 452 000 écus d'or perçus en quatre années — Henri III lutte toujours contre les Guise et les revendications incessantes de leur Ligue. Pour les Lorrains, la France devait être catholique et la moindre présence huguenote sur son territoire était intolérable. Cerné, assiégé dans son Louvre, en butte à de quotidiennes vexations, Henri III finit par abandonner toute résistance et signe à Nemours, le 7 juillet 1585, un traité aux termes duquel il adhère à la toute-puissante Ligue — cet État dans l'État — et renonce à toute tentative de conciliation entre catholiques et protestants. S'il ne veut pas être déposé et jeté dans quelque cloître, il est obligé d'ordonner : « Toute autre culte que le culte catholique est interdit. Tous les protestants devront dans un délai de six mois, et sous peine d'exil, faire profession de catholicisme ou quitter le royaume. »

Bien à contre-cœur, le roi de France prend même la tête des armées catholiques pour contraindre les réformés à restituer les places de sûreté qui leur ont été accordées.

C'est, une nouvelle fois, la guerre !

— Pensant à cela profondément, dira plus tard Henri de Navarre au duc de La Force, l'appréhension des maux que je ressentis pour mon pays fut telle qu'elle me blanchit la moitié de la moustache.

Le 21 juillet 1585, dans une longue lettre adressée à Henri III, le roi de Navarre exprime son désarroi, il rappelle qu'il a témoigné de la patience et fait preuve d'obéissance. Puis il ajoute : « Quelle a été ma récompense ? J'ai été pris à parti par les ennemis de Votre Majesté qui déclaraient tout ouvertement n'avoir d'autre but que ma ruine. »

Impuissant, il les voyait se livrer « à leurs attentats et entreprises ». Mais, par respect pour l'autorité royale, il s'était efforcé à garder le plus grand calme.

En dépit de cette lettre, quinze jours plus tard, le 9 septembre, Henri III, à son corps défendant — comment pourrait-il faire autrement ? —, renonce à toute résistance et consent à la publication de la bulle du pape Sixte Quint excommuniant les deux princes du sang, Henri de Navarre et Henri de Condé. Bien plus, le chef de la Chrétienté les déclare, « eux et leurs descendants », déchus de tout droit à l'accession au trône de France. Le roi de Navarre, variable, inconstant, est accusé d'avoir « révoqué publiquement tout ce qu'il avait fait auparavant », et — accusation plus grave — d'avoir « armé les mutins et séditieux hérétiques... assemblant des armées très pernicieuses et dommageables, lesquelles ont ensanglanté les villes par la boucherie qu'elles ont faite des gens de bien ».

Le 11 octobre, Henri adresse une longue lettre à « Messieurs de la Faculté de Théologie du Collège de Sorbonne ». Il leur demande « d'être instruit en un concile libre et légitime, où les controverses nées du fait de la Religion seraient bien débattues et décidées, et d'acquiescer à ce qui en sera dit... Quant à ce qu'on allègue contre moi, que je suis hérétique, c'est à vous, Messieurs, à leur apprendre qu'il y a grande différence entre hérésie et erreur ; que tous ceux qui tiennent une hérésie ne sont pourtant pas hérétiques »... Avec sagesse, il poursuit : « C'est un argument de passion toute évidente de commencer la conversion par la subversion et l'instruction par la destruction, par l'extermination et par la guerre, qui doivent commencer par la fraternité, l'admonition et la douceur... »

Le 6 novembre, on affiche à Rome la réponse d'Henri de Navarre au pape : « Prince souverain de Béarn, premier pair et prince de France... dit et soutient que M. Sixte, soi-disant pape, en a faussement et malicieusement menti, et que lui-même est hérétique » ... puisqu'il a confondu le « temporel avec le spirituel ».

On devine le sourire du Béarnais en signant pareil texte...

Le 1er janvier 1586, Navarre, qui se veut le « rassembleur » de son futur peuple, avec infiniment de sagesse, se tourne vers le clergé : « Je crois que la guerre que vous poursuivez si vivement est indigne de chrétiens, indigne entre les chrétiens, de ceux principalement qui se prétendent docteurs de l'Évangile. Si la guerre vous plaît tant, si une bataille vous plaît plus qu'une dispute, une conspiration sanglante plus qu'un concile, je m'en lave les mains. Le sang qui s'y répandra soit sur vos têtes ! »

La Ligue n'éprouve pas les mêmes désirs de paix et de réconciliation. Bien loin de vouloir rétablir la concorde, les ligueurs prêchent la haine. Fanatiques, ils ne cessent de répéter : point de tolérance ! Un roi hérétique condamné au bûcher ne peut régner sur une France catholique !

Cependant, en Allemagne, les deux religions ne cohabitent-elles pas sans que catholiques et protestants s'entretuent ? La coexistence est pacifique. L'avocat de la Ligue, le sanguinaire Dorléans, répond que ce genre de *modus vivendi* est impossible en France. Selon lui, comme pour tant d'autres fanatiques, les protestants atteints par « le venin de l'hérésie » sont voués à l'enfer. C'est un jusqu'au-boutiste qui dénonce cyniquement « la cruelle clémence et inhumaine miséricorde du jour de la Saint-Barthélemy ». Que n'a-t-on massacré tous les survivants de la tuerie ! C'eût été là « saignée très salutaire et profitable ! » Le royaume ne serait pas dans l'impasse tragique où il se trouve aujourd'hui.

Dans la France du XVIe siècle, la tolérance passe pour de la lâcheté. Années confuses et sombres, où les deux partis, afin d'enrayer le conflit qui monte, essayent de convertir l'adversaire d'hier pour qu'il devienne l'allié de demain, années d'angoisse où se multiplient les contacts avec les ennemis de la France — Espagnols, Anglais, Allemands —, où l'on s'adresse sans relâche des émissaires à la recherche d'alliances étrangères pour détruire l'ennemi — un ennemi français !

Mais Henri III, toujours obligé de composer avec les ligueurs pour préserver sa propre sûreté, souhaite réellement se réconcilier avec celui que, dans le secret de son cœur, il a désigné pour être son successeur.

Au siècle dernier, les ruines du château d'Henri IV à Nérac.
(Coll. part.)

Chapitre VI

« *Le diable est déchaîné* »

On se bat toujours.

Sans relâche, les pistolets sortent des fontes, mais il est recommandé de tirer seulement « lorsqu'on voit le blanc de l'œil de l'ennemi ». Si l'adversaire ne tombe pas sur l'arçon de sa selle, on fonce, on le pourfend et on l'embroche. Henri, plus impétueux et téméraire que jamais, lutte avec quelques poignées de combattants contre les vingt mille hommes commandés par Mayenne. Agrippa d'Aubigné le constate, Navarre oublie qu'il est « l'héritier de la couronne pour faire le soldat ». On le voit, panache au vent, charger à travers les vignes. Il se jette dans les combats avec fureur et mépris du danger. Il eut un jour le sous-pied de l'éperon et la semelle de sa botte emportés par une mousqueterie !

Henri a bien du mal à se frayer un chemin pour rejoindre Nérac.

— Ils m'ont entouré comme la bête et croient qu'on me prend au filet. Je leur veux passer à travers, au-dessus le ventre !

Il y parvient !

◀ *L'ambassadeur d'Espagne parut un jour surpris de voir le roi environné et pressé par une quantité de gentilshommes : « Si vous m'aviez vu un jour de bataille, repartit vivement le roi, ils me pressaient bien davantage ! »* (Didier Sorbe/Château de Pau)

Au mois de mars 1586, Nérac est assiégé par l'armée royale. Henri met au point une ruse de guerre bien pittoresque. Pour quitter le château dont la cour n'est pas au même niveau que les douves, il fait descendre ses chevaux par les deux tours mêmes de la demeure à la barbe des assiégeants. Lorsque sa cavalerie se trouve à l'abri des regards, il se promène ostensiblement à la lueur des torches sur les remparts. L'ennemi ouvre le feu. Henri fait parler ses canons et profite du tapage pour rejoindre ses chevaux de l'autre côté du château. Il enfourche sa monture et s'enfuit en galopant à travers champ en compagnie d'une vingtaine de ses compagnons. Pendant ce temps, Peyanne, commandant les troupes royales, envoie un émissaire à Nérac pour proposer au roi de Navarre de se rendre. Mais Henri ne répondra pas... Il est déjà loin !

Le 2 avril 1586, il se réfugie à Bergerac, ville protestante. Il n'y demeure guère et fait bientôt son entrée à La Rochelle. Ayant appris que le maréchal de Biron s'apprêtait à mettre le siège devant Marans, au seuil du marais poitevin, le Béarnais inspecte la place et, au retour de sa promenade, écrit cette bien jolie lettre à Corisande :

« J'arrivai arsoir (hier soir) de Marans où j'étais allé pour voir à la garde d'icelui. Ah ! que je vous y souhaitais ! C'est le lieu le plus selon votre humeur que j'ai jamais vu... C'est une île renfermée de marais bocageux où, de cent en cent pas, il y a des canaux pour aller chercher le bois par bateau. L'eau claire, peu courante ; des canaux de toutes largeurs, des canaux de toutes grandeurs. Parmi ces déserts, mille jardins où l'on ne va que par bateau. L'île a deux lieues de tour, ainsi environnée ; passe une rivière par le pied du château, au milieu du bourg, qui est aussi logeable que Pau. Peu de maisons qui n'aient devant leur porte de petits bateaux. Cette rivière s'étend en deux bras qui portent non seulement grands bateaux, mais les navires de cinquante tonneaux y viennent. Il n'y a que deux lieues jusqu'à la mer. Certes, c'est un canal, non une rivière. Contremont vont les grands bateaux jusques à Niort, où il y a douze lieues ; infinis moulins et métairies insulées ; tant de sortes d'oiseaux qui chantent ; de toutes sortes de ceux de mer. Je vous en envoie des plumes. Des poissons, c'est une monstruosité que la quantité, la grandeur et le prix ; une grande carpe, trois sols et cinq un brochet. C'est un lieu de grand trafic et tout par bateaux. La terre très pleine de blé et très beau. L'on y peut être plaisamment en paix, et sûrement en guerre. L'on s'y peut réjouir avec ce que l'on aime et plaindre une absence. Ha ! qu'il y fait bon chanter !... Mon âme, tenez-moi en votre bonne grâce ! Croyez ma fidélité être blanche et hors de tache ; il n'en fut jamais de pareille. Si cela vous apporte du contentement, vivez heureuse. Votre esclave vous adore violemment. Je te baise, mon cœur, un million de fois les mains. »

Biron, à la tête de six mille hommes, n'a pu venir à bout de Marans, dont « le Petiot » vient de parler à Corisande en amoureux de la nature et en homme des champs. Les assiégeants, affamés, décimés, harcelés par les moustiques des marais qui encerclent le bourg, lèvent le siège. La victoire a été remportée par les assiégés, habitués à faire la guerre « à la huguenote », c'est-à-dire toujours en retard d'un repas et pourvus d'un équipement misérable. Qu'importe à ces hommes de fer d'être mal soldés, mal logés et mal nourris, la foi et les sentiments qu'ils portent à leur roi les animent !

La situation du royaume de France s'aggrave. Déjà, au mois de décembre précédent — ce mois où, soit dit en passant, mourut Ronsard — le peuple pressuré par les impôts proteste, des murmures hostiles se font entendre parce qu'on lui arrache « le dernier denier de sa bourse pour payer les plaisirs, vilainies et bombances auxquels on se livrait en haut lieu ».

Le printemps de 1586 a été catastrophique — et on pénètre dans le cycle tragique de la famine et de la misère. Au mois d'août, Pierre de l'Estoile rapporte un fait consternant : « Quasi par toute la France, les pauvres gens des champs, mourant de faim, allaient par troupes, couper sur les terres les épis de blé à demi-mûrs et les manger à l'instant pour assouvir leur faim effrénée... » Et Henri soupire :

— C'est pitié de voir comme le peuple meurt de faim.

Devant tant de misères accumulées, Henri III estime qu'il est plus que jamais nécessaire de s'entendre avec le roi de Navarre. Et, à sa demande, Catherine reprend le chemin de la Saintonge pour trouver un terrain d'entente et arrêter ce conflit qui ensanglante la France et ressemble plus à une guerre civile qu'à une guerre de religion.

C'est au château neuf de Saint-Brice, sur les bords de la Charente, à mi-chemin de Jarnac et de Cognac, que la rencontre doit avoir lieu, le 13 décembre 1586. Henri prend un malin plaisir à faire attendre la vieille reine à Saint-Maixent durant quinze longues journées avant de la rejoindre à Saint-Brice. Catherine accueille son gendre avec « une infinité de caresses, jusqu'à le chatouiller sur les côtes ». En réalité, en bonne Médicis, elle le palpe afin de s'assurer que le Béarnais ne porte ni cuirasse ni dague ! Henri a deviné la ruse et, en souriant, entrouvre son pourpoint, prouvant ainsi qu'il ne possède aucune arme cachée sur lui. Mais on comprend les précautions que prend Catherine lorsqu'on sait que quatre cents cavaliers huguenots entourent le château à portée de mousquet.

La confiance règne dans la famille !

Deux jours plus tard, s'ouvre la conférence dite de Saint-Brice. Nous connaissons les paroles qui y furent échangées grâce à un manuscrit découvert... à Saint-Pétersbourg et écrit par un témoin qui assistait à l'entrevue. Le ton est tout de suite donné par Catherine :

— Eh bien, mon fils, ferons-nous quelque chose de bon ?

— Il ne tiendra pas à moi, Madame, c'est ce que je désire.

— Il faut donc que vous nous disiez ce que vous désirez pour cela.

— Mes désirs, Madame, ne sont que ceux de Vos Majestés.

— Laissons ces cérémonies et dites ce que vous demandez.

— Madame, je ne demande rien.

— Là, là, faites quelque ouverture.

— Madame, il n'y a point ici d'ouverture pour moi.

Catherine s'exclame, un peu agacée :

— Mais quoi, voulez-vous être la cause de la ruine de ce royaume ? Et ne considérez-vous point qu'autre que vous après le roi y a plus d'intérêt ?

— Madame, ni lui ni vous ne l'avez cru, ayant dressé huit armées pour me ruiner.

— Demandez tout ce que vous voulez, le roi vous l'accordera…

— Madame, je le remercie très humblement et vous assure que je ne manquerai jamais au devoir que je lui dois.

— Mais quoi, ne voulez-vous dire autre chose ?

— Et n'est-ce pas beaucoup que cela ?

— Mais ne voulez-vous pas obéir au roi ?

— Madame, il y a tantôt dix-huit mois que je n'obéis plus au roi.

— Mon fils, ne dites pas cela !

— Madame, je le puis dire, car le roi qui m'est comme père, au lieu de me nourrir comme son enfant, m'a fait la guerre en loup et, quant à vous, Madame, vous me l'avez faite en lionne.

— Eh ! quoi, ne vous ai-je pas toujours été bonne mère ?

— Oui, Madame, mais ce n'a été qu'en ma jeunesse car, depuis six ans, je le reconnais, votre naturel a fort changé.

— Voulez-vous que la peine que j'ai prise depuis six mois demain demeure infructueuse, après m'avoir tenue si longtemps à baguenauder ?

— Madame, ce n'est pas moi qui en suis cause, mais vous. Je ne vous empêche que vous reposiez en votre lit, mais, vous, depuis dix-huit mois, m'empêchez de coucher dans le mien.

— Comment ! je vous ai vu autrefois si doux et si traitable et à présent je vois sortir votre courroux par les yeux et l'entends par vos paroles.

— Madame, il est vrai que les longues traverses et les fâcheux traitements dont vous avez usé en mon endroit m'ont fait changer et perdre ce qui était de mon naturel.

— Or bien, décidons de faire une trêve pour quelque temps pendant lequel vous pourrez conférer et communiquer avec vos ministres et associés afin de faciliter une bonne paix.

Henri s'incline :

— Eh bien ! Madame, je le ferai.

Mais il y a la Ligue ! Cette Ligue, véritable fléau de la France.

Catherine essaie de défendre une cause indéfendable :

— Ne vous abusez pas, mon fils, ils ne sont point ligués contre le royaume ; ils sont français, et tous les meilleurs catholiques de France, qui appréhendent la domination des huguenots, et pour vous le dire, tout en un mot, le roi connaît leur intention et trouve bon ce qu'ils ont fait.

Ce qui est manifestement faux.

Après trois mois de discussions stériles la reine demande encore une fois au roi de Navarre de se convertir :

— Vous me proposez une chose que je ne puis faire

sans forfaire à ma conscience et à mon honneur, répond fièrement Henri.

Catherine croit avoir plus de chance auprès de Turenne.

— Le roi, mon fils, lui dit-elle, veut qu'il n'y ait qu'une religion en ce royaume.

— Nous le voulons aussi, Madame, répond le soldat, pourvu que ce soit la nôtre.

Catherine a également essayé, mais en vain, de rapprocher le Béarnais et Margot. Henri ne tient nullement à revoir la redoutable amazone, toujours surveillée et gardée par ordre d'Henri III.

Il fallait s'y attendre, la conférence a été un fiasco. Tandis que Catherine, le 7 mars 1587, remonte vers Paris, Henri et ses huguenots reprennent les armes. N'ayant souvent avec lui que deux cents cavaliers, Navarre n'hésite pas à attaquer l'armée royale forte de six mille hommes. Il le constate : « Je n'ai point couché dans mon lit depuis quinze jours, après les soins, la fatigue, les tracas, apportés par la conduite de l'artillerie. » Parfois, Henri est accablé de sommeil au point de descendre de son cheval de peur de s'endormir sur sa monture. Pour l'instant, il lui faut avant tout rassembler ses compagnons — et battre leur rappel :

— Ayant assez joui du repos de vôtre maison pour être sans excuse ; j'aurais trop de regret si vous n'êtes pas de cette partie.

Peut-être reprochera-t-on au Béarnais de demander le secours de ses amis protestants d'Allemagne. Il est vrai que les catholiques réclamaient l'appui de l'Espagnol qui non seulement leur procurait des hommes, mais leur fournissait aussi l'aide précieuse de son or. Sans remords, Henri envoie Miossens au-delà du Rhin avec mission de revenir avec des reîtres et d'avertir tous les protestants allemands des persécutions dont sont victimes les huguenots français. Il en explique la raison dans sa *Protestation au sujet de la prochaine entrée de [son] armée en France :*

« Nous nous sommes tenus jusqu'ici dans une guerre défensive, nous renfermant dans nos places, sans nous mettre en campagne, afin de soulager le peuple des misères et calamités que causent les gens de guerre, comme, aussi, espérant que notre patience attiédirait la fureur et la rage de ceux de Lorraine... Mais devant leur audace — et craignant que l'ambition démesurée des ligueurs n'apporte enfin la ruine totale de cet État — nous sommes contraints d'employer la force... »

Navarre s'adresse ensuite directement à Henri III, le suppliant, tout en riant sous cape, « d'avoir pour agréable la prise de nos armes et croire que nous ne les prenons que pour Elle, Sa liberté et Son service... »

Après deux années d'inaction, les princes d'Allemagne se hâtent maintenant de diriger leurs troupes vers la France. Le baron Fabian de Dohna commande à trente-cinq mille lansquenets, reîtres et soldats des Grisons, qui s'avancent pour prêter main forte au roi de Navarre. Henri III, afin d'éviter la jonction des forces huguenotes, riposte en expédiant d'abord Guise vers l'est puis en envoyant son favori Anne de Joyeuse en direction du Poitou.

Le 3 août, le duc de Joyeuse se trouve déjà à Maillezais, il est pratiquement maître du Poitou. Cependant, en dépit de ses succès, « sa mauvaise fortune lui marche sur les talons ». La campagne a épuisé ses forces, diminué dangereusement ses approvisionnements, il décide donc de remonter vers la Touraine pour s'y ravitailler.

Aussitôt, le Béarnais — il attendait son heure — se lance à la poursuite de Joyeuse, se jette « à la queue » de l'armée royale et l'oblige à se réfugier à La Haye, aujourd'hui La Haye-Descartes.

En moins de quinze jours, Navarre est parvenu à réoccuper le Poitou ! Henri n'a avec lui que huit cents hommes. Afin de rassembler de nouveaux renforts, il descend vers la Gascogne. Le duc de Joyeuse, reprenant la tactique de son adversaire, se lance à sa poursuite avec l'intention de rejoindre les troupes du maréchal Goyon de Matignon, gouverneur de la Guyenne. Si la manœuvre réussissait, Navarre se trouverait pris entre deux feux ! Fort heureusement pour Henri, l'outrecuidant et fanfaron Anne de Joyeuse ne parvient pas à rejoindre Matignon et, avant la jonction prévue, lance une attaque prématurée.

Il avait en effet appris que l'armée du Béarnais campait au nord de la Dordogne, devant le confluent de l'Isle et de la Dronne. Les huguenots semblaient fort mal placés sur « l'eschine » du village de Coutras. Attaqués, ils ne pourraient que retraiter en abandonnant leur artillerie, qui a déjà été mise en batterie sur l'autre rive. Du moins, les royaux l'imaginent-ils.

C'est mal connaître Henri.

A l'aube du mardi 20 octobre 1587, à l'est de Coutras, l'armée de Navarre, massée sur une petite plaine de moins de sept cents pas de diamètre, attend l'ennemi de pied ferme. Les forces sont sensiblement semblables. L'armée d'Henri III, forte de six mille hommes, brille et scintille d'or et d'acier. Les bouquets des plumes surmontant les casques s'agitent « en gros bouillons ». Sous les cuirasses, les casaques sont faites de velours et de soie. Les chevaux sont caparaçonnés et les armes damasquinées. Quel contraste avec les soldats du roi de Navarre, portant des tenues grises et ternes, chevauchant des chevaux « sans housse ». Chez eux, aucun clinquant, les collets ne sont pas de dentelle, mais de peau de buffle. Ainsi que l'a remarqué un chroniqueur, les fantassins huguenots sont revêtus « d'habits de fatigue ».

Henri, coiffé d'une modeste « salade » d'homme d'armes, fait prendre position à ses troupes — une formation serrée, selon l'usage du temps. Il a remarqué le long d'une garenne un chemin creux où ses trois cents arquebusiers, fourche piquée en terre, seront à l'abri et pourront faire bon usage de leurs armes. La petite

La bataille de Coutras. « Il a plu à Dieu, disait le roi, de m'accorder ce que j'avais le plus désiré : d'avoir moyen de donner une bataille à mes ennemis. » Sans relâche, l'épée au poing, à cheval ou à pied, il combat en première ligne et, après la bataille, exhibe fièrement « ses pieds tout fendus et saignants ».
(René Pérony/Société des Amis du château de Pau)

artillerie protestante prend position sur une butte sablonneuse — la Butte des Loups — d'où elle pourra arroser de boulets les forces du duc de Joyeuse. A 7 heures du matin, celles-ci débouchent sur le champ de bataille. Leur centre est formé par les cavaliers ligueurs armés de longues lances. En face d'eux, les fantassins huguenots, bien serrés, sont flanqués par la cavalerie commandée par Condé et Turenne. En attendant le choc, Henri harangue ses troupes, promettant le

traditionnel pillage à ces hommes auxquels, bien malgré lui, il ne peut donner aucune solde :

— Mes amis, voici une curée qui se présente bien autrement que vos butins passés : c'est un nouveau marié qui a encore de l'argent de son mariage en ses coffres. Toute l'élite des courtisans est avec lui. Courage ! Il n'y a si petit entre vous qui ne soit désormais monté sur de grands chevaux et servi en vaisselle d'argent. Ils sont à nous ! Je le juge par l'envie que vous avez de combattre. Cet acte sera le plus grand que nous ayons fait ; la gloire en demeurera à Dieu...

Avant de monter en selle, Henri ne manque pas de rappeler qu'il est sujet du roi de France « notre Souverain Seigneur » — et qu'il combat seulement les guisards pour le salut de l'État. Ses cousins Condé et Soissons, tous deux fils du prince Louis de Condé, oncle d'Henri, sont là, près de lui.

— Souvenez-vous, leur lance Henri, que vous êtes du sang des Bourbons ! Vive Dieu ! Je vous ferai voir que je suis votre aîné !

— Nous nous montrerons bons cadets, lui promettent ses cousins en souriant.

Les royaux, qui sont en train de prendre leurs emplacements, entendent les huguenots psalmodier :

La voici l'heureuse journée
Que Dieu a faite à plein désir
Pour nous soit joie démenée
Et prenons en elle plaisir.

— Par la mort, ils semblent bien poltrons ! s'exclame un compagnon de Joyeuse : ils se confessent !

Mais son voisin lui répond :

— Monsieur, quand les huguenots font cette mine, ils sont prêts à se bien battre.

Le combat commence par les ailes. Campés sur leur butte, les canons de Navarre arrosent de boulets les escadrons de Joyeuse. La noblesse catholique a hâte d'en découdre. Avec une furie qui ne manque pas d'allure, elle fonce sur les troupes protestantes qui, au centre, se sont rangées en carré. A cet instant, les arquebusiers d'Henri de Navarre, bien abrités dans leur chemin creux, tirent presque à bout portant sur cette masse aux armets empanachés.

De son côté, le Béarnais supporte sans broncher le choc catholique. Puis, les tirs ayant cessé, il s'élance à son tour à la tête de sa cavalerie qui se rabat sur le centre de l'armée royale. On se bat au corps à corps, les

Après la bataille de Coutras, Henri IV pardonne aux vaincus. Le roi, pour conquérir son royaume, fit couler du sang français, et Voltaire lui fait dire dans sa Henriade :

« Ma grandeur à ce prix n'a point pour moi de charmes,
Et mes lauriers sanglants sont baignés de mes larmes. »

(B.N./J. da Cunha)

rênes entre les dents, le pistolet d'une main et la lance d'ordonnance ou l'épée de l'autre. Bientôt, désarçonnés, assaillis de toute part, les ligueurs d'Anne de Joyeuse lâchent pied, d'autant plus que, l'un des premiers, le beau-frère d'Henri III est tombé (1), et que son frère Claude le suit dans la mort. Tous les chefs royaux, sauf le sire de Lavardin, subissent le même sort. Plus de vingt mille corps privés de vie gisent sur le champ de bataille, dont trois cents gentilshommes catholiques

(1) Anne de Joyeuse avait épousé Marguerite de Lorraine-Vaudémont, sœur de la reine Louise, épouse d'Henri III.

mêlés aux cadavres des chevaux, aux armes et aux lances semés sur la plaine. Les troupes d'Henri n'ont perdu que cinq gentilshommes et une trentaine de soldats.

La bataille de Coutras n'a pas duré deux heures ! Henri de Navarre a remporté ainsi sa première bataille rangée, mais la victoire ne l'enivre pas. Le sang français répandu « le fâche fort ». En arrivant à l'auberge du *Cheval Blanc* de Coutras, il s'incline devant les cadavres du duc de Joyeuse et de son frère — le petit Claude de Saint-Sauveur — alors que ses compagnons fêtent bruyamment leur victoire. Henri veut oublier que le duc de Joyeuse l'appelait « le faux et cauteleux renard », et, en vrai successeur des rois de France, il ordonne avec noblesse :

— Silence, messieurs ! Ce moment est celui des larmes, même pour les vainqueurs !

Il fait porter au maréchal de Matignon les deux corps accompagnés de ce billet : « Je suis bien marri qu'en cette journée je n'ai pu faire différence des bons et naturels Français d'avec les partisans et adhérents de la Ligue... » Magnanime, il assiste avec ses officiers à une messe célébrée à la mémoire des catholiques tombés à Coutras.

L'imagerie est en chemin — et, le 9 novembre, à Navarrenx, il ordonne de jetter aux pieds de Corisande les vingt-deux drapeaux et étendards pris à Coutras. A sa chère maîtresse il a adressé ces lignes : « C'est la plus fameuse escarmouche que j'ai jamais vue. Mon âme, tenez-moi en votre bonne grâce, c'est ce que je désire le plus au monde. Sur cette vérité, je vous baise un million de fois les mains. »

Il la retrouvera une dizaine de jours plus tard au château d'Hagetmau, demeure de Corisande. Hercule aux pieds d'Omphale ? On le murmure... Avec sagesse, Henri ne veut pas commencer une campagne hivernale et l'on comprend son désir de reprendre souffle. Repos bien mérité. Il est las parfois de mener cette vie harassante de combattant, nuit et jour sur la brèche. Il lui est arrivé, ces derniers mois, de rester quinze jours d'affilée sans se coucher autrement qu'en s'étendant sur la dure. On l'a vu au siège de Marans, sous le grondement furieux d'une canonnade, « entrer à cheval dans le marais, ayant ses deux mains sur les épaules de ses écuyers, tous deux à pied et en l'eau jusqu'à la ceinture, en riant des boulets qui commençaient à jouer sur lui et à le couvrir de fange »...

Henri se refuse à prendre le chemin de l'est pour rejoindre ses alliés allemands. « Ce fut un grand mécontentement à tous les capitaines réformés, soupire d'Aubigné, quand le roi de Navarre donna toutes ses paroles au vent et sa victoire à l'amour. »

A l'amour peut-être, mais non plus seulement à Corisande. La grande passion s'est attiédie. Une autre maîtresse, la Rochelaise Esther Imbert, est entrée dans la vie du roi de Navarre. Cette année, il ne pourra plus écrire à la belle Diane, comme il le fit l'année précédente : « Mon cœur, souvenez-vous toujours de votre Petiot. Certes, sa fidélité est admirable... »

Cependant, les reîtres allemands alliés du roi de Navarre sont battus par le duc de Guise et par les Suisses. Ils se replient. Les survivants éprouvent « un furieux dépit » et n'ont plus qu'à capituler... puisque le Béarnais ne se porte pas à leur secours et continue à roucouler auprès de sa conquête.

En réalité, ce ne sont pas ses amours qui retiennent Henri en Guyenne, mais une grande répugnance à combattre son royal beau-frère. Il préfère, « ayant mis les passions huguenotes en croupe », ménager son souverain et ne pas aggraver la situation déjà catastrophique de l'État... qui sera un jour le sien. Les campagnes sont en effet ruinées par les passages et le séjour des troupes, de quelque parti qu'elles soient.

Les huguenots sont mécontents de l'attitude passive de leur chef ; ils s'en plaignent bien haut — et Henri en a « la tête cassée ! ». L'un après l'autre, ses compagnons le quittent afin de remettre en ordre leurs affaires perturbées par la longueur de la campagne. Pour servir leur roi, et rassembler leurs hommes, ils sont partis leur « château en croupe », ces châteaux qu'ils ont dû vendre pour s'équiper.

Plus d'autres ressources pour le Béarnais que de reprendre haleine dans sa chère Guyenne ! Ce moment d'accalmie lui permet de réfléchir à l'étrange situation qui est la sienne : il est chef des huguenots et l'héritier d'un royaume catholique. S'il accepte à contre-cœur de combattre les soldats du roi, c'est parce qu'ils sont bien plus les hommes du duc de Guise que ceux d'Henri III ! Henri de Navarre a écrit à Henri de France, il n'y a guère longtemps : « Est-ce moi, votre frère, qui peux être l'ennemi de Votre personne ? Moi, prince de votre sang, de votre couronne ? Moi, Français de votre peuple ? »

Sur ces entrefaites, au début de l'année 1588, Henri reçoit à Nérac un inconnu venu de la Frise pour lui présenter une requête. Son comportement paraît inquiétant. On l'interroge. Avec franchise, il avoue que son intention était de tuer le roi de Navarre, mais, au dernier moment, le cœur lui a manqué ! Aussi, désormais « craignant d'être empoisonné », Henri, devenu méfiant, n'invite-t-il plus les inconnus à partager son repas, ainsi qu'il en avait la fâcheuse et généreuse habitude. Il devient vigilant. Et il n'a point tort ! Pierre de l'Estoile affirme qu'au mois de février 1588 un noble huguenot, d'accord avec le roi de Navarre, était « entré de force en la maison d'un gentilhomme son voisin, qui mariait sa fille, et tua le maître de la maison et tous les gentilshommes étant au festin, jusqu'au nombre de trente-cinq ». La victime faisait partie de la Ligue et « des plus zélés serviteurs de la maison de Lorraine... Sous couleur de noces, toute la compagnie brassait une entreprise contre la vie d'Henri de Navarre ».

Henri se sent menacé. J'ai découvert « un tueur qui

en veut à ma vie », annonce-t-il à Corisande. Un tueur catholique, bien sûr, et il trace en soupirant ces six mots amers destinés à sa maîtresse : « Et vous êtes de cette religion !... » Corisande répond non sans esprit : « Si tous les catholiques vous voulaient tant de bien que moi, ils ne tâcheraient pas à vous déplaire. » Et, gentiment, elle lui recommande : « Si vous m'aimez, prenez bien garde à vous. »

***

A la fin de l'hiver 1588, Henri de Navarre est fort préoccupé par un projet de mariage entre sa sœur la douce Catherine et leur cousin Charles, comte de Soissons. La jeune fille aime de toute son âme ce fils du prince Louis de Condé et de Françoise de Longueville sa deuxième épouse. Ce n'est pas parce que celui-ci est catholique qu'Henri, après avoir approuvé cette union, la désapprouve aujourd'hui, ce n'est pas parce qu'il estime que le jeune fiancé manque d'allant et qu'il est par trop « froid, retenu et circonspect », non, ce ne sont pas ces raisons qui poussent Navarre à ne pas donner son consentement au mariage de sa chère petite sœur, mais il craint à juste titre que ce Bourbon catholique, devenu de surplus le beau-frère du roi de Navarre, prenant un jour sa place, ne devienne un prétendant au trône de France.

Si ce projet n'a pas encore effleuré Soissons, Henri III, lui, pourrait l'avoir envisagé. Voici notre Béarnais perplexe et tourmenté par cette embarrassante situation familiale. D'autant que, le 5 mars 1588, Henri Ier, prince de Condé, demi-frère du comte de Soissons — il était le fils d'Éléonore de Roye —, meurt, après « un vomissement très violent qui lui dura jusqu'au matin ». Henri pleure assez mollement sa mort « comme ce qu'il *me* devait être, non comme ce qu'il méritait ». L'éloge funèbre de Pierre de l'Estoile est moins laconique et plus flatteur : « Les ligueurs et les Lorrains en firent feux de joie pour avoir perdu le plus grand ennemi et le plus mauvais qu'ils eussent jamais su avoir, car il était toujours le premier aux coups et le dernier à la retraite, et qu'il ne disait jamais : “ Va là ” mais qu'il y allait lui-même, comme César. »

Cependant, le bruit court que le cousin d'Henri a été empoisonné par un page nommé Belcastel, qui a agi à « la suscitation de la demoiselle de la Trémoïlle », princesse de Condé. On affirme même, sans preuve, que Belcastel était l'amant de la princesse. Navarre croit à ce propos diffamatoire et fait emprisonner la jeune veuve qu'il n'estime guère, considérant qu'elle est « une dangereuse bête et une mauvaise femme (1) ».

Trois jours après la mort de Condé, le 8 mars 1588, à minuit, il écrit à Corisande de Gramont : « Le diable est déchaîné. Je suis à plaindre et c'est merveille que je ne succombe sous le faix. Si je n'étais pas huguenot, je me ferais turc. Ha ! les violentes épreuves par où l'on sonde ma cervelle ! Je ne puis faillir d'être bientôt ou fol ou habile homme. Cette année sera ma pierre de touche. C'est un mal douloureux que le domestique ! Toutes les gehennes que peut recevoir un esprit sont sans cesse exercées sur le mien. Je dis toutes ensemble. Plaignez-moi, mon âme... Votre bonne grâce est l'appui de mon esprit, le choc de mes afflictions. Ne me refusez pas ce soutien. »

« Le diable est déchaîné »... D'un côté les catholiques n'ont pas de mots assez vils pour stigmatiser le Béarnais, de l'autre, certains protestants accusent Henri — et ils n'ont pas tout à fait tort — de ménager le Valois et d'avoir le désir secret de se réconcilier dès qu'il le pourra avec le massacreur de la Saint-Barthélemy. L'un des gardes d'Henri III, ex-duc d'Anjou, n'a-t-il pas fourni l'arquebuse qui a blessé l'amiral de Coligny ?...

(1) En prison, elle mettra au monde un enfant, le 1er septembre 1588. Il ressemblait à Henri Ier de Condé et non à Belcastel. Il sera le père du Grand Condé. Six années plus tard, la princesse de Condé sera lavée de tout soupçon.

En attendant de pouvoir agir, Henri bat toujours le rappel de ses amis afin de reprendre le combat. Il écrit à Launay d'Entraigues pour le prier de venir le rejoindre, s'il est rétabli de la blessure qu'il reçut à Coutras en combattant si vaillamment à ses côtés. A-t-il vendu ses bois de Mélizac et de Cuze, ainsi que d'Entraigues le lui avait annoncé ? « Ils auront produit quelque mille pistoles, poursuit avec désinvolture le roi de Navarre, si ce n'est, ne faites pas faute de m'en apporter tout ce que vous pourrez, car de ma vie je ne fus en pareille déconvenue. Je ne sais quand ni d'où je pourrai vous le rendre, mais je vous promets force honneur et gloire... » Qu'importe l'argent, conclut fièrement le Béarnais : « Ce n'est pas pâture pour des gentilshommes comme vous et moi !... »

Ses compagnons accourent, mais n'empêcheront pas Lavardin de reprendre Marans. La place sera récupérée par Henri de Navarre au mois de juin. Il attend son heure. Il le sent, de graves événements se trament à Paris, des événements qui lui seront favorables puisqu'ils lui permettront de se réconcilier dix mois plus tard avec Henri de Valois.

Dix mois sanglants et lourdement chargés d'Histoire.

***

La Ligue, qui n'en démordra pas tant qu'il restera un huguenot en vie, harcèle sans répit la monarchie. Ses chefs — on les appelle les Seize, car ils sont à la tête des seize quartiers de Paris — ont juré la mort des huguenots. Une nouvelle Saint-Barthélemy s'apprêterait-elle ? Terré dans son Louvre, le roi Henri III semble déjà attendre la mort... ou la tonsure que la duchesse de Montpensier promet de lui tailler elle-même, afin de l'ensevelir dans quelque monastère et mettre à sa place l'idole des Parisiens, son frère, le séduisant duc de Guise. D'ailleurs, la duchesse ne se contente pas de menacer le Valois de ses ciseaux d'or pendus à sa ceinture, elle a posté des assassins hors la porte Saint-Antoine. Ils ont pour mission d'enlever Henri III lorsqu'il se rendra à Vincennes et se sont tapis dans un jardin couvert de *rochettes*, ces jolies fleurs jaunes qui poussent entre les roches, et qui ont donné leur nom à une maison que le roi Henri vient de vendre à Huraut de Cheverny, cette *Rochette* qui deviendra un jour la Roquette.

Au printemps 1588, Henri de Navarre adresse à plusieurs reprises des envoyés à son beau-frère pour le persuader d'abandonner la Ligue soudoyée par l'Espagne, ennemie de la France. Pourquoi ne créerait-il pas une contre-Ligue ? Mais Henri III fait la sourde oreille. Il espère venir seul à bout de cette Ligue maudite ! Comme plus tard Louis XVI à la veille de la prise de la Bastille, le roi appelle à Paris des troupes fidèles. Deux mille gardes françaises et quatre mille Suisses cantonnent dans le faubourg Saint-Denis. Si Paris bouge, si les guisards ont l'intention de forcer la main d'Henri III pour qu'il ordonne un nouveau massacre des huguenots, le roi fera entrer ses troupes dans la ville.

Fort heureusement, le duc de Guise n'est point à Paris. Henri III lui a refusé l'entrée de la capitale, sa seule présence pouvant mettre le feu aux poudres. Mais celui que l'on appelle « le roi de Paris » relève le défi.

Le lundi 9 mai 1588, vers midi et demi, la porte du cabinet royal s'ouvre. C'est un compagnon fidèle :

— M. de Guise est arrivé ! annonce-t-il.

Le roi — geste qui lui est familier — passe ses longues mains blanches sur son visage cireux et crie presque :

— Il a osé ? Par la mordieu, il en mourra !

Il y a une demi-heure, au mépris des ordres royaux, le duc est entré dans Paris, par la porte Saint-Martin. Acclamé, adulé, applaudi, Guise arrive chez Catherine de Médicis, à l'hôtel de Soissons. La goutte, les rhumatismes et un perpétuel catarrhe ont tassé le corps de la

Le duc de Guise et Henri III. En voyant le cadavre du duc de Guise étendu à Blois sur le parquet de sa chambre, Henri III s'exclamera : « Dieu qu'il est grand ! Plus grand encore mort que vivant ! » (Hachette et B.N./L.A.P.)

veuve d'Henri II, l'âge a alourdi et empâté ses traits. Aujourd'hui, elle n'est plus qu'une figurante. Mais dans l'ombre du trône, la vieille souveraine continue de tisser sa toile. C'est elle qui a poussé le Balafré à transgresser la défense du roi et à venir lui rendre visite à son arrivée. Dès les premiers mots de Guise, elle se lève, demande sa « chaise à bras » et accompagne le Balafré au Louvre. A peine le Lorrain est-il entré dans sa chambre qu'Henri III, les yeux hagards, le visage livide, lui lance :

— Pourquoi êtes-vous venu ?

Toute conversation est inutile, elle ne peut aboutir ; toute réconciliation est vouée à l'échec. Le roi pense d'abord à faire tuer le rebelle par les Corses de M. d'Ornano, mais il y renonce, estimant que ce serait alors la ruée populaire sur le Louvre, et préfère lancer l'appel aux armes.

Le jeudi 12 mai 1588, les Parisiens sont réveillés dès l'aube par les fifres et les tambours des Suisses. Ils ont quitté le faubourg Saint-Denis et entrent dans la ville d'un pas martial de vainqueur. Les gardes françaises marchent derrière leurs camarades, les mèches de leurs arquebuses allumées. A la porte Saint-Honoré, le roi accueille lui-même ses troupes et les dirige vers les points stratégiques : les ponts, le cimetière des Innocents, la place de Grève et l'île de la Cité.

Ainsi que le dira un jour le cardinal de Richelieu, en parlant de Paris, « n'éveillez pas la grosse bête »... Paris, nullement muselé, est bien éveillé et prend aussitôt l'allure d'une ville assiégée. On le clame : puisque les troupes royales occupent Paris, « le frère Henri » a décidé de massacrer les chefs de la Ligue ! C'est la Saint-Barthélemy des catholiques qui se prépare ! Le tocsin sonne à tous les clochers de la ville et, pour la première fois dans l'histoire de Paris, tous les cinquante pas, les rues étroites sont fermées par des chaînes, des futailles remplies de terre et de fumier, des solives, des pavés et jusqu'à des meubles. Les Parisiens — en cette *Journée des Barricades* — découvrent un moyen commode de défense contre l'autorité, procédé qui, durant bien des années, fera ses preuves et presque toujours assurera la victoire à ces perpétuels agités — tout au moins jusqu'aux journées de juin 1848. Le pouvoir mettra deux siècles et demi pour comprendre qu'il faut avant tout éviter « la guerre en pot de chambre », selon l'expression du général Cavaignac. Laisser dans certains quartiers l'émeute se former, mûrir et éclater, puis porter le bistouri dans ces abcès de fixation : telle est la seule stratégie à appliquer !

Ce 12 mai 1588, pressées de tous côtés, les troupes royales ne peuvent ni avancer, ni reculer, ni se réunir pour agir en masse. En pourpoint blanc, une badine à la main, on voit le Balafré se promener de barricade en barricade. C'est du délire ! Aujourd'hui le guisard pourrait tout, mais il n'ose ! A la demande de Catherine, il accepte de faire cesser l'émeute. Non sans peine, le duc apaise les Parisiens, « vrais taureaux échauffés », et éprouve le grand plaisir d'humilier le roi en daignant lui accorder la vie des Suisses et des gardes. Les barricades s'entrouvrent sur son ordre et les troupes royales regagnent piteusement le Louvre.

Le soir, les bons « barricadeaux » refusent de se coucher.

— Demain, nous irons pendre le frère Henri dans son Louvre !

Mais le lendemain, 13 mai, vers 5 heures du soir, alors que Catherine, « le visage riant et assuré », tout heureuse de jouer à nouveau un rôle, se rend auprès du duc de Guise, le roi sort du Louvre par le rez-de-chaussée de la galerie du Bord de l'eau — le bâtiment est inachevé. Puis il feint de se promener dans le jardin des Tuileries. Toujours très calme, il se dirige vers les écuries et donne le signal du départ. Suivi des ministres, des Suisses, des gardes françaises et de ses fidèles Quarante-Cinq, sa garde privée, il galope vers le village de Chaillot. Arrivé en haut de la colline, Henri III se retourne vers la ville et jette l'anathème sur Paris, lui reprochant « sa perfidie et ingratitude contre tant de biens qu'elle a reçus de sa main et jure qu'il ne rentrera que par la brèche ».

C'est Henri IV qui y « rentrera » !...

Jacques Clément poignarde Henri III. Ainsi que le montre l'auteur de cette gravure en haut de son dessin, le cadavre du meurtrier fut tiré à quatre chevaux avant d'être brûlé. (Bulloz)

Chapitre VII

« *La couronne est vôtre* »

« Aux premières nouvelles qui furent apportées au roi de Navarre des barricades de Paris, nous dit Pierre de l'Estoile, il ne dit mot, sinon qu'ayant songé un bien peu, étant couché sur son lit vert, il se leva et tout gaiement dit ces mots :

— Ils ne tiennent pas encore le Béarnais ! »

Sans doute !... Mais Guise et ses ligueurs *tiennent* le royaume, et le Béarnais a beau envoyer vers Rouen, où s'est réfugié Henri III, émissaire sur émissaire, chargés d'affirmer au roi de France qu'il peut compter sur l'appui du roi des protestants pour sauver la monarchie, le Valois ne veut pas se mêler des « affaires concernant les deux Églises ». Navarre, pour le convaincre, dépêche alors à Rouen un messager de qualité, le comte de Soissons, mais en pure perte. Henri III ne veut rien entendre — pas même le chef des huguenots qui lui conseille d'appeler le pape à l'aide, et d'imposer la paix.

Au même moment, l'Armada de Philippe II d'Espagne — cette flotte « bénite du pape, mais maudite de Dieu » — navigue lentement en longeant les côtes de France. Cette armée flottante de l'Inquisition, ces terribles bastilles hérissées de mâts, de voiles et de canons s'en vont, sans doute, attaquer la reine Elisabeth, mais elles menacent également la France. Si l'Espagnol est victorieux, le duc de Guise et Paris l'appelleront à la rescousse et le royaume d'Henri de Valois serait traité comme l'Italie, de plus en plus sous le joug espagnol.

Devant ce danger, Henri III n'écoute pas les exhortations de son beau-frère, mais cède aux instances de sa mère, traite avec le duc de Guise et signe en juillet le lamentable *Pacte d'Union* qui est aussitôt proclamé à Paris. Le roi réitère sa promesse de bannir du royaume toutes les hérésies et « de ne faire ni pas ni trêve » avec Henri de Navarre et ses hérétiques. Il accorde même l'amnistie pour tous les fauteurs de troubles qui ont provoqué la rébellion à Paris les 12 et 13 mai. Bien plus, le 4 août, le Valois semble s'être résigné à une totale capitulation : il confère au duc de Guise le titre de lieutenant général des armées ; puis il désigne comme premier prince du sang le cardinal de Bourbon — « un fainéant perdu de débauche », s'il faut en croire de Thou.

Mais les lourds vaisseaux de l'Armada — bœufs harcelés par des taons — ont été attaqués par les brûlots de lord Howard et dispersés par la tempête.Le Pacte d'Union désormais inutile, le roi de France croit pouvoir secouer son joug. Il renvoie les ministres plus ou moins guisards pour s'entourer de conseillers sans attache politique et qui exécuteront ses volontés. Aussi se croit-il suffisamment fort pour accepter, à la demande des Lorrains, de convoquer les états généraux. Mais ce n'est pas dans la capitale que le compétent baron d'Oignon placera sur les gradins des tribunes les députés selon leurs rangs, si adroitement, que l'expression passera dans la langue, ce n'est pas à Paris, mais à Blois.

Tandis qu'au bord de la Loire les ligueurs s'apprêtent à donner l'assaut à la monarchie chancelante, Henri de Navarre, installé à La Rochelle, suit les événements presque jour par jour. Son service de renseignement fonctionne fort bien. Il apprend que, lors de la séance inaugurale au château de Blois, le 16 octobre 1588, Henri III s'est mis à jouer la comédie de la dignité royale... Fragile paravent d'un trône plus fragile encore :

— Je suis votre roi, a-t-il déclaré, donné par Dieu, et suis seul qui le suis véritablement et légitimement ! C'est pourquoi je ne veux être en cette monarchie que ce que je suis.

Assis dans sa chaire aux bras non endossés, le Balafré est resté impassible. Mais soudain, il tressaille, il change de couleur, Henri III, tout de noir vêtu et qui a pris place sur son trône, le menace :

— Des grands de mon royaume ont fait des ligues et associations, lance-t-il d'une voix calme et posée. Mais, témoignant de ma bonté accoutumée, je mets sous le pied tout le passé, mais je déclare dès à présent, pour l'avenir, atteints et convaincus de crime de lèse-majesté ceux de mes sujets qui ne s'en départiront ou y tremperont sans mon aveu.

C'est la comédie de la puissance et du pardon... Comme si le roi pouvait encore menacer ou absoudre !

La séance terminée, les chefs ligueurs — le cardinal de Lorraine et le duc de Guise à leur tête — parlent haut et ferme, exigent du roi la suppression de la phrase fustigeant « les grands du royaume » ayant « fait des ligues et associations ».

Le roi, la mort dans l'âme, doit obéir.

« Il fut noté, écrit un chroniqueur racontant la scène, que, pendant ses rétractations, il survint une si grande obscurité par un orage et grêle qu'il fallut allumer la chandelle en plein jour pour lire et écrire, ce qui fit dire à quelqu'un que c'était le testament du roi et de la France qu'on écrivait et qu'on avait allumé la chandelle pour lui voir jeter le dernier soupir. »

Le 18 octobre, les députés demandent que le roi veuille bien renouveler son serment du Pacte d'Union donnant à Guise force et puissance.

Et le Valois doit à nouveau s'incliner.

Dès lors se succèdent une série d'abdications. Le roi, qui a besoin d'argent, demande aux députés de voter des subsides, mais les députés se montrent intraitables.

— Je réduirai ma maison au petit pied, supplie Henri III des larmes dans la voix. Là où il y avait deux chapons, il n'y en aura plus qu'un. Mais comment voulez-vous que je vive ? Me refuser l'argent, c'est me perdre...

Et il reprend, angoissé :

— Nous perdre et l'État avec nous.

Un député guisard répond sans détour :

— Eh bien, ne soyez plus roi !

— Messieurs, ricane un autre, la marmite du roi est renversée ! Faites-la donc bouillir !

Insulté, Henri III affecte de ne pas entendre. Il feint même de ne prêter aucune attention à la présence de l'escorte toujours plus importante que le Balafré traîne dans son sillage. Mais, dans le tréfonds de lui-même, il a juré de se venger... ou plutôt de sauver son royaume.

— Le jour du poignard viendra, avait prédit le Mantouan Philippe de Cavriana.

Le poignard allait venir.

Le soir du 17 décembre 1588, au cours d'un souper donné chez les Lorrains, Mme de Montpensier répète à son frère :

— Vous le tiendrez, et moi, avec mes ciseaux, je lui taillerai une couronne !

Détrôner « frère Henri » leur paraît tout simple. Le cardinal de Lorraine lève son verre en regardant droit dans les yeux le duc de Guise :

— Je bois à la santé du roi de France.

Au bout de la table, perdu parmi les gentilshommes guisards, se tient l'Italien Venetianelli ; il crie plus fort que les autres convives :

— Vive Henri le Balafré ! Vive l'héritier de Charlemagne !

Mais dès le lendemain matin, espion du roi, il s'empresse de tout raconter à son maître. A ce récit, Henri III pâlit. Grave, déterminé, il prend l'inévitable décision qui va le conduire au crime. Il ne s'agit d'ailleurs pas dans son esprit d'un crime, mais d'une exécution. Si le souverain ne tue pas le Balafré, la France est perdue !

Les Guise, qui entretiennent, eux aussi, des agents secrets parmi le personnel royal, sentent que « frère Henri » manigance un mauvais coup. Assurément, le fils de la Médicis ne se laissera pas tonsurer aussi facilement que l'imagine Mme de Montpensier ! Le Balafré tient à en avoir le cœur net : il demande audience au roi. La scène se déroule dans le jardin du château. Une bise froide fait tournoyer de rares flocons de neige. Après quelques paroles banales, le Balafré attaque et offre au roi sa démission de lieutenant général. Henri III a bien du mal à garder son sang-froid. En une seconde, il voit le gouffre de la guerre civile s'ouvrir sous ses pas. Si le Balafré s'en va, il y aura désormais trois France : France huguenote avec Henri de Navarre, France ligueuse avec Henri de Guise et, entre ces deux partis tout-puissants — parce que fanatisés —, la France royale avec Henri de Valois, le plus désargenté, le plus faible des trois Henri.

Mais le duc de Guise poursuit :

— Sire, pourquoi tairais-je qu'on m'a beaucoup averti ces temps-ci que vous me vouliez du mal ?

Il faut ruser. Tout en prenant amicalement le bras du Balafré, le roi arbore un sourire paterne.

— Croyez-vous que j'ai l'âme aussi méchante pour conspirer contre vous ? Au contraire, je vous déclare qu'il n'y a personne en mon royaume que j'aime mieux que vous...

Guise le regarde, sceptique. Le Valois sent qu'il faut

aller plus loin. Prenant un ton doucereux, mais persuasif, il s'écrie :

— Tout ce que je vous dis là, je le dis par grand serment, je le jure par le corps de Notre-Seigneur, que je vais recevoir tout à l'heure pendant la messe.

Le roi en sera quitte pour aller se confesser ! Il est ainsi parvenu à rassurer le duc... Mais lorsqu'il se retrouve dans son cabinet, de rage, il jette à terre son toquet. La colère passée, il se ressaisit :

— Allons ! dit-il, le désespoir ne sert à rien quand la prudence peut encore prévenir le danger.

Laugnac, le chef des Quarante-Cinq — ces spadassins fidèles contre lesquels peste tant le Balafré —, attend, caché derrière une tapisserie. Il apparaît et regarde interrogativement son maître.

— C'est pour après-demain, annonce Henri III d'une voix étouffée. Oui !... le piège est prêt, mais le ressort est si fort qu'il faudra nous mettre à plusieurs pour le tendre.

Et le surlendemain, 23 décembre, alors qu'un jour gris et brumeux commence à se lever, les Quarante-Cinq se jettent sur le duc de Guise que le roi a appelé dans son cabinet. C'est une véritable boucherie ! Tous frappent sans relâche, mais Guise ne tombe pas. Tel un animal blessé traînant à sa suite une meute, le Balafré va et vient de la chambre du roi au Cabinet Vieux, maculant de sang murs et tapisseries. Il est bientôt percé de dix blessures — et s'exclame :

— Ah ! messieurs, quelle trahison ! Messieurs, quelle trahison !

Les assassins s'écartent : le duc s'est arrêté debout, au milieu de la chambre. Va-t-il s'écrouler ? Non, il reste là, titubant, cherchant ses aplombs... L'un des tueurs, du Gast, s'approche et lui donne le coup de grâce. Angoissés, les meurtriers reculent. Le duc, les bras tendus, les yeux éteints, la bouche ouverte, s'avance en vacillant vers Laugnac, qui s'appuie à un coffre. Le capitaine des Quarante-Cinq ne se donne

« Il n'osera », avait déclaré le duc de Guise en parlant des intentions d'Henri III. Le roi, en sortant de son cabinet vieux, ordonna : « Fouillez ses poches. » Dans la bourse, on trouva un billet de la main du duc de Guise : « Pour entretenir la guerre en France, il faut 700 000 livres tous les mois. » Le Lorrain, par-delà la mort, justifiait l'acte du roi.
(Hachette)

même pas la peine de dégainer. Du fourreau de son épée, il repousse le moribond. Le duc recule, perd l'équilibre, cherche un point d'appui, une seconde se raccroche à un saillant de la muraille qu'il marque de son sang, enfin il tombe.

C'est fini !

Maintenant tout va très vite. Dans les galeries, dans les jardins, des troupes d'archers conduits par des exempts entourent les principaux ligueurs députés des états et guisards ennemis du roi. Le premier, le cardinal de Lorraine a été appréhendé et, en compagnie de l'archevêque de Lyon, jeté dans un galetas sous les combles du château ; ils seront massacrés la veille de Noël.

Exultant, le roi est descendu chez sa mère. Fièrement, il lui annonce :

— Me voici roi de France, Madame... J'ai tué le roi de Paris !

La phrase a bien l'aspect d'un mot apocryphe ! Quoi qu'il en soit, Catherine regarde son fils avec épouvante, mais reste muette. Sa bronchite lui servant d'excuse, elle s'enfonce sous ses couvertures. N'est-elle pas en grande partie responsable de la puissance des Guise ?

Le 4 janvier 1589, au soir, la tempête souffle sur Blois avec rage. Le vent s'engouffre dans les vastes cheminées et rabat la fumée des feux dans les chambres. Les volets claquent... La reine Catherine, la régente Catherine, la mère de trois rois de France, la belle-mère d'Henri de Navarre, se meurt. « Elle a une très grande fièvre, écrit ce même jour un ambassadeur, et, quoique les médecins l'appellent une fièvre de rhume sans danger, toutefois, l'âge avancé de la malade et sa rechute inspirent de grandes craintes. »

Le lendemain, elle fait son testament, léguant Chenonceau à la reine Louise. Chacun reçoit son legs. Seuls, son gendre Henri de Navarre l'hérétique, et Margot, toujours prisonnière au château d'Usson, sont exclus.

« Ladite dame testatrice, écrivent les deux notaires royaux, a déclaré ne pouvoir signer pour débilité. » La reine, néanmoins, paraît encore vaillante. D'ailleurs, elle ne s'inquiète guère. Elle est même très calme. Nostradamus et Ruggieri lui ont tellement prédit qu'elle mourrait « près de Saint-Germain » — et Blois en est loin !

Vers une heure — ce 5 janvier 1589 — Henri III demande cependant à sa mère de recevoir les derniers sacrements. Un aumônier du roi qu'elle ne connaît pas entre dans la chambre.

— Comment vous appelez-vous ? interroge Catherine.

— Julien de Saint-Germain, Madame.

— Je suis morte ! dit la reine dans un cri.

Une demi-heure plus tard, elle rend l'âme. A son chevet, Henri III prie, égrenant son chapelet à têtes de mort...

Paris étant toujours aux mains des ligueurs, les funérailles ne pouvaient avoir lieu à Saint-Denis. On confie le corps à l'église Saint-Sauveur de Blois... Mais il n'y a pas d'embaumeurs dans la ville et l'odeur devient si intenable que celle qui a été la plus fastueuse des reines de la Chrétienté doit être enterrée précipitamment, presque à la sauvette !

Bien plus tard, sous Louis XIII, la fille naturelle d'Henri II, Diane de France, duchesse de Châtellerault, se souviendra de la vieille reine et ainsi, grâce à la bâtarde de son mari, Catherine retrouvera, à Saint-Denis, le corps de son époux... que la Révolution jettera dans une fosse commune.

***

— Je suis *seul* roi maintenant ! s'était exclamé le Valois, au lendemain de l'assassinat du duc de Guise et de la mort de la reine.

Il l'était moins que jamais !

La guerre civile se déchaîne. A Paris, on brise les armoiries royales, on renverse à l'église Saint-Paul les mausolées des mignons. La Ligue est devenue révolutionnaire. Le duc de Mayenne, frère du Balafré, nommé par les Seize, qui gouvernent toujours Paris, lieutenant général de l'État, et traité par le roi de « traître et de félon », approche de Tours. A Saint-Ouen, près d'Amboise, les ligueurs mettent en déroute la cavalerie royale.

Henri III laisse faire. Après la semaine tragique de Noël, après la terrible décision qu'il a dû prendre, il semble vidé de toute énergie, apathique, « il va si nonchalamment en besogne, ainsi que nous le dit Pierre de l'Estoile, qu'il va perdre Orléans. Ce roi méprise tellement toutes choses que dedans six semaines il se voit réduit au royaume de Tours, Blois et Beaugency ». Depuis l'époque où le royaume s'est installé en Val de Loire, la France n'a connu d'heures aussi graves !

Le Béarnais a également quelques soucis avec les bavards des assemblées protestantes. Les trente-sept députés des Églises convoqués à La Rochelle, dont les assemblées se tiendront du 14 novembre au 17 décembre 1588, ont d'abord écouté le roi de Navarre se plaindre que ses actions avaient souvent « été faussement interprétées ». Henri de Navarre a la malchance d'avoir en face de lui — tel un véritable accusateur — un pasteur particulièrement virulent, Jean Gardezy de Montauban qui, en stigmatisant la vie corrompue menée par le Béarnais, et ses « débordements licencieux », marque des points. Le roi n'a-t-il pas fait deux bâtards à deux jeunes filles de La Rochelle, une certaine Martine et à Esther Imbert, fille de M. de Boisambert ? Le fils d'Esther a reçu le prénom biblique de Gédéon et la qualité de bâtard royal lui a été reconnue. Celui que l'on appelait « Gédéon Monsieur » meurt au mois de novembre 1588, Henri annonce à Corisande qu'il se trouve « fort affligé par la perte de son petit ».

Cependant les reproches de l'assemblée ne s'arrêtent pas là. Alors que le roi de Navarre, la plupart du temps, s'accoutre plus qu'il ne s'habille, l'acerbe pasteur reproche à Henri ses pourpoints de soie, ses dentelles, ses diamants et les rubis qui ornent ses chapeaux de cérémonie. Ce luxe fastueux dont le roi, pourtant, fait si peu étalage, est incompatible avec le chef des huguenots qui, par définition, doit être d'apparence rigide et sévère ! C'est tout juste si le grave pasteur de Montauban ne recommande pas à Henri : « Prenez exemple sur mon austérité. »

Henri dut juger bien dérisoires ces remontrances ridicules, lui dont la principale préoccupation était de trouver les moyens de calmer l'agitation des esprits, mais, protecteur des Églises, Navarre jure de défendre les députés et d'écouter leurs conseils. « Vraiment, écrit-il à Corisande, s'il se refait encore une assemblée, je deviendrai fou. »

Henri a toujours l'idée bien ancrée qu'un rapprochement avec le roi de France est absolument nécessaire. De son côté, Henri III, sortant enfin de sa léthargie, se rend en Poitou, à la rencontre de son beau-frère.

Les deux Henri vont-ils enfin pouvoir se réconcilier ? Malheureusement, le Béarnais, après avoir quitté Niort, tombe malade au château de la Mothe-Freslon. S'agit-il d'une mauvaise grippe due au froid intense ? Peut-être, car la fièvre l'abat. L'on craint pour sa vie et, à La Rochelle, la population prie pour sa guérison. Fort heureusement, la fièvre tombe et il écrit tout souriant à Corisande : « Certes, mon cœur, j'ai vu les cieux ouverts, mais je n'ai été assez homme de bien pour y entrer. Dieu veut se servir de moi encore... Si ma crise eût demeuré encore deux heures, les vers auraient fait grande chère de moi... »

Enfin, Henri peut sauter à cheval — c'est assurément pour lui le meilleur des remèdes ! Au mois de mars 1589, on le retrouve à Châtellerault. C'est dans cette ville qu'il lance aux Français un émouvant appel à l'union. Il pose d'abord la question — et c'est pour lui d'une importance primordiale : doit-il ou ne doit-il pas changer de religion ? Certes, on l'a souvent sommé, la dague sur la gorge, d'abjurer la religion protestante, mais, explique-t-il :

« Que diraient de moi les plus affectionnés à la religion catholique si, après avoir vécu jusqu'à trente ans d'une sorte, ils me voyaient subitement changer ma religion, sous l'espérance d'un royaume ? Que diraient ceux qui m'ont vu et éprouvé courageux si, honteusement, je quittais par la peur la façon de laquelle j'ai servi Dieu dès le jour de ma naissance ?... Avoir été nourri, instruit et élevé en une profession de foi et, sans ouïr et sans parler, tout d'un coup, se jeter de l'autre côté ? Non, Messieurs, ce ne sera jamais le roi de Navarre, y eût-il trente couronnes à gagner. Tant s'en faut qu'il lui en prenne envie pour l'espérance d'une seule. Instruisez-moi, je ne suis point opiniâtre !... Or, laissons cela. Si vous désirez mon salut simplement, je vous remercie. Si vous ne souhaitez ma conversion que pour la crainte que vous avez qu'un jour je vous contraigne, vous avez tort. Mes actions répondent à cela. »

Il en arrive maintenant au principal : la paix que tous souhaitent :

« N'est-ce pas une misère qu'il n'y ait si petit ni si grand en ce royaume qui ne voie le mal, qui ne crie contre les armes, qui ne les nomme la fièvre continue et mortelle de cet État ? Et néanmoins, jusqu'ici, nul n'a ouvert la bouche pour y trouver le remède... En toute cette assemblée des états généraux de Blois, nul n'a osé prononcer ce sacré mot de paix... Or, notre État est extrêmement malade ; chacun le voit. Par tous ces signes, on juge que la cause du mal est la guerre civile, maladie presque incurable, de laquelle nul État n'échappa jamais... »

Seule la paix peut sauver la France moribonde !

« Nul autre que la paix ! La paix qui remet l'ordre au cœur de ce royaume, qui par l'ordre lui rend sa force naturelle, qui par l'ordre chasse les désobéissances et malignes humeurs, purge des corrompus et les remplit de bon sens, de bonnes intentions, de bonnes volontés, qui, en somme, le font vivre. »

Il se fait maintenant suppliant :

« Je vous conjure donc tous par cet écrit, autant catholiques, serviteurs du roi mon seigneur, comme ceux qui ne le sont pas. Je vous appelle comme Français. Je vous somme que vous ayez pitié de cet État... Nous avons tous assez fait et souffert de mal. Nous avons été durant tant d'années ivres, insensés et furieux. N'est-ce pas assez ? Dieu ne nous a-t-il pas assez frappés les uns et les autres, pour nous faire revenir de notre endormissement, pour nous rendre sages à la fin, et pour apaiser nos furies ?... Qui a jamais ouï parler qu'un État puisse durer, quand il y a deux partis dedans, qui ont les armes à la main ?... »

Et c'est enfin ce vibrant et poignant appel :

« J'appelle à cette heure tous les autres de cet État qui sont restés spectateurs de nos folies. J'appelle notre noblesse, notre clergé, nos villes, notre peuple ; c'est à eux que je parle. Qu'ils considèrent où nous allons entrer, ce que deviendra la France, quelle sera la face de notre État, si ce mal continue ?... Et toi, peuple, quand ta noblesse et tes villes seront divisées, quel repos auras-tu ? Peuple, le grenier du royaume, le champ fertile de cet État, peuple de qui le travail nourrit les princes, la sueur les abreuve, les métiers les entretiennent, l'industrie leur donne les délices à rechange ; à qui auras-tu recours ?... Au roi, qui ne commandera ni aux uns, ni aux autres ? Aux officiers de justice, où seront-ils ? Au maire d'une ville, quel droit aura-t-il sur la noblesse ? Au chef de la noblesse, quel ordre parmi eux ? Pitié, confusion, désordre, misères partout. Et voilà le fruit de la guerre ! »

Navarre mérite bien son surnom d'Henri le Grand !

En lisant ce texte, Henri III a les larmes aux yeux. Il est conquis, le cauchemar s'éloigne. Il n'a d'ailleurs plus d'autre ressource que de tendre la main aux protestants et d'envoyer à son beau-frère un négociateur. Cependant, le Béarnais est méfiant. Réflexe normal, il a si souvent été berné qu'il interroge l'émissaire royal :

— Estimez-vous que le roi a de bonnes intentions en mon endroit, et qu'il veuille traiter de bonne foi avec moi ? demande-t-il avec une appréhension bien compréhensible.

— Vous n'en devez nullement douter, Sire, répond franchement et avec logique l'ambassadeur, car la nécessité de ses affaires l'y contraint, n'ayant aucun remède en ses dangers que votre assistance.

Mais il n'est pas facile d'effacer treize années de lutte ! Aussi ce rapprochement, tant attendu, tant espéré par bien des Français, est-il long et laborieux. Une trêve est d'abord conclue.

« Nous sommes près de Tours où est le roi, annonce le Béarnais à la comtesse de Clermont. Son armée est logée presque à deux lieues de la nôtre, sans que nous nous demandions rien ; nos gens de guerre se rencontrent et s'embrassent au lieu de se frapper, sans qu'il y ait trêve ni commandement exprès de ce faire. »

Après une dernière hésitation, Henri de Navarre, nous explique Pierre de l'Estoile, « s'arrêta au proverbe qui dit que deux tiens sont plus forts qu'un et qu'avec ses forces, se tenant sur ses gardes, il empêcherait bien que le roi et les siens ne lui puissent nuire ».

Mais Henri III n'en a pas l'intention. Cette fois — et pour la première fois peut-être — il est pleinement sincère ! Le 22 mars, il réunit à Tours, dans la Salle Capitulaire, le Parlement chassé de Paris. Tous ses membres poussent maintenant le roi à s'unir avec le Béarnais.

Le dimanche 30 avril 1589 se déroule une des plus belles scènes de l'histoire de France. Le matin, on annonce à Henri III que l'armée huguenote a traversé le Cher. Le roi quitte aussitôt le château de Plessis-lez-Tours — la demeure du roi Louis XI — et saute à cheval. Pour la première fois depuis treize années, il s'apprête à revoir celui qu'il appelait, au temps de leur jeunesse, le petit Vendômet et, parfois aussi, *Henriquet.* L'entrevue a lieu dans le vaste parc du château qui s'étend jusqu'à la Loire.

« Il s'y trouva une telle foule, concours et affluence du peuple, raconte l'Estoile, nonobstant tout l'ordre qu'on essaya d'y donner, que les deux rois furent un grand quart d'heure dans l'allée du parc dudit Plessis, à se tendre les bras l'un vers l'autre, sans se pouvoir joindre et approcher tant la presse y était grande, et le bruit des voix du peuple résonnait qui criait à grande force et exaltation :

— Vive le roi ! Vive le roi de Navarre ! Vivent les rois ! »

Les deux hommes se regardent. Henri de Navarre est tout couvert de sueur et de poussière. L'écharpe blanche de chef des huguenots rend moins sévère son haut-de-chausse de velours rouille. Son pourpoint est usé sur les épaules et aux côtes par le frottement de la cuirasse. Il tient à la main son chapeau gris d'où retombe le légendaire panache blanc.

Le futur premier roi Bourbon s'avance vers le dernier roi Valois.

« Enfin, s'étant joints, ils s'entre-brassèrent très amoureusement, même avec larmes, principalement le roi de Navarre, des yeux duquel on les voyait tomber grosses comme des pois. » Il n'y avait plus, ce jour-là, au bord de la Loire, ni huguenots ni catholiques, mais seulement des Français ! Le pays pouvait être sauvé, et la Ligue battue.

Du moins on était en droit de l'espérer.

Le soir même de ce 30 avril, Henri rapporte la scène à Philippe Duplessis-Mornay : « La glace a été rompue, non sans nombre d'avertissements que, si j'y allais, j'étais mort. J'ai passé l'eau en me recommandant à Dieu, lequel par sa bonté ne m'a pas seulement préservé, mais fait paraître au visage du roi une joie extrême ; au peuple, un applaudissement non pareil, même criant : *Vivent les rois !*... Il y a eu mille particularités que l'on peut dire remarquables. Envoyez-moi mon bagage, et faites avancer toutes nos troupes... »

Le lendemain matin — lundi Ier mai — à 6 heures, le roi de Navarre se rend dans la chambre d'Henri III et, comme l'écrit d'Aubigné, « deux jours se passèrent en conseils, en embrassades à tous les capitaines réformés »...

Les deux rois se dirigent maintenant vers Chinon. Cependant, aux portes du bourg, le duc de Mayenne, à la tête de l'armée guisarde, attaque les forces royales et Henri III manque d'être pris. Les chefs protestants veulent s'interposer :

— Braves huguenots, leur crient les ligueurs, ce n'est pas à vous que nous en voulons, mais c'est à ce perfide, à ce coyon, qui vous a tant de fois trahis et qui vous trahira encore !

Les troupes protestantes n'en ripostent pas moins. Elles volent au secours du roi de France, et le frère du Balafré est obligé de battre en retraite. Il se venge en ravageant le faubourg de Saint-Symphorien. « Après avoir pillé les maisons, les soldats se sont transportés dans les églises où les filles et les femmes s'étaient réfugiées... Elles furent forcées jusqu'au pied du sanctuaire et souvent en présence de leur mari, et leurs filles furent violées... »

Affreuse époque !

— Tout nous est permis ! crient les guisards, nous combattons pour la bonne cause et avec l'aveu du pape, tous nos péchés nous seront pardonnés !

Navarre se rend alors à Blois, tandis qu'Henri III, qui arbore lui aussi l'écharpe blanche, regagne Tours.

Satisfait et fier, le Béarnais trace ces lignes pour Corisande : « Mon âme, je vous écris de Blois où il y a cinq mois on me condamnait hérétique et indigne de succéder à la couronne, et j'en suis asteure le principal pilier. Voyez les œuvres de Dieu envers ceux qui se sont toujours fiés en lui... Je me porte très bien, Dieu merci, vous jurant avec vérité que je n'aime et n'honore rien au monde comme vous, et vous garderai fidélité jusqu'au tombeau. » Sur la lettre même, Corisande ajoute, après avoir relu la dernière ligne : « Il n'y a rien qui n'y paraisse » — et change de sa main la dernière partie des lignes du roi par l'addition d'un préfixe qui en dit long : « Je vous garderai l'*in*fidélité », après quoi, elle trace encore ces trois mots : « Je le crois. »

Leur amour — bien qu'Henri ait joué longtemps la comédie — n'est plus qu'un doux souvenir... Une immense tendresse succède à la passion.

***

Après avoir pris Châteaudun, Navarre retrouve Henri III à Tours.

— Mon maître, lui assure le Béarnais, je vous jure devant Dieu que je n'aimerais un frère comme je vous aime... Pour regagner votre royaume, il faut passer sur les ponts de Paris ; qui vous conseillera de passer par ailleurs n'est pas un bon guide.

Aussi les deux Henri partent-ils mettre le siège devant la ville devenue la capitale du fanatisme. « Nous verrons bientôt les clochers de Notre-Dame de Paris », annonce-t-il à Corisande. Pour l'instant, ils rejoignent l'armée à Poissy. Les deux rois ont maintenant sous leurs ordres vingt mille combattants, protestants et catholiques réunis. Une très bonne entente règne entre eux. Le siège commence.

— Je n'y rentrerai que par la brèche, répète Henri III.

Henri de Navarre, qui ne mâche pas ses mots, déclare tout cru :

— J'avoue qu'il y va du royaume à bon escient d'être venu baiser cette belle ville et de n'y mettre pas la main au sein.

Est-ce l'excitation d'entrer dans Paris aux côtés d'Henri III, démonstration éclatante d'une coexistence pacifique entre les deux religions ? Jamais le Béarnais n'a paru aussi bouillant : « donnant l'éperon à tout », il ne quitte point l'avant-garde, reconnaissable de loin avec son écharpe blanche et son petit manteau écarlate qui dissimule l'usure de son pourpoint. Poissy et Pontoise sont bientôt occupés solidement.

A Paris, Mayenne, qui n'a plus que huit mille hommes sous ses ordres, appelle les Espagnols au secours. Le gros duc est d'autant plus angoissé que les effectifs de l'armée royale ont doublé par l'arrivée à Conflans-Sainte-Honorine de vingt mille combattants que conduisent Sancy et Longueville.

L'encerclement s'amorce. Le soir du 29 juillet, les ligueurs aperçoivent les feux des bivouacs ennemis sur les hauteurs de Vanves et de Saint-Cloud occupées par l'armée royale. Henri de Navarre, « pour taster le pouls des assiégés », enlève Meudon, Clamart, Vanves, avec six cents cavaliers, puis il occupe les carrières de Vaugirard.

Bientôt, on mènera l'assaut contre la capitale !

A Paris, les Parisiens royalistes, les partisans de la tolérance, loyaux envers la dynastie des Valois — on les surnomme, rappelons-le, les politiques —, se terrent et n'osent sortir de chez eux. En revanche, les haineux prêcheurs de la Ligue haranguent le peuple, montant la foule contre le traître Valois et s'acharnent, clouant au pilori le mécréant Béarnais !

— Malheur, malheur sur le roi Henri III qui a fait assassiner M. de Guise !

— Il veut nous donner un roi de Navarre hérétique et paillard pour roi !

En chaire, on prêche la vengeance, on excite les fidèles contre le Valois meurtrier. Partout, pour dresser les esprits contre Henri III, on répand la bulle du pape Sixte Quint, sommant le roi de comparaître à Rome en personne, ou par procureur, pour s'y justifier du meurtre à Blois des deux princes de l'Église. Dans les rues, les gamins jouent à la guerre civile :

— Je suis pour le roi !

— Moi, pour les princes !

Et ils se battent à coups de bâtons.

Les femmes sont les plus enragées. La duchesse de Montpensier fait crier dans les rues les noms de prétendues victoires et ordonne de suspendre aux voûtes de Notre-Dame des étendards huguenots pris par l'armée de la Ligue. Le fanatisme atteint son paroxysme. Mayenne a des idées suicidaires et ne pense qu'à se faire tuer dans une tentative de sortie. Il n'attend plus le salut que d'un miracle. Et le miracle vient sous les traits d'un jeune religieux, un benêt exalté, dévot, superstitieux, un être à l'âme simple et fruste, « le plus débauché du couvent », dit-on aussi.

Il se nomme Jacques Clément.

Originaire d'un village des environs de Sens, ce fils de paysan, qui appartient à l'ordre des dominicains, est âgé de vingt-deux ans. Il est si profondément impressionné par tous les propos qu'on tient autour de lui que son exaltation frappe les autres religieux. A son confesseur, il demande :

— Est-il licite de tuer un tyran ?

La réponse est nuancée. Il n'empêche ! Sa résolution est prise : il tuera Henri III ! En cette fin du mois de juillet, les chefs de la Ligue et les Seize délibèrent. La situation est dramatique. Paris va certainement être pris par le roi ! Soudain on annonce le prieur des dominicains — on commençait d'ailleurs à les appeler les jacobins, car leur maison mère se trouvait placée rue Saint-Jacques. Introduit dans la salle du Conseil, il révèle que l'un des religieux de son couvent — il s'agit de Jacques Clément — lui a fait part de ses intentions : tuer le roi et sauver ainsi les catholiques. Les Seize remercient Dieu et l'on félicite le moine ! En attendant d'agir, le malheureux jeûne, mortifie sa chair, et affirme avoir des visions.

Le moment fatidique venu, on donne au moine une lettre qui pourra lui servir de laissez-passer et on lui procure un long poignard noir. Son prieur le bénit. Mme de Montpensier lui promet mille félicités et on lui remet même un faux billet émanant, lui dit-on, du premier président, Achille de Harlay, alors embastillé. Aussi, lorsque le malheureux illuminé présente le sauf-conduit, les avant-postes le laissent-ils passer sans défiance et le moine parvient à Saint-Cloud, le dimanche 31 juillet au soir. Il soupe paisiblement avec les

Jacques Clément arrive à Saint-Cloud, muni de son laissez-passer... et de son poignard. (Bulloz)

serviteurs du roi et coupe même sa viande et son pain avec son long couteau à manche noir. On lui promet que le roi le recevra le lendemain matin, à la maison de Jérôme de Gondi, où Henri III s'est installé au premier étage du petit palais, précédant un jardin à l'italienne, truffé de grottes et de fontaines. « Sous le ciel de l'Ile-de-France, on pourrait se croire sur une terrasse de Toscane (1). » La pièce est drapée de violet en signe de deuil, le deuil de Madame Catherine.

A 7 heures, le lundi 1er août, Jacques Clément est introduit auprès du roi. Henri III, tout débraillé, vient de boire sa tasse de bouillon et s'est assis sur sa chaise percée, richement ornée et surmontée d'un dais. Le moine se prosterne et prie le roi d'écarter les témoins présents : il a une confidence à faire à Sa Majesté. Le grand écuyer Bellegarde s'éloigne de quelques pas. Henri se penche vers le moine... A cet instant, celui-ci tire le couteau de sa manche et frappe violemment le Valois « d'un coup à plomb », au bas-ventre :

— Ah ! le méchant moine, il m'a tué ! s'exclame le roi dans un souffle — et en arrachant le couteau de la plaie.

Jacques Clément, illuminé par la foi du martyre, attend, les bras croisés. Les gardes se précipitent et massacrent sur place le régicide. On jette le corps par la fenêtre ; on brûlera tout à l'heure le cadavre devant l'église de Saint-Cloud.

On a étendu Henri III sur son lit. Les chirurgiens pensent d'abord que la plaie est peu profonde. Dans dix jours, le roi pourra remonter à cheval. On lui fait prendre un lavement qu'il rend « sans douleur ni sang », puis, toujours couché, il assiste à la messe. Mais le soir, le blessé est pris d'atroces douleurs d'entrailles entre-

(1) Jean Prasteau, *Voyage insolite dans la banlieue de Paris*, Librairie Académique Perrin, 1985.

coupées de syncopes et de sueurs froides. Le poignard était-il empoisonné ?

A 11 heures, Henri de Navarre accourt de Meudon, une cuirasse protectrice sur son pourpoint.

— Mon frère, lui dit le roi en l'embrassant, vous voyez comme vos ennemis et les miens m'ont traité. Il faut que vous preniez garde qu'ils ne vous en fassent autant... La justice, de laquelle j'ai toujours été le protecteur, veut que vous succédiez après moi à ce royaume. Mais vous aurez beaucoup de traverses, si vous ne vous résolvez à changer de religion. Je vous y exhorte, autant pour le salut de votre âme que pour l'avantage du bien que je vous souhaite. Je meurs content en vous voyant auprès de moi. La couronne est vôtre, après que Dieu aura fait sa volonté de moi...

Henri III demande ensuite aux assistants de s'approcher de son lit :

— Je vous prie, comme mes amis, et vous ordonne comme votre roi, que vous reconnaissiez après ma mort mon frère que voilà... et que vous lui prêtiez le serment en ma présence.

Le malheureux mourant se confesse péniblement et reçoit l'absolution. On l'entend murmurer :

— Mon Dieu, pardonnez-moi mes péchés...

Bellegarde se jette à genoux demandant « pardon des choses commises auprès du roi ».

— Taisez-vous, lui lance d'Epernon, vous parlez comme une femme !

Henri III meurt à 3 heures du matin, ce 2 août 1589.

La dynastie des Valois a vécu...

***

Les avant-postes de l'armée royale peuvent voir ligueurs et ligueuses arborer des écharpes vertes, symbole de la joie qui éclate dans les cœurs à l'annonce de la mort du « perfide ». C'est ainsi que la duchesse de Montpensier, avec « une fureur insolente et une ostentation enragée », appelle Henri III. La sœur de l'assassiné de Blois ajoute même :

— Je ne suis marrie que d'une seule chose, c'est qu'il n'a su, devant que de mourir, que c'était moi qui l'avais fait !

Véritable harpie, elle monte en carrosse, parcourt la ville et crie au peuple :

— Bonne nouvelle, mes amis, le tyran est mort !

C'est aussitôt à travers Paris du délire. La foule entre en liesse. On dresse des tables aux carrefours, on banquette, on chante :

Il est mort ce traître roi !

A l'église des Cordeliers, sur les marches de l'autel, Mme de Nemours, belle-sœur de la duchesse de Montpensier, nous dit Pierre de l'Estoile, « harangue ce sot peuple sur la mort du tyran, montrant ainsi une grande immodestie et impuissance de femme de *mordre* encore sur un mort ».

Dans les églises, les prédicateurs clament les « louanges du saint martyr », qui a délivré le peuple et « sauvé l'Église ». Le prévôt des marchands propose d'élever à Jacques Clément une statue que l'on placera dans le chœur même de Notre-Dame ! Et l'on prend la décision de célébrer chaque premier août un service solennel pour le salut de son âme.

La nuit venue, des hauteurs de Saint-Cloud, Henri IV voit les feux de joie allumés çà et là dans la ville, et aperçoit même un arrogant fanal qui étincelle au loin, planté sur l'une des tours de Notre-Dame. Il se retire dans la chambre mortuaire et se tient auprès du lit où Henri III a cessé de souffrir. Autour de lui, les serviteurs et les « vermines de cour », autrement dit les mignons du défunt, excités au-delà du possible, équivoques à souhait, « enfoncent leurs chapeaux ou les jettent à terre. Ils ferment le poing, complotent, se touchant la main, faisant des vœux et promesses ».

Parlant haut, on les entend s'exclamer :

— Plutôt mourir de mille morts !

— Tout, plutôt que de souffrir un roi huguenot !

D'O, surintendant des Finances, s'avance vers le nouveau souverain, lui annonçant que sa conscience ne lui permet pas de le reconnaître. Henri est pâle de colère.

— Ceux qui ne pourront attendre une plus mûre délibération, répond-il d'une voix sourde, je leur baille congé librement pour aller chercher leur salaire sous des maîtres insolents.

Le roi ne refuse pas catégoriquement de changer de religion… un jour, mais il veut réfléchir et n'entend pas être pris à la gorge. C'est alors que le baron de Givry se jette aux pieds du Béarnais :

— Sire, je viens de voir la fleur de votre brave noblesse pleurer son roi mort… Ils attendent avec impatience les commandements absolus du vivant. Vous êtes le roi des braves gens et ne serez abandonné que des poltrons !

Givry amène avec lui les soldats de Champagne. D'Humières, à la tête des gentilshommes de Picardie, se déclare lui aussi pour le Béarnais. Les maréchaux d'Aumont et de Biron suivent cet exemple ainsi que les Suisses qui se rallient au nouveau roi. Et cette loyauté exprimée par des hommes d'honneur met un peu de baume dans le cœur d'Henri.

Au cours d'une réunion tenue chez le duc de Luxembourg-Piney, les gentilshommes catholiques annoncent qu'ils se rallieront à Henri IV, à la condition que celui-ci promette de maintenir la religion catholique par une déclaration solennelle. Henri s'incline et, le 4 août, s'engage en ces termes :

— Nous, Henri, par la grâce de Dieu, roi de France et de Navarre, promettons et jurons de maintenir et conserver dans le royaume la religion catholique, apostolique et romaine en son entier. Nous nous engageons à ne tolérer le culte protestant qu'ès lieux où il se fait présentement, à n'accorder offices et gouvernements aux réformés que dans ces mêmes lieux.

Cependant, trop nombreux — le duc d'Epernon à la tête de 7 000 hommes — sont ceux qui choisissent d'abandonner Henri IV et décident de retourner vers leurs terres. Un seul, Louis de l'Hôpital, marquis de Vitry, préfère rejoindre la Ligue.

L'armée fond...

Bientôt, il ne reste plus autour d'Henri que 8 000 Français, 12 000 Suisses et 2 000 Allemands. Ainsi la moitié de l'armée royale s'est-elle évaporée.

Que faire ?

Assurément, abandonner le siège de Paris et gagner Mantes puis la Normandie. Il paraît, en effet, impossible de réduire la ville où la joie s'est transformée en un déchaînement passionné et frénétique incontrôlable. Pour l'instant, il est préférable de s'éloigner. D'autant que l'Espagne va redoubler d'efforts pour s'emparer de ce pays déchiré. Effectivement, le duc de Mayenne a envoyé à Philippe II un courrier lui annonçant qu'il avait « plu à Dieu de nous ôter un roi... L'entreprise de sa mort a été exécutée par un jacobin, comme par l'inspiration divine... Si la cause de la Ligue et les catholiques de ce misérable et désolé royaume ont eu besoin par le passé de l'appui et du secours de Votre Majesté, Elle leur est encore plus nécessaire que jamais aujourd'hui qu'ils ont un ennemi, chef de l'hérésie... »

Ce chef de l'hérésie n'en est pas moins roi de France ! On le voit se recueillir devant le corps d'Henri III, qui est entouré de chandeliers noirs. Il demeure seul dans la pièce... et ses fidèles respectent sa solitude.

Henri le Quatrième est bien seul. Et, seul, il va devoir faire face à deux France, qui se haïssent toujours.

« Henri IV fut un grand roi, tandis que Louis XIV n'est que le roi d'un grand règne. » Chamfort. (Hachette)

Chapitre VIII

D'Arques à Ivry

Roi sans royaume, général sans argent, mari sans femme...
Henri IV

Le matin du 6 août 1589, Henri IV quitte Saint-Cloud pour accompagner, seulement durant quelques lieues, la dépouille mortelle d'Henri III. Puisque l'on ne peut encore inhumer le défunt à Saint-Denis, c'est à Compiègne, à l'abbaye de Saint-Corneille, que le corps sera provisoirement déposé.

On imagine le Béarnais suivant au pas lent de son cheval sa petite armée. Il est si pauvre qu'il s'est fait tailler un habit de deuil dans un costume ayant appartenu à Henri III, en deuil lui-même de sa mère Catherine ! Triste épilogue que ces funérailles pour le dernier Valois, roi de France et de Pologne, roi honni, vilipendé, incompris...

Les paysans, sur le pas de leur porte, regardent passer leur nouveau souverain. Le joyeux Béarnais n'a que deux ans de moins que son prédécesseur, mais il paraît beaucoup plus âgé, en dépit de son aspect nerveux, de son corps musclé et vigoureux. Les muscles sont d'acier, mais la taille est petite — un mètre soixante-cinq. Cependant, comme le note subtilement un diplomate vénitien qui connaît les finesses du langage, « s'il n'est pas grand, on peut encore moins le dire petit ». Son visage basané est déjà tout ridé, sa moustache et sa barbe crépues sont grises, ses cheveux poivre et sel. Mais les yeux, singulièrement jeunes, brillent d'un éclat lumineux. Le regard chaud et généreux peut devenir glacial s'il est courroucé. Un mélange heureux de soudard gaillard, sensuel, voluptueux, et d'homme à l'intelligence vive. Henri, le guerrier énergique, au caractère bien trempé, Henri le vaillant, le galant chevalier qui jette les drapeaux conquis sur l'ennemi aux pieds de la femme qu'il aime.

C'est Henri IV le passionné !

Aujourd'hui le roi, en cheminant sur la route de Poissy, médite sans doute sur la fragilité du pouvoir. Non, on peut penser qu'il réfléchit plutôt aux lourdes charges qui sont les siennes désormais — et au moyen de les assumer. Navarre est roi de France et entend être obéi :

— Dieu vous en prendra, si vous ne le faites, annonce-t-il à ceux qui l'entourent.

Certes, il aime toujours la réplique hardie, le contact direct avec ses hommes et avec le peuple, mais il se trouve maintenant à la tête de la France — et même si son pouvoir ne s'applique qu'au sixième du pays, il sent qu'il doit affirmer son autorité. Il explique à ses compagnons :

— Je suis votre chef, mon royaume est mon corps, vous avez cet honneur d'être les membres, d'obéir et d'y apporter la chair, le sang, les os et tout ce qui en dépend.

Recommandation loin d'être inutile, car les heures passées à la « paillade », les longues chevauchées menées botte à botte, les pourpoints troués du Béarnais, sa jovialité, son côté boute-en-train, son éclatante joie de vivre, la verdeur de son langage pourraient faire oublier à ses compagnons qu'il a coiffé une vraie couronne... même branlante.

Il est bien un homme du Midi, à l'accent ensoleillé, un enthousiaste qui aime les plaisanteries et les gasconnades. Les gens du Nord, pense-t-il, prennent les choses trop au sérieux :

— Je ne peux me servir d'un homme mélancolique, explique-t-il, car un homme qui est mauvais pour lui-même, comment serait-il bon pour les autres !

Son endurance est prodigieuse. Il peut demeurer en selle une journée entière en abattant ses vingt lieues. D'un courage à toute épreuve, d'un courage héroïque, sa fougue et sa hardiesse au combat font merveille : « L'on m'a dit, rapporte un ambassadeur vénitien, qu'il est impossible à voir chose plus terrible que Sa Majesté armée, à cheval, l'estoc en main, en posture de combattant, parce qu'alors le cul au-dessus de sa selle, la tête près de celle du cheval, les yeux injectés de sang et pleins de flamme, la bouche écumante, il se lance sur les ennemis comme un dragon et ne sort de la bataille s'il ne se voit couvert du sang de ses ennemis. »

Quel spectacle !

Et pourtant, il tremble avant de foncer sur l'ennemi. Il l'avoue lui-même : il lui arrive de « lâcher son ventre de peur dedans ses chausses ». Mais il préfère être battu que de dormir pendant que l'on se bat pour lui !

Il a tant manqué d'argent, durant ces années difficiles, qu'il aime thésauriser et en plaisante lui-même. Un jour qu'il a gagné 100 écus à la paume, il les met dans son chapeau et lance en riant :

— Je tiens bien ceux-ci, on ne me les dérobera pas, car ils ne passeront point par les mains de mes trésoriers.

Certes, il portait déjà le titre de roi, mais il s'agissait à peine d'un fragment de royaume. Maintenant, il règne — en droit — sur le plus bel État de la Chrétienté ! L'ampleur de sa tâche ne lui fait pas peur, et pourtant les problèmes qui l'attendent sont effroyables. Il le sait : ses prochaines années seront pénibles, très dures même. Il va devoir conquérir son royaume de haute lutte ! D'abord en expulser l'Espagnol, puis rétablir l'autorité royale, enfin — rêve encore chimérique et toujours poursuivi — réconcilier les deux factions qui s'entredéchirent aujourd'hui dans un pays exsangue. Imposer la tolérance ! Il le répète inlassablement :

— Il ne faut plus faire distinction entre catholiques et huguenots ! Il faut que tous soient bons Français. Je suis roi-berger qui ne veut répandre le sang de ses brebis, mais je veux les rassembler avec douceur.

Pour se battre contre la terrible Ligue, pour vaincre l'Espagne, Parme et le pape, il ne possède que son panache blanc, sa bravoure, son cœur et son titre de roi.

— Mon désir, déclare-t-il, me pousse à deux plus glorieux titres, qui sont de m'appeler libérateur et restaurateur de cet État. Le violent amour que je porte à mes sujets et l'extrême envie que j'ai d'ajouter ces deux beaux titres à celui du roi me font trouver tout aisé et honorable.

L'entreprise est vaste, et il s'y adonnera avec passion. Il le constatera un jour :

— La France m'est bien obligée, car je travaille bien pour elle !

Pauvre royaume de France écartelé ! Et ce n'est pas tout ! Le lugubre Philippe II, du fond de son sinistre Escurial, a accepté de seconder la Ligue « pour extirpation de l'hérésie et la délivrance du Très Chrétien roi de France, Charles le Dixième », autrement dit le cardinal de Bourbon. Pour Sa Majesté Catholique, il s'agit d'une véritable croisade et il assure Mayenne, en réponse à son appel, qu'il lui apportera toute l'aide désirable ! Quitte à s'en faire rembourser ensuite par le don de quelques provinces !

***

A Beaumont-sur-Oise, Henri a laissé Charles de Valois, fils bâtard de Charles IX, conduire le corps de son oncle vers Compiègne. Le 6 août, le roi, en arrivant à Poissy, se trouve dans la plus grande perplexité. Le roi de France, aussi paradoxal que cela puisse paraître, ne sait où établir sa résidence. Il envisage de se replier au sud de la Loire.

— Qui donc vous croira encore roi de France, quand il verra vos ordonnances datées de Limoges ? lui fait remarquer avec raison Givry, l'un de ses compagnons.

Henri porte alors son regard vers l'Angleterre. Les deux pays ne sont-ils pas « deux royaumes proches, et seulement divisés d'un trajet de mer comme deux riverains d'un ruisseau qui tranche le milieu de leur rue » ? Henri a les yeux tournés vers la rive française du « ruisseau ». Il lui faut au plus tôt occuper un port bien placé pour recevoir les secours qui lui ont été promis par la reine Elisabeth d'Angleterre. Dieppe paraît tout indiqué, aussi la petite armée royale remonte-t-elle vers le nord, en ordre de bataille afin d'être prête à tout événement. C'est là une nouvelle tactique suivie par Henri — et c'est peut-être lui qui en fut l'instigateur.

Tandis que les troupes cantonnent au gros bourg de Darnetal, à un quart de lieue des faubourgs de Rouen, Henri, suivi de quatre ou cinq cents cavaliers, galope vers Dieppe. La ville, puissamment défendue par des murailles flanquées de tours, est dominée par son château et sa citadelle. Dieppe compte vingt-cinq mille habitants dans ses murs, et cinq mille de plus si l'on ajoute ceux du faubourg du Polet. C'est l'un des meilleurs ports de Normandie. Le 26 août, Aymar de Chastes, gouverneur de la ville, accompagné de sa cornette blanche et d'une foule nombreuse, se porte au-devant du roi. Il se jette à genoux et lui embrasse les mains :

— Point de cérémonie, mes enfants, lui lance Henri en riant, je ne demande que vos cœurs, bon pain, bon vin et bon usage d'hôtes !

Puis, le roi entre dans la ville, accueilli par de

vibrantes acclamations du peuple. La garnison, forte de près de six mille hommes, fait la haie. « Ce qui fut bizarre, mais réjouissant, écrit le chroniqueur, fut de voir le roi entouré de près de six mille hommes armés, lui n'ayant qu'un petit nombre d'officiers à sa main gauche. »

Henri peut être rassuré : Dieppe ne s'opposera pas au débarquement des renforts anglais. Le roi revient à Darnetal. Pour attirer Mayenne, et lui faire croire qu'il entreprend un siège en règle de Rouen, il brûle les moulins qui entourent la vieille cité normande. Les Rouennais, épouvantés, appellent Mayenne à leur secours et le duc s'élance vers la Normandie. La ruse de guerre a réussi. Certes, le frère du Balafré se trouve à la tête d'une armée forte de vingt-six à trente mille hommes, alors qu'Henri n'a plus que huit mille combattants avec lui, mais il a choisi son champ de bataille. Le roi, tout heureux de la réussite de son stratagème, quitte les faubourgs de Rouen et se garde bien de s'enfermer dans Dieppe. Il fortifie par des tranchées, levées de terre et bastions toute la plaine jusqu'à la vallée de l'Aulne et au faubourg du Polet. Le puissant château d'Arques, entouré d'une vaste enceinte flanquée de quatorze tours, domine le bourg et garde la route de Dieppe.

Henri veille aux retranchements, comme une humble sentinelle : « C'est merveille de quoi je vis au travail que j'ai », écrit-il à Corisande. On le voit « compagnonner le soldat au corps de garde, nous dit un contemporain, s'asseoir et coucher sur la paillasse, tenir d'une main un morceau de pain bis, le manger et, de l'autre, avec un bâton, dessiner des barricades et retranchements et y faire travailler ses soldats comme un chasse-avant ». Le soir, étendant son manteau sur la terre froide, il fait « placer un page en travers, sur lequel il appuie sa tête, deux de chaque côté de lui, et deux sur lui pour le réchauffer, et dormant ainsi le mieux du monde à la belle étoile »...

A la suite de l'interrogatoire d'un prisonnier, Henri apprend que Mayenne a la certitude de remporter une victoire facile et compte bien rentrer couvert de gloire à Paris. En effet, le Lorrain écrit au même moment à Villeroy : « Il n'y a plus d'Henri, ni de Valois en France. Les Bourbons sont tous excommuniés de par le diable, et M. de Béarn est mal advisé de faire le larron... » Quelques jours plus tard, il plastronne et continue de prendre des airs avantageux auprès des chefs de la Ligue :

— Je tiens le Béarnais et il faut, ou qu'il se rende à moi, ou qu'il s'embarque pour se sauver en Angleterre.

Et déjà, dans la capitale, on se met à louer « dix jours devant des places aux fenêtres, boutiques et ouvroirs de la rue Saint-Antoine, pour voir mener le Béarnais prisonnier en triomphe, lié et garrotté ».

Le jeudi 16 septembre, le combat d'Arques s'engage, les combats plutôt, car ceux-ci, soutenus par les deux artilleries, se prolongeront plus d'une dizaine de jours. Embuscades, engagements, canonnades se succéderont dans cette vallée d'Arques qui a la forme d'un rectangle. Dès le premier jour de la rencontre, Henri soupçonne Mayenne de porter tous ses efforts contre l'artillerie royale, aussi accourt-il vers le régiment des Suisses — le roi prononçait les *Souisses*. Les mercenaires sont commandés par le colonel Galatay, qui est spécialement chargé de protéger les canons timbrés de la fleur de lys.

— Mon compère, lui dit le roi, je viens mourir ou acquérir de l'honneur avec vous.

« Ce mot, conclut un témoin, eut le succès qu'il devait avoir. » La petite armée royale résiste en dépit de la ruse des lansquenets de la Ligue qui, par un matin de brouillard, au débouché d'un bois, baissent leur drapeau en criant *Vive le roi !* Des mains secourables se tendent vers eux pour qu'ils puissent plus facilement traverser les fossés, mais une fois dans le retranchement, les

A Arques-la-Bataille, la Ligue, forte de trente-cinq mille hommes, perdit six à sept cents combattants. Henri, qui n'avait que huit mille compagnons avec lui, n'eut à déplorer la perte que de cent à deux cents hommes. (B.N./J. da Cunha)

mercenaires allemands attaquent si furieusement les troupes royales que celles-ci commencent à se débander. « Les choses sont quasi au désespéré », écrira Sully. La maladrerie Saint-Etienne est prise, mais Henri, alerté, fonce, appelant à lui cinquante gentilshommes prêts « à mourir avec le roi ». Les arquebusiers huguenots accourent, le brouillard se lève, l'artillerie des royaux tonne, la cavalerie d'Henri s'élance, et l'assaut ligueur est repoussé.

Les combats prennent fin grâce aux renforts anglais qui sont arrivés bien munis de poudre, de boulets... et de sacs d'or. Douze cents Ecossais débarquent — et on annonce la venue prochaine de trois à quatre mille Anglais commandés par lord Willoughby. En attendant, le comte de Soissons, Longueville et le maréchal d'Aumont rejoignent le roi avec deux mille cinq cents cavaliers. Les bras ouverts, Henri se porte au-devant d'eux en riant.

Au bourg d'Arques, les catholiques font chanter un *Te Deum* et les réformés récitent leurs psaumes. On voit le Béarnais s'approcher des Suisses :

— Nous croyons tous en un même Dieu, leur déclare-t-il : chacun de nous espère la gloire éternelle par les mérites d'un même Jésus-Christ. Nous tenons deux divers chemins pour y aller : allons donc Le remercier de la victoire qu'Il nous a donnée ; priez-Le à votre mode, je L'irai prier à la mienne ; je vous prie, ne vous scandalisez point de moi, je ne me scandaliserai pas de vous.

Mayenne réussit à se maintenir quelques jours dans la vallée d'Arques. Enfin, après de nombreuses escarmouches, le gros Lorrain — il fallait plusieurs hommes pour le hisser à cheval — quitte la place.

***

— Je combats pour ma gloire et ma couronne ! s'exclame Henri.

Le roi possède maintenant une armée de dix-huit à vingt mille hommes et décide de marcher sur Paris, puisque la retraite de Charles de Mayenne est amorcée. Henri donne l'ordre aux gouverneurs de Compiègne, de Senlis et de Pontoise de couper éventuellement la route de la capitale au Lorrain. Bientôt l'armée du roi traverse Mantes et se dirige vers Meudon.

Les Parisiens sont fort inquiets. Les bourgeois sont seuls... Mayenne s'est replié vers Amiens avec son armée réduite de moitié. Les tranchées qui entourent les faubourgs sont garnies de défenses et vingt-cinq compagnies de bourgeois se relaient aux murailles vingt-quatre heures sur vingt-quatre. Même les ecclésiastiques veillent aux remparts de la puissante enceinte.

Le lundi 31 octobre 1589, dans l'après-midi, l'avant-garde royale, forte de quatre mille Anglais, de deux mille arquebusiers français et de huit cents gentilshommes, paraît dans la plaine, près du village de Vaugirard.

Henri IV se fait armer en arrivant devant les faubourgs de Paris. Pendant ce temps, la ville « est dans le deuil et la consternation ». (Pérony/Soc. des Amis du château de Pau)

Aussitôt, l'artillerie des ligueurs, placée en batterie sur la levée de terre appelée la Tranchée et longue de deux lieues, ouvre le feu. L'armée royale se replie mais, le mardi, n'en occupe pas moins, en se retirant, les bourgs de Bagneux, d'Issy, de Montrouge, de Gentilly et de Vaugirard qui sont livrés au pillage. Henri laisse faire... puisqu'il ne peut payer ses troupes, et soupire :

— Je plains bien mon pauvre peuple, je sais qu'il est mal mené.

Les huguenots ne font point de quartier ! Dans le faubourg de la porte Saint-Fernand, dans le cimetière Saint-Sulpice, au carrefour de la rue de Tournon, les soldats du Béarnais, aux cris rageurs de *Saint-Barthelemy !... Saint-Barthelemy !...*, se livrent à un épouvantable massacre. Près de quatre cents bourgeois gisent « en un monceau en moins de deux cents pas d'espace », nous rapporte le futur duc de Sully.

« Borgne, écrit Henri à d'Harambure qui a perdu un œil en bataillant près du roi, prenez quarante ou cinquante maîtres, et allez donner jusque dans les portes de Paris. Il faut en avoir des nouvelles... »

En effet, le duc de Nemours, le jeune frère de Mayenne, précède l'armée ligueuse, franchit l'Oise à Pont-Sainte-Maxence — l'ouvrage n'a été détruit qu'à demi en dépit de l'ordre donné par le roi — et, le mardi 1er novembre au soir, pénètre dans Paris par la rive droite de la Seine non occupée par le Béarnais. Au même moment, les troupes royales prennent d'assaut l'abbaye Saint-Germain-des-Prés et massacrent les bourgeois qui se sont retranchés dans les bâtiments conventuels. Cent cinquante arquebusiers ligueurs résisteront jusqu'à minuit.

Le soir de la Toussaint, le roi se glisse dans le faubourg Saint-Jacques. Il passe la nuit au Petit-Bourbon « en la salle dudit logis, où il se fit faire son lit au pied de la table, de paille fraîche sur laquelle il dormit et reposa environ trois heures ». Le matin venu — c'est le jour des Morts — Henri demande à l'un des moines de le conduire jusqu'au haut de la tour-clocher de Saint-Germain-des-Prés, un vrai donjon féodal qui date de l'an mille. Arrivé au sommet, le roi découvre toute la ville encore enserrée dans l'enceinte de Philippe-Auguste. Le puissant ouvrage part de la rive gauche du fleuve, depuis la tour de Nesle, et forme un vaste arc de cercle en passant par la place de l'Estrapade pour rejoindre la Seine à La Tournelle. Quelques-unes de ses tours se dressent à deux pas de l'abbaye (1). Henri interrompt sa vue panoramique. Il se rend compte soudain qu'il est absolument seul en compagnie de ce moine qu'il ne connaît pas. Mais, « en étant descendu, nous raconte l'Estoile, il dit au maréchal de Biron qu'une appréhension l'avait saisi, étant avec ce moine, se souvenant du couteau de Frère Clément, et que jamais il ne s'accompagnerait de moine qu'il n'eût fait premièrement fouiller, voir s'il aurait un couteau ».

Le roi tient conseil : « J'ai délibéré de suivre ma pointe, explique-t-il à Duplessis-Mornay. S'attaquer et battre ma dite ville, laquelle j'espère remettre en mon obéissance si l'armée de mesdits ennemis ou partie des forces d'ycelle n'entre en ladite ville dans trois jours. »

Henri n'a guère à attendre. A l'instant où il pose sa plume, il apprend que Mayenne est entré dans Paris. Attaquer serait bien hasardeux, aussi le roi se contente-t-il de ranger son armée en ordre de bataille, au Pré-aux-Clercs. Il attend en supputant ses chances et en essayant de percer les intentions du gros duc. Mais Mayenne ne bouge pas. Henri, le surlendemain, heureux cependant de s'être emparé de cent cinquante mille écus appartenant à l'État, ordonne de se replier vers les plaines de la Beauce, puis de regagner Tours.

(1) On peut encore voir l'une de ces tours dans un atelier de la cour du Commerce.

L'église de Saint-Germain-des-Prés a été construite entre 990 et 1014 par l'abbé Morard, protégé du roi Robert le Pieux. Les arcades et la flèche datent, elles, du XIIe *siècle et furent restaurées à plusieurs reprises.* (J. da Cunha/L.A.P.)

Pendant ce temps, à Paris, on expédie les prisonniers dans l'autre monde en les poignardant sans autre forme de procès. Les malheureux ne sont pas des combattants, mais des politiques arrêtés par mesure de précaution avant même l'arrivée de la « Bête de l'Apocalypse », autrement dit d'Henri IV. D'autres sont pendus et les corps jetés à la Seine. Puis, les Parisiens, rassérénés, rendus tout gaillards par ces massacres, « font battre de la monnaie au coin et armes de leur nouveau roi, Charles, cardinal de Bourbon », devenu le roi Charles X.

⁂

Le 20 novembre 1589, Henri campe devant Vendôme. « J'espère prendre la ville demain », annonce-t-il à Corisande. Il veut ensuite « nettoyer les environs de Tours ». Et il ajoute : « Soyez toujours assurée de ma foi, elle est inviolable. Bonjour, mon âme, je m'en vais aux tranchées. Je te baise un million de fois... »

Le voici maintenant à Tours. Les Tourangeaux l'acclament et chantent avec ardeur :

Prions que la paix il apporte
Afin que les trois lys qu'il porte
Ne soient plus entachés de sang !

L'emblème royal le sera encore durant toute cette année 1590.

Henri, après avoir organisé son gouvernement en gardant les secrétaires d'État choisis par son prédécesseur, se dirige vers Alençon où l'imagerie prend la place de l'Histoire. On voit Henri pénétrer affamé dans une maison amie. L'hôtesse n'a malheureusement rien à lui offrir pour souper, mais elle ajoute :

— Un de mes voisins dit avoir pendu à son croc une dinde bien grasse, et il me la cédera volontiers pourvu qu'il en vienne manger sa part. Mais cet homme n'est qu'une espèce d'artisan que je n'oserais faire admettre à la table royale.

— Cet homme est-il un bon compagnon ? demande Henri.

— Oui, Sire, c'est le plaisant du quartier, honnête homme d'ailleurs, et bon Français.

— Qu'il vienne donc, décide le roi, je me sens beaucoup d'appétit et dût-il nous ennuyer un peu, il vaut mieux souper avec lui que de ne point souper du tout.

Le bourgeois arrive endimanché, sa dinde sous le bras, et, à la fin du repas, demande à Henri de lui accorder des lettres de noblesse.

— Fort bien, l'ami ! s'exclame le roi. Mais quelles armes prendrais-tu ?

— Ma dinde, elle m'a fait aujourd'hui trop d'honneur...

Henri éclate de rire :

— Ventre-saint-Gris ! tu seras gentilhomme et tu porteras ta dinde en pal.

A Alençon, il oblige le comte de Brissac à capituler. Un succès dont la facilité surprend le nouveau roi.

Comme il le dit lui-même, il fait « bien du chemin ». Tout est prodigieux — et il en est persuadé :

— Mes faits sont des miracles : aussi sont-ils conduits par le Grand Maître...

Hors Rouen, toute la Normandie est bientôt « nette de ligueurs », annonce-t-il à la duchesse de Montmorency. C'est ensuite l'Ile-de-France : sous le feu des canons ennemis, il descend du clocher de Meulan, assis sur un bâton, une corde entre les jambes — la canonnade ayant rompu l'escalier. Effectivement, le « Grand Maître » semble le protéger !

La bataille d'Ivry va entrer dans l'Histoire.

Ce mercredi 23 février, Henri assiège Dreux, lorsqu'il apprend que Mayenne se porte au secours de la place et remonte la vallée de l'Eure, par un temps affreux. Aussi, le 12 mars 1590, le roi abandonne-t-il Dreux. Il se retire vers Nonancourt afin de couper la route aux ligueurs. Le roi et le maréchal de Biron — celui-ci est maintenant bien rallié au roi — ont fait préparer des cantonnements. On a allumé de grands feux et les hommes trouvent des vivres en abondance. Les combattants boivent et mangent — les journées suivantes seront dures. Le roi réunit autour de lui les chefs de son armée. Faut-il attaquer ? Les avis sont partagés mais, dans l'ensemble, ils sont favorables au déclenchement de l'offensive sans tarder davantage. C'est aussi le sentiment d'Henri.

— Comme roi et comme Gascon, je ne sais pas endurer.

Durant toute la nuit du 12 au 13 mars, le roi dresse le plan de la future bataille. La cavalerie n'opérera plus en grande masse, mais sera divisée en sept corps formés d'escadrons de cinq rangs de profondeur. Et partout, l'infanterie, divisée en groupes de combat, se trouvera mêlée aux cavaliers.

Huguenots et catholiques royaux se mettent en prière afin que Dieu leur accorde la victoire. Le mardi 13 mars, Henri remonte vers Saint-André-de-l'Eure, distant de quatre lieues. L'armée traverse le gros bourg et l'on se dirige vers Foucrainville, un hameau de quelques feux. C'est là que l'avant-garde aperçoit des avant-coureurs ennemis. Pour que le soleil n'aveugle pas ses soldats, et pour éviter que la fumée de la mousqueterie, chassée par le vent, ne leur irrite les yeux, Henri ordonne un changement de front.

Devant lui, son regard embrasse la vaste plaine, futur champ de bataille. Celle-ci s'étend jusqu'à l'Eure dont les eaux roulent au fond de la vallée. A sa gauche, Epieds, surmonté de son clocher pittoresque, à sa droite, le hameau de Batigny et, plus près, celui de Boussey. Le roi envoie en éclaireur un homme particulièrement audacieux — on a conservé son nom : La

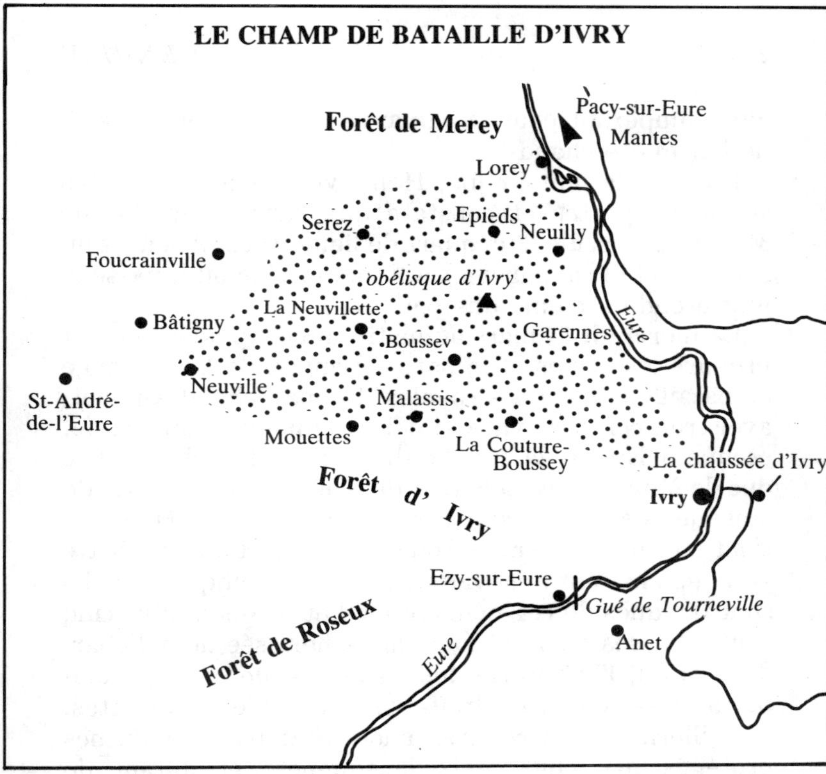

Curée — qui parvient à faire prisonniers deux officiers suisses. Le roi les interroge et obtient des informations précieuses sur les intentions de l'ennemi. Henri est alors à Neuville, au sud de Foucrainville. D'où il se trouve, il voit « de ses propres yeux » l'armée de la Ligue, qui a traversé l'Eure à Ivry et s'est rangée en bataille dans la plaine.

Le roi marche maintenant vers Serez — entre Foucrainville et Epieds. Ce sera le centre de son futur dispositif. Il est 10 heures du matin et son armée se range en bataille d'après le plan arrêté la veille. Henri galope sur le front des escadrons. On se livre, ce mardi 13, à de simples escarmouches. La journée est trop avancée, aussi se battra-t-on demain ! Les royaux sont bien abrités et pourvus de vivres, mais les ligueurs, eux, camperont pour la plupart à la belle étoile — et il ne fait guère chaud !

Lorsque la nuit tombe, Henri visite encore une fois ses avant-postes et constate que l'armée du duc de Mayenne a reculé d'un quart de lieue. Il est 9 heures du soir quand le roi parvient à Foucrainville où il passe la nuit étendu à même une paillasse.

Le mercredi 14 mars au matin, un coup de canon fait prendre les armes et le baron Armand de Biron range en bataille les troupes royales. Le maréchal d'Aumont, avec trois cents chevaux et deux régiments d'infanterie, occupe à Epieds la gauche du dispositif. Puis vient le duc de Montpensier à la tête de trois cents cavaliers, de lansquenets et de cinq cents arquebusiers. Henri se tient au centre — entre Foucrainville et La Neuvillette — avec six cents chevaux massés sur cinq rangs. Ils sont flanqués de régiments à pied et de deux mille cinq cents Suisses formant une masse hérissée de hallebardes. Enfin, l'infanterie des gardes — deux mille combattants — se place à droite vers Neuville et Mouettes. L'artillerie — quatre gros canons et deux couleuvrines protégés par cinq cents lansquenets et autant de Suisses — soutiendra la bataille. A l'extrême droite, les reîtres de Schomberg et la cavalerie de Biron sont placés un peu en échelons refusés, afin de pouvoir opérer un mouvement tournant.

Henri a le sourire... pourtant il va tout jouer sur un coup de dés. En face de lui l'armée de Mayenne — cinq mille cavaliers et près de dix mille fantassins — s'étage sur le bord du plateau depuis Lorey et la Couture-Boussey, en passant par Neuilly et Garennes. A droite, les escadrons de reîtres sont soutenus par un corps d'infanterie français, par des lansquenets allemands — des lansquenets mercenaires combattent dans les deux camps — et par les Wallons amenés des Pays-Bas par le jeune comte d'Egmont, le fils du comte d'Egmont qui, le 5 juin 1568, avait été décapité à Bruxelles avec le comte de Hornes, lors de la révolte des Gueux. Au centre, les compagnies d'armes de Mayenne, Nemours et d'Aumale, les arquebusiers à cheval, un corps d'infanterie couvrant l'artillerie et, au-devant, deux escadrons de cavalerie légère.

Henri regarde cette masse impressionnante d'hommes prête à foncer sur lui. Il aime « le joyeux soleil » qui brille sur les cuirasses. Le vent fait claquer les cornettes blanches semées chez les ligueurs de fleurs de lys noires, en mémoire et par horreur de l'assassinat de Blois.

On entend le roi Henri crier le plus fort qu'il peut :

— Mes compagnons, Dieu est pour nous, voici ses ennemis et les nôtres ! Voici votre roi ! A eux! Si vos cornettes nous manquent, ralliez-vous à mon panache blanc, vous le trouverez au chemin de la victoire et de l'honneur !

La légende s'est emparée de ces mots rapportés par Agrippa d'Aubigné, et les a rendus célèbres. Sont-ils apocryphes ? Il semble qu'on puisse répondre par la négative. N'a-t-on pas trouvé, dans les comptes royaux de la maison de Navarre, le paiement de 100 écus pour « un chapeau à panache blanc orné d'une améthyste et de perles qui coiffait le roi à Ivry » ?

La veille, le colonel des reîtres allemands, Schomberg, est venu réclamer au roi l'arriéré de la solde de ses hommes et Henri l'a vertement tancé. Ignore-t-il donc que la bourse royale est vide ? Quelques instants avant la bataille, il envoie chercher le colonel, l'embrasse et lui demande de pardonner les paroles par trop vives qu'il a prononcées quelques heures auparavant. Les larmes montent aux yeux de Schomberg, qui s'écrie :

— Votre Majesté me coûte la vie avec sa bonté, car à présent, je ne puis plus que mourir à son service !

En effet, une heure plus tard, le colonel sera tué d'un coup de lance, alors qu'il protégeait le roi.

L'artillerie royale, commandée par le grand maître Philibert de La Guiche, exécute neuf tirs successifs et

La bataille d'Ivry vue par un artiste qui n'avait pas visité le site, car il ne s'y trouve aucune colline. « Dieu

pointe plus efficacement que les pièces ligueuses. Les charges vont succéder aux canonnades. Les escadrons de reîtres au service de la Ligue galopent les premiers vers l'armée royale. Sous le choc, les chevau-légers de Charles de Valois et du baron de Givry, malmenés, reculent et jettent le désordre dans les rangs commandés par le maréchal d'Aumont et le duc de Montpensier.

a voulu faire connaître que sa protection est toujours du côté de la raison », écrira le roi après le combat.
(L.A.P.)

Ce dernier est en même temps attaqué par les lanciers du comte d'Egmont et subit de lourdes pertes. On voit même des cavaliers wallons donner des croupades de leurs chevaux pour renverser les canons royaux. Rosny est blessé. Son armure en pièces, un coup de pistolet à la hanche, un coup d'épée à la tête, le voici fort mal en point. « Froissé et foulé aux pieds des chevaux », il se traîne comme il peut jusqu'à un poirier. Là, il s'évanouit.

Le début de la bataille ne semble guère favorable à Henri, c'est le moins que l'on puisse dire. « Les choses ont été en branle », avouera plus tard le roi. « La bataille est perdue », soupire le huguenot Fouguerolles. Cependant, Biron intervient avec ses réserves, marchant en masses serrées. L'artillerie se met à tirer sur les reîtres, les boulets sèment la panique parmi les cavaliers du comte d'Egmont et de Mayenne. Ceux-ci reculent en désordre. Profitant de cette confusion, le Béarnais s'élance furieusement dans une charge folle.

On lutte corps à corps, à coups de pistolet et d'épée. Henri et les siens se jetent avec furie dans la forêt de lances. D'Egmont tombe, la tête fracassée par une balle de pistolet. Le roi se bat comme un simple gendarme. Il paye de sa personne et, au-dessus de la mêlée, on voit osciller sa cornette blanche que brandit Pot de Rhodes. Après la chute du porte-enseigne, frappé d'un coup de feu en plein front, et qui est emporté par son cheval à travers le champ de bataille, les assaillants se rallient au panache blanc. Déjà décontenancée par cette attaque furieuse, l'armée des ligueurs recule et cède. Le front de l'escadron de Mayenne est percé, ses troupes coupées en deux.

C'est la déroute !

Le roi poursuit sa course et s'arrête à la Haie d'Epieds, à un endroit où sera élevée, sur l'ordre de Bonaparte, la pyramide inaugurée six semaines avant le sacre de Napoléon. Il y a là trois poiriers. En agitant son panache blanc, Henri rallie quelques combattants à l'instant où des étendards wallons marchent droit sur lui. Les royaux les repoussent et les soldats victorieux acclament leur roi.

Le Béarnais bondit aussitôt à cheval et poursuit l'ennemi. Mayenne est parvenu à franchir l'Eure à Ivry et il détruit le pont après son passage. Lansquenets, mercenaires et reîtres démontés essayent d'élever des barricades dans le bourg. Nombreux sont les fuyards qui se noient dans la rivière assez profonde et dont les eaux rapides sont, au surplus, en crue. L'artillerie royale s'avance, se met en batterie et c'est bien vite la reddition des survivants. Mais on entend le roi ordonner :

— Tuez l'étranger, sauvez les Français !

On accorde la vie à tous les fantassins français qui se rendent, mais les lansquenets — en souvenir de leur trahison d'Arques — sont massacrés.

Il est 2 heures.

Henri traverse l'Eure au gué de Tourneville, non loin d'Ezy, tandis que les autres troupes royales passent la rivière aux gués de Garennes et de Lorey.

Le roi galope maintenant vers Mantes et ne s'arrête qu'à 9 heures du soir au château de Rosny, après huit lieues de chevauchée. Ce jour-là, il a passé onze heures à cheval et a changé trois fois de monture. Ainsi que l'a dit le maréchal Biron :

— Le roi fut très bravement, généreusement, et hardiment, autant qu'il se peut — et quasi trop !

Le soir même, Henri IV écrit au duc de Longueville : « Mon cousin, nous avons à louer Dieu : Il nous a donné une belle victoire. La bataille s'est terminée selon Son équité : toute l'armée ennemie en déroute, l'infanterie tant étrangère que française rendue, les reîtres pour la plupart défaits, les Bourguignons bien écartés, la cornette blanche et le canon pris, la poursuite jusqu'aux portes de Mantes. Je puis dire que j'ai été bien servi, mais surtout, évidemment assisté de Dieu, qui a montré à mes ennemis qu'Il lui est égal de vaincre en petit ou en grand nombre... Croyez, mon cousin, que c'est la paix de ce royaume et la ruine de la Ligue à laquelle il faut convier tous les bons Français à courir sus... »

Le lendemain matin, infatigable, Henri chasse sur les terres de Rosny, dont la garenne s'étend jusqu'à Mantes. C'est là qu'il retrouve le futur Sully alors qu'on le ramène chez lui sur un brancard. Quand le roi apprend que son compagnon guérira bientôt de ses blessures, il se jette à son cou et l'embrasse, puis, « se tournant vers les princes et les grands qui le suivaient, écrira Sully, il dit hautement qu'il m'honorait du titre de vrai et franc chevalier, titre qu'il regardait, disait-il, comme bien supérieur à celui de chevalier de ses ordres. Il craignait de m'exposer à parler trop et finit cet entretien si aimable par sa protestation ordinaire que je participerai à tous les biens que le ciel lui enverrait. Sans me laisser le temps de lui répondre, il s'éloigna en me disant : " Adieu, mon ami, portez-vous bien, et soyez sûr que vous avez un bon maître. " »

Le 16 mars 1590, Vernon se rend au roi, puis, deux jours plus tard, Henri entre triomphalement à Mantes, dont le maire et les échevins lui ouvrent les portes. On retrouve ici le gai compagnon à la réplique vive et spirituelle. La compagnie locale d'arquebusiers, en armes, s'est portée à sa rencontre. Cette compagnie, qui groupe tous les gens attirés par le noble jeu de l'arc, a pris des chiens pour emblème et Henri ne l'ignore pas. Quand le maire de Mantes lui offre symboliquement les clés de la ville, le roi s'écrie :

— Messieurs de Mantes, je n'avais aucune inquiétude de vous, car bons chiens reviennent toujours à leur maître !

Puis, il se rafraîchit et joue à la paume contre les boulangers de la ville, « qui lui gagnèrent son argent ». Un peu plus tard, il courtisera, mais en vain, Antoinette de Pons, marquise de Guercheville, veuve du comte de La Roche-Guyon. Elle est libre, mais se refuse au vainqueur d'Ivry ! Légèrement dépité, il cherche quelque consolation auprès de Corisande : « Mon cœur, lui écrit-il, aimez-moi toujours comme vôtre, car je vous aime comme mienne. »

« Vous n'êtes à moi ni moi à vous », répondra Corisande qui est perspicace...

***

On a reproché au roi de n'avoir pas foncé sur Paris sitôt sa victoire. C'est oublier que la capitale est solidement protégée par ses enceintes. Le Béarnais veut mettre d'abord tous les atouts dans son jeu en coupant les routes et en surveillant le cours de la Seine et celui des rivières qui permettent le ravitaillement de la grande ville. Celle-ci compte alors près de deux cent cinquante mille habitants.

Durant tout le mois d'avril 1590, Henri continue l'encerclement de la capitale. Remontant la vallée de la Seine, il se rend maître de Lagny, puis de Beaumont-sur-Oise. Les grandes voies d'eau vers Paris sont ainsi coupées. Un pont de bateaux, sévèrement gardé, barre la Seine à Carrières, et de forts détachements royaux bloquent en même temps les routes de Bourgogne, du Bourbonnais et de Beauce. C'est par ces anciennes voies d'accès que Paris s'approvisionnait depuis toujours.

Le 7 mai 1590, de son camp d'Aubervilliers, Henri écrit à Corisande : « Je vous jure qu'étant roi de Navarre je n'ai point éprouvé les nécessités que je fais depuis un an. Je suis devant Paris où Dieu m'assistera. La prenant, je pourrai commencer à sentir les effets de la couronne. J'ai pris les ponts de Charenton et de Saint-Maur à coups de canon, et pendu tout ce qui était dedans. Hier, je pris le faubourg de Paris de force ; les ennemis y perdirent beaucoup et nous peu... Je fis brûler tous leurs moulins, comme j'ai fait de tous les autres côtés. Leur nécessité est grande, et il faut que dans douze jours ils soient secourus ou ils se rendront... Je me porte très bien, Dieu merci, et vous aime plus que vous ne faites de moi. Dieu me donne la paix, que je puisse jouir de quelques années de repos. Certes, je vieillis fort. Il n'est pas croyable, les gens que l'on met après moi pour me tuer ; mais Dieu me gardera. Je suis fort fidèlement servi, et vous dirai que les ennemis me feront plutôt mal que peur. Sur cette vérité, je te baiserai, mon cœur, un million de fois les mains, la bouche et les yeux. »

Quelques jours plus tard, Henri apprend la mort — le 8 mai 1590 — du cardinal de Bourbon, dit le roi Charles X. C'est pour le roi un bon débarras !

La capitale est maintenant encerclée. Au sud, les moulins du Petit-Montrouge, de la Tombe-Issoire et de Gentilly, ainsi que, au nord, ceux des Buttes-Chaumont, de Montmartre et de Montceaux arrêtent leurs ailes — et voici les Parisiens privés de leur bon petit pain de Gonesse !

La défense a été confiée par Mayenne à son demi-frère, le duc de Nemours, assisté du duc d'Aumale, du légat du pape et de l'ambassadeur d'Espagne. Le duc de Mayenne, fort humilié par son échec d'Ivry, est parti pour les Flandres quérir du secours près des Espagnols, pendant que Nemours, en grande hâte, s'occupe de l'approvisionnement de Paris et fait entrer tout le ravitaillement possible.

Et le siège commence.

Henri, ayant reçu des renforts, resserre son étau et, le 9 juillet 1590, occupe Saint-Denis. Il va voir les sépultures royales et s'attarde devant le futur tombeau de la reine-mère Catherine. Il regarde le gisant avec un léger sourire :

— Oh ! qu'elle sera bien là !

Il s'arrête aussi devant le tombeau d'Henri III, dont le corps repose toujours à Compiègne, et soupire :

— Ventre-saint-Gris ! Voilà mon bon frère ! Je veux qu'on me mette un jour là auprès de lui.

Le 27, tous les faubourgs de la rive gauche sont pris, y compris l'abbaye de Saint-Germain qui, majestueuse, isolée au milieu des prés, semble une forteresse entourée de son enceinte. Au nord, devant la porte Montmartre, le roi fait placer ses plus forts canons et les longues couleuvrines sont hissées sur la butte Montmartre, cette butte où Henri aime d'autant plus se rendre que sa nouvelle et ravissante maîtresse y demeure. Elle se nomme Catherine de Beauvilliers. Elle est la filleule de Marie Babou, dont François Ier s'éprit un moment. Marie Babou avait fasciné à tel point le pape Clément VII qu'il lui avait offert un admirable diamant — le diamant Gaudin, provenant du trésor du Saint-Siège... Catherine, âgée de dix-huit ans, cousine de Diane de Poitiers et de Corisande, est abbesse de l'abbaye de Montmartre. Le roi, reconnaissant, la fera un jour abbesse de Pont-aux-Dames, qui n'était pas encore — et encore moins pour elle... — une maison de retraite.

Henri, qui mène de front la guerre et l'amour, et qui n'aime dans aucun des deux cas rester sur un échec, espère fléchir la vertueuse Antoinette de Pons, marquise de Guercheville. Il lui écrit : « Maîtresse — il aurait bien voulu qu'elle le soit ! — mon corps commence à avoir de la santé, mais mon âme ne peut sortir de l'affliction que vous n'ayez franchi le saut. Ma fidélité mérite que vous ôtiez tous obstacles. Faites-le donc, mon cœur, et faisons comme par gageure à qui rendra plus de témoignage d'un vrai et fidèle amour. Si j'use de termes trop familiers avec vous, et qu'ils vous offensent, mandez-le moi... »

Mais la marquise lui mandera qu'elle ne cédera pas.

Le roi semble prendre goût aux amours conventuelles. Il s'éprend ensuite de la bien jolie Catherine de Verdun — supérieure à vingt-deux ans de l'abbaye de Longchamp. Les galanteries royales lui vaudront de recevoir en présent le prieuré de Saint-Louis de Vernon.

— Chacun dit à Paris, lance Biron au roi, que vous avez changé de religion !

— Comment cela ? s'étonne Henri.

— Celle de Montmartre contre celle de Longchamp, explique le maréchal en riant.

A Paris, on dit encore bien d'autres choses. En chaire, les prédicateurs vitupèrent contre Henri l'hérétique, ce « dragon de l'Apocalypse qui a fait Dieu cocu, couchant avec notre sainte mère l'Église ». Le curé de Saint-André traite le roi de « fils de putain ou de bâtard ». Au mois d'avril 1590, ce même curé de Saint-André organise des processions — on les appelle des *amusebadauds* — à Saint-Jacques-de-la-Boucherie « pour prier Monsieur Saint Jacques, le bon saint, de vouloir bien donner de son bourdon sur la tête de ce diable de Béarnais et de l'écraser là devant tout le monde ».

L'approche de la famine commence à se faire sentir, la faim harcèle les Parisiens. « Tout ce qui était bon marché à Paris, rappporte Pierre de l'Estoile, étaient les sermons. On repaissait le pauvre monde affamé de vent, c'est-à-dire de menteries. »

L'ambassadeur de Philippe II offre de gigantesques pot-au-feu de cheval et de mulet, que l'on sert en plein vent. Ce sont les « chaudières d'Espagne ». Les chiens, que l'on poursuit « avec lacets et cordages », sont dévorés souvent crus. Le pauvre peuple en est réduit à manger de la chandelle et des herbes, et même « de la pierre d'ardoise pilée avec de l'eau ». Ce qui n'empêche nullement les Parisiens de « mourir à tas ». On déterre — Pierre de l'Estoile l'affirme — les os des cimetières pour les piler, les « tremper et les mollifier », puis, sur les conseils de Mme de Montpensier, en faire de la farine. On s'en doute, la sœur du Balafré, mangeait à sa faim « et n'en voulut tâter ». Ceux qui consommèrent ainsi les os de leur père en moururent, ajoute Pierre de l'Estoile, puisque les os contiennent des sels arsenicaux. Ne parlons pas des cas atroces d'anthropophagie, le cœur se soulève...

S'il faut en croire la *Satire Ménippée*, durant le siège, « les femmes vendaient leurs joyaux et leurs affiquets, et quelquefois leur pudicité, pour un morceau de pain ». « La paix ou du pain ! », crie-t-on dans les rues — et les Seize, qui gouvernent toujours la ville, ordonnent de pendre les manifestants. Bien souvent, le matin, les rues sont « pavées de morts ». Trente mille Parisiens mourront des palliatifs qu'ils auront avalés, tenaillés par la faim.

La situation à Paris devenant chaque jour plus dramatique — Mayenne, en dépit de ses promesses, ne s'avance toujours pas vers la capitale — le duc de Nemours décide d'ouvrir des négociations. Mais peut-on traiter avec un hérétique sans être excommunié ? Les théologiens consultés proposent de demander l'avis d'un jésuite et d'un cordelier. Les deux religieux autorisent la négociation. Il faut préciser que les deux ordres souffraient de la faim, ce qui n'était pas le cas des capucins — on trouve même chez ces derniers du « pain biscuit au moins pour une année ». A l'abbaye de Saint-Antoine-des-Champs, Henri reçoit l'archevêque de Lyon, Mgr d'Epinac, et Pierre de Gondi, évêque de Paris.

Le roi leur apparaît « la figure amaigrie et osseuse, le teint pâle, les yeux dévorés et agrandis par la fatigue, le regard perdu en une sorte de rêve, la barbe longue, la cuirasse au dos, recouverte d'un long manteau flottant, l'écharpe blanche du religionnaire, le grand chapeau à fond de cuve orné de plumes, l'allure inquiète et fébrile ».

Dès les premiers mots, les deux prélats parlent d'une « pacification générale ». Mais Henri les arrête d'un geste :

— Si, pour gagner une bataille je donnerais un doigt de ma main, j'en donnerais deux pour la paix générale. J'aime ma ville de Paris, elle est ma fille aînée, et je veux lui montrer encore plus de miséricorde et pitié qu'elle n'en demande. Mais je veux qu'elle le doive à ma clémence, non à celle du duc de Mayenne ou du roi d'Espagne. Vous vouliez retarder la capitulation et ne rendre Paris qu'après la conclusion de la paix ; laquelle ne peut se faire sans beaucoup de temps et de discussions. La ville de Paris ne peut attendre si longtemps sans en souffrir gravement. Tant de gens sont déjà morts de faim que, s'il fallait tarder dix ou douze jours de plus, dix ou vingt mille mourraient encore, et ce serait grande pitié. Je suis le vrai père de mon peuple. Je suis comme cette mère du Livre de Salomon : j'aimerais quasi mieux n'avoir point de Paris que de l'avoir ruiné et dévasté par la mort de tant de personnes.

Pris de pitié, Henri accepte de laisser sortir de la ville les femmes, les enfants et les mendiants, et, même, moyennant rançon, quelques combattants ligueurs. Mais des milliers de bouches en moins n'augmentent guère les rations des Parisiens. Les écuelles demeurent désespérément vides !

Il a été convenu que si Mayenne n'apparaissait pas d'ici une dizaine de jours, la ville se rendrait à merci. Or, le jeudi 30 août 1590, surgit l'armée de secours. Le duc de Parme avec treize mille hommes avait enfin obéi à l'ordre donné par Philippe II : dégarnir les Pays-Bas, suspendre la lutte contre les Provinces-Unies et joindre ses forces à celles de Mayenne qui, en dépit de son embonpoint, piaffait à Meaux. Et l'armée de la Ligue, étoffée de soldats italiens, se met en route afin de délivrer Paris !

Henri, avec vingt-cinq mille hommes, a quitté Chaillot et se porte à leur rencontre. Il espère livrer une bataille qui mettra fin à la guerre et trace, le 31 août, ces lignes destinées à Mme de Guercheville :

« Je vous écris ce mot le jour de la veille d'une bataille. L'issue en est en la main de Dieu qui en a déjà ordonné ce qui en doit advenir et ce qu'Il connaît être expédient pour Sa gloire et pour le salut de mon peuple. Si je la perds, vous ne me verrez jamais, car je ne suis pas homme qui fuit ou qui recule. Bien vous puis assurer que, si j'y meurs, ma pénultième pensée sera à vous, et ma dernière à Dieu auquel je vous recommande et moi aussi... De la main de celui qui baise les vôtres... »

Mais l'ennemi se dérobe et prend la direction de la Marne.

Le 7 septembre 1590, Lagny est occupé par les Espagnols. Farnèse prend Charenton et Corbeil. Les trois ponts fortifiés contrôlant tout le trafic sont occupés. Les voies navigables — la Seine et la Marne — libérées, Paris peut enfin être approvisionné. Les assiégés sont sauvés. Devant cet échec, les compagnons du roi veulent rentrer chez eux, puisque le blocus de Paris est terminé. Il faut se rendre à l'évidence : Ivry n'a pas ouvert les portes de la capitale. Ivry restera un exaltant souvenir, bon à enrichir les marchands d'estampes dont certains peindront la bataille au milieu d'un paysage couvert de collines... alors que rien n'est moins vallonné que la plaine d'Epieds.

Tout est-il donc à recommencer ?

Le roi — et cela ne lui ressemble guère — traverse une crise de découragement : « Je vous veux bien dire l'état où je me trouverai réduit, écrit-il à Rosny. Je n'ai quasi pas un cheval sur lequel je puisse combattre, ni un harnais complet que je puisse endosser ; mes chemises sont toutes déchirées ; mes pourpoints troués aux coudes. Ma marmite est souvent renversée et, depuis deux jours, je dîne et soupe chez les uns et les autres, mes pourvoyeurs disant n'ayant plus moyen de rien fournir pour ma table, d'autant qu'il y a plus de six mois qu'ils n'ont pas reçu d'argent... »

Au mois de novembre 1590, Henri s'installe à Compiègne. Gabrielle d'Estrées peut entrer en scène.

Gabrielle d'Estrées, le grand amour du roi Henri. « Son extrême beauté ne sentait rien de lascif », a écrit Agrippa d'Aubigné. (B.N./L.A.P.)

Chapitre IX

La belle Gabrielle

Un soir, avant de se mettre au lit, Henri s'entretient avec son grand écuyer Bellegarde qui, rappelons-le, avait occupé la même charge auprès d'Henri III. Ils se font des confidences et évoquent les « beautés des dames de la cour, de leur gentil esprit, cajoleries et bons mots »... Henri vante les traits et la séduction de Catherine de Beauvilliers, l'abbesse de Montmartre :

— Je n'ai jamais vu une personne aussi charmante !

Quant au beau Bellegarde, il parle avec un enthousiasme débordant de sa nouvelle maîtresse, et sans doute future femme, la blonde Gabrielle d'Estrées :

— Sire, si vous aviez vu Mlle d'Estrées — on prononçait *é-trées* — vous changeriez de sentiment...

Gabrielle a de qui tenir ! Elle est la petite-fille de Marie Gautier, dame de La Bourdaisière, qui fut la mère des sept filles Babou, surnommées les *Sept péchés capitaux*, et qui méritaient bien ce sobriquet ! « Toutes ont fait l'amour hautement », rapportera le savoureux Tallemant des Réaux. L'une d'elles — Françoise Babou de La Bourdaisière — épousa Antoine d'Estrées, marquis de Cœuvres, gouverneur de La Fère, et lui donna six filles. On arrondit alors le chiffre et elles devinrent, elles aussi, « les Sept péchés capitaux ». Françoise fut, entre autres, la maîtresse de M. du Guast, et éleva ses filles d'une manière si immorale que M. d'Estrées présenta un jour son épouse à un visiteur en déclarant, imperturbable :

— Voyez-vous cette femme ? Elle me fera un clapier de putains de ma maison.

Cette maison, Françoise la quitta un beau soir pour fuir en Auvergne avec son nouvel amant, le marquis d'Alligre. Puis les filles se marièrent ou furent données à l'Église.

Au moment où Gabrielle entre dans la vie d'Henri IV, elle a dix-sept ans et demeure encore en compagnie de sa sœur Diane dans le « clapier ». S'il faut en coire Bassompierre, Gabrielle, peu avant la journée des barricades, aurait été proposée par le duc d'Epernon au roi Henri III qui, peu galamment, se serait exclamé :

— Pour du blanc et du maigre, j'en ai trouvé assez chez la reine sans en chercher autre part.

Depuis, les rondeurs de Gabrielle s'étaient quelque peu épanouies. Bassompierre prétend en outre que la jeune fille fut la maîtresse du cardinal de Guise, qui l'aurait quittée assez rapidement.

Au mois d'octobre 1589, M. d'Estrées considérait son gouvernement de La Fère sous un jour assez particulier. Il aimait regarder les jolies filles du pays se livrer au plaisir de la danse, et négligeait la surveillance de ses remparts. Les ligueurs, profitant de la situation, avaient pris la ville. Henri, à juste titre mécontent, envoya à La Fère son grand écuyer admonester sévèrement M. d'Estrées. Mais dès que Bellegarde arriva au château de Cœuvres, il oublia le motif de sa venue. En effet, M. le Grand ne pouvait détacher son regard de la blonde Gabrielle. Une légère coquetterie dans l'œil — une *vaghezza* quelque peu inquiétante —, loin de lui nuire, donnait à son visage un savoureux piquant. L'une de ses futures rivales — Mlle de Guise — en a tracé le portrait. Après s'être extasiée en décrivant les « yeux couleur céleste » de la jeune fille, elle précisait : « Avec cela, elle avait les deux sourcils élégamment recourbés, d'une noirceur aimable, le nez un peu aquilin, la bouche de la couleur des rubis, la gorge plus blanche que n'est l'ivoire le plus beau et le plus poli, et les mains dont le teint égalait celui des roses et des lis mêlés ensemble, d'une proportion si admirable qu'on les prenait pour un chef-d'œuvre de la nature. »

Bien que respirant la candeur — elle semble une fleur innocente — Gabrielle, avant l'arrivée de Bellegarde à Cœuvres, était la maîtresse d'un seigneur picard, M. de Stavay. A la vue du séduisant grand écuyer, le cœur de la jeune femme se mit à battre plus vite. Tout à coup son amant lui parut sans saveur, et l'insignifiant M. de Stavay, qui passait pour être « mal assaisonné », disparut de ses pensées.

Cependant, à Compiègne, Bellegarde — quelle imprudence ! — chante avec tant de chaleur la beauté de Gabrielle, qu'il finit par exciter la curiosité et le désir du roi. Henri décide d'accompagner son grand écuyer à Cœuvres pour admirer de plus près cette merveille de la nature. Dès qu'il pénètre dans la grande galerie lambrissée où se déroulent les soirées et les ballets, il est fasciné.

C'est le coup de foudre !

Henri ne peut maîtriser son trouble. Son état d'excitation tourne au délire ! Ses familiers connaissent bien cette espèce de fébrilité qui s'empare du roi lorsqu'il tombe amoureux. Mais la séduisante Gabrielle ne s'aperçoit même pas de l'effet qu'elle produit sur cet homme qui a le double de son âge et dont les cheveux sont déjà poivre et sel. Et cette mauvaise odeur *sui generis* qui lui colle à la peau, surtout après les longues chevauchées, n'a rien d'affriolant ! Le côté faunesque du personnage ne la frappe pas plus que l'intelligence et l'esprit du roi. Pour elle, comme tous les autres hommes, Henri — bien que souverain — est transparent. Gabrielle ne le voit pas, elle ne voit que Bellegarde.

A son retour à Compiègne, après sept lieues de route — Cœuvres est à trois lieues de Villers-Cotterêts —,

Henri est aussi peu aimable que possible avec Bellegarde. La jalousie le rend désagréable. Il a perdu sa belle humeur — et devient même cruel. Le lendemain, Bellegarde entend le roi lui dire :

— Je n'ai point de compagnon en ma royauté et n'en veux pas non plus en mon amour pour Mlle d'Estrées, ma passion m'est plus chère que chose au monde.

Le ton est impératif, et l'ordre menaçant n'admet ni résistance ni réplique. Bellegarde s'incline, son ambition est plus forte et l'emporte sur ses sentiments pour Gabrielle.

— Sire, rien ne passe avant votre service. Je vous promets tout ce qu'il vous plaira.

Le roi retrouve toute sa pétulance :

— Ventre-saint-Gris ! Je te reconnais ! Quand je serai le maître de mon royaume, je t'accorderai ce que tu voudras. Mais si tu penses encore à ma maîtresse, je te ferai couper le cou !

« Ma maîtresse » !... Henri parle un peu vite ! Et si la réalité le peine, et surtout l'étonne — il est habitué aux conquêtes faciles —, il n'en reste pas moins vrai que la belle n'est ni émerveillée ni consentante ! Bien plus, elle se scandalise lors d'une visite à Compiègne en voyant Henri prendre avec elle des airs de propriétaire. Elle le lui fait sentir avant de reprendre le chemin de Cœuvres, en lui affirmant sèchement :

— Je ne vous aimerai jamais !

De stupéfaction, le roi demeure sans voix. Alors qu'il lui faut conquérir son royaume, plus rien ne compte que cette fille qui le dédaigne. Tout disparaît dans son esprit, aussi bien les ligueurs et sa conversion dont il a les oreilles rebattues par ses compagnons catholiques, que ses amis huguenots qui prennent des mines lourdes de reproche, sentant le roi prêt à faire ce qu'il appellera plus tard « le saut périlleux » ! Ce guerrier, ce grand capitaine, ce meneur d'hommes, ce politique plein de finasserie, cet homme intelligent, qui a le don du mot à l'emporte-pièce, se met à trembler devant une femme

Le grand écuyer — on l'appelait M. le Grand — Roger de Saint-Lary de Bellegarde, l'amant de Gabrielle d'Estrées... et l'ami du roi. (Hachette)

qui se dérobe ! Il semble même — ce qui est très surprenant de sa part — se complaire dans la souffrance :

— Le mal d'amour m'est doux à supporter pour m'être si agréable que si je faisais l'élection d'une mort, je choisirais celle-là !

L'Ile-de-France grouille de ligueurs dont le rêve est d'envoyer un coup d'arquebuse sur le huguenot maudit.

Henri IV. se déguise en Païsan, avec un sac de païlle sur sa tête. et fait 7. lieuës en païs ennemi pour aller voir la Belle Gabrielle.

(Hachette)

Henri ne se laisse pas impressionner et, voulant conquérir Gabrielle, se rend à Cœuvres, son cheval au grand galop. En chemin, il apprend que l'ennemi infeste la région. Poursuivre sa route serait dangereux ! Que faire ? Le roi, qui ne manque pas de présence d'esprit, aperçoit un paysan qui le contemple hébété sur le bord de son champ. Le roi lui propose, moyennant quelques pièces de monnaie, de lui louer sa pauvre défroque — sabots compris. Il emprunte même au bonhomme stupéfait un sac de paille. Et dans cet accoutrement, Henri reprend paisiblement à pied la direction de Cœuvres.

Gabrielle, en compagnie de sa sœur Diane, se tient sur la terrasse d'où l'on découvre la riante vallée de Valsery. Lorsque le roi arrive et qu'elle le reconnaît sous cet habillement grotesque, au lieu d'éclater de rire, elle hausse ses jolies épaules et lui déclare d'un ton dédaigneux :

— Vous êtes si mal que je ne puis vous regarder.

Et elle s'enfuit !

Il faut reconnaître qu'ainsi affublé Henri avait peu de chances de séduire. Diane, voyant le roi fort vexé — elle est plus adroite et plus âgée que Gabrielle —, le calme en invoquant un quelconque sentiment de pudeur, qui aurait fait fuir sa sœur. Amoureux crédule, Henri ne demande qu'à accepter n'importe quelle excuse, même mauvaise, et retourne vers Compiègne, prêt à pardonner à cette Vénus picarde aux rondeurs flamandes dont le corps tout en fossettes le hante.

La tante de la jeune insoumise, Isabelle de Sourdis — l'un des *Sept péchés* de la génération précédente —, vaniteuse, dévorée d'ambition, surtout lorsque son amant, le chancelier Hurault, comte de Cheverny, est concerné, estime qu'il ne faut pas laisser échapper pareille occasion. Le roi ne sera sans doute pas toujours un chef de bande à la poursuite de son royaume ! Si Gabrielle devient favorite royale, à quel pactole la famille ne pourrait-elle pas prétendre ! Mme de Sourdis se charge d'abord de dévoiler à sa nièce la résignation honteuse de Bellegarde qui, dès que le roi lui a fait part de ses désirs, a accepté de s'effacer. Bien plus, il s'est résigné sans protester et a sacrifié son amour comme s'il s'agissait de céder quelque cheval convoité par son maître. C'est non seulement désinvolte, mais insultant ! Quel faible cas il fait de son amour ! Bref, la tante est habile — et Gabrielle éclate en sanglots...

Après avoir déchiré à belles dents le grand écuyer, qui n'était d'ailleurs pas irréprochable dans cette affaire, la tante poursuit son but : pousser Gabrielle dans les bras d'Henri. La tâche est délicate... Mais Isabelle de Sourdis a plus d'un tour dans son sac. Elle insinue sournoisement à sa nièce de se venger. Pourquoi ne pas consentir aux désirs du roi ? Quelle belle revanche ! Cependant, il faut faire payer cher au Béarnais sa victoire ! Le plan est simple et traditionnel : se faire prier, éconduire, rabrouer à l'occasion — et n'accorder des faveurs qu'à la dernière extrémité.

Le clan d'Estrées — Sourdis-Cheverny — récoltera sans attendre le fruit de ses perfides manœuvres. Au lieu de foncer sur Rouen — ce qui eût été logique —, la famille de Gabrielle, par cupidité, conseille au roi de délivrer Chartres, grenier de Paris, dont M. de Sourdis est le gouverneur, tandis que M. de Cheverny a la charge de lieutenant pour le roi des pays chartrains. Ces messieurs voudraient bien retrouver, l'un, son commandement, l'autre, sa province. Pourtant la prise de Rouen, seconde ville du royaume, présentait un intérêt énorme pour le roi. Il avait affirmé :

— En ce qui est mes actes de soldat, je n'en demande pas conseil aux femmes.

Cependant, pour voir naître le sourire sur les lèvres de Gabrielle, sourire qui creusait deux ravissantes fossettes dans sa peau nacrée, la petite armée d'Henri IV se dirige vers Chartres.

La ville est placée sous le commandement de l'oncle de Gabrielle, Georges Babou de La Bourdaisière, l'un des « Sept péchés capitaux » ligueurs. Or, celui-ci n'a pas le moins du monde l'esprit de famille et décide de résister aux assauts de l'armée royale. On commence donc le siège de la place, et l'on s'amuse ferme... Les demoiselles d'Estrées, chaperonnées par l'inévitable tante Sourdis, sont de la fête et, selon le plan convenu, la jeune Gabrielle se refuse toujours au Béarnais. Pour émouvoir son « bel ange », avec l'espoir qu'elle se donnera par admiration, Henri prend la tête des escarmouches et des combats qui éclatent toutes les fois que sortent les assiégés. Il s'expose avec une telle imprudence au danger qu'il reçoit une blessure au front. Le roi rétabli, la petite cour reprend ses amusements : « Si vous avez envie de vous rafraîchir et engraisser, promet le roi à Rosny, je suis d'avis que vous veniez ici. »

A Rome, le pape Grégoire XIV — il ne régna qu'une année — renouvelle la bulle d'excommunication contre le roi, tandis qu'à Paris on adresse prières, offrandes et vœux à Notre-Dame de Chartres. Cependant, « soit qu'Elle en fût lasse ou autrement, tout enfin n'a rien servi, car le vendredi d'après Pâques, dix-neuvième de ce mois d'avril 1591, Chartres est réduit à l'obéissance du roi ».

Ce jour-là, après deux mois de siège, Georges Babou ouvrait enfin les portes de Chartres, et peut-être est-ce ce même jour que Gabrielle ouvrit celle de sa chambre à son royal soupirant. On ignore en effet la date exacte de la nuit où la belle se rendit. Pour certains, la cour du roi de France et de Navarre se prolongea dix-huit mois encore et la cruelle ne se rendit qu'à la fin du siège... de Rouen, l'année suivante.

Après avoir arraché Chartres aux ligueurs, c'est vers Rouen qu'Henri dirige ses pas. Comme à Chartres, le roi s'expose aux avant-postes « où les balles sifflent aux oreilles à vous faire voir trente-six chandelles », s'extasie un combattant tchèque — Charles de Zérotin — qui a vu combattre le roi : « Ce seigneur, rapporte-t-il, va partout, veut tout savoir, s'expose à tous les dangers.

Et, le soir venu, il est encore capable de forcer une dame. »

En dépit des prouesses royales, le siège de Rouen s'éternise. Henri ronge son frein : « La peau le démangeait », nous dit encore notre témoin. Il est pris d'une folle témérité et devient trop audacieux. Rosny essaye de l'apaiser :

— Sire, il n'y a pas d'entreprise plus imprudente et moins utile que d'attaquer, étant faible, à la tête d'une armée.

— Voilà, s'exclame le roi, un discours de gens qui ont peur ; je n'eusse jamais attendu cela de vous !

— Il est vrai, Sire, nous avons peur, mais seulement pour votre personne sacrée. S'il vous plaît vous retirer, et nous commander d'aller pour votre service mourir dans cette forêt de piques, vous reconnaîtrez que nous n'avons point peur pour notre vie, mais pour la vôtre.

— J'en suis persuadé, réplique le roi, mais croyez que je ne suis pas aussi étourdi que vous l'imaginez. Je crains autant pour ma peau qu'un autre.

S'il craint pour sa peau, il ne le montre guère et fonce vers Aumale occupé par le duc de Parme. Il n'a que quatre ou cinq cents hommes avec lui lorsqu'il manque d'être fait prisonnier par les Espagnols. Le roi tourne bride, mais reçoit une balle d'arquebuse dans les reins. Elle a fort heureusement ricoché sur l'arçon de sa selle. La blessure n'est pas trop grave, pourtant il est obligé de se reposer quelques jours près d'Arques. Ne le voyant plus aux avant-postes, les troupes s'affolent. Henri se traîne alors de quartier en quartier et sa seule vue ramène le calme et la confiance. Sous le prétexte d'échanger des prisonniers, le duc de Parme ordonne à un trompette de se rendre aux nouvelles. On le conduit auprès du roi :

— Je sais par qui vous êtes envoyé. Dites à votre maître que vous m'avez vu sain et gaillard et bien préparé à le recevoir quand il le voudra.

Lorsque Paris apprend la blessure du roi, la ville se réjouit. « Le curé Boucher, en son prône, dit qu'à la vérité la chair du Béarnais, ou plutôt sa charogne, avait été entamée, mais qu'elle n'avait pas été enfoncée... » En effet, Henri reprend vite le siège de Rouen. Il fait élever deux forts sur les rives de la Seine afin d'empêcher les Rouennais « de recevoir des munitions de bouche dont la ville commence à manquer, et les habitants de perdre courage... » Les assiégeants ne sont pas plus heureux. « La misère est grande, écrit notre témoin venu de Brünn, le roi entretient à grand peine sa table. Les soldats meurent de faim. »

Pour tout arranger, les ducs de Mayenne et de Parme sont parvenus à réunir une armée forte de douze mille hommes de pied et de cinq mille chevaux. Ils foncent sur Rouen, et le roi se trouve dans l'obligation de lever le siège et de se replier vers Dieppe. « Le seul résultat, écrit Zérotin, c'est que nous avons absolument épuisé le pays ; et il n'y a plus aujourd'hui un grain de blé... »

La retraite n'empêche pas Henri de s'occuper d'un problème qui lui tient à cœur. Une situation le gêne : Gabrielle dépend de son père chez qui elle demeure. Aussi, au mois d'avril 1592, marie-t-il son « bel ange » à Nicolas d'Armeval, seigneur de Liancourt et baron de Benais — ce dernier nom fait évidemment sourire... Le roi lui donne, outre la seigneurie de Falvy-sur-Somme, 8 000 écus, somme prétendument avancée par le baron lorsqu'il était gouverneur de Chauny, « tant pour payer la garnison de cette ville, que pour entretenir et réparer les fortifications ».

Le mariage avec le baron de Benais, un petit homme « brun et mal tourné », est célébré à Noyon en toute simplicité et Liancourt emmène son épouse en son château. Certes, il a promis de n'être qu'un mari honoraire, mais il n'a que trente-six ans, et la mariée est bien jolie. Par simple curiosité Gabrielle a-t-elle poussé son époux à ne pas tenir sa parole ? Plus tard, elle le fera passer pour un infirme et affirmera que Benais était impuissant. Durant trois mois, il aurait vainement essayé d'être le mari de sa femme. Cependant, il avait déjà eu quatre enfants d'un précédent mariage !...

Henri est aveuglé par son amour. Il est si « ensorcelé », avoue-t-il lui-même, qu'il se conduira d'une façon qui entrave notre admiration : « Sur la fin de cette année 1592, raconte Pierre de l'Estoile, Esther Imbert, qui a été l'une de ses maîtresses à La Rochelle, et de laquelle il avait eu un fils, pressée de nécessité et se voyant, par la mort de son fils, comme abandonnée par Sa Majesté, la vint trouver à Saint-Denis pour la supplier d'avoir pitié d'elle... mais le roi, ayant d'autres amours en tête, n'en tint compte et ne la voulut ni voir ni ouïr parler. Dont cette pauvre créature, outrée de regret et de dépit, tomba malade audit Saint-Denis et en mourut. »

Et l'on fit cette épitaphe :

Ci-gît une Esther qui fut de La Rochelle
Qui voulut hasarder sa réputation
Pour plaire à un grand roi de notre nation
En le laissant jouir de sa beauté charnelle,
Elle lui demeura concubine fidèle.

Le 4 janvier 1593, on hisse sur son cheval le duc de Mayenne, de plus en plus « incommodé par sa grande masse de corps ». Il fallait maintenant une dizaine de serviteurs pour le mettre en selle et tenir sa malheureuse monture. Il veut surprendre le roi à La Roche-Guyon, mais Henri, prévenu, a quitté le château alors que le soleil n'était pas encore levé :

— Mon cousin Mayenne est un grand capitaine, s'exclame-t-il, mais je me lève plus matin que lui !

Il est debout avant le chant du coq, en dépit d'un froid à vous geler les os, car l'hiver est fort rude. Il neige, en effet, sur Paris « de six doigts épais ».

Les événements ont tourné à l'avantage du roi Henri et au désavantage de Mayenne. Le duc de Parme m'était permis de vous importuner de la mémoire de votre sujet, je crois que la fin de chaque lettre serait le commencement d'une autre... » Alors qu'il trompe Gabrielle, il affirme — et il est sincère ! — que l'on ne vit « oncque fidélité si pure » que la sienne. Et il conclut : « Glorifiez-vous-en, puisque c'est pour vous... »

Il fait toujours très froid et il neige, ce 10 février 1593 — ce qui ne tempère en rien la passion royale : « Je ne sais de quels charmes vous avez usé, écrit Henri, mais je ne supporterai point les autres absences avec tant d'impatience que celle-ci ; il me semble qu'il y a déjà un siècle que je suis éloigné de vous... Je n'ai artère ni muscle qui, à chaque moment, ne me représente l'heur de vous voir, et ne me fasse sentir le déplaisir de votre absence. Croyez, ma chère souveraine, que l'amour ne me violenta jamais tant qu'il fait. J'avoue avoir tout sujet de m'y laisser mener ; aussi le fais-je avec une naïveté qui témoigne la réalité de mon affection, parce que je m'assure que vous n'en doutez pas... Mon tout, aimez-moi bien fort. »

17 février 1593 : « Mon amour me rend aussi jaloux de mon devoir que de votre bonne grâce qui est mon unique trésor. Croyez, mon bel ange, que j'en estime autant la possession que l'honneur d'une douzaine de batailles. Soyez glorieuse de m'avoir vaincu, moi qui ne le fus jamais tout à fait que de vous, à qui je baise un million de fois les pieds... »

Bien sûr, il n'ignore pas que Bellegarde rend visite à Gabrielle entre deux combats — mais ce qu'il ignore sans doute c'est que la belle, dans les bras de M. le Grand, cesse d'être de marbre... Ce qui n'est pas le cas avec lui !

« Certes, lui écrit-il, le 15 avril, vous êtes admirable ; mais pourquoi vous louais-je ? Cette gloire vous a rendue infidèle jusqu'ici, et la connaissance de ma passion. Que la vérité de ces belles paroles, proférées avec tant de douceur sur le pied de votre lit, mardi, amie fervente, m'ôte toutes mes vieilles et invétérées opinions !... Pour fin, je vous dirai que le déplaisir de vous laisser me saisit tellement le cœur que huit jours à avoir l'honneur de vous voir. Je ne désirerai jamais tant, n'ayant jamais éprouvé mon amour si violente que je fais. Je vous jure, mes chères amours, que si vous voyiez ce que j'ai en l'âme pour vous, vous partiriez dès samedi... Je finis, vous baisant un million de fois les mains... Bonjour, mon menon. »

Gabrielle d'Estrées retarde son arrivée. Aussi, le 19 avril 1593, Henri lui écrit-il : « Cela me tue, craignant vos longueurs. Excusez ma passion, si je crains tout de vous, mon bel ange... » Gabrielle annonce enfin sa prochaine venue : « Je vous verrai après demain. Quelle joie ! Dormez bien, mes belles amours, afin d'être grasse et fraîche à votre arrivée. Pour moi j'en fais provision. Bonsoir mon tout. Je baise un million de fois vos beaux yeux. »

Et le lendemain, de Mantes, le 20 avril 1593, le roi lui adresse ces lignes : « Mes belles amours, ce sera demain que je baiserai ces belles mains par millions de fois ; je ressens déjà du soulagement en mes peines par l'approche d'un tel heur que je tiens cher comme ma vie ; mais si vous me le retardez d'un jour seulement, je mourrai... Passer le mois d'avril absent de sa maîtresse, c'est ne pas vivre. Vous recevrez deux lettres aujourd'hui de moi, et moi deux baisers demain de vous. Bonjour, ma belle maîtresse ; je baise un million de fois vos pieds. »

21 avril 1593 : « Je n'eus point hier de vos nouvelles ; je ne sais à quoi il a tenu. Si vous respectez le jour de Pâques, je ne l'ai point fait : et si c'est paresse, vous avez tort. Il est midi et n'en ai point encore ; c'est bien loin de l'assurance que vos paroles m'avaient donnée de vous voir aujourd'hui. Quand apprendrez-vous à tenir votre chère foi ? Je n'en fais point ainsi de mes promesses... »

Tandis que le roi assiège Dreux, Gabrielle est au château de Bû, mais dès que Bellegarde peut s'évader du camp royal, il part au galop retrouver la belle. Quand il en est empêché, il lui écrit : « C'est pourquoi, mon seul bien, ne trouvez point mauvais si, pour ce soir, je manque à mon devoir : je vous crois de si bon naturel que vous y consentirez et que vous m'aiderez en ce qui vous sera possible. Demain, ma chère vie, je vous en demanderai pardon et vous baiserai mille fois en effet, comme je fais maintenant en imagination. »

C'est au château de Bû qu'un jour se jouera une vraie scène de vaudeville. Bellegarde demande au roi la permission de s'absenter de la cour. Henri accepte, et lui-même s'en va passer la nuit à Bû. Le matin, Henri se lève et court retrouver ses soldats qui font le siège de Dreux. Aucune sortie des assiégés n'est en vue. Notre Béarnais s'en retourne bien vite près de Gabrielle. La chevauchée lui a donné faim et, en arrivant, il appelle la servante de sa maîtresse et lui ordonne de faire apporter des confitures. La « Rousse », tel est son surnom, ne semble pas avoir entendu et Henri se dirige vers la porte du cabinet communiquant avec la chambre de Gabrielle et où la servante est censée dormir. Il trouve la porte fermée. Bellegarde n'a eu que le temps de se cacher dans la petite pièce en entendant le retour du roi. Henri devine la vérité, commence à faire le tapage habituel en pareil cas, crie, appelle à l'aide, tandis que Gabrielle se met, selon l'usage, à pleurer. Finalement le roi veut forcer la porte, mais la serrure résiste et Bellegarde a le temps de sauter par la fenêtre... et la chance d'en sortir indemne. Gabrielle n'a qu'une ressource : prendre les devants et pleurer derechef :

— Je vois bien que vous me voulez traiter comme les autres que vous avez aimées, sanglote-t-elle, et que votre humeur changeante veut chercher quelque sujet de rompre avec moi ! L'extrême passion que j'ai eue pour vous m'a fait oublier mon devoir et mon honneur que vous payez d'inconstance sous ombre de soupçon dont je ne vous ai jamais donné de sujet par pensée seulement.

Et tout se termine par une réconciliation sur l'oreiller... Sans doute Gabrielle a-t-elle été comblée, mais, comme elle le disait elle-même, après un combat amoureux avec le roi, le « second n'était jamais là pour le duel galant »... Elle soupire, ou plutôt le poète l'a fait soupirer en ces termes :

Henri ne fait que m'ouvrir l'appétit,
Il faut bien chercher ailleurs qui me contentera.

Parfois, le roi semble accepter le partage, sinon avec résignation, du moins avec philosophie. On raconte qu'un jour, mangeant des prunes confites dans la chambre de sa maîtresse, il se mit à en lancer sous le lit.

— Mais, que faites-vous donc ? s'étonna la belle Gabrielle.

La jeune femme se trouvait étendue sur le lit... sur un lit d'où dépassaient les pieds de M. de Bellegarde.

— Hé, madame, répondit le roi en lançant une nouvelle prune, ne faut-il pas que tout le monde vive ?

La grande force de Mme de Liancourt est de toujours faire acte de présence pour éviter autant que faire se peut les incartades de son amant. « Le roi, dira-t-elle un jour à l'ambassadeur de Venise, oublie bientôt ses maîtresses lorsqu'il est séparé d'elles. Quant à moi, étant bien instruite de ce danger, je connais parfaitement le moyen de l'éviter ; c'est de me tenir assidûment auprès du prince. »

Pour demeurer fidèle à cette ligne de conduite, elle n'hésite pas à partager l'existence aventureuse de ce roi sortant du lit pour monter à cheval à la conquête du royaume de France.

Reduction miraculeuſe de Paris ſous l'obeiſſance du Roy Treſ-Chreſtien Henry I
& comme ſa Majeſté y entra par la Porte Neufue le Mardy 22. de Mars 1594.

(B.N./L.A.

Chapitre X

Le saut périlleux

Sire, il ne faut point tortignonner !...

— Il n'y avait désormais rien en France de moins roi que le roi, peut constater à juste titre le marquis de Rosny.

Il fallait mettre un terme à cette situation.

A la fin du mois de décembre 1592, Henri apprend que Mayenne a réuni à Paris les états généraux. L'édit de convocation est scellé du grand sceau de France représentant un trône vide, au lieu de l'image habituelle du roi assis « en majesté »... A juste titre, Henri est blessé par cette omission injurieuse. Les séances commencent le 26 janvier 1593. Les députés vont droit au but : ils cherchent un roi pour succéder à Henri III. Mais ils restent sur leur position : le huguenot Henri de Navarre ne peut régner sur la France catholique !

Bien sûr — et l'on devait s'y attendre — Mayenne présente sa candidature. Si on ne veut pas de lui, il propose son fils, le marquis de Mayenne. Malheureusement, le duc bredouille lamentablement entre ses dents et fatigue son auditoire, qui fait semblant de ne pas comprendre. On agite d'autres noms : Philippe II d'Espagne, Charles de Valois, comte d'Auvergne — le bâtard de Charles IX. On pense également au cardinal de Bourbon-Vendôme, archevêque de Reims, puisque, nous l'avons vu, son oncle, « Charles X », vient de mourir dans sa prison. Il pourrait briguer le trône, il n'a pas encore reçu les ordres, mais, comme Mayenne, le cardinal a un défaut d'élocution — lui bafouille, le duc bredouille... — et cette idée n'est donc pas retenue. On ne s'attarde guère non plus sur le nom du prince de Condé, qui est trop jeune, ni sur celui du prince de Conti, qui est trop sot. Les Espagnols, méprisant toujours la prétendue loi salique, souhaiteraient que l'infante Isabelle, petite-fille d'Henri II, soit désignée. Elle pourrait épouser l'archiduc Ernest d'Autriche, ou le neveu de Mayenne, le jeune duc de Guise. Mais le parlement parisien est hostile, comme le peuple, à l'idée d'un souverain étranger régnant sur la France (1). Le pays, occupé, étranglé et pris dans l'étau des possessions espagnoles, n'existerait plus !

Pour mettre fin à cette inextricable situation, qui devient de plus en plus inquiétante pour le royaume, les ligueurs font une ultime tentative de conciliation en négociant directement avec les royalistes catholiques fidèles à Henri IV. Les deux partis conviennent de se rencontrer à Suresnes. Le jour où les députés ligueurs franchissent l'enceinte ouest de Paris, le peuple crie : « La paix ! Bénis soient ceux qui la procureront et la demanderont. Maudits et à tous les diables soient les autres ! »

Pierre de l'Estoile raconte qu'il voit les habitants de Chaillot, de Passy et d'Auteuil se mettre à genoux sur le passage des délégués pour demander la paix à mains

(1) Il finira, le 28 juin, par rendre l'arrêt dit « du président Le Maistre » ou « de la loi salique », qui rappelait le principe traditionnel de la masculinité. Il semble que ce soit la première invocation officielle, solennelle, précise de la loi salique. L'arrêt enjoignait aussi au lieutenant général de veiller à ce que la couronne ne revienne pas à un prétendant étranger.

abandonne Rouen. Grièvement blessé, il finira par se retirer aux Pays-Bas.

La situation du royaume exige que l'on en sorte !

Autrefois, Chicot, le fou d'Henri III, avait donné ce conseil à Henri de Navarre :

— Monsieur mon ami, je vois bien que tout ce que tu fais ne te servira de rien à la fin, si tu ne te fais catholique... Puis tu prendras un bon clystère d'eau bénite pour achever de laver tout le reste de tes péchés.

A pas feutrés, s'engagent des pourparlers entre les partisans du roi et ceux de Mayenne, qui redoutent avec raison que le joug espagnol ne devienne de plus en plus pesant. Le duc, pour se rallier au roi, exige une condition préliminaire : Henri IV doit abjurer la religion protestante et se faire instruire dans la religion catholique comme un simple catéchumène. C'est ce que l'on appelle avec pudeur un *expédient*. D'autres conditions, formulées par Mayenne et qui ne concernent que lui, suivent : il exige simplement le gouvernement de treize provinces, la lieutenance générale du royaume, c'est-à-dire l'épée de connétable et une pension annuelle de 300 000 livres.

On discute, durant toute cette veillée d'armes —, et l'on discutera encore durant longtemps !

***

Au cours de l'année 1593, Henri ne cesse d'écrire à Gabrielle, et de toute cette correspondance, souvent quotidienne, se dégage une étonnante présence. On voit le roi devant son écritoire, et on croit l'entendre relire ses lettres.

« Vous me feriez tort, lui écrit-il tout au début de cette année, que rien qui soit au monde vous puisse servir avec tant d'amour que moi. Nul ne peut aussi égaler ma fidélité... »

4 février 1593 : « Mon bel ange, si à toute heure

jointes. A Suresnes, les députés de la Ligue retrouvent les envoyés du roi — ceux-ci sont une dizaine — parmi lesquels l'archevêque de Bourges et le huguenot de Thou. Les ligueurs ont encore dans l'oreille les implorations des Parisiens. Ces clameurs de paix du peuple des faubourgs ont été rapportées aux royalistes, et lorsque les deux délégations se trouvent face à face — le jeudi 29 avril 1593 — l'émotion les envahit et ils s'embrassent... Une trêve de dix jours est conclue : on ne se battra plus sur un territoire de quatre lieues autour de Paris et de Suresnes.

Après cet hiver glacial, le printemps est « doux et tempéré », aussi, dès que l'on annonce la fin des combats, les Parisiens mettent-ils leurs bottes et prennent-ils le chemin des champs afin de faire provision de « pâtés et de bouteilles pour prendre ce bon temps, en attendant mieux ». Ceux qui ne peuvent quitter Paris « font des danses et chantent devant leurs portes ». Les curés poursuivent leurs prêches fielleux et partisans. Celui de Saint-André-des-Arts est le plus virulent. Sa voix dure et agressive résonne sous les voûtes de l'église :

— On vous dit qu'il sera catholique et qu'il ira à la messe : eh ! mes amis, les chiens y vont bien ! Et je vous dirai davantage, que s'il y va une fois, la religion est perdue : il n'y aura plus de messe, ni de procession, ni de sermon. Et cela est aussi vrai comme Dieu est au Saint Sacrement de l'autel que je vais recevoir... car c'est chose horrible à penser seulement qu'on veuille avoir paix avec un diable, un loup, un hérétique, un vrai relaps, un excommunié, un vilain et un bâtard comme lui !

Et Pierre de l'Estoile ajoute : « Le Père Besnard, comme celui de Saint-Eustache, le curé de Saint-Sulpice, de même, celui de Saint-Germain-l'Auxerrois, Saint-Jacques, Saint-Côme, la Madeleine, Saint-Benoît, et toute la kyrielle, enfilèrent une suite de toutes sortes d'injures des plus exquises du métier contre le Béarnais, tant tendant afin de non le recevoir, quelque catholique qu'il fût... »

Pendant ce temps, les députés ligueurs, réunis au Louvre, affichent une hostilité croissante aux propositions du légat pontifical et aux avances de l'ambassadeur d'Espagne qui s'obstine à proposer son infante pour régner sur le royaume... mais en vain ! Les chefs de la Ligue préfèrent appuyer la candidature au trône d'un prince du sang de France, « pourvu qu'il soit catholique et fils obéissant de l'Église ». Cette fois, si Henri fait la sourde oreille, il risque fort de voir la couronne lui échapper définitivement. Gabrielle — l'ambition lui donne des ailes — nourrit l'espoir de devenir reine un jour si, comme elle le souhaite, le mariage stérile de son royal amant et de Margot est annulé. N'a-t-il pas été célébré sous la contrainte ? Et Mme de Liancourt, bien évidemment, pousse le roi sur le chemin de la conversion.

Henri, pris entre deux feux, se fait insulter de tous côtés ! Le dimanche 9 mai, à Mantes, il écoute le prêche du ministre protestant Damours, qui menace le roi du jugement de Dieu s'il se fait catholique. L'éloquence véhémente du pasteur a scandalisé le cardinal de Bourbon et le marquis d'O. Mécontents, ils viennent trouver Henri :

— Nous avons entendu les propos que ledit ministre a tenus sur vous, beaucoup trop insolents et hardis. Nous vous prions d'en faire justice et de ne pas les endurer.

Mais Henri se contente de baisser la tête et de répondre un peu penaud :

— Que voulez-vous ? Il m'a dit mes vérités...

Sentant les hésitations du roi, les ministres huguenots réunis à Mantes viennent voir Henri et lui font part de leurs craintes :

— Le bruit court partout que vous avez juré et signé et que vous êtes décidé de vous faire catholique et de retourner à la messe.

— Vous savez, messieurs, ce que j'ai toujours dit, leur réplique Henri. Quand je le ferai, vous n'avez point occasion pour cela d'en prendre alarme et vous en fâcher ; au contraire, j'entre dans la maison, non pour y demeurer, mais pour la nettoyer : je vous le promets ainsi ; et pour votre particulier, je ne vous ferai point pire traitement que j'ai toujours fait jusqu'à aujourd'hui. Priez Dieu pour moi, et je vous aimerai.

Pourtant le roi hésite encore. Le marquis d'O le supplie :

— Sire, il ne faut plus *tortignonner* ou vous avez dans huit jours un roi en France, le parti des princes catholiques, le pape, le roi d'Espagne, le duc de Savoie et tout ce que vous aviez déjà d'ennemis dans les bras. Il vous faudra soutenir tout cela avec vos misérables huguenots, si vous ne prenez une prompte et galante décision d'ouïr la messe... Avisez de choisir ou de complaire à vos prophètes de Gascogne et retourner courir le guilledou en nous faisant jouer à sauve-qui-peut, ou à vaincre la Ligue qui ne craint rien de vous tant que la conversion... gagnant plus en une heure de messe que vous ne feriez en vingt batailles gagnées et en vingt années de périls et de labeurs.

Dans un langage moins direct, le huguenot Rosny est tout aussi catégorique. Henri s'interroge et se demande vraiment, en toute honnêteté, si l'intérêt du royaume n'exige pas sa conversion. Une ultime fois, d'autres compagnons huguenots insistent et le supplient de demeurer fidèle à la religion de sa mère.

— Si je suivais votre avis, s'exclame Henri, il n'y aurait ni roi ni royaume dans peu de temps en France ! Je désire donner la paix à tous mes sujets et le repos de mon âme.

Cependant, les pourparlers se poursuivent à Suresnes, les députés reconnaissent que la religion du roi est le *seul* obstacle à sa reconnaissance. Il lui suffit donc d'annoncer qu'il est prêt à abjurer pour apaiser les plus ardents de ses adversaires !

Le 10 mai, Henri dévoile ses intentions à son cousin Conti puis, six jours plus tard, fait part officiellement de la grande nouvelle : il accepte de se convertir. Afin que l'on ne puisse le comparer à cet autre Henri IV qui fit amende honorable devant le pape Grégoire VII à Canossa, Henri, sans rire, joue les candides et demande qu'on veuille bien lui enseigner la religion catholique... qu'il connaît déjà, l'ayant pratiquée à plusieurs reprises depuis sa naissance !

Un bon mois plus tard, il estime son instruction dans la foi catholique suffisante et, le catéchisme terminé, le dimanche 13 juin 1593, Pierre de l'Estoile peut noter : « Il tombe des grelons brisant toutes les verrières, tuiles et ardoises de maisons, tuant hommes, femmes, enfants et bétail... Les curieux ont remarqué que ce fut le jour où le roi fit sa résolution de retourner à la messe. » On le devine, la nouvelle met en rage l'intraitable abbé Boucher qui, prêchant à Saint-André-des-Arts, entre dans une fureur hystérique, injurie le roi en l'appelant « vilain, voleur, sacrilège, noir, pendard, larron, vérolé, putier, violateur de vierges et nonnains, bref, employait toute la rhétorique des tripières du Petit-Pont à dénigrer le roi ». Le légat du pape tente d'empêcher la conversion royale. Aussi le 19 juin, ce quatrain court-il Paris :

Le légat s'oppose à la trêve
La trêve s'oppose au légat
S'il était pendu en la Grève
Ce serait un beau point d'État.

Tandis que le curé de Saint-Gervais déclare « qu'il fallait prier Dieu pour la conversion de l'hérétique » et « qu'étant converti, il le fallait recevoir », le curé de Saint-André-des Arts lui réplique, péremptoire :

— On doit pendre et jeter à l'eau tous ces demandeurs de paix et de trêve !

Le lundi 12 juillet, le roi entre à Saint-Denis et, encore botté, écrit à Gabrielle : « Ma maîtresse, je suis arrivé à trois heures en ce lieu... Je m'en vais dîner puis dormir ; je vous paye premier ce tribut, car vous marchez la première en toutes mes passions. Certes, mes chères amours, vous devez plutôt craindre que je vous aime trop que trop peu... Je finis, vous baisant un million de fois les mains. »

Dans un dernier sursaut, certains curés — tout plutôt qu'Henri IV ! — cherchent encore un roi de France et prônent à nouveau l'élection du duc de Guise... L'idée ne fait pas l'unanimité, il s'en faut ! Beaucoup affirment qu'il s'agirait là « d'un roi sans force, sans argent et sans nez ». Sa tante, Mme de Montpensier, la propre sœur du Balafré, désapprouve ce projet et, avec la verdeur de l'époque, sans mâcher ses mots, fait une critique plutôt crue de son neveu clamant qu'il « ch... ordinairement au lit de ses demoiselles, que ses chevaux mouraient tous les jours faute de soins, et qu'on envoyait ses housses et manteaux en gage pour lui avoir à souper ». Voici écartée la candidature du jeune duc de Guise !

Quelle famille !

Enfin le roi se décide. Il demande aux évêques de se réunir à Saint-Denis. Le légat du pape interdit que l'on se rende à cette convocation royale, sous peine d'excommunication, mais les prélats passent outre et, le vendredi 23 juillet, pénètrent dans la chambre du roi. L'archevêque de Bourges, les évêques d'Évreux, de Chartres et de Nantes lui rappellent « la doctrine de l'Église ». Henri multiplie les objections, même doctrinales, que les évêques, jouant toujours le jeu, dissipent par de savantes arguties. Le roi, aux raisonnements qui lui sont opposés, répond et réplique si à propos, « alléguant avec tant de justesse des passages des saintes écritures », que les prélats en demeurent pantois. Lorsque les prêtres en arrivent à la prière des agonisants, Henri s'exclame :

— Laissons-là le *Requiem*, je ne suis pas encore mort, et n'ai pas envie de mourir !

Quand on vient à expliquer le rôle du purgatoire, Henri fait remarquer :

— Je le croirai, non comme article de foi, mais comme croyance de l'Église de laquelle je souscris d'office.

Et, en faisant allusion aux messes, indulgences et ventes de cierges, il ajoute en souriant avec ironie :

— Je crois au purgatoire pour vous faire plaisir, car je sais que c'est là le pain des prêtres.

Et le lendemain, les prélats reconnaîtront « qu'ils n'avaient jamais vu hérétique mieux instruit de son erreur ».

A Mantes, le dimanche 18 juillet, Henri a fait ses adieux à la religion réformée en se rendant pour la dernière fois au prêche protestant. Le 24, il écrit à Gabrielle d'Estrées une lettre devenue célèbre : « J'arrivai hier soir de bonne heure et fus importuné jusqu'à mon souper... Pour moi, je suis, à l'endroit des ligueurs, de l'ordre de saint Thomas... Ce sera dimanche que je ferai *le saut périlleux*. A l'heure que je vous écris, j'ai cent importuns sur les épaules qui me font haïr Saint-Denis... Bonjour, mon cœur, venez demain de bonne heure, car il me semble qu'il y a un an que je vous ai vue. Je baise un million de fois les belles mains de mon ange et la bouche de ma chère maîtresse... »

En cette veille du « saut périlleux », Henri réunit ses fidèles compagnons huguenots, qui ont bataillé à ses côtés depuis tant d'années et dont on devine la tristesse. Certes, il abjure...

— Mais je ne l'ai fait qu'à fort bonne intention et principalement pour la sûre assurance que j'ai d'y pouvoir faire mon salut et ne me trouver en ce point différent des rois mes prédécesseurs.

Puis, Henri « fait défense à son premier homme d'hôtel de ne plus servir de viandes prohibées par l'Église catholique et d'observer dorénavant les jeûnes commandés par Elle ».

Le dimanche 25 juillet 1593, par une chaleur étouffante, le roi, vêtu d'un pourpoint de satin blanc chamarré d'or, et recouvert d'un manteau noir, se présente devant le porche de l'église abbatiale de Saint-Denis où l'attend l'archevêque de Bourges. Henri se découvre. Il tient à la main son chapeau orné cette fois d'un panache de plumes noires. Maintenue à distance respectueuse dans les rues jonchées de fleurs, une foule immense regarde le spectacle. Le peuple commente — on devine en quels termes ! — la présence à la cérémonie de Gabrielle d'Estrées que le roi n'a pas hésité à faire loger cette nuit dans la résidence même de l'abbé de Saint-Denis. Certains rapportent les paroles du curé Jean Boucher qui, scandalisé, s'est exclamé à Saint-Merri :

— Pourquoi une folle mariée dont le déshonneur est connu partout ? Pourquoi loger près de soi ? Étant un très mauvais préparatif pour être absout de commettre de nouveau et au même instant ce qui emporte avec soi excommunication de droit.

Les trompettes et les tambours des gardes françaises et des Suisses se font entendre, puis le roi demande que l'Église catholique veuille bien lui ouvrir la porte. Devant le portique du narthex — le lieu réservé aux catéchumènes — l'archevêque de Bourges, assis dans un fauteuil de damas blanc aux armes de France, interroge Henri :

— Que demandez-vous ?

D'une voix ferme, le roi répond :

— Je demande à être reçu dans le giron de l'Église catholique, apostolique et romaine.

— Le désirez-vous sincèrement ?

— Oui, je le veux et le désire.

Henri, profondément ému, s'agenouille alors sur un coussin fleurdelysé et déclare d'une voix grave :

— Je proteste et je jure devant la face de Dieu Tout-Puissant, de vivre et mourir en la religion catholique, apostolique et romaine, de la protéger et défendre envers tous au péril de mon sang et de ma vie, renonçant à toutes hérésies contraires à cette Église.

L'archevêque tend sa main, Henri baise l'anneau pastoral et reçoit enfin l'absolution et la bénédiction.

L'abjuration de Saint-Denis. « Je mets aujourd'hui mon âme entre vos mains », déclara Henri IV. Et Pierre de L'Estoile de remarquer : « Les larmes lui sortirent alors des yeux. » (Vincent Dubourg/Société des Amis du château de Pau)

Puis il entre dans la basilique, au son du *Te Deum* qui éclate sous les vieilles voûtes. Le roi, après s'être confessé, assiste à la messe et communie. « Dès le lendemain, rapporte Sully, il se fit un concours prodigieux de la populace de Paris. Le roi se montra plusieurs fois au peuple assemblé : il assista publiquement à la messe. Partout où il portait ses pas, la foule se trouvait si grande, qu'il était quelquefois impossible de la percer ; il s'élevait à tout moment un cri de *Vive le roi !* formé par un million de voix ensemble. Tout le monde s'en retournait charmé de sa bonne mine, de sa douceur, et de cet air populaire qui lui était naturel.

« — Dieu le bénisse ! disaient les Parisiens, et le veuille bientôt amener en faire autant dans notre église de Notre-Dame.

« Je fis remarquer au roi ces dispositions du peuple à son égard : tendre et sensible comme il était, il ne put voir ce spectacle sans une vive émotion. »

La France possède de nouveau un Roi Très Chrétien.

Et ce dimanche-là, Henri pourra écrire à son ambassadeur à Rome : « J'ai enfin satisfait au désir commun de tous mes bons amis et serviteurs catholiques, mais premièrement à moi-même. »

Lorsque vient la nuit, la petite Couronne s'illumine tout autour de Paris. On allume des feux de joie qui montent dans le ciel embrasé pour fêter cet heureux événement prometteur de paix. Cette paix tant attendue. Pendant ce temps le roi est allé se baigner dans la Seine, ce qui permit aux huguenots d'ironiser en affirmant que « le roi était lavé du péché dû à son abjuration ».

La journée se termine par un banquet. La foule est si dense « que la table manque d'être renversée ». Pierre de l'Estoile prétend qu'il entendit pendant le repas un conseiller catholique proférer des paroles terribles :

— Ah ! monsieur, mon ami, le roi est perdu, il est *tuable* à cette heure ; auparavant il ne l'était pas !

Le curé de Saint-André-des-Arts renchérit :

— Le Béarnais a été à la messe ; il n'est bon qu'à brûler ! Le pape lui-même ne peut l'absoudre qu'à l'article de la mort.

— Quand le Béarnais aurait bu toute l'eau bénite de

Notre-Dame de Paris, s'exclame de son côté le prieur des Carmes, je ne croirais pas en lui.

C'était à prévoir, sa sincérité est mise en doute, et, en riant, un ligueur remarque :

— Le roi a plus de religion que tous ses prédécesseurs puisqu'il est catholique et huguenot tout ensemble !

Il est possible que l'adhésion du roi au catholicisme ne soit pas totale. On raconte que, rencontrant un ministre protestant attaché au service de sa sœur Catherine, il lui dit à voix basse :

— Priez Dieu pour moi et ne m'oubliez pas dans vos prières.

On ne change pas de peau aussi facilement et, après tout, il est assez normal que le roi éprouve encore une certaine attirance envers une religion pour laquelle il s'est tant battu.

Le 28 juillet, nombreuses sont les Parisiennes qui viennent regarder le roi jouer à la paume à Saint-Denis. L'une d'elles demande aux archers :

— Est-ce là le roi dont on parle tant et qu'on veut nous bailler ?

— Oui, c'est le roi.

— Il est bien plus beau que le nôtre de Paris, il a le nez bien plus grand !

Mais les fanatiques ne désarment pas. Pour eux, Henri de Bourbon est « un méchant relaps, excommunié, et un vieux loup gris après lequel tout le monde devrait huer et le chasser ».

Un batelier nommé Pierre Barrière, appelé aussi La Barre, amoureux éconduit d'une des servantes de la reine Margot, toujours en résidence surveillée à Usson, nourrit le dessein d'assassiner le roi. La Ligue, trop heureuse de trouver un bras vengeur pour accomplir cette sale besogne, l'encourage, et le grand vicaire de l'archevêché de Lyon lui conseille de gagner la capitale en lui donnant un visa pour l'au-delà :

— Si vous devez mourir dans l'entreprise, votre

âme, enlevée par les anges, s'envolera dans le sein de Dieu où elle jouira d'une béatitude éternelle.

Ainsi rassuré, l'illuminé part pour Paris, achète un coutelas et se rend à Saint-Denis. Henri vient de partir pour Brie-Comte-Robert. Pierre Barrière se remet en route. Son forfait accompli, il espère pouvoir se cacher, mais son plan a été dévoilé. Il a eu l'imprudence de se confier à l'un de ses voisins lyonnais qui l'a dénoncé. Le 27 août 1593, la police arrête le malheureux excité à Melun. Il avoue son noir projet. Il sera « tenaillé de fers chauds », le bras droit brûlé, et enfin roué trois jours plus tard.

Après son abjuration — le 9 août 1593 — le roi se souvient qu'il est toujours excommunié. Il écrit au pape pour lui faire part de sa « décision de s'unir à la Sainte Église, très résolu d'y vivre et d'y mourir ». Certes, il enverra à Rome « une ambassade solennelle de personnages de bonnes et grandes qualités », mais il veut dès aujourd'hui « par ce peu de lignes, donner un premier témoignage de sa dévotion filiale ».

Six jours passent... une trêve générale de trois mois est signée à La Villette. Aussitôt le quartier royal de Saint-Denis devient le rendez-vous des dames de Paris, parmi lesquelles figure la ravissante demoiselle de Guise, qui s'est follement éprise de Bellegarde. M. le Grand semble lui répondre, au grand contentement du roi.

Henri s'installe maintenant à Fontainebleau. Il chasse et fait « raccommoder la maison qui en a bien besoin », déclare-t-il. C'est dans la demeure des Valois, entre deux chevauchées, que Gabrielle lui apprend qu'elle attend un enfant de lui. Une joie profonde étreint le roi. S'il épouse Gabrielle, le maillon d'une nouvelle dynastie sera forgé, car, il en est bien persuadé, c'est un garçon qui viendra au monde.

***

Au mois de décembre 1593, les échevins de Meaux viennent trouver le roi à Dammartin, mais ils ne peuvent maîtriser leur émotion, et la parole leur manquant, ils se prosternent respectueusement en silence aux pieds du roi. Rien ne pouvait toucher davantage Henri que ce geste significatif, trop spontané pour ne pas venir du cœur. Les larmes aux yeux, le roi leur fait signe de se relever et les embrasse :

— Mes amis, je ne vous reçois point comme ennemis, mais comme sujets, et vous embrasse de pareil cœur qu'un bon père fait de ses enfants.

Le 15 décembre, Henri écrit à Gabrielle : « J'ai reçu un plaisant tour à l'église : une vieille femme âgée de quatre-vingts ans m'est venue prendre par la tête et m'a baisé ; je n'en ai pas ri le premier. Demain vous dépelurez ma bouche... »

Revenu à Saint-Denis, le matin du 30 décembre, Henri reçoit en grand secret, « sous la courtine de son lit, une Parisienne toute masquée ».

— Je désire avoir la paix, assure-t-il à l'émissaire inconnu, et la veux acheter à tel prix que ce soit.

Il le promet, les villes qui le reconnaîtront seront exemptées de la taille durant dix années. En outre, il anoblira le corps municipal « et les maintiendra en leur ancien privilège et religion, voire il leur donnerait tel gouverneur qu'eux-mêmes choisiront ». Puis, il le précise :

— Après cela, que Paris songe à soi s'il le veut : je ne lui ferai pas pire qu'aux autres, comme on peut penser... Je ne demande qu'à revoir mon royaume qui m'appartient, lequel est entre la main de Dieu. Ceux qui m'y aideront, je les reconnaîtrai comme mes serviteurs ; s'il y en a d'autres qui me trahissent, Dieu est leur juge...

Munie de ces bonnes paroles, la dame mystérieuse repart pour Paris... Et pourtant, l'abbé Guarinus promet toujours la corde et le gibet de Montfaucon à ceux qui oseraient se rendre à Saint-Denis pour voir Henri. De son côté, le curé de Saint-André-des-Arts continue « à vomir un million d'injures contre le roi »... Les attaques redoublent. Les invectives habituelles, hérétique, relaps, corrupteur de nonnes, paraissant un peu usées, on le traite en outre de « serpent des Pyrénées », en apprenant que le roi a décidé de se faire sacrer dans la cathédrale de Chartres où rayonne l'image de la Vierge, plutôt qu'à Reims occupé par les Guise et leur Ligue. Encore fallait-il obtenir l'accord de Rome, car le pape n'a toujours pas reconnu Henri de Navarre roi de France. Toutefois, Clément VIII a esquissé un sourire quand on lui a fait observer malicieusement :

— Enfin, Très Saint-Père, quand ce serait le diable qui demanderait à se convertir, Votre Sainteté ne pourrait le refuser...

Évidemment ! Mais le pape craint les réactions de l'Espagne, le roi Philippe II menace d'affamer Rome en interceptant les vivres en provenance de Sicile si le Saint-Siège absout Henri IV. Comment le chef de l'Église peut-il considérer comme valable l'absolution donnée au roi à Saint-Denis ? Pour lui, c'est en cour de Rome que la question doit être réglée ! Et l'on parle au Vatican d'« attentat aux droits du Saint-Siège ». Cependant le haut clergé de France se montre favorable au sacre du roi dans une proportion nettement plus importante que celle des prélats ligueurs (1). Aussi Henri passe-t-il outre et donne-t-il des ordres pour qu'à Chartres la cérémonie du sacre se déroule avec le même faste que celui qu'elle aurait eu à Reims.

Le samedi 26 février 1594, il se confesse à l'abbé Benoist, curé de Saint-Eustache, qu'il nommera, pour le remercier, évêque de Troyes. Puis le roi s'en va dormir au palais épiscopal chartrain.

(1) Cent dix-huit prélats favorables au roi, contre vingt-trois évêques opposants dits « ligueurs ».

Dans la cathédrale de Chartres, Catherine, sœur du roi, et, Gabrielle d'Estrées, sa maîtresse, semblent présider la cérémonie du Sacre. « Je tâcherai à mon pouvoir en bonne foi, déclara le roi, de chasser de ma juridiction et terres de ma sujétion tous hérétiques dénoncés par l'Église. » (B.N./L.A.P.)

Le dimanche 27, Gabrielle voit son amant pénétrer dans la cathédrale de Chartres, précédé, entouré et suivi par des personnages en rutilants costumes moyenâgeux. Henri est vêtu d'une robe en drap d'argent et d'une camisole de satin cramoisi ouverte d'un coup de ciseaux entre les épaules, à la poitrine et aux plis des deux bras, aux endroits où le roi recevra l'onction sainte des mains de Nicolas de Thou, évêque de Chartres. On a mêlé le saint chrême au baume de la sainte ampoule

provenant non de l'église de saint Rémi, mais de l'abbaye de Marmoutier. Elle a été apportée « par le sacristain de ladite abbaye, monté sur une haquenée blanche, sous un poêle de damas blanc à fleurs d'or, soutenu par quatre religieux et accompagné par quatre barons ».

Profondément ému, bouleversé même, Henri promet pourtant d'une voix qui ne tremble pas de « chasser de sa juridiction et terres de sa sujétion tout hérétique dénoncé par l'Église ». Les compagnons huguenots sont heureusement absents...

Durant plusieurs heures, le roi se plie aux cérémonies et aux rites : remise des gants, de l'anneau, du sceptre et de la main de justice. Enfin la couronne lui est apposée par l'évêque de Chartres. Le grand manteau fleurdelysé sur les épaules — la chasuble du prêtre —, revêtu de la tunique — symbole du sous-diacre — portant la dalmatique représentant le diaconat, le roi, couronné « en majesté », se tient face à la foule qui l'acclame comme autrefois lors de l'élection du souverain sur le pavois. Une longue clameur retentit :

— *Vivat rex in aeternum !*

Les grandes orgues, les cloches, les tambours et, à l'extérieur, les canons se font entendre. Des oiseaux sont lâchés et, en un grand bruissement d'ailes, se heurtent aux voûtes...

Henri est roi de France !...

Mais il ne l'est pas encore de Paris où les ligueurs continuent de s'acharner contre leur ennemi. Des quatrains circulent — véritables brûlots frappant le roi et sa maîtresse :

Sur le bel ange du roi

N'est-ce pas une chose étrange
De voir un grand roi serviteur
Des femmes, vivre sans honneur,
Et d'une putain faire un ange ?

Ces injures sont de l'avocat Louis Dorléans, qui crache ainsi son venin. Un pamphlet traîne dans la boue le vaisseau royal « demeuré plus rempli d'ordures et plus empuanti d'incestes et d'adultères, et de paillardises publiques qu'il ne le fut auparavant »...

En revanche, Lyon se rallie au roi et ses habitants arborent joyeusement des panaches blancs et des écharpes immaculées. « Jusqu'aux enfants, rapporte un témoin, qui voulurent porter la marque du roi... Il n'y eut rues ni carrefours où l'on n'ait fait feu de joie et brûlé les armes et livrées d'Espagne, de Savoie, de Nemours et l'effigie de la Ligue. »

***

A Saint-Denis, les gardes arrêtent un laquais et lui demandent dans quel lieu il se rend :

— A Paris.

— Tu te trompes, lui explique-t-on, tu t'en vas droit en Espagne ! C'en sont ici les frontières.

Car les troupes espagnoles occupent toujours la capitale. « Ils donnent fort collations aux belles dames et demoiselles, et font des festins magnifiques », nous dit Pierre de l'Estoile. Hélas ! la cour d'Henri est bien différente et vit chichement. Le sacre a fini de vider les caisses royales. On a du mal à nourrir les chevaux du roi et Henri s'en étonne.

— Sire, lui explique-t-on, il n'y a plus d'argent.

Le roi soupire :

— Ma condition est bien misérable ! On me fera tantôt aller tout nu et à pied... Combien ai-je donc de chemises ?

— Une douzaine, Sire... encore y en a-t-il de déchirées !

— Et combien de mouchoirs ? N'est-ce pas huit, que j'ai ?

— Il n'y en a pour cette heure que cinq, mais, précise alors le marquis d'O, j'ai commandé pour 6 000 écus de toile en Flandre pour en faire au roi.

— Cela va bien, approuve Henri, tranquillisé.

Il peut s'enrhumer sans crainte !

Le piètre état de ses finances ne lui coupe pas l'appétit. Il apprécie maintenant « la science de gueule ». Un Parisien, venu à Saint-Denis le 17 mars 1594, admire la voracité du roi qui a avalé « à l'entrée de table », six œufs, un quartier de chevreau « puis un chapon qu'il a mangé tout entier jusques aux os ». Point de fourchette, trois ou quatre couteaux par table et une cuiller pour chacun.

— Ce méchant Béarnais, donc, tout excommunié qu'il est, se porte bien ! soupire en chaire un frère cordelier, l'abbé Guarinus.

Charles de Lorraine, duc de Mayenne, frère du duc de Guise, est représenté ici avant qu'il ne devienne monstrueux de grosseur. (B.N./L.A.P.)

Mayenne sent le vent tourner et préfère abandonner la capitale, sous le prétexte de rejoindre une armée espagnole rassemblée à Soissons. Avant de quitter les rives de la Seine, le frère du Balafré recommande aux Parisiens d'obéir au nouveau gouverneur Charles de Cossé-Brissac, en qui il a toute confiance et que seconde efficacement le prévôt des marchands, Jean Lhuillier.

Ce en quoi M. de Mayenne a le plus grand tort !... Le gouverneur de Paris est en effet appelé hors de la capitale par son beau-frère François d'Épinay de Saint-

Luc, tout acquis au roi. Des raisons de famille — intérêts à débattre ou à sauvegarder — sont invoquées pour expliquer ce rendez-vous. En réalité, le but de la rencontre est la mise au point discrète d'un complot. On offre à Brissac le bâton de maréchal de France. Certes, Mayenne le lui a déjà donné, mais aucun pouvoir ne l'avait autorisé à décerner une nomination royale. On accompagne la promotion de quelques sacs d'écus et le gouverneur accepte, le moment venu, de dégager les portes de Paris. Les ponts-levis seront abaissés et il n'y aura qu'à pousser les portes ! Bien entendu, le roi accordera un pardon général et donnera aux Parisiens toutes garanties pour le libre exercice de leur religion.

Henri peut être heureux ! Paris, cette belle proie, se livre enfin à lui ! La conspiration oblige le roi à simuler un départ. Il feint de marcher sur Beauvais, alors qu'en fait il dissimule une forte troupe armée sous les ombrages de la forêt de Montmorency... la troupe qui s'emparera de Paris. De son côté, Brissac a monté toute une comédie. Il prétend qu'un considérable envoi d'argent venu de Palaiseau s'achemine vers Saint-Denis pour être remis à Henri IV. Il fait sortir les troupes étrangères en leur conseillant d'intercepter ces richesses — et voici les portes de Saint-Denis, de Saint-Honoré et l'importante Porte-Neuve, commandant à l'ouest le passage sur la Seine, démunies de leurs défenseurs espagnols, qui galopent ventre à terre derrière un trésor qui n'existe que dans l'imagination de Brissac... Bien vite, les portes sont occupées par les officiers mis dans le secret de l'opération. Ils placent des corps de garde du parti des politiques, ceux-là tout à la dévotion du roi. Bien plus, par des billets apostillés par Lhuillier, on répand le bruit que la paix a été signée entre Mayenne et Henri IV... Il faut tout faire pour neutraliser les Seize et les Espagnols ! Un complot pour tous les bons citoyens ! Cependant, le duc de Feria, ambassadeur d'Espagne, sent confusément qu'il se passe quelque chose d'anormal et demande à Brissac, surveillé par des capitaines espagnols, de multiplier les rondes nocturnes. Le gouverneur obéit, sans doute en riant sous cape.

Il est 5 heures du matin, ce mardi 22 mars 1594.

La cloche des Capucins de la rue Saint-Honoré sonne l'angélus. Un brouillard glacé enveloppe les êtres et les choses d'un voile opaque. Le soleil est encore loin de se lever... A la lueur des torches, on voit Brissac et son complice le prévôt Lhuillier faire le guet sur le quai du Louvre, devant la massive Porte-Neuve, véritable muraille barrant le quai nouvellement construit et qui a été flanquée de deux petites entrées réservées aux piétons. C'était par cette porte charretière du pont-levis qu'Henri III s'était sauvé, le 13 mai 1588 — il y a déjà près de six années...

Les deux hommes attendent les troupes royales — quatre mille hommes — qui sont en retard sur l'horaire prévu par les conjurés. Enfin, dans la nuit, apparaissent les compagnies armées que Brissac, la torche à la main, dirige rapidement d'abord vers la porte Saint-Honoré, ensuite vers les autres portes de la capitale. Au même moment, des détachements arrivés de Corbeil et de Melun par la vallée de la Seine encore toute bruineuse — la chaîne qui traverse la rivière à la Tournelle a été abaissée — vont occuper l'Arsenal et les quartiers situés à l'est de Paris. Au nord, les royaux, venus de Saint-Denis et commandés par Vitry, se présentent devant la porte dont la bascule a été descendue. Les remparts sont occupés et les soldats d'Henri IV, après avoir lancé le mot de passe — *Vivent le roi et la paix !* —, s'engouffrent par la rue Saint-Denis, cette antique artère qui conduit à l'île de la Cité depuis plus d'un millénaire. Ils se répandent dans la ville, désarmant les Espagnols. Le Grand Châtelet est pris sans coup férir. Ahuris, les mercenaires wallons, établis au Temple, sont débordés et vite évincés ! Ils demeureront eux aussi dans leur cantonnement sans oser se montrer. Bien entendu, la garde bourgeoise prête la main à toutes ces opérations.

L'étranger est désormais l'unique ennemi, un ennemi qui oppose finalement peu de résistance. Seuls une cinquantaine de lansquenets postés rive droite près du Louvre, quoique surpris par l'attaque inopinée, essayent de tenir tête aux soldats royaux qui ne tardent pas à maîtriser la situation. Point de quartier ! Après un bref combat, on jette tout simplement les corps des Allemands à la rivière. En deux heures, tout est terminé et, à l'aube, Brissac, devant la Porte-Neuve,

A l'aube, les troupes d'Henri IV entrent dans Paris par la Porte Neuve située non loin du Pavillon de Flore du château des Tuileries. (B.N./Hachette)

peut accueillir fièrement le roi qui arrive de Saint-Denis. Selon la tradition, le prévôt Lhuillier lui présente les clés de la ville.

Le brouillard s'est maintenant dissipé, comme s'il voulait que le soleil soit de la fête... Henri, souriant, revêtu de son armure — le légendaire panache blanc au casque —, passe sur l'épaule gauche du gouverneur une écharpe blanche de maréchal de France, et celui-ci, en échange, lui offre une belle écharpe brodée, blanche également, bien sûr ! Le roi demande à M. de Saint-Pol de joindre promptement le duc de Feria pour lui intimer l'ordre de quitter Paris avant ce soir — et l'on devine la stupéfaction de l'Espagnol en constatant que les troupes royales occupent toute la ville.

Pendant ce temps, le roi, rayonnant de joie, a traversé le pont-levis de la Porte-Neuve et s'est dirigé au pas lent de son cheval vers l'île de la Cité, le berceau de Paris. Six cents hommes suivent leur maître, « traînant leurs piques en signe de victoire ». Les gamins leur emboîtent le pas, distribuant des « tracts » (1) qui viennent de sortir des presses de Saint-Denis : « Le roi veut et entend que toutes choses passées et advenues depuis les troubles fussent oubliées. » L'amnistie est totale et Henri n'oublie pas de promettre « en foi et parole de roi de vivre et mourir en la religion catholique, apostolique et romaine ». Cependant deux femmes ligueuses meurent, dit-on « de fâcherie de voir le roi dedans Paris ». Une troisième en perd l'esprit, « de laquelle toutefois, on disait n'avoir pas perdu grand chose ».

Rive gauche, dans le quartier de l'Université, quelques Espagnols et Napolitains, ayant à leur tête un petit nombre des Seize, dans un dernier sursaut de courage, se retranchent à l'intérieur des portes fortifiées de Buci et de Saint-Jacques. Tout rentre bientôt dans l'ordre grâce aux soldats de Vitry qui ont traversé

(1) Les Anglais nous ont pris ce mot.

la Seine par le pont Saint-Michel... Grâce aussi aux enfants qui crient : la paix ! la paix ! Il n'y eut que deux bourgeois de tués.

— Si c'était en mon pouvoir, s'exclame Henri, je rachèterais 50 000 écus la ville et ces deux citoyens, pour avoir la satisfaction de faire dire à la postérité que j'ai pris Paris sans qu'il y ait eu de sang français répandu.

Du Louvre à la Cité, les cloches sonnent à grandes envolées, la foule acclame le souverain et s'approche de lui « jusqu'à l'étrier », nous rapporte un témoin : « Les uns criant *Vive le roi*, les autres faisant mille acclamations de réjouissance et d'allégresse, mêlées parmi le son des trompettes et clairons. » Henri a ôté sa salade — son casque — de sa tête, et suit la rue Saint-Honoré. Devant le pont Notre-Dame, la foule est tellement dense et crie « si allègrement » *Vive le roi !* qu'Henri remarque :

— Je vois bien que ce pauvre peuple a été tyrannisé.

Un peu plus tard, il ajoute :

— Ils sont affamés de voir un roi !

Oui, Paris valait bien une messe !... Cette messe à laquelle le roi assiste à Notre-Dame. Pendant qu'il prie dans le chœur, Brissac, à la tête de gens armés, parcourt la ville et annonce « de rue en rue, à haute voix, au peuple grâce et pardon ».

C'est à pied, maintenant, à travers la foule de plus en plus compacte, qu'Henri IV se dirige vers le Louvre. Il trouve le palais en piteux état, ce palais dont il s'est enfui il y a déjà dix-huit années ! Ce Louvre où il a failli périr le matin de la Saint-Barthélemy. Il se tourne vers Cheverny :

— Monsieur le chancelier, dois-je croire, à votre avis, que je sois là où je suis ?

— Sire, je crois que vous n'en doutez point.

— Je ne sais, car tant plus j'y pense, et plus je m'en étonne. Car je trouve qu'il n'y a rien de l'homme dans

tout ceci : c'est une œuvre de Dieu extraordinaire, voire des plus grandes !

Au premier étage, dans les appartements royaux, le roi se met à table, on a eu le temps de préparer un dîner comme si le souverain « y avait été attendu de plusieurs jours ». Il ordonne d'ouvrir les portes du Louvre à la foule :

— Il y a tant d'années qu'ils n'ont pas vu le roi à table !

L'après-midi, Henri IV se poste à une fenêtre en haut de la porte Saint-Denis (1). Il veut assister au départ des troupes étrangères. Celles-ci marchent « têtes profondément baissées, s'inclinant et faisant de très humbles révérences ». Au milieu des bataillons napolitains, wallons et espagnols, s'avancent les représentants du roi d'Espagne. En apercevant le roi, ils saluent à l'espagnole. C'est-à-dire « gravement et maigrement ». Henri, « ôtant la moitié de son chapeau, les contrefait fort plaisamment ». Il se penche à la fenêtre et, d'une voix puissante, crie aux vaincus :

— Recommandez-moi à votre maître. Allez-vous en, à la bonne heure, mais n'y revenez plus !

Le duc de Feria, qui ne croyait pas en être quitte à si bon compte, ne peut que balbutier :

— Ah ! grand roi !... Grand roi...

(1) Elle s'élevait à l'emplacement de l'actuel 248 de la rue du même nom.

◀ *La garnison espagnole quitte Paris.*
« Les soldats marchaient quatre à quatre, a raconté Palma Cayet et, lorsqu'ils étaient au-devant de la fenêtre où était Sa Majesté, avertis de sa présence, ils levaient les yeux en haut, le regardaient, tenant leur chapeau à la main, et puis, les têtes baissées profondément, ils s'inclinaient et, faisant de très humbles révérences, sortaient de la ville... Et lors de cette sortie, il tombait une telle pluie que l'on disait qu'elle était envoyée par le ciel sur leurs têtes pour montrer son courroux contre eux. » (B.N./L.A.P.)

Bien des ligueurs se précipitent maintenant au Louvre. Le roi accepte d'en recevoir quelques-uns, mais renvoie les plus compromis :

— Je ne tiens pas pour mes sujets ceux qui étaient les serviteurs du roi d'Espagne !

Toute la nuit, les Parisiens laissent éclater leur allégresse, et chantent :

Tu as sauvé Paris ; ton gouverneur Brissac
A sauvé ton navire et du bris et du sac !

Huit jours plus tard, Henri écrit fièrement à l'un de ses compagnons : « Monsieur de Pluviers, je vous prie me venir trouver incontinent en ce lieu, où vous me verrez *en mon char triomphant.* »

Il est enfin roi de France !

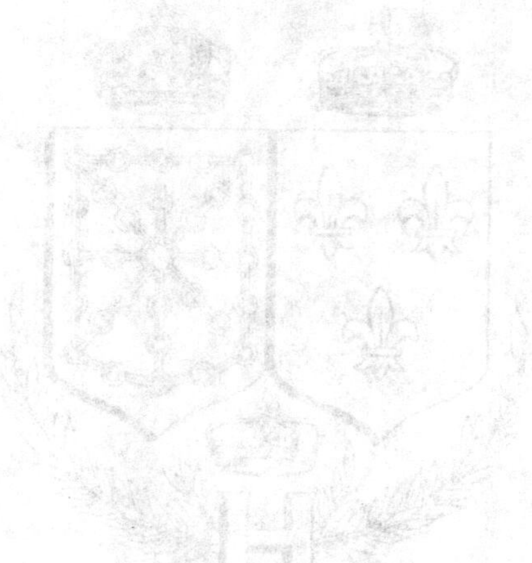

Deuxième partie

Le roi de France

(René Pérony/Société des Amis du château de Pau)

Chapitre XI

« *En mon char triomphant !* »

Henri s'offre le luxe de se rendre chez la duchesse de Montpensier, cette femme dangereuse, véritable vipère, qui a armé le bras du frère Jacques Clément. Pendant des années, écumante de haine, elle a déversé des torrents d'injures, basses, ignobles, sur le roi. Néanmoins, Henri, détendu, dîne dès le lendemain de son entrée dans Paris avec la terrible sœur du Balafré et du gros Mayenne.

Si la crainte du poison l'effleure, il n'en laisse rien paraître. Souriant et goguenard, il lui demande, non sans ironie, de lui offrir des confitures. La duchesse en fait apporter un pot, et selon l'usage de l'époque, veut l'essayer. Henri l'arrête d'un geste :

— Ma tante, vous n'y pensez pas !

— Comment, n'en ai-je pas assez fait pour vous être suspecte ?

— Vous ne l'êtes plus, ma tante.

— Ah ! il faut donc être votre servante, répond-elle, en dissimulant sa rage.

Rentrant ses griffes et bien malgré elle, la duchesse affecte une douceur exagérée, fort agaçante :

— Vous êtes un très grand roi, très bénin, très clément et très généreux, reconnaît-elle d'un air mielleux... Une chose aurais-je seulement désiré pour la réduction de votre ville de Paris, c'était que M. de Mayenne, mon frère, vous eût abaissé le pont pour y rentrer.

Henri n'est point dupe. Ce changement d'attitude est trop brusque pour être sincère, mais il préfère mépriser les pirouettes de la duchesse, absoudre et faire grâce. C'est sa manière de se venger et peut-être aussi de neutraliser les agissements néfastes de ce redoutable adversaire en jupons.

Il accorde l'amnistie totale à de nombreux ligueurs et même à quelques curés, les moins venimeux. Il est sans pitié, en revanche, pour les cent dix-huit meneurs parmi lesquels les chefs des seize quartiers de Paris. Il n'oublie pas non plus dans l'ordre d'exil les prédicateurs les plus acharnés, ceux qui, prêchant la haine, encourageaient honteusement le crime et transformaient leurs ouailles en fanatiques aveugles. Ils sont bannis de la ville et munis d'un sauf-conduit dans le cas où certains voudraient rejoindre le duc de Mayenne.

— On m'a indignement traité, s'exclame le roi, mais je veux leur pardonner à tous !

Fureur des huguenots qui ne comprennent pas la mansuétude royale. Henri, non sans émotion, explique d'où lui vient ce sentiment généreux :

— Si vous, qui parlez ainsi, répétiez chaque jour, de tout cœur, le *Pater Noster*, vous ne tiendriez pas tels propos. Je confesse que ma victoire me vient de Dieu qui me couvre de sa main, tout indigne que j'en suis. De même il m'a pardonné, de même je veux pardonner à autrui, oubliant les fautes de mon peuple, en me montrant plus clément et miséricordieux que je le fus jamais. Si quelques-uns d'entre eux ont été oubliés, laissez-les reconnaître leurs fautes, et ne m'en parlez plus.

Hors Paris, les villes ligueuses se rendent l'une après l'autre. Mais ces redditions et la clémence du roi coûtent fort cher. Les cités ont d'étranges exigences. Ainsi, Amiens ne veut accepter d'autre garnison pour sa garde que celle de ses propres bourgeois. Tous quémandent et vendent à prix d'or leur ralliement. La seule ville de Paris coûte au roi 482 000 écus, Orléans et Bourges en demandent 250 000. Quant aux princes, ils réclament un pactole pour devenir sujets d'Henri. Comme on félicitait le roi « qu'on lui ait ainsi rendu son royaume », il répondit :

— Dites qu'on me l'a bien vendu !

Dans l'allégresse de la victoire, Gabrielle reçoit, elle aussi, sa part : 23 000 écus et le droit de percevoir une certaine somme sur des greniers à sel. Dès le 28 mars, Henri part avec sa maîtresse pour Saint-Germain, car il a un accès de fièvre. Il se sent fatigué ; on l'eût été à moins !

— Certains me reprochent d'être trop chasseur, d'autres de trop faire l'amour, constate-t-il. Mais je me lève à l'heure où ces gens-là s'endorment !

Il est atteint d'une crise d'érysipèle. Se regardant dans son miroir, il soupire :

— Je ne suis nullement reconnaissable par ceux qui sont accoutumés de me voir chaque jour.

Une joie pour Henri : Catherine quitte le Béarn pour venir s'installer à Paris. Elle atteint la capitale le 13 avril 1594. L'abjuration du roi l'a profondément bouleversée. Pour sa part, elle demeurera protestante et continuera au Louvre à pratiquer ce qui est pour elle la seule et vraie religion. La célébration du culte se passe tout d'abord dans la chambre de Catherine, puis par la suite dans la salle des Cariatides.

Attendrissante image que celle de la « petite sœur » vivant dans l'ombre du chêne royal. Toujours souffrante, elle versifie :

Père doux et bénin qui connais toutes choses
A mes yeux pleins de pleurs ne ferme pas tes yeux ;
Regarde mes ennuis du plus haut de tes cieux
Et à mes tristes cris n'aie l'oreille close.

Catherine de Bourbon, duchesse de Bar, sœur du roi. Elle était, disait-on, plus agréable que belle, et passait pour la plus opiniâtre de tous les protestants du royaume. (René Pérony/Société des Amis du château de Pau)

Elle souhaite :

Que les plaisirs mondains ne puissent rien sur moi,
Les biens et les grandeurs n'ébranlent point ma foi,
Mais que mon plus cher soin soit de vivre en ta [crainte.

***

Rétabli, le roi remonte en selle. Il doit reprendre la lutte en Picardie contre l'éternel Mayenne. Soutenu par ses ligueurs, ses reîtres et ses alliés espagnols, le frère de Mme de Montpensier ne semble nullement près de capituler. Henri le sait :

— Un esprit enfoui dans une masse de chair, dans le sommeil et une douce existence, ne peut avoir d'impulsions nobles et généreuses... Je conviens que c'est un grand chef, mais je suis toujours six heures en avance sur lui. Je me lève à quatre heures, et lui à dix.

Gabrielle suit l'armée en litière, car une nouvelle grossesse s'est annoncée. Par prudence, pour ne pas être oubliée, elle ne s'écarte pas de son amant. Cependant, le 23 mai 1594, à Coucy, elle se trouve dans l'obligation de quitter le roi. Et pendant qu'Henri assiège Laon, nouvelle capitale de la Ligue, Gabrielle met au monde, le 7 juin, César de Vendôme. Ce garçon est-il du roi ou de Bellegarde ? Henri ne veut même pas soulever cette question embarrassante. En revanche, c'est un beau sujet de médisances pour la cour et la ville qui attribuent sans hésiter à M. le Grand la paternité du petit César ! Pourtant, autant que l'on puisse en ce domaine avoir une certitude, il semble que le roi ait eu toutes les raisons de se réjouir. Neuf mois avant la naissance — Bellegarde était au loin —, les deux amants séjournaient à Fontainebleau et ne s'étaient guère quittés. Le roi, fort de cette conviction, rassuré, fait déjà des projets d'avenir. Une fois les liens qui l'unissent encore à Margot supprimés, pourquoi sa maîtresse ne deviendrait-elle pas reine de France ? Au début de sa liaison avec Gabrielle, Agrippa d'Aubigné lui avait bien prédit avec sagesse :

— Si vous devenez l'époux de votre maîtresse, le mépris que vous ferez rejaillir sur votre personne vous fermera sans issue le chemin du trône.

Mais maintenant qu'il a coiffé la couronne, rien ne s'oppose plus à ce projet. Si ce n'est que, parallèlement, il lui arrive d'envisager de demander la main d'une princesse. La politique l'exige... Si Margot accepte de s'effacer devant une femme de son rang, elle prendra sûrement comme un affront qu'une quelconque Gabrielle lui succède. Cette fille, petite-fille et sœur de trois rois pose d'autres conditions : elle désire recevoir un monceau d'or, destiné à éteindre ses innombrables dettes, et une pension. Elle écrit à Henri, qui est toujours son mari :

« Je préférerais toujours à ma gloire et à mon contentement l'établissement de la grandeur de Votre Majesté. La plus grande affliction, depuis toutes mes adversités, a été de me connaître, si misérable que je fusse en cette maison, l'un des obstacles de votre établissement ; ce qui m'eut convié il y a longtemps... de vous proposer le moyen que j'estimais propre pour lever cet empêchement au contentement universel d'un chacun... »

Henri répond le 14 septembre 1593, en pesant les termes de sa lettre :

« Ma mie, je n'ai cru de vous autre chose que ce que vous m'avez mandé... ce m'a été un extrême contentement de la résolution que vous avez prise d'apporter au bien de mes affaires tout ce qui dépend de vous... Il n'y a personne qui désire plus votre bien et contentement que moi. »

Des envoyés du roi partent pour Usson. Mais entre les représentants du roi et ceux de la reine, raisonnements, objections et réfutations se succèdent. Durant deux années on ergote et l'on marchande, afin que les deux parties puissent introduire une demande conjointe d'annulation devant le tribunal ecclésiastique.

⁂

Le jeudi 15 septembre 1594, celle que l'on n'appelle plus désormais que « la putain du roi », revêtue d'une superbe robe noire « houppée de blanc », brodée en pierreries chatoyantes qui scintillent de tous leurs feux, suit Henri en litière. Le roi fait aujourd'hui sa joyeuse entrée dans Paris, tout de gris habillé, d'un gris argent, que l'on dirait assorti à sa barbe. Le vêtement du roi est, en outre, somptueusement chamarré d'or. Ayant enfourché un cheval, gris lui aussi, mais pommelé, il savoure son bonheur en entendant le peuple l'acclamer et crier avec allégresse *Vive le roi !* Souriant, il se dresse sur ses étriers, « principalement pour saluer les dames et les demoiselles qui étaient aux fenêtres, parmi lesquelles, remarque un témoin, il en salua trois fort belles qui portaient le deuil... ». En écoutant les ovations poussées par ce même peuple qui l'a tant injurié, Henri constate avec philosophie :

— Un peuple, c'est une bête qui se laisse mener par le nez — principalement les Parisiens !

Maintenant, la maîtresse du roi élève un enfant qui, d'un point de vue légal, peut être considéré comme le fils du sieur de Liancourt. Aussi Henri estime-t-il que tout lien doit être aboli entre Gabrielle et son mari postiche. A sa prière, la jeune femme adresse à l'évêque d'Amiens une supplique lui demandant de faire comparaître M. de Liancourt pour l'interroger car, affirme-t-elle toujours, il est impuissant... Le malheureux époux de complaisance est obligé de répondre aux questions indiscrètes posées par l'official, alors que, comme nous le savons, il a eu plusieurs enfants de sa première femme.

— Il y a deux ans et trois mois que nous sommes mariés, affirme-t-il. Je n'ai pas connu charnellement ladite dame, parce que, durant mon veuvage, je suis tombé de cheval et me suis blessé, ce qui m'a rendu impuissant... Depuis mon second mariage, j'ai plusieurs fois voulu hanter ladite dame, mais je n'ai jamais pu, malgré mes efforts, avoir sa compagnie charnelle à cause de ladite chute. J'ai consulté deux médecins dont je ne puis indiquer les noms... et qui sont d'ailleurs morts tous les deux.

Voilà qui mettra fin à tout projet d'enquête !... Gabrielle assure de son côté :

— Je fus forcée par la volonté de mon père d'épouser le sieur de Liancourt... Je n'ai pas eu de relations charnelles avec lui, quoi qu'il en ait tentées à plusieurs reprises durant le temps que nous avons été ensemble — environ trois mois.

On insiste :

— Saviez-vous, avant d'épouser ledit sieur de Liancourt, qu'il était impuissant ?

— Je n'en savais rien.

On a retrouvé le testament de Liancourt, écrit le 12 décembre de cette même année 1594, tandis que le roi faisait son entrée à Amiens :

« Pour obéir au roi, écrit-il, et de crainte de la vie, je suis sur le point de consentir à la dissolution du mariage de moi et de ladite d'Estrées, suivant la poursuite qu'il s'en fait devant l'Official d'Amiens, je déclare et proteste devant Dieu et devant les hommes, je jure et affirme que, si la dissolution se fait, c'est contre ma volonté et par force pour le respect du roi. »

Il nie « confession et déclaration » qu'il pourrait être amené à faire dans le but de s'avouer « impuissant et inhabile pour la copulation charnelle et génération ».

Voilà qui est net !

Gabrielle et M. de Bellegarde poursuivent avec appétit leurs rencontres amoureuses. Le roi ne l'ignore pas. Il faut lire la lettre pitoyable qu'il adresse à sa maîtresse, en ce même mois de décembre 1594 : « Il n'y a rien qui me continue plus mes soupçons ni qui me les puisse augmenter que la façon dont vous procédez en mon endroit. Puisque quelques attaques que je vous ai données assez découvertement, vous avez fait semblant de ne les point entendre ; ainsi l'ai-je jugé par les réponses. C'est pourquoi hier je commençai ma lettre par : il n'y a pire sourd qui ne veut ouïr... Vous savez combien j'arrivais offensé en votre présence du voyage de mon *compétiteur*. La force que vos yeux eurent sur moi sauva la moitié de mes plaintes, vous me satisfîtes de bouche, non de cœur... Quelle foi ne pouvez-vous jurer que celle que vous avez faussée deux fois ?... Il ne faut plus parler de *je ferai*, il faut dire *je fais*. Résolvez-vous donc, ma maîtresse, de n'avoir qu'un serviteur... Rien qui soit au monde vous puisse servir avec tant d'amour que moi. Nul ne peut aussi bien égaler ma fidélité *[sic]*... Quelle folie me ferait commettre la jalousie ! Prenez-vous en donc à vous. Jamais maîtresse ne m'en avait donné... *Feuillemorte* [Bellegarde était roux] s'est bien fait connaître... »

Mais après ces reproches, il conclut, incorrigible : « J'ai telle envie de vous voir que je voudrais, pour l'abréviation de quatre ans de mon âge, le pouvoir faire aussitôt que cette lettre que je finis par vous baiser un million de fois les mains... »

La présence de Bellegarde dans l'ombre de la maîtresse du roi est connue. La cour se gausse, les Parisiens fredonnent :

Aux belles gardes, les beaux fourreaux !

Les amours de Gabrielle et de *Feuillemorte* devenaient trop tapageuses pour durer. Une nuit, à Fontainebleau, le capitaine de Praslin, qui n'aime guère Gabrielle — il n'était d'ailleurs pas le seul ! —, après avoir réveillé le roi, lui propose de lui montrer Mme de Liancourt roucoulant fort joyeusement avec son amant dans le lit même de la favorite. Henri, furibond, se lève, ne fait qu'un saut hors de la pièce, et s'élance en chemise vers la chambre de Gabrielle. Mais soudain, il se maîtrise, s'arrête en soupirant :

— Non, cela la fâcherait...

La mine piteuse, il regagne sa chambre, rongeant son frein, et ordonne à Praslin d'aller massacrer M. le Grand Écuyer. Le capitaine appelle ses gardes, mais il les fait se rassembler avec tant de mollesse et de bruit... que le tapage alerte les deux amants. Aussi Bellegarde a-t-il tout le temps de s'éclipser. Cette fois, Henri notifie à M. le Grand son renvoi — provisoire —

de la cour et exige qu'il se marie. Il épousera Anne de Bueil — Mlle de Guise qui l'aimait tant en eut bien du chagrin. C'est ainsi que s'achevèrent les amours de M. le Grand et de celle qu'il nommait sa « chère Billy ».

***

Débarrassé de Bellegarde, Henri est enfin heureux ! Pierre de l'Estoile remarque son air guilleret, lors du baptême du fils de Mme de Sourdis, à Saint-Germain-l'Auxerrois : « Le roi, écrit-il, fut le compère avec Mme de Liancourt, vêtue d'une robe de satin noir tant chargée de perles et de pierreries qu'elle ne pouvait se soutenir. Le roi, vêtu de gris, ne cessa de rire avec elle et la caresser tantôt d'une façon tantôt de l'autre... »

La sentence d'annulation du mariage des époux Liancourt est rendue publique le 24 décembre 1594. Henri, qui a gagné Amiens pour hâter la décision, annonce à Gabrielle, bientôt marquise de Montceaux, qu'il amènera au château de Picquigny où elle s'est installée, « une assez bonne bande de violons » pour la distraire. Quant à lui, il promet à sa maîtresse de la chérir « extrêmement... après le concert ».

Ils passent tous les deux les fêtes de Noël à Senlis. Puis, par un froid glacial, le mardi 27 décembre, Gabrielle, qui a précédé le roi à Paris, l'attend dans son hôtel du Bouchage, rue du Coq, élevé en 1582 (1). Un grand tumulte se fait entendre devant la demeure. C'est Henri qui a mis pied à terre et, encore tout botté, suivi d'une cohorte de gentilshommes, monte les degrés et se dirige rapidement vers la chambre de sa maîtresse. Dans la rue, un jeune homme, vêtu de noir, a demandé :

— Lequel est le roi ?

(1) Il se trouvait à l'emplacement des 145-147 de notre rue Saint-Honoré.

— Celui qui a les gants fourrés, lui a-t-on répondu.

Il n'y a aucun service d'ordre et l'inconnu pénètre dans l'hôtel à la suite du roi et de ses compagnons. Tous arrivent dans la chambre de la favorite. Une bonne trentaine de personnes se presse dans la pièce — même Mathurine, l'ancienne folle du roi Henri III, vieil héritage des Valois, et dont les bouffonneries agacent Henri plus qu'elles ne l'amusent. L'ancien ligueur, M. de Montigny, qui a combattu à Coutras contre les troupes du Béarnais, salue profondément le roi et veut s'agenouiller devant lui. Mais Henri se penche bien vite pour le relever. On entend alors « comme un bruit de soufflet sur une joue ».

— Au diable soit la folle ! s'écrie Henri fort en colère.

Ce n'est pas un soufflet que le roi a reçu, mais un coup de couteau. Le sang coule de sa bouche, la lèvre supérieure est percée et une dent a été brisée. Ce n'est pas non plus la folle qui a frappé, mais le jeune homme vêtu de noir. Le couteau se trouve encore à ses pieds. On se précipite sur lui. Il se laisse arrêter. Il essaye de nier un moment, mais bien vite, il avoue. Oui, c'est lui qui a voulu tuer le roi !

Henri est soigné. On fait un point de suture pour fermer la plaie. Le roi tranquillise Gabrielle et son entourage. La blessure n'est pas grave :

— Je ne m'en mettrai pas au lit de meilleure heure !

Un *Te Deum* est chanté en action de grâces dès le lendemain. L'illuminé — car c'en est un — est âgé de dix-neuf ans et se nomme Jean Châtel. Il est le fils d'un drapier de la Cité. En le fouillant, on trouve sur lui ce billet : « Seigneur, donnez-moi la force d'exécuter Henri de Bourbon. » Étrange personnage ! Ce jeune homme, honteux d'être homosexuel, honteux d'avoir éprouvé pour sa sœur des désirs incestueux, a voulu, affirme-t-il, pour se racheter, commettre « une bonne action » *(sic)* qui lui serait comptée un jour dans

Une gravure allemande nous montre, à demi-caché par le prince de Conti, Jean Chatel — et non Pier du Chastel — frappant de son couteau le roi à la lèvre. Pierre de l'Estoile note : « Ayant appris que Chatel était disciple des jésuites, le roi dit : " Fallait-il donc que les jésuites fussent convaincus par ma bouche ? " (B.N./J. da Cunha)

l'au-delà, et diminuer d'autant son temps de purgatoire…

Le raisonnement étonne :

— Où avez-vous appris cette théologie nouvelle ?

— Par la philosophie.

— Et où et par qui cette philosophie vous a-t-elle été enseignée ?

— Au collège des jésuites de Clermont, par le père Guéret, avec lequel j'ai été deux ans et demi. J'ai entendu dire en plusieurs lieux, et aussi chez des jésuites, qu'il était loisible de tuer le roi, que celui-ci était hors de l'Église.

Il s'est confessé au curé de Saint-André-des-Arts, Christophe Aubry, qui l'a également approuvé. Châtel, pour accomplir son « noir dessein », a alors acheté chez un coutelier parisien un couteau long d'un pied, tranchant des deux côtés, fort pointu, qu'il fit aiguiser et plaça entre ses chausses et sa chemise.

Henri, blessé, s'était exclamé en parlant de son agresseur :

— Laissez aller ce garçon...

Le Parlement réprouve cette indulgence. Aussi, deux jours plus tard, le jeudi 29 décembre 1594, usant d'une implacable rigueur, les magistrats condamnent-ils Châtel au supplice réservé aux régicides. « Le poing coupé, tenant en sa main droite le couteau homicide », le jeune homme est tenaillé, puis tiré à quatre chevaux. On brûle son corps et ses cendres sont jetées au vent. Son père et sa mère « sont menés à la porte Saint-Jacques, mis hors la ville ce même jour, et à eux enjoints de sortir incessamment hors du royaume, à peine de la vie ». La maison de Jean Châtel est entièrement rasée — et « il n'y resta que la place où elle avait été bâtie, laquelle fut pavée ».

Tous les prédicateurs redoutables, fauteurs de troubles, n'avaient pas été expulsés du royaume. Ce qui venait de se passer en était une preuve évidente. Il fallait frapper fort, et que le coup fût décisif. Le père Guéret est exécuté en place de Grève, car on a découvert dans le pupitre d'un meuble de sa bibliothèque un écrit glorifiant « l'acte héroïque et inspiré commis par Jacques Clément ». De nombreux jésuites sont bannis du collège de Clermont en tant que « corrupteurs de la jeunesse, perturbateurs du repos public, ennemis du roi et de l'État ». A pied, ou parqués dans trois charrettes, au nombre de trente-sept, ils prennent le chemin de l'exil. La veille, Guignard — le bien nommé — régent du collège des jésuites de Paris, chez qui on a trouvé « des écrits injurieux et diffamatoires contre l'honneur du feu roi », est étranglé et pendu place de Grève, après avoir refusé de crier « merci au roi, selon qu'il était porté par son arrêt ».

Agrippa d'Aubigné, en bon calviniste, prévient gravement le roi :

— Sire, vous n'avez encore renoncé à Dieu que des lèvres et il s'est contenté de les percer, mais si vous le renoncez un jour du cœur, alors il percera le cœur.

En écoutant cette phrase quelque peu emphatique, Gabrielle s'écrie à juste titre :

— Belles paroles, mais déplacées !

A l'annonce de l'attentat, Mme de Montpensier s'est évanouie, peut-être de regret que le coup « ait si mal porté », affirment les mauvaises langues.

L'exil des jésuites durera près de dix années. Henri les rappellera à la fin de 1603, estimant que leur enseignement manquait au royaume. Certains parlements mettront une apparente mauvaise volonté à enregistrer l'édit de grâce.

— Si la Sorbonne les a condamnés, explique le roi, cela a été sans les connaître ; et l'Université a eu raison de les regretter puisque, par leur absence, elle a été comme déserte.

Quelques robins étant encore sceptiques, Henri, avec superbe, d'une phrase, clôt les débats :

— Laissez-moi conduire cette affaire, j'en ai connu d'autres bien plus difficiles !

Henri donnera aux jésuites la propriété de La Flèche pour y créer leur noviciat, et la Compagnie de Jésus reprendra son rôle d'éducateur. Reconnaissants, les pères demanderont au roi qu'il veuille bien leur léguer son cœur. Henri IV, qui n'est pas rancunier, accepte. Et c'est pourquoi, en 1610, le cœur du roi « gros, serré et merveilleusement sain », selon le rapport d'autopsie, ce cœur percé par le couteau de Ravaillac, sera porté en grand équipage vers La Flèche, escorté par quatre cents cavaliers (1).

(1) Sous la Révolution, le 29 septembre 1793, à La Flèche, le représentant du peuple Thirion fit brûler sur un petit bûcher — et en présence des troupes de la garnison — le cœur d'Henri IV

***

Le 5 janvier 1595, il fait moins froid — le dégel commence. A midi, le roi suit la procession des chevaliers du Saint-Esprit. Pierre de l'Estoile, inestimable reporter toujours présent pour nous informer, voit passer le roi, tout vêtu de noir, écrit-il, « un petit emplâtre sur le mal — sa blessure à la lèvre supérieure — et l'air fort triste et mélancolique ». Ce qui ne lui ressemble guère !

— Ventre-saint-Gris ! répond Henri à quelqu'un qui s'étonne de son abattement, comment ne le serais-je pas en voyant un peuple si ingrat envers moi, qu'encore que j'ai fait et fasse encore tous les jours tout ce que je puis pour lui et pour le salut duquel je voudrais sacrifier mille vies !

Cependant les cris de joie qui jaillissent, l'enthousiasme débordant de la foule qui hurle *Vive le roi !* devraient le soutenir ! Un gentilhomme, qui se tient près du souverain, lui en fait la remarque :

— Sire, voyez comme tout votre peuple se réjouit de vous voir !

— C'est un peuple ! soupire Henri désabusé. Si mon plus grand ennemi était là où je suis, et qu'il le vît passer, il lui en ferait autant qu'à moi, et crierait encore plus haut qu'il ne fait !

A l'église des Augustins, « il solennise l'ordre des Chevaliers du Saint-Esprit et donne à l'offrande qua-

devenu « dur et noirâtre ». L'autodafé terminé, tandis que la foule se dispersait, un ancien chirurgien du collège de La Flèche — Charles Boucher — recueillit les cendres du bûcher.

Le relique fut placée dans un flacon de verre scellé de cire rouge. A l'occasion du quatrième centenaire de la naissance d'Henri IV, l'urne fut transportée, le 26 juin 1953, au château de Pau, et le président Vincent Auriol prononça devant elle un émouvant discours. Puis « l'urne des cendres » reprit sa place au Prytanée de La Flèche, sous la voûte de la chapelle Saint-Louis.

rante-deux écus pour autant d'années qu'il avait, et dix écus à chacun des vingt-huits chevaliers et dîna au réfectoire des Augustins ».

En sortant, Henri, surpris, se trouve en présence d'une foule de gens rassemblés qui l'attendaient.

— Désirez-vous qu'on les fît retirer ?

— Non, je suis bien aise de voir mon peuple, mais il me semble que je n'ai pas accoutumée d'en tant voir.

La semaine suivante, le 15 janvier 1595, le jeune duc de Guise, fils du Balafré, neveu du duc de Mayenne et de Mme de Montpensier, se soumet au roi — et commence par balbutier de vagues excuses.

— Mon cousin, l'interrompt Henri, vous n'êtes pas grand harangueur, pas plus que moi. Je sais ce que vous me voulez dire ; il n'y a qu'un mot en tout cela. Nous sommes sujets tous à faire des fautes de jeunesse. J'oublie tout, mais n'y retournons plus. Me reconnaissant pour ce que je suis, je vous servirai de père : il n'y a personne que je vois de meilleur cœur que vous !

Mais le soir, lors du ballet que donne la sœur du roi, le duc de Guise entre dans la pièce. Le visage fort mélancolique, le chapeau enfoncé sur le front, enveloppé dans un manteau noir, il refuse de danser. Comment aurait-il pu participer à cette fête et s'amuser alors que, dans ce Louvre, tout lui rappelait son père assassiné ?

Henri prend maintenant quelques loisirs. La chasse est sa distraction favorite. Autour de Paris les forêts sont superbes et giboyeuses. Entre deux hourvaris, le roi aime s'attabler dans quelque auberge. Il lui arrive d'évoquer avec gourmandise Croissy et ses cultures maraîchères qu'il appelle « le royaume du pot-au-feu ».

En date du vendredi 17 mars 1595, Pierre de l'Estoile a noté cette image : « Il fit grand tonnerre à Paris, avec éclairs et tempête, pendant laquelle le roi était à la campagne et chassait autour de Paris avec sa Gabrielle, côte à côte du roi qui lui tenait la main. Elle était à cheval, montée en homme, tout habillée de vert, et rentra à Paris avec lui, en cet équipage. »

Les divertissements n'ont qu'un temps, les affaires du royaume l'exigent...

⁂

Le territoire national est toujours enserré par les troupes espagnoles. Il faut le libérer. Appelées au secours de la Ligue, elles prétendent n'agir qu'en tant qu'alliées des Lorrains, non en qualité de belligérants armés contre la France. Cette situation ne peut se prolonger ! Le 17 janvier 1595, Henri fait « claironner à son de trompes et cris publics aux provinces des frontières du royaume » sa déclaration de guerre.

Philippe II, avec sa duplicité habituelle, joue l'étonné. Il n'en veut nullement aux catholiques de France, affirme-t-il. Il désire seulement « chasser et exterminer » celui qu'il continue d'appeler le prince de Béarn, chef des huguenots. Aussi ordonne-t-il à son armée espagnole des Flandres d'attaquer. Une fois de plus, la Picardie est envahie. En même temps, le connétable de Castille, don Fernando de Velasco, quitte le Milanais. A la tête de douze mille hommes, il fonce vers la Saône dont le cours forme alors la frontière de la France et de l'Empire. L'inévitable Mayenne le rejoindra en cours de route.

Biron se hâte d'occuper la Bourgogne, car le roi a ordonné d'attaquer « droit » où se trouve le connétable de Castille. Apprenant, le lundi 5 juin 1595, l'arrivée sur les rives de la Saône de don Fernando, Henri quitte Dijon et prend les devants. Précédant le gros de ses troupes — trois mille hommes — il galope avec seulement deux cents cavaliers et une centaine d'arquebusiers montés. Il veut atteindre au plus vite Fontaine-Française, bourg à « l'extrême frontière », où, lui affirme-t-on, trois régiments espagnols viennent de franchir la rivière. Mais, lorsque le roi arrive à Fontaine-Française avec sa poignée d'hommes, presque toute l'armée de Velasco, réunie aux maigres forces de Mayenne, se tient rangée en bataille devant lui.

Biron — il se trouve déjà sur le terrain — a été attaqué par cinq cents cavaliers. Il a fait ce qu'il a pu mais, blessé à la tête et au ventre, a dû reculer devant l'ennemi. En dépit de l'inégalité des forces, Henri veut se porter à son secours. Le duc de La Trémoille essaye de l'en empêcher. Il estime — l'expression est du temps — qu'il faudrait « n'y aller que d'une fesse » :

— C'est trop hasarder celui de la tête duquel dépend le salut de l'État.

La décision d'Henri est irrévocable. Le duc insiste. S'il peut se permettre de donner un conseil au roi... Mais Henri l'interrompt :

— Je n'ai pas besoin de conseil, mais d'assistance.

Sans hésiter, il met l'épée à la main :

— A moi, Messieurs, crie-t-il, faites comme vous m'allez voir faire !

Et ce fut le combat !

Une mêlée d'un contre cinq, digne des chansons de geste d'autrefois. Les deux premiers escadrons espagnols sont assaillis, forcés et défaits. Biron est dégagé. « Nous avons fait rage », racontera le roi à d'Harambure. Devant une telle furie, la cavalerie ennemie se disperse en désordre, cherche refuge derrière la piétaille hérissée de piques et appelle à son aide les escadrons espagnols de réserve.

Le combat reprend, mais les hommes et les chevaux du roi sont épuisés, Biron est couvert de sang, de sueur et de poussière. Mayenne veut attaquer. Le connétable de Castille est d'un autre avis : le combat lui paraît trop risqué !... D'autant plus que bientôt huit cents combattants français, et même des paysans accourus des environs armés de leurs piques, se joignent au combat. Le connétable s'imagine qu'il s'agit de l'avant-garde d'une forte armée française. En dépit de l'obstination du duc de Mayenne, il préfère arrêter le combat et retraverser la Saône. Bientôt, il quittera la Bourgogne — à la grande fureur du Lorrain.

Henri, le lendemain même de la bataille, rend compte fièrement à Duplessis-Mornay : « Je ne veux pas d'une mouche faire un éléphant, mais deux cents chevaux ont empêché une armée de dix mille hommes d'entrer dans mon royaume et mis en déroute deux mille chevaux qui étaient à la tête de cette armée, et qui ont laissé sur la place cent vingt morts et autant de prisonniers... Nous n'avons eu, nous, que bien peu de pertes, et pourtant fûmes si surpris que n'avions que nos cuirasses, n'ayant pas eu le loisir de nous armer davantage... »

Duplessis-Mornay répond : « Sire, vos serviteurs tremblent encore quand ils lisent ce qui s'est passé à Fontaine-Française ; car il est au-dessus de toute force humaine, et de la mémoire des siècles précédents. Le nom de lieu semble désirer que les Espagnols y fussent battus. »

Mayenne, ulcéré devant ce qu'il appelle la couardise du connétable de Castille, commence à réfléchir...

⁂

Par la bouche de ses envoyés, Arnauld d'Ossat et Du Perron, Henri fait habilement savoir à Rome qu'il s'abstiendra de recevoir la sainte communion tant qu'il n'aura pas obtenu l'absolution papale. L'argument, développé par les deux prélats, a du poids. Que se passerait-il si le malheureux roi de France, toujours entouré d'assassins, mourait en état de péché mortel par la faute de Clément VIII ? Le 10 mai 1595, les représentants d'Henri se font de plus en plus pressants, ils supplient le souverain pontife « d'octroyer sa sainte bénédiction et souveraine absolution » à leur roi. Le 30 août, le consistoire se réunit et conseille au pape d'accorder son pardon.

Le pape, après avoir suivi pieds nus une procession pour implorer « la lumière divine », accepte ce même jour de donner à Henri l'absolution demandée. Non sans mérite : Clément VIII, ainsi que l'a fort bien démontré Jean-Pierre Babelon, est « terrifié par l'impétueuse personnalité du Béarnais, cet homme qui vit à cheval sur deux religions sans pratiquer aucune morale, cet enfant terrible qui enfreint toutes les règles et se croit tout permis »...

Le dimanche 17 septembre 1595, la cérémonie se déroule place Saint-Pierre en présence de la Curie et du corps diplomatique. Le roi de France ne pouvant se rendre lui-même à Rome, les deux chefs de sa délégation, l'abbé Arnauld d'Ossat et l'évêque Jacques Davy Du Perron, le remplacent. Ce sont eux, après avoir abjuré l'hérésie, qui s'humilient, se prosternent aux pieds du Saint Père et reçoivent sur les épaules, à chaque verset du *Miserere*, un coup de la baguette du pénitencier. En échange, Henri promet par la bouche de ses mandataires de rétablir le culte catholique en Béarn — promesse impossible à tenir d'ailleurs ! Embarrassant aussi, ce commandement de Dieu condamnant l'œuvre de chair en dehors du mariage !... Il n'en jure pas moins de le respecter. En revanche — et cela, il y consent sans réticence — le roi donne sa parole de communier quatre fois l'an et d'assister chaque jour à la messe. Tout heureux de sa journée, Clément VIII, ayant accordé son absolution au roi, le soir venu, chante un glorieux *Te Deum* et fait tirer un feu d'artifice.

Le pape a commandé une magnifique et lourde épée — un *palasch*, ancêtre du sabre — entièrement niellée d'argent fleurdelysé, cadeau destiné à Henri IV. La lame, de près d'un mètre, est d'une étonnante souplesse. Sur la garde sont gravées les armes de France et de Navarre. Cependant, Clément VIII n'offrira pas son présent au roi avant quelques années. Le Souverain Pontife doute peut-être de la sincérité de son royal pénitent... Sans doute, est-ce cette arme bénite par le pape qu'en 1608 l'Espagnol Don Pedro de Tolède,

Don Pedro de Tolède baisant l'épée d'Henri IV. La scène s'est déroulée dans la salle des Cariatides, au rez-de-chaussée du Louvre. Henri IV demanda un jour à ce même don Pedro, envoyé du roi Rodolphe II, si ce prince avait des maîtresses. L'ambassadeur répondit sèchement que, si son maître en avait, personne n'en savait rien. « Je vois bien, répondit le roi, qu'il y a des princes qui n'ont pas assez de vertu pour n'être pas obligés de cacher leurs défauts. » (Musées nationaux)

rencontrant un page portant l'épée du roi, « voulut toucher, contempler et tourner de tous côtés ». Il y posa ses lèvres et s'écria, extasié :

— Oh ! que je suis heureux d'avoir vu et tenu aujourd'hui cette brave épée et du plus grand roi de la terre, le meilleur, le plus vaillant et le plus magnanime !

L'épée que le pape Clément VII offrit à Henri IV. Longue de 1,22 m, elle fut vendue salle Drouot au mois d'octobre 1985 et atteignit la somme de 420 000 francs. (D.R.)

Chapitre XII

La tolérance

Cambrai est attaqué par les Espagnols. Henri décide de se porter à son secours et quitte le blocus de La Fère. Il n'est, hélas, pas assez riche pour payer ses troupes. Il accourt à Paris, mais le Parlement fait grise mine lorsque le roi lui demande quelques subsides. Cette fois, Henri se fâche :

— Je suis venu au pas et retourne au galop. Il ne me faut rien que de l'argent. Ce n'est point pour faire des masques et des ballets, c'est pour chasser les ennemis en notre pays.

L'argent arrive trop tard et, le 3 octobre 1595, Cambrai, cerné par l'ennemi, se trouve dans l'obligation d'ouvrir ses portes aux Espagnols. Démoralisé, Henri s'est arrêté à Amiens, harassé par la double chevauchée qu'il vient de faire. Les magistrats municipaux se répandent en louanges :

— Roi tant bénin, tant grand et tant clément...

◂ *Une statue d'Henri IV « symbole de la Tolérance et de la Réconciliation » a été érigée à Rome en 1608, sous le portail de la basilique Saint-Jean-de-Latran. Elle était due au sculpteur Nicolas Cordier. La réplique ci-contre fut placée devant l'hôtel de ville de Charenton, au cœur de ce gros village où les protestants de Paris pouvaient se réunir dans un temple élevé à leur intention.* (J. da Cunha/L.A.P.)

— Dites aussi : et tant las, interrompt Henri ; j'écouterai le reste une autre fois !

Peu de temps auparavant, on avait voulu le complimenter à l'heure de son dîner.

— Sire, Agésilas, roi de Lacédémone..., commença le magistrat municipal.

Le roi, pressentant que le discours allait être interminable, intervint :

— Ventre-saint-Gris ! J'ai bien ouï parler de cet Agésilas-là, mais il avait dîné, et moi je n'ai pas dîné !

Pierre de l'Estoile raconte également qu'un fâcheux, mettant un genou en terre pour haranguer le roi, se blessa sur une pierre pointue. Il eut ce cri du cœur : « Foutre ! ». Henri le releva en lui disant :

— Bon ! Voilà la meilleure chose que vous puissiez dire. N'y ajoutez rien, vous gâteriez le reste !

Un jour qu'il écoutait les doléances de villageois trop volubiles, un âne se mit à braire.

— Messieurs, demanda le roi, parlez chacun votre tour, s'il vous plaît, je n'entends pas !

***

Henri se repose quelques jours à Folembray, en forêt de Coucy, dans le charmant rendez-vous de chasse de François Ier. Il écrit à Gabrielle d'Estrées qui lui a envoyé son portrait, un portrait guère ressemblant, paraît-il : « Je vous écris, mes chères amours, au pied de votre peinture, que j'adore seulement pour ce qu'elle est faite pour vous, non qu'elle vous ressemble. J'en puis être juge compétent, vous ayant peinte en toute perfection dans mon âme, dans mon cœur et dans mes yeux. »

Bientôt le modèle vient rejoindre son amant avec le petit César. Catherine arrive à son tour, accompagnée de Corisande qui désire recommander au roi son fils Antoine. C'était à prévoir. Gabrielle tient à faire sentir

Revenant de la chasse, Henri IV caracole devant une dame qui serait, d'après certains, Gabrielle d'Estrées. D'autres affirment que le peintre Taunay (1755-1830) a voulu représenter le roi demandant à la dame au balcon (qui serait dans ce cas Henriette d'Entragues) : « Enseignez-moi, belle dame, par où l'on peut entrer dans ce château ? — Seigneur, répond-elle, par la porte de l'église. » (Vincent Dubourg/ Société des Amis du château de Pau)

à l'ancienne maîtresse de son amant la place prépondérante qu'elle occupe dans le cœur du roi. Corisande est donc obligée, à la demande d'Henri IV, de s'incliner en de profondes révérences devant Mme de Liancourt. Dans le désir de plaire à Gabrielle, beaucoup plus que dans l'intention d'humilier Corisande, le roi redouble d'attentions, fait étalage de « caresses et mignardises » et se comporte d'une manière plutôt lâche et ridicule pour un homme de son envergure.

L'influence de Gabrielle devient de plus en plus considérable. Le président Jeannin ne s'y trompe pas et lui demande d'aider Mayenne, dont il est le conseiller, à rentrer en grâce auprès du roi. D'ailleurs, depuis Fontaine-Française, les agents du roi et ceux du chef de la Ligue préparaient la grande réconciliation : « Je ne veux plus penser qu'à être fidèle et à servir le roi comme un obéissant sujet », a déjà écrit, le 28 octobre, le frère du Balafré. En échange de l'amnistie royale, il obtient des conditions extravagantes : le gouvernement de l'Ile-de-France pour son fils, des places de sûreté pour lui et la remise de la somme énorme de 3 580 000 livres, en compensation du gouvernement de la Bourgogne qu'il accepte d'abandonner.

Les retrouvailles ont lieu le mercredi 31 janvier 1596, au château de Montceaux, demeure de Gabrielle. La scène pittoresque se déroule au lendemain de la signature du « traité de Folembray » qui met fin aux hostilités avec le Lorrain. Il faut le secours de trois écuyers pour soutenir l'énorme Mayenne, tandis qu'il s'écroule devant le roi pour effectuer les trois révérences exigées par l'étiquette. Il embrasse les genoux d'Henri, qui sourit, condescendant :

— Mon cousin, est-ce vous ou si c'est un songe que je vois ?

Toujours avec le concours des écuyers, le roi relève Mayenne puis — la scène est célèbre — il l'entraîne à grands pas. C'est là, on le sait, une habitude chère au Béarnais : traiter ses affaires en arpentant les allées d'un jardin ou les galeries d'un palais. Le malheureux obèse, haletant, essoufflé au-delà du possible, suant en dépit d'un temps frisquet, essaye de suivre en boitillant — il est au surplus handicapé par une sciatique — mais, pantelant, soupire à fendre l'âme. Enfin, Henri s'arrête, goguenard :

— Dites le vrai, mon cousin, je vais un peu trop vite pour vous, et vous ai par trop travaillé ?

— Je crois que vous m'eussiez tué sans y penser, gémit le duc.

— Allez, touchez-là, mon cousin, achève Henri en riant, car par Dieu, voilà tout le mal et déplaisir que vous recevrez jamais de moi.

On devine avec quelle joie Mayenne accueille le flacon de vin d'Arbois que, tout avenante, lui apporte Gabrielle.

— La satisfaction que l'on tire de la vengeance, conclut Henri, ne dure qu'un moment ; mais celle que donne la clémence est éternelle.

La miséricorde d'Henri est étonnante ! Comment peut-il oublier les injures et les atrocités commises par Mayenne et ses lieutenants ? Quand on pense que, depuis 1594, les états de Bourgogne, reflétant le désir de toute la province, suppliaient Mayenne de faire la paix avec le roi ! A ce vœu, le frère du Balafré avait répondu par des arrestations et des exécutions. Il avait même mis au point d'affreuses fourberies, telle la machination montée à Beaune. Pour mieux berner ses habitants, qui voulaient livrer leur ville à Henri IV, un officier de Mayenne — le farouche Montmoyen — avait communié avec eux et juré sur une hostie de les seconder dans leur entreprise. Et les habitants, sans méfiance, lui avaient livré leur plan... Mais sur ordre de Montmoyen, émule de Machiavel, le curé s'était bien gardé de consacrer l'hostie. Le Lorrain fit ensuite arrêter les fidèles du roi et la ville fut mise à sac. L'implacable Mayenne acheva sa sale besogne en démolissant deux mille maisons du faubourg afin de couper

« toutes les communications des habitants avec les royaux du dehors ».

Beaune et la plupart des villes bourguignonnes retrouvent le calme et la paix en se livrant aux troupes royales. Mais que de tragédies, de part et d'autre ! Auguste Poirson nous rapporte que « Biron permettait tous les excès à ses troupes pour gagner leur affection. L'un de ses soldats avait mis les deux yeux d'un paysan à la rançon de 40 écus, et comme le paysan ne pouvait en fournir que 20, il lui arracha un œil. Le malheureux vint trouver le roi au sortir de la messe, portant son œil dans sa main et demandant justice. Henri lui donna de l'argent, ordonna à ses gardes de le protéger, et enjoignit à Biron de punir de mort son bourreau »... qui avait pourtant obéi à ses ordres.

Les victoires d'Henri sur la Ligue et sur l'Espagne ont mis un peu de baume dans le cœur de la reine Elisabeth d'Angleterre, ulcérée en apprenant le retour du roi dans le giron de l'Église romaine. Lorsque Henri demande à la reine de l'aider à reconquérir la citadelle de Calais occupée par les Espagnols, la reine vierge accepte à condition qu'une fois reconquise la forteresse revienne à l'Angleterre. Henri est éberlué par cette exigence :

— Si je dois être dépouillé, je préfère l'être par un ennemi et à la pointe de l'épée, plutôt que de la main d'un ami. Si je dois être mordu, je préfère l'être par un lion que par une lionne !

Le 27 mai 1596, le roi est à Péronne. Il écrit à Gabrielle : « Aimez toujours votre cher sujet, qui jusques au tombeau n'adorera que vous. Sur cette vérité, je finis vous baisant aussi tendrement qu'hier au matin un million de fois. »

Henri s'est montré trop prodigue envers les chefs de la Ligue et leurs alliés. Les caisses sont désespérément vides. Il a besoin d'argent pour combler le déficit, d'autant plus qu'il a été grugé par son intendant des finances, le marquis d'O, et sa bande de fonctionnaires qui « ont mangé le cochon ensemble ». Ils ont retenu au passage plus de 1 500 000 écus, somme suffisante pour chasser l'Espagnol de France ! C'est alors qu'Henri demande à Rosny, qui administre son propre bien avec tant d'adresse, d'entrer au conseil des finances :

— J'ai jeté les yeux sur vous pour me servir en cette charge, ne doutant nullement que, si vous me voulez donner votre foi et votre personne de me servir loyalement, d'être aussi bien ménagé de mon bien à mon profit que je vous ai toujours vu être du vôtre... Je ne doute pas qu'observant toutes ces choses, je ne reçoive contentement et utilité de votre administration.

Rosny refuse : il veut avoir la responsabilité pleine et entière du département des Finances.

— Eh quoi, monsieur ! s'exclame le roi, prétendez-vous que je donnasse des batailles à tous mes serviteurs pour vous établir seul en leur place ?

Gabrielle, qui apprécie le futur duc de Sully — elle changera bientôt d'avis... —, se met de la partie, et conseille :

— Il faut donner à Rosny ce qu'il demande.

Henri s'incline et, au mois d'octobre 1596, le vieux compagnon du roi entre au conseil des finances, où il ne va pas tarder à jouer un rôle prépondérant.

Premier miracle, le futur Sully fait un appel de fonds auprès des fermiers généraux et parvient à amener à son maître dix-sept charrettes chargées de 500 000 écus d'or provenant des coffres de fonctionnaires enrichis par les taxes perçues au nom du roi... et dont ils ont retenu au passage de copieux bénéfices.

Sur les conseils de son nouveau ministre, Henri décide de rassembler à Rouen une assemblée des notables, la première depuis son accession au trône. Après une nuit passée à Gaillon, il arrive le 16 octobre à Rouen, où, vêtu de blanc soutaché de gris, le panache au chapeau, il fait une entrée majestueuse dans la grande

Maximilien de Béthune, baron de Rosny, qui sera plus tard duc de Sully. Un jour qu'il adressait avec fermeté au roi quelques reproches, Henri s'exclama : « Voilà un homme que je ne saurai plus souffrir : il ne fait jamais que me contredire et trouver mauvais tout ce que je veux... » Mais, le lendemain, il avouait à son ministre : « Dès lors que vous ne me contredirez plus dans les choses que je sais bien qui ne sont pas de votre goût, je croirai que vous ne m'aimez plus. »
(B.N./L.A.P.)

salle de l'abbaye de Saint-Ouen. Non sans émotion, il déclare aux notables :

— Messieurs, mon désir me pousse à deux plus glorieux titres qui sont de m'appeler Libérateur et Restaurateur de cet État. Pour y parvenir, je vous ai assemblés. Vous savez à vos dépens, comme moi aux miens, que lorsque Dieu m'a appelé à cette couronne, j'ai trouvé non seulement la France quasi ruinée, mais presque toute perdue pour les Français. Par la grâce de Dieu, par les prières et les bons conseils de mes serviteurs, qui ne font pas profession des armes, et par l'épée de ma brave et généreuse noblesse, ainsi que, foi de gentilhomme, par mes propres peines et labeurs, je l'ai sauvée de la perte. Sauvons-la à cette heure de la ruine ! Je ne vous ai point appelés, comme le faisaient mes prédécesseurs, pour vous faire approuver leur volonté, je vous ai assemblés pour recevoir vos conseils, pour les croire, pour les suivre, bref, pour me mettre en tutelle entre vos mains, envie qui ne prend guère aux rois, aux barbes grises et aux victorieux.

Voici un langage nouveau, qui rapproche le roi du cœur de ses sujets et fait de lui un grand monarque. Il se veut à la fois humain, ferme et souriant. Gabrielle, qui, dissimulée derrière une draperie, a assisté à la séance, s'étonne. Ainsi, son amant accepte d'être mis en tutelle et d'aliéner ses pouvoirs ?

— Il est vrai, lui répond Henri en riant, mais ventre-saint-Gris, je l'entends l'épée au côté !

L'Assemblée, touchée par les paroles royales, vote une taxe d'un sol par livre sur toutes les marchandises vendues dans le royaume. C'est l'impôt à la consommation, ancêtre de notre T.V.A. Bien plus, les officiers de justice et de finances acceptent de ne pas percevoir leurs gages pendant une année. Ils se sont livrés à tant de concussions qu'ils peuvent bien faire cet effort ! Mais ne changeront-ils pas d'avis ? Un jour le président du parlement de Rouen s'apprête à haranguer le roi, mais la timidité le rend muet.

— Il n'y a rien là d'extraordinaire, remarque Henri en souriant, les Normands sont sujets à manquer de parole...

***

Gabrielle, heureuse d'être parvenue à ses fins, ne cache pas sa satisfaction. Elle a été reçue à Rouen en véritable souveraine et saluée comme telle par les magistrats. C'est au palais abbatial qu'elle met au monde, le 11 novembre 1596, un second enfant, une petite fille, dont la naissance est célébrée en grande pompe. Le mercredi 27 novembre, le nouveau-né est porté à la cathédrale par le prince de Conti, cousin du roi. Sa robe de baptême est en toile d'argent semée d'hermine. On l'appelle Henriette pour bien prouver à tous qu'elle est la fille du Béarnais. Catherine sera son second prénom, puisque sa marraine est la sœur du roi. Celle-ci, de fort méchante humeur, a dû s'incliner devant la demande de son frère. Une infante de Navarre marraine d'un petit bâtard ! C'est la duchesse de Guise qui la remplace et tiendra l'enfant sur les fonts baptismaux. Le cortège se déroule au son des tambours, des trompettes et des timbales. Mlle de Guise porte la traîne de la robe de baptême du nouveau-né, longue de six aunes — plus de sept mètres !

Henri est véritablement bouleversé par cette nouvelle naissance. Le visage irradié de bonheur, il visite tous les jours la petite Henriette et la regarde s'endormir avec attendrissement. Il lui arrive, dit-on, de chauffer lui-même les langes... et il pense déjà à son avenir : « On m'a parlé d'un mari de fort bonne maison, et fort riche... mais je me suis juré qu'elle serait dame de Montmorency et de Chantilly », écrit-il au connétable. C'est ainsi qu'il marie sa fille au fils de son vieux compagnon.

Les notables ont été si généreux qu'Henri peut offrir 50 000 livres à sa maîtresse pour ses étrennes de l'an

1597. Il s'apprêterait aussi, de plus en plus amoureux et heureux, à épouser Gabrielle. Il met dans la confidence son ami Nicolas Harlay de Sancy, qui est loin d'approuver cette décision : « Je lui démontrai tout ce que je pus pour l'en dissuader, tant par exemples que par raisons, rapporte-t-il. Il ne s'offensa point de ce que je lui dis, mais il rapporta tout à sa maîtresse qui jura ma ruine. »

Après cinq mois de séjour rouennais, la cour regagne Paris. Étendue dans sa litière, bercée par le trot de ses mules, Gabrielle est une femme satisfaite, comblée par son royal amant. Il vient de lui donner un nouveau témoignage de son amour en adressant cette lettre à Gaspard de Schomberg, comte de Nanteuil : « J'ai su que vous alliez vendre votre maison de Paris et pour ce qu'étant proche du Louvre comme elle est, elle serait fort propre à ma maîtresse, qui en cherche une à acheter, j'ai pensé que vous seriez aussi aise de la lui vendre qu'à un autre... C'est pourquoi je vous prie de me mander si vous êtes dans cette volonté et combien vous la voulez vendre au dernier mot. » L'hôtel, situé rue Fromenteau, est séparé du Vieux Louvre par la cour des cuisines, mais présente l'avantage de communiquer avec le palais par un passage privé.

Les voici rentrés à Paris, cette dangereuse capitale encombrée de mendiants aux faces patibulaires et de malheureux estropiés, sans parler des brigands, détrousseurs de bourses et autres gens de sac et de corde : « Chose étrange, nous dit Pierre de l'Estoile, que dans la ville de Paris se commettent avec impunité des voleries et brigandages, tout ainsi que dans une pleine forêt... » On a beau couper les oreilles et marquer au fer rouge les voleurs, rien n'y fait ! Seul l'affreux supplice de la roue, datant de François Ier, met fin à la carrière des gibiers de potence.

Ces rues mal famées ne rebutent pas Henri IV et Gabrielle qui flânent dans la capitale. Selon l'usage, ils

A droite la façade méridionale du Louvre de Lescot, et, au premier plan, quelques maisons bordant la rue d'Autriche dont l'entrée a été condamnée. Au centre, la Petite Galerie. Le premier étage porte les chiffres d'Henri IV et de Marie de Médicis. A gauche, la tour de Bois et sa tourelle contenant un escalier à vis. Enfin, au fond, la Porte Neuve, datant de 1537, par laquelle Henri III quitta Paris et Henri IV pénétra dans sa capitale. (Hachette).

sont tous deux masqués. A la foire Saint-Germain, le roi marchande : « Ce qu'on lui faisait 20 écus, il en offrait 6. » Le vendredi 13 février 1597, sur le point d'acheter une bague de 800 écus, il hésite... et se contente d'acquérir un drageoir orné des signes du zodiaque pour le petit César. Pendant le carnaval du mois de mars, il retourne à la foire où il fait l'acquisition d'un anneau d'or pour Gabrielle. En entrant dans les boutiques, ils se démasquent et la jeune femme embrasse Henri avec tendresse. Lors d'une collation offerte à l'Hôtel de Ville, la duchesse de Guise, avec de grandes révérences, présente les plats à la marquise qui, « d'une main prend ce qu'elle trouve le plus à son goût, et baille son autre main à baiser au roi ». Les deux amants sont observés, épiés dans leurs moindres gestes — Gabrielle surtout est le point de mire de toute la cour. Le temps est bien passé où la favorite se moquait de son amant.

Ils poursuivent leurs courses dans Paris. En dépit de la misère d'une grande partie de la population, les rues offrent un spectacle coloré et pittoresque, qui les attire. A leur passage, nous dit encore Pierre de l'Estoile, « le roi et sa bonne compagnie étaient accueillis par des ballets, pantomimes, mascarades et musiques de toutes sortes, propres à inciter aux plaisirs ».

Henri ne dédaigne pas non plus les plaisirs de la table :

— Si j'aime la table et la bonne chère, explique-t-il, c'est pour m'égayer l'esprit.

Il affectionne la garbure — soupe pyrénéenne aux choux et aux cuisses d'oie — accompagnée de pain de seigle. Il aime les melons jusqu'à s'en rendre malade. Néanmoins, il l'affirme :

— Ils ne me font jamais de mal quand ils sont fort bons et que je les mange avec grande faim, et avant la viande comme l'ordonnent les médecins.

Ses goûts simples ne l'empêchent pas d'apprécier des mets plus élaborés, comme l'esturgeon « déguisé en viande de veau », à la façon de l'époque, les huîtres servies pochées et chaudes, les pâtés de héron, le jambon de Bayonne salé au sel de la fontaine de Saliès, les pâtés de foie de canard, les perdrix rouges et, surtout, les oies de Béarn confites dans leur graisse. Il ordonne à son gouverneur en Périgord de lui en faire parvenir « les plus grandes que vous pourrez recouvrer, recommande-t-il, de sorte qu'elles fassent honneur au pays ». Son vin préféré est, bien sûr, le jurançon que, par crainte du poison, un gentilhomme doit goûter après avoir soulevé le couvercle du gobelet royal. Un jour, par distraction, l'échanson vide le contenu entier du verre. Henri IV le regarde en riant :

— Au moins, mon compère, s'exclame-t-il, auriez-vous dû boire à ma santé !

La *viande du roi* arrive en procession des cuisines en empruntant le Grand Degré, et en traversant la salle des Gardes. Le roi, plus souvent qu'il ne le faisait autrefois, laisse passer quelques plats. Il demande un jour à son vieil ami Antoine de Roquelaure « pourquoi il avait si bon appétit quand il n'était que roi de Navarre, et qu'il n'avait quasi rien à manger, et pourquoi, à cette heure qu'il était roi de France, il ne trouvait rien à son goût » ?

— C'est, lui répondit Roquelaure, qu'alors vous étiez excommunié et qu'un excommunié mange comme un diable !

Et les deux hommes d'éclater de rire !

En ce mois de février 1597, Pierre de l'Estoile nous rapporte les nouveaux *Commandements du roi Henry :*

Hérétique point ne seras, de fait ni de consentement.
Tous tes péchés confesseras au Saint-Père dévotement.
Les églises honoreras, les restituant entièrement.
Les bénéfices ne donneras qu'aux gens d'Église seulement.
Ta bonne sœur convertiras par ton exemple doucement.
La femme d'autrui tu rendras, que tu retiens injustement.
Et la tienne tu reprendras si tu veux vivre saintement.

Justice à chacun feras, si tu veux vivre longuement,
Grâce ou pardon ne donneras contre la mort iniquement
En ce faisant te garderas du couteau de frère Clément.

Le 12 mars 1597, une nouvelle tragique vient interrompre un bal donné à la veille de la mi-Carême chez Catherine. Le gouverneur espagnol de Doullens — Tello Portocarrero — avait eu l'idée de déguiser quelques-uns de ses soldats en paysans, le panier de noix sous le bras, comme s'ils voulaient vendre leur récolte. De grands manteaux cachaient leurs armes. Ils étaient parvenus à attirer hors du rempart d'Amiens des enfants... puis, par la porte ainsi entrouverte, trois mille hommes s'étaient engouffrés dans la ville.

Le roi est atterré.

— C'est un coup du Ciel ! Ils se sont perdus !

On s'en souvient, les habitants d'Amiens avaient refusé d'être gardés par une garnison royale, préférant assurer leur défense eux-mêmes. Le soir, Rosny, appelé en grande urgence, trouve le roi « dans sa petite chambre au-delà de son cabinet aux oiseaux, revêtu de sa robe, coiffé de son bonnet et chaussé de ses bottines de nuit ». Il se promène à grands pas, tout pensif, la tête baissée, les deux mains jointes derrière le dos. A l'arrivée de Rosny, il soupire d'une voix plaintive :

— Ah ! mon ami, quel malheur, Amiens est pris !

Les courtisans, debout, « collés contre les murs », n'osent proférer une seule parole. Soudain, Henri prend une décision :

— C'est assez faire le roi de France, il est temps de faire le roi de Navarre !

Et, Gabrielle entrant dans la pièce, il poursuit :

— Ma maîtresse, il faut faire la guerre.

Une fois de plus, Henri manque d'argent ! Gabrielle, le voyant dépourvu, lui avance 4 000 écus afin qu'il puisse « fournir aux infinies dépenses pressées et inévitables qui se présentent journellement ». Bien entendu, il recommande à son trésorier, le sieur Pujet, de rembourser à la première occasion la marquise de Montceaux qui, au mois de juillet de cette même année, sera faite duchesse de Beaufort... Les Parisiens s'empresseront de la surnommer « la duchesse d'Ordure ».

Arrivé auprès de son armée, Henri comprend que l'aide précieuse de sa bien-aimée n'était, hélas ! qu'un palliatif. Il sollicite des secours, mais le Parlement demeure sourd à tous ses appels. Henri se fait suppliant, et essaye d'obtenir des magistrats une subvention destinée aux combattants qui, en Picardie, « servent nuit et jour pour le repos de l'État ». Le 15 avril 1597, il plaide sa propre cause avec chaleur : « J'ai été sur la frontière, j'ai fait ce que j'ai pu pour rassurer les peuples... J'ai encouragé ceux du plat pays, j'ai fait fortifier leurs clochers, et il faut que je vous dise, Messieurs, que, les ayant entendus crier à mon arrivée *Vive le roi !*, ils me mettaient autant de coups de poignard dans le sein, voyant que je serais contraint de les abandonner au premier jour. Si on me donne une armée, j'apporterai gaiement ma vie pour vous sauver et relever l'État. J'ai fait la paix au-dehors, je la veux faire en-dedans de ce royaume. »

Mais les robins sont toujours rétifs et, cinq semaines plus tard, le 21 mai, Henri est contraint d'aller en personne persuader le Parlement. Il le fait sans plaisir afin de fustiger l'entêtement et l'indocilité des magistrats. On lui accorde enfin des subsides, sous forme d'un emprunt volontaire qui frappe la gabelle d'une taxe de 15 sols supplémentaires par minot de sel (1).

Il faut sauver Amiens !

La *Remontrance aux gentilshommes casaniers de ce royaume* remporte plus de succès. La noblesse répond avec ardeur à cet appel vibrant du roi : « Considérez

(1) Soit un quart de setier, qui valait lui-même le quart d'un litre actuel.

que ce grand vaisseau de la France ne peut faire naufrage sans une horrible et lamentable désolation... Montez donc à cheval, mettez la cuirasse sur le dos, venez trouver votre roi ! »

En appelant à lui des renforts, il recommande aux chefs d'imposer une discipline rigoureuse à leurs hommes afin d'éviter la débandade et les « courses, désordres, et autres malversations ». La concentration des troupes doit se passer dans le calme sans s'exposer aux graves incidents toujours à craindre en pareil cas. Bientôt, ayant réuni trente mille hommes, Henri peut attaquer Amiens. Biron et Mayenne parviennent à repousser l'armée espagnole, forte de plus de vingt mille hommes et ayant à sa tête le cardinal Albert d'Autriche. Une artillerie de trente-deux pièces rassemblée par Rosny crache des torrents de boulets sur les fortifications de la ville. Toutefois, il ne faudra pas moins de six mois de siège pour venir à bout de la résistance espagnole. Le 19 septembre, la garnison, décimée par la maladie, se rend à Henri, mais Crillon est absent — et c'est la fameuse lettre que le roi adresse à son vieux compagnon :

« Brave Crillon, pends-toi de n'avoir pas été ici près de moi lundi dernier, c'est la plus belle occasion qui se soit jamais vue et qui, peut-être, se verra jamais... Le cardinal Albert d'Autriche s'en retourne, honteusement, sans battre tambours ni sonner trompettes. Ceux de cette ville ont capitulé et jeudi, Dieu aidant, nous entrerons dedans, et dès le lendemain nous en repartirons avec l'armée... »

En effet, le jeudi 25 septembre, le roi, monté sur un cheval superbement caparaçonné, se tient, sceptre à la main, devant les murailles de la cité. Le marquis de Portocarrero quitte Amiens, descend de son cheval et, chapeau bas, embrasse la botte du roi. Puis, commence le long défilé des Espagnols et de leurs compagnes picardes — près d'un millier... Chaque officier, en passant devant Henri, met à son tour pied à terre et imite Portocarrero en s'inclinant devant la botte royale.

Les *Te Deum* se succèdent. Les négociations commencent avec Philippe II. Rongé par le mal qui devait bientôt l'emporter, le fils de Charles Quint sent venir sa dernière heure et désire sincèrement arrêter les combats meurtriers. Henri, de son côté, voit d'un bon œil la cessation des hostilités. Son armée de volontaires, après la victoire, s'est amenuisée. Le 28 septembre 1597, il adresse ces lignes à sa sœur Catherine : « Il faut que le déplaisir talonne toujours les contentements. Vous pouvez penser quelle joie je devais avoir du succès d'Amiens, et quel regret j'ai dans l'âme de voir le cours de ma bonne fortune arrêté par un débandement général de mon armée qui, l'argent à la main, n'a su être empêchée tant la légèreté des Français est grande ! Et l'exemple pernicieux a été suivi... J'avais jeudi soir cinq mille gentilshommes, samedi à midi, je n'en avais pas cinq cents. »

Les palabres franco-espagnoles commencent, et Henri est heureux : il va pouvoir retrouver Gabrielle et, en attendant, fait de son petit César un pair de France.

Le 22 octobre 1597, il écrit à la nouvelle duchesse : « Mes chères amours, il faut dire vrai, nous nous aimons bien ; certes, pour femme, il n'en est point de pareille à vous, pour homme, nul ne m'égale à savoir bien aimer. Ma passion est toute telle que quand je commençais à vous aimer, mon désir de vous revoir est encore plus violent qu'alors. Bref, je vous chéris, adore et honore miraculeusement. Pour Dieu, que toute cette absence se passe comme elle a commencé, et bien avancé ! Car dans dix jours j'espère mettre fin à ce mien exil. Préparez-vous mon tout, de partir dimanche et lundi être à Compiègne. »

Après trois mois de chasse, le roi rentre au Louvre. Un soir de février, surgissant de la nuit, apparaît un cavalier sur un cheval fourbu. Il se nomme Pierre Pépin de La Planche et arrive de Saint-Malo. Les gardes veulent l'empêcher d'entrer, il les bouscule, parvient à passer et monte dans l'appartement royal. Il s'avance hardiment vers Henri, en criant, hors d'haleine :

— Sire, j'avons pris Dinan !

— Cela ne se peut ! s'exclame Biron.

Pépin lui décoche un regard méprisant, puis se tourne vers le roi :

— Vrai, il le sait mieux que moi qui y étais !

Et Pépin de La Planche donne toutes les précisions désirables au sujet du combat, qui a eu lieu le 13 février. Soudain, il s'interrompt :

— Est-ce ici la maison du Bon Dieu où l'on ne boit, ni ne mange ?

Henri sourit. Il fait servir un repas copieux au Malouin et propose à ce solide gaillard des lettres de noblesse.

— Nenni, Sire. Faites-moi seulement donner un cheval de votre écurie, le mien a crevé comme un porc.

***

Le 2 mai 1598, la paix est enfin signée à Vervins entre la France et l'Espagne. Les villes de Calais, Ardres, Doullens deviennent françaises, alors que Cambrai, qui avait été repris, est restitué à l'Espagne. Henri a traité sans se préoccuper de ses alliés anglais et hollandais, mais, ainsi que le roi l'a recommandé à son secrétaire d'État, Nicolas de Villeroy :

— Nous devons terminer honorablement ces négociations, mais si nous attendons les conseils de la reine d'Angleterre et des États de Hollande, nous aurons encore dix ans de guerre et ils n'auront jamais la paix.

En effet, quand les délégués anglais débarquent sur le sol français, le traité est conclu... Quant aux Hollandais, ils arriveront encore plus tard !

Henri n'a pas le temps de reprendre haleine que déjà il repart vers la Bretagne encore sous la griffe de la Ligue conduite par le duc de Mercœur, frère de Louise de Vaudémont, épouse d'Henri III — cette « reine blanche » qui termine sa vie nostalgique au château de Chenonceau. Mercœur ne tarde pas à suivre l'exemple de son cousin Mayenne (1), mais, évidemment, il tient à ce que l'opération lui profite. Dès la reddition d'Amiens il envoie des émissaires chargés de présenter une offre de mariage entre sa fille unique, qui a six ans, et César de Vendôme qui n'en a que quatre. Au même moment, Mercœur écrit à la duchesse. Se sent-il gêné, les ligueurs s'étant complu à dénigrer la favorite qu'ils appellent la « décriée bagasse » ? Toujours est-il que le style de sa lettre est très alambiqué. « Ayant appris ses bonnes grâces, écrit-il, [je] tâche de les mériter par quelques services qui ne pourront jamais être que bien éloignés de l'obligation et dépendront de l'honneur que me ferez d'être libérale de vos commandements. » La fin de la missive est plus claire : « Ne me restant de vous baiser les mains, en vous suppliant d'user de celui que vous avez loyalement acquis. »

Certes, la hache de guerre semble enterrée, mais Henri n'en décide pas moins de partir pour la Bretagne avec Gabrielle, à la tête d'une armée de quatorze mille hommes. A l'annonce de son arrivée, les villes encore occupées par la Ligue se soumettent, et Mercœur se rallie sans attendre. Accompagné d'une véritable escorte de chef d'État, il rejoint le roi en Anjou. Henri lui fait dire de ne pas se présenter dans un appareil princier pour venir à résipiscence — et c'est à peu près seul que Mercœur fait amende honorable... Une amende honorable qui lui rapporte plus de quatre millions de livres en échange de l'abandon de son gouvernement de Bretagne ! Une partie de cette

(1) Tous deux sont arrière-petits-fils de René, duc de Lorraine.

somme servira d'ailleurs de dot à sa fille Françoise, future duchesse de Vendôme.

Le fils d'Henri et de Gabrielle est bien pourvu : outre le duché de Vendôme donné par le roi à sa maîtresse, sa mère lui remet le duché de Beaufort et, l'on ne sait trop pourquoi, Margot lui offre le duché d'Etampes. Toujours exilée à Usson, l'épouse du roi, ennemie déclarée de Gabrielle, pour des raisons qu'on ignore, change d'attitude. Elle désire, dit-elle à la duchesse — on croit rêver ! —, « la tenir pour sa sœur ». Après le roi, « elle est celle qu'elle honore et estime le plus »... Étranges manœuvres ! Si Margot n'en tire aucun profit, le bénéficiaire en est le petit César qui reçoit ainsi trois duchés. Ce n'est pas négligeable, pour un bâtard âgé de quatre ans !

Après la paix civile, tous les efforts du roi tendent vers la paix religieuse, qu'il est absolument nécessaire d'établir. Puisque la Ligue est morte et que l'on s'apprête à construire une nouvelle France — celle des Bourbons —, on doit trouver une solution qui permette aux catholiques et aux protestants de vivre ensemble : une coexistence pacifique.

Henri et Gabrielle arrivent à Nantes, la dernière place tenue en main récemment encore par les ligueurs, qui vient de se rallier au roi. La duchesse est de nouveau enceinte et, le 19 avril 1598, à Nantes même, mettra au monde le petit Alexandre, dit plus tard le chevalier de Vendôme.

Six jours auparavant, le jour de sa joyeuse entrée, le roi a signé l'édit de Nantes, ce fameux et dernier édit de pacification par lequel, après la proclamation de l'amnistie, la liberté de conscience est accordée à perpétuité dans tout le royaume. Pour les catholiques, il ne peut y avoir qu'une seule foi et une seule Église, on donnera donc aux réformés, non des droits, mais des privilèges. Leur culte ne pourra être autorisé que dans une ville par bailliage. A Paris, les protestants devront célébrer

« leurs cérémonies dans leurs logis, à portes closes, sans psalmodier à haute voix, en évitant tout bruit, et tout scandale ». Leur temple sera aménagé à Charenton, à deux lieues de la ville. Mais, en revanche, les huguenots pourront briguer les charges publiques et seront admis, comme les catholiques, dans les hôpitaux, les écoles et les universités... en payant. Car les protestants devront acquitter la dîme au clergé, puisque religieux et religieuses soignent et enseignent. Pour la justice — encore un privilège — ils posséderont leur propre tribunal chargé uniquement des affaires de la « Religion prétendue Réformée ». L'édit leur accorde une centaine de places de sûreté dont la garnison et le gouverneur, choisis parmi les protestants, seront payés par l'État.

Il fallait s'y attendre, le pape Clément VIII est désespéré. Pour le Saint-Père, permettre « la liberté de conscience à tout chacun était la pire chose du monde ». Et de soupirer :

— Je suis le plus marri et désolé homme du monde par l'édit que le roi a fait en faveur des hérétiques, au préjudice de la religion.

Il est bon de préciser, pour essayer de comprendre les réactions des catholiques, que les protestants étaient une minorité d'un million deux cent cinquante mille âmes dispersées dans le royaume — et cela sur une population totale de seize à dix-huit millions de Français ! Il faut aussi rappeler qu'à l'époque l'Église catholique et l'État, à la tête duquel se trouvait le roi Très Chrétien, ne formaient qu'une seule individualité qu'on imaginait mal dissociée. Pour beaucoup, la présence des protestants dans le royaume était une insulte à la monarchie et un facteur de désordre.

Le Parlement de Paris, poussé par quelques prélats fanatiques, refuse d'enregistrer l'édit. Pour faire céder les conseillers, Henri doit se rendre au palais :

— Je couperai court à la racine de toutes les factions, lance-t-il avec véhémence, et quant aux prêcheurs de sédition, je les raccourcirai de la tête. Je suis passé par-dessus des murailles de villes, je puis tout aussi aisément franchir des barricades. Ne me jetez pas à la face la religion catholique. Je l'aime plus que vous ne l'aimez, et je suis plus catholique que vous. Je suis le fils aîné de l'Église. Ce que pas un de vous n'est, ni ne sera !

Un peu plus tard, les députés de Bordeaux, très circonspects eux aussi, seront convoqués à Paris. Henri les recevra au château de Saint-Germain et ils seront stupéfaits en découvrant le roi jouant au milieu de la galerie avec les deux petits Vendôme :

— Ne vous étonnez point, Messieurs, leur dit Henri, de me voir folâtrer avec mes enfants. Maintenant que j'ai fait le fou avec eux, je veux faire le sage avec vous.

Cette sagesse porte ses fruits et les Bordelais s'inclinent. De même cette délégation du clergé, venue présenter des « remontrances », à qui il répondra :

— Mes prédécesseurs vous faisaient entendre leur parole avec un grand déploiement de pompe. Moi, en dépit de mon pourpoint gris, je vous donnerai des faits. Je suis gris au-dehors, mais l'intérieur est tout or.

Henri possède sans aucun doute l'art des formules !

Il n'en faudra pas moins deux années avant que les cours provinciales acceptent d'enregistrer l'édit — et le roi écrira en ces termes aux députés de Toulouse : « J'aperçois bien que vous avez encore de l'Espagnol dans le ventre !... Je veux que ceux de la Religion vivent en paix en mon royaume et soient capables d'entrer aux charges, non pas parce qu'ils sont de la Religion, mais d'autant qu'ils sont fidèles serviteurs à moi et à la couronne de France. Je veux être obéi, que mon Édit soit publié et exécuté par tout mon royaume. Il est temps que nous tous, saouls de guerre, devenions sages à nos dépens. »

On comprend les réticences des parlements. Le roi eut-il tort de créer ainsi un État dans l'État, un État possédant ses troupes et ses places fortes ?

L'édit, « perpétuel et irrévocable », entre aussitôt en application. Les ex-belligérants devront restituer réciproquement leurs biens. Les églises occupées par les protestants seront rendues au clergé catholique... Dans certaines villes, devenues villes de sûreté protestantes, la restitution soulèvera des problèmes pittoresques. Les clochers, servant de tours de guet aux protestants, devenaient muets et ne pouvaient plus appeler les fidèles à la prière. En effet, les huguenots accepteront de rendre l'église aux catholiques résidant dans la ville, mais garderont pour eux les clochers fortifiés... et, du même fait, les cloches.

On le sait, la perpétuité se prolonge rarement en France et, en 1685, moins d'un siècle plus tard, Louis XIV, petit-fils d'Henri IV, révoquera l'édit signé par son grand-père. Une révocation que nous avons *célébrée* récemment, alors que cette décision préparée et prise par le Roi-Soleil fut abominable. Il faut relire la lettre adressée par Vauban à Louvois et dressant la liste des effets de cette révocation : « La désertion des quatre-vingts ou cent mille personnes de toutes conditions — il y en eut en vérité deux cent mille qui refusèrent de se convertir — sorties du royaume et qui ont emporté avec elles plus de 30 millions de livres de l'argent les plus comptants ; un coup terrible porté à nos arts et manufactures particulières, la plupart inconnus aux étrangers, qui attiraient en France un argent très considérable de toutes les contrées de l'Europe ; la ruine de la plus considérable partie du commerce ; neuf mille matelots, des meilleurs du royaume, et l'engagement dans leurs armées de cinq à six cents officiers et dix à douze mille soldats beaucoup plus aguerris que les leurs, comme ils ne l'ont que trop fait voir dans les occasions qui se sont présentées contre nous... »

Ainsi, d'un trait de plume, Louis XIV anéantira cet esprit de tolérance qu'avec une ténacité farouche Henri IV avait fini par imposer.

A son retour de Nantes, Henri s'arrêta à Rennes où un notaire traça du roi ce portrait : « C'est un fort agréable prince, et fort familier à tout le monde, et mêlé en toutes choses, sans grandes longueurs de discours, et adonné à toutes sortes d'exercices ; de moyenne taille, la barbe toute blanche, le poil blond commençant à griser, et l'œil plaisant et agréable. Il disait à tous quelques bons mots en passant, car il sait tout et connaît tout. »

(J. da Cunha/L.A.P.)

Henri IV en 1600. Francesco Vendramin, ambassadeur de Venise, écrivait : « Le roi est si chenu qu'à l'âge de quarante-huit ans seulement il a l'air d'en avoir soixante, signe des épreuves et des fatigues qu'il a subies. » (L.A.P.)

Chapitre XIII

« La corde a rompu »

Dieu y a pourvu...
Clément VIII

Le jeudi 21 mai 1598, Henri adresse à sa blonde Gabrielle ces vers qui, lui dit-il, « représenteront mieux ma condition et plus agréablement que ne le ferait la prose. Je les ai dictés, non arrangés » (1) :

Je n'ai pu dans la guerre
Qu'un royaume gagner,
Mais sur toute la terre
Vos yeux doivent régner.

Cruelle départie
Malheureux jour !
Que ne suis-je sans vie
Ou sans amour !

Partagez ma couronne,
Le prix de ma valeur,
Je le tiens de Bellone
Tenez-la de mon cœur.

(1) Un poème inspiré par Jean Bertaut, le disciple normand de Ronsard.

Cruelle départie
Malheureux jour
Que ne suis-je sans vie
Ou sans amour !

La lettre se termine par ces mots : « Aimez votre sujet qui n'adorera jamais que vous, je vous le jure, mes chers amours... Bonjour, mon tout. Tenant vos promesses, vous êtes la plus heureuse femme du monde. Je baise vos beaux yeux un million de fois. »

« Partagez ma couronne », ces quelques mots du sonnet, naïf et touchant, en disent long !... C'est à n'en pas douter une manière de demande en mariage qui est exprimée sans être vraiment faite. Henri emploie une ruse poétique pour cacher son désarroi, car il est pris entre ce qu'il aimerait faire — ce qu'il appelle de tous ses vœux en son for intérieur — et ce qu'il doit faire pour être digne du rang qu'il occupe. En attendant de prendre une décision, il fait graver à Fontainebleau et dans la pierre du nouveau Louvre leurs deux initiales (1)... Le chiffre *HG* se retrouve également taillé dans le buis des parterres du palais. Gabrielle lui a donné trois enfants qui sont légitimés ; cette légitimation ne serait-elle pas mieux admise par l'opinion publique s'il épousait leur mère ?

Déjà, la duchesse est traitée par tous en souveraine — même par les méprisantes princesses de Lorraine pourtant bouffies d'orgueil. Gabrielle, entourée par une véritable cour, est couverte de bijoux par le roi. Elle pénètre au Louvre par une entrée particulière, mais a toujours refusé d'occuper l'appartement des reines — sauf pour une seule nuit —, trouvant le palais d'Henri trop sinistre. Aucune intimité possible sous ces hauts

(1) Ces « chiffres » furent enlevés par ordre de Marie de Médicis, devenue régente. Mais, sous la deuxième République, l'architecte Duban a remarqué l'un d'eux, oublié à la cinquième travée de la face nord de la grande galerie qui longe la Seine.

plafonds ! Les fantômes des rois Valois semblent hanter les galeries et les salles.

Ce même mois de mai 1598, le roi séjourne à Rennes. Un jour, Henri se trouvait au bas de l'escalier de sa demeure, lorsqu'il vit le futur duc de Sully entrer dans la cour. « Il m'appela, raconte le surintendant, et s'étant fait ouvrir le fort beau et grand jardin, il y entra en me tenant par la main, les doigts entrelacés dans les miens, selon sa coutume : il fit refermer la porte sur lui et défendit qu'on y laissât entrer personne. »

— Une chose me fait de la peine, déclare Henri, c'est que n'ayant point d'enfant de la reine mon épouse, c'est en vain que je me donne tant de mal à pacifier mon royaume, puisque, après ma mort, il ne pourrait manquer de retomber dans ses premières calamités, les disputes entre le prince de Condé et les autres princes du sang pour la succession de la couronne. Pour cette raison, il me faut souhaiter ardemment de laisser des enfants mâles sortis de moi.

Son interlocuteur approuve.

Mais une fois son mariage avec Marguerite de Valois dissous, quelle princesse choisir qui soit pour le roi une bonne épouse, et digne d'être reine de France ?

— Je demande sept choses dans celle que j'épouserai, poursuit le roi, qu'elle soit belle, sage, douce, spirituelle, féconde, riche, et d'extraction royale... aussi, je n'en trouve pas une seule dans toute l'Europe dont je me montre entièrement satisfait. Je m'accommoderai volontiers de l'infante d'Espagne, quelque vieille qu'elle puisse être, pourvu qu'avec elle j'épousasse les Pays-Bas. J'ai ouï parler de certaines princesses d'Allemagne dont les noms sont impossibles à retenir, mais les femmes de cette contrée ne me reviennent aucunement. Si j'en épousais une, je penserais avoir toujours un lot de vin (1) couché près de moi. Le duc de Florence a encore une nièce qu'on dit être

(1) Une mesure équivalent à près de quatre litres.

assez belle, mais elle est d'une des moindres Maisons de la Chrétienté qui porte le titre de prince. Il y a soixante ou quatre-vingts ans, ses ancêtres n'étaient qu'au rang des meilleurs bourgeois de leur ville. Outre qu'elle est de la même race que la reine-mère Catherine, qui a tant fait de mal à la France, et à moi en particulier.

Ce serait pourtant le meilleur choix — et ce mariage éteindrait en partie la dette contractée par la France auprès du grand-duc Ferdinand, ce banquier de l'Europe.

— Et l'une des filles du duc de Mayenne ? propose Rosny.

Avoir comme beau-père celui qu'il a combattu durant tant d'années ? Cela ne lui convient guère. D'ailleurs, elles sont « trop jeunettes ». Le compagnon du roi devine où Henri veut en venir, mais le laisse poursuivre et passer en revue les candidates possibles. Il y a aussi Mlle de Guise, la fille du Balafré. Celle-ci lui plairait, mais Rosny lui objecte que la princesse Louise-Marguerite — tel est son prénom — a déjà commis ou subi quelques galanteries. Cela ne gêne en rien le Vert-Galant :

— J'aime mieux une femme qui a fait un peu l'amour qu'une femme qui a mauvaise tête.

Alors, pourquoi ne l'épouserait-il pas ?

Pourquoi ? Parce qu'il craint que la princesse ne s'occupe davantage des intérêts des Lorrains, dont on connaît l'ambition et les prétentions, que des besoins du royaume. De plus, il considère comme très maladroit de mettre sur le trône la fille du roi de la Ligue. Le Béarnais continue son énumération, mais l'une est « trop noire », une autre « trop huguenote ». Son compagnon, impassible, écoute :

— Voyez, grand maître, puisque vous convenez que ma femme doit être complaisante, bien faite et de taille à faire respirer des enfants, songez un peu en vous-même si vous n'en pourriez point connaître quelqu'une, dans laquelle tout cela se rencontrerait.

— Il ne faut pas se prononcer ainsi à la hâte, et ce choix demande tant de réflexions auxquelles je ne me suis point encore appliqué.

— Et que diriez-vous, si je vous en nommais une dont j'eusse une pleine connaissance de ces trois choses ?

— Nommez-la donc, car j'avoue que je n'ai pas assez d'esprit pour cela.

— Oh ! la fine bête que vous êtes. Vous faites ainsi l'ignorant pour m'obliger à la nommer moi-même. Ne confessez-vous pas que ces trois conditions se rencontrent dans ma maîtresse ?

En voyant que Rosny fait grise mine, Henri, « confus de sa faiblesse », poursuit :

— Non que je veuille dire par là que j'ai pensé à l'épouser, mais seulement pour savoir ce que vous en diriez, si, faute d'autre, cela me venait quelque jour en fantaisie.

« Il n'était pas difficile de voir au travers de cette faible précaution, écrit le futur duc de Sully, que Sa Majesté n'avait déjà que trop pensé, et n'était que trop disposée à cet indigne mariage, pour lequel Elle semblait par toutes ses paroles demander grâce. Ma surprise fut aussi grande qu'on peut se l'imaginer ; mais je crus devoir la cacher soigneusement. Je feignis de trouver dans les dernières paroles d'Henri une manière de plaisanterie qui n'y était point, mais qui me donnait occasion de mettre dans ma réponse ce qui était nécessaire pour faire honte au roi de cette idée bizarre... »

— Je vous ordonne, reprend Henri, de me parler librement : vous avez acquis le droit de me dire des vérités : n'appréhendez pas que je m'en fâche, pourvu que vous ne le fassiez qu'en particulier : devant le monde, je m'en fâcherais bien fort.

Rosny — il faut bien qu'il s'y résigne — se lance dans une argumentation courageuse pour expliquer au roi que la première dame du royaume de France ne peut être la « duchesse d'Ordure ». Les reines de France — exception faite d'Isabeau de Bavière — ont toujours eu bonne réputation : « Je lui fis ensuite envisager, rapporte-t-il, la honte dont une alliance criminelle le couvrirait aux yeux de l'univers, et les reproches qu'il aurait à essuyer dans la suite, de sa propre part, lorsque, les bouillons de l'amour étant éteints, il jugerait plus sainement de son action. »

(Château de Pau)

Le grand maître affirma ensuite d'un ton sentencieux et grave que le mariage allait soulever un problème de succession, et que le fils aîné du roi, César, serait l'obstacle qui ferait échouer son projet. Si ses parents se mariaient, César de Vendôme devenait dauphin de France. Or n'était-il pas le fruit d'un double adultère ?... Et si le roi avait par la suite d'autres fils, après avoir épousé la duchesse, l'aîné de ceux-ci ne revendiquerait-il pas tout naturellement le trône à son profit ? Rosny a-t-il fait alors allusion à « Feuillemorte » et à la paternité douteuse pour certains du premier enfant de Gabrielle ?

Les objections sont nombreuses, mais Henri s'entête et ne veut rien entendre. Devant cette obstination, Rosny demande seulement au roi de garder le secret. Il ne doit surtout parler à personne de ses intentions « jusqu'à ce que toutes les formalités relatives à son divorce eussent été accomplies de crainte qu'à cette occasion le pape, la reine Marguerite et d'autres encore, qui se sentiraient intéressés, n'y apportassent des traverses et empêchements ».

Rosny a néanmoins promis d'écrire à la reine Margot pour la persuader « de faire les choses nécessaires pour faciliter le démariage du roi ».

Bien sûr, Henri n'a pas su tenir sa langue et la nouvelle alimente toutes les conversations de la cour et de la ville. Les diplomates et agents secrets à Paris s'interrogent, tel l'abbé Bonciani, agent secret du grand-duc de Toscane, qui annonce à son maître : « Le roi a la volonté de prendre femme, mais il n'en prendra pas une autre que la Gabrielle, surtout pour en légitimer les enfants qu'il a d'elle, ce qui se heurtera peut-être à des difficultés insurmontables... Comment supposer que le roi si couvert de gloire succombe à un penchant si déréglé ? » De son côté, l'ambassadeur de Venise, Contarini, afin de mieux renseigner la Sérénissime République, demande au cardinal-légat — Alexandre de Médicis — de lui donner son sentiment sur le projet royal :

— Si le roi penche à prendre cette femme en vue de légitimer ses enfants, lui répond le prélat, il lui sera nécessaire, pour assurer leur position, de procéder d'une manière légale et correcte. S'il agissait autrement, il les exposerait, après sa mort, aux troubles et aux désordres que pourraient fomenter ceux dont les prétentions les feraient s'élever contre eux. Sa Majesté, qui est adroite et avisée, devrait s'y prendre autrement, c'est-à-dire maintenir ses enfants à un rang modeste et non les porter si haut, car ils deviendront, comme ils le sont déjà, odieux à tout le monde.

Henri a-t-il eu vent des sentiments du légat du pape ? Toujours est-il qu'au mois d'août 1598 il rencontre Alexandre de Médicis, prêt à regagner Rome après la signature de la paix de Vervins. En termes prudents, le roi rappelle son mariage stérile avec Margot. L'intérêt de la France n'exige-t-il pas qu'il se remarie pour avoir un héritier ? Il tâte le terrain, avançant timidement le nom de Gabrielle. Il évoque ses immenses qualités et — c'est un comble ! — se porte garant de la « pureté de ses mœurs ». Le cardinal ne sourcille pas, élude, puis il se lance enfin et déclare :

— Sire, c'est assez pour moi d'avoir satisfait Sa Sainteté et Votre Majesté par la conclusion de la paix… mais puisque Dieu a donné cette paix au monde chrétien, et que j'ai rempli tous les devoirs de ma légation, il ne me reste plus autre chose à faire que de me rendre à Rome pour en rendre compte au souverain pontife.

La conversation terminée, le cardinal confie aux courtisans qui viennent lui faire leurs adieux :

— Vous devez faire en sorte que le roi abandonne un dessein dont l'exécution serait aussi honteuse à Sa Majesté que funeste au royaume. Sans cela, la postérité vous imputera avec justice la ruine de l'État. Pour moi, après avoir procuré la paix à la France, j'en sors pour ne point participer à un si grand mal.

Bien sûr, le cardinal légat est un bon Médicis — et en cette qualité n'a qu'une idée en tête : si le roi doit se remarier pour avoir un héritier, il ne peut épouser que Marie de Médicis, la nièce du grand-duc de Florence. Et il déclare à l'abbé Bonciani :

— On fera en sorte que le nouveau mariage soit la confirmation parfaite de l'annulation de l'autre.

On avait employé exactement le même procédé lors du divorce de Louis XII d'avec Jeanne de France et de son remariage avec Anne de Bretagne. Le pape, d'ailleurs, a déclaré sans ambages :

— Nous sommes disposés à écouter les motifs qui nous seront exposés et à prendre ensuite une décision conforme à la justice, mais, dans le cas où les motifs invoqués mériteraient d'être accueillis, nous ne consentirons pas à ce que le roi prenne pour femme la duchesse de Beaufort, même s'il y allait de notre propre vie.

Et Margot ?

La sœur d'Henri III finit, après quatre mois de silence, par répondre aux démarches pressantes et réitérées de Rosny. Certes, les suggestions, dit-elle en substance, que le surintendant des Finances lui a faites méritent d'être considérées. Elle souhaite avant tout que les entreprises royales réussissent, « mettant à un si haut prix les vertus héroïques du roi » qu'elle s'inclinera devant les moyens qui lui seront présentés pour, assure-t-elle, « me faire trouver quelque part en ses bonnes grâces... ». Bref, elle accepte de divorcer, et compte sur Rosny pour mener les choses à bon terme : « J'en laisse la conduite à votre prudence et à votre affection desquelles j'attendrai les effets avec impatience... »

Elle ne s'opposera pas au désir du roi, sauf, précise-t-elle « si c'est pour mettre à sa place une femme de si basse extraction et qui a mené une vie si sale et si vilaine comme est celle dont on fait courir le bruit... ». Dans cette éventualité, devenue bien prude, Marguerite refuserait le divorce et n'abandonnerait pas son titre « pour le voir si mal *colloqué* ». Donner un duché au petit César, passe encore, mais donner sa place à la « putain du roi », jamais !

Gabrielle sent que le futur surintendant ne lui est pas favorable et qu'il approuve la reine Marguerite de contrecarrer son accession au trône. Furieuse, elle déclare devant lui à son amant :

— J'aimerais mieux mourir plutôt que de vivre avec cette vergogne de voir un valet et un serviteur contre moi, qui porte le titre de maîtresse.

— Pardieu, Madame, réplique vigoureusement le roi, si j'étais réduit à cette nécessité que de choisir à perdre l'un ou l'autre, je me passerais mieux de dix maîtresses comme vous que d'un serviteur comme lui !

Henri, prenant alors Rosny d'une main et de l'autre la favorite, dit à Gabrielle :

— Le véritable motif qui m'a déterminé à m'attacher à vous, c'est la douceur de votre caractère... Je m'aperçois que ce n'est qu'une feinte, et que vous suivez de mauvais conseils. Vous me faites faire des fautes dont les suites peuvent devenir irréparables.

Et le roi demande à Gabrielle de surveiller son humeur. La jeune femme se jette aussitôt aux genoux d'Henri IV, le suppliant de lui pardonner. Elle adresse même quelque semblant d'excuse à Rosny. En sortant de l'appartement de la duchesse, le roi lance, tout fier à son ministre :

— Eh bien, mon ami, n'ai-je pas tenu bon ?

Au même moment, le nouvel ambassadeur du Saint-Siège en France, le nonce Salingardi, reçoit ses instructions avant de quitter Rome. Si jamais le roi de France lui parle de son mariage avec la duchesse de Beaufort, le représentant de Clément VIII doit prendre « une attitude de blâme catégorique ». Il ne peut prêter la main à une telle manigance ! Bien au contraire, il lui faudra s'y opposer de toutes ses forces. Au besoin, il démontrera au roi « que cette affaire serait sa propre ruine et celle de son royaume ».

Gabrielle, avec une intuition bien féminine, flaire le danger. Le roi n'est plus tout à fait le même, il est souvent préoccupé et absent. Ce changement d'attitude lui paraît suspect, et la favorite commence à entrevoir que le trône pourrait lui échapper. Elle n'est plus la seule dans la pensée du roi... Devant les portraits de Marie de Médicis et de la brune infante espagnole, exposés l'un près de l'autre, la duchesse a un sursaut et murmure d'une voix sourde :

— Je n'ai aucune crainte de cette « noire », mais celle-ci, précise-t-elle en montrant la blonde italienne, me fait peur.

Son instinct ne la trompe pas. Elle a raison. Quelqu'un ayant osé faire devant Henri une allusion déplacée au sujet d'une union du roi avec la duchesse de Beaufort, le souverain, irrité, s'est emporté en s'écriant :

— Me tient-on pour si enragé que de commettre une faute pareille ?

Henri se trouve dans une situation inextricable : ou il déplaît à sa favorite, ce qui le contrarie, ou il s'expose à la réprobation de son peuple — et cela il ne le veut à aucun prix ! Certes, son amour pour Gabrielle subsiste, mais il réfléchit et, si la raison ne l'emporte pas encore, du moins le fait-elle hésiter. Son comportement vis-à-vis de sa maîtresse s'en ressent. Il lui arrive de se conduire d'une façon injurieuse. C'est ainsi qu'un soir, regagnant le Louvre, suivi d'une faible escorte, il prend le bac qui, depuis un demi-siècle, permet de traverser la Seine à la hauteur des Tuileries (1). Le roi, comme d'habitude, est vêtu à la diable, et le passeur ne le reconnaît pas.

— Que dit-on de la paix qui vient d'être faite avec les Espagnols ? lui demande Henri avec une feinte innocence :

— Ma foi, je ne sais pas ce qu'est cette belle paix dont

(1) Ce bac avait été établi en 1550 pour faire passer la Seine aux blocs de pierre provenant des carrières de Vaugirard et destinés à la construction du château des Tuileries. Une rue de Paris en perpétue aujourd'hui le souvenir.

on nous parle, répond le batelier, mais il y a des impôts sur tout, jusque sur mon bachot, qui a bien de la peine à me faire vivre.

— Et le roi n'y met-il pas bon ordre ?

— Ah ! le roi ! C'est un assez bon homme ; mais ça vous a une maîtresse à qui il faut des robes et des affiquets à n'en plus finir. Elle nous ruine, car c'est le peuple qui paye ses dépenses… Passe encore si elle était à lui seul, mais on dit qu'elle se fait caresser par bien d'autres !

Arrivé sur l'autre rive, Henri quitte le bateau en riant… et demande au passeur de se rendre le lendemain au Louvre pour recevoir le prix de la traversée. Lorsque le passeur se présente, les gardes, prévenus, le conduisent auprès d'Henri. Le pauvre homme est pétrifié en découvrant que son passager de la veille n'était autre que le roi. Aux côtés de la duchese de Beaufort, Henri, toujours souriant, lui demande de répéter les paroles qu'il a prononcées en traversant la Seine — et le batelier s'exécute.

— Il faut pendre ce misérable, s'exclame, outragée, Gabrielle.

— Vous êtes folle ! lui répond le roi. C'est un pauvre diable que la misère aigrit. J'entends qu'il ne paye plus d'impôt pour son bateau et je parie qu'il chantera tous les jours : *Vive Henri !* et *Vive Gabrielle !*

Les nuages s'amoncellent dans le ciel des deux amants, les disputes se multiplient, suivies de réconciliations sur l'oreiller.

— Vous me mandez que vous m'aimez mille fois plus que moi à vous, s'exclame le roi ; vous en avez menti, et vous le soutiendrai avec les armes que vous avez choisies.

Aujourd'hui, répétons-le, Gabrielle semble s'être vraiment attachée à son amant, en dépit de ses nombreuses trahisons : le bouillant Béarnais reste volage. Ses aventures ne se comptent plus. Parmi les plus marquantes, on peut citer Mme Quelin, épouse d'un conseiller au Parlement, et Isabelle Potier, femme du président de Boinville. « Et là, nous raconte Pierre de l'Estoile, il advint que le roi ayant près de lui une dame ou demoiselle, à qui il parlait, un jeune conseiller de sa cour, qui était en masque, fut si malavisé qu'il alla prendre cette demoiselle d'entre les mains du roi, afin de la mener danser. Auquel Sa Majesté, à l'instant, demanda qui il était, et lui ayant fait répondre qu'il avait cet honneur d'être un des conseillers en sa cour de Parlement :

— Ventre-saint-Gris, lui dit le roi, si tous les autres conseillers de ma cour vous ressemblent, j'ai une cour bien sotte ! »

Et le pauvre conseiller dut s'agenouiller devant le roi pour implorer son pardon.

Le désir continue de brûler Henri, il ne supporte pas d'être éloigné de Gabrielle et, en attendant de la rejoindre, il lui adresse des lettres enflammées. Le 12 septembre 1598, il lui écrit : « Mes belles amours, deux heures après l'arrivée de ce porteur, vous verrez un cavalier qui vous aime fort, qu'on appelle le roi de France et de Navarre, titre certainement honorable, mais bien pénible. Celui de votre sujet est bien plus délicieux. Tous trois ensemble sont bons, à quelque sauce que l'on les puisse mettre, et n'ai résolu de les céder à personne… »

Il est fier de sa maîtresse et la prie souvent d'enlever son masque, afin que les ambassadeurs puissent admirer la beauté de son visage.

Au début du mois d'octobre 1598, le roi tombe malade, la fièvre le ronge. Pierre de l'Estoile nous en fournit l'explication : « Une chaude-pisse pour avoir été négligée lui causa une rétention d'urine, qui manqua l'envoyer dans l'autre monde. » Henri perd connaissance pendant près de deux heures et, déjà, dans les antichambres, une rumeur confuse circule, prédisant la mort du roi. Les ducs de Montpensier, d'Épernon et de Joyeuse se réunissent pour de longs conciliabules. On

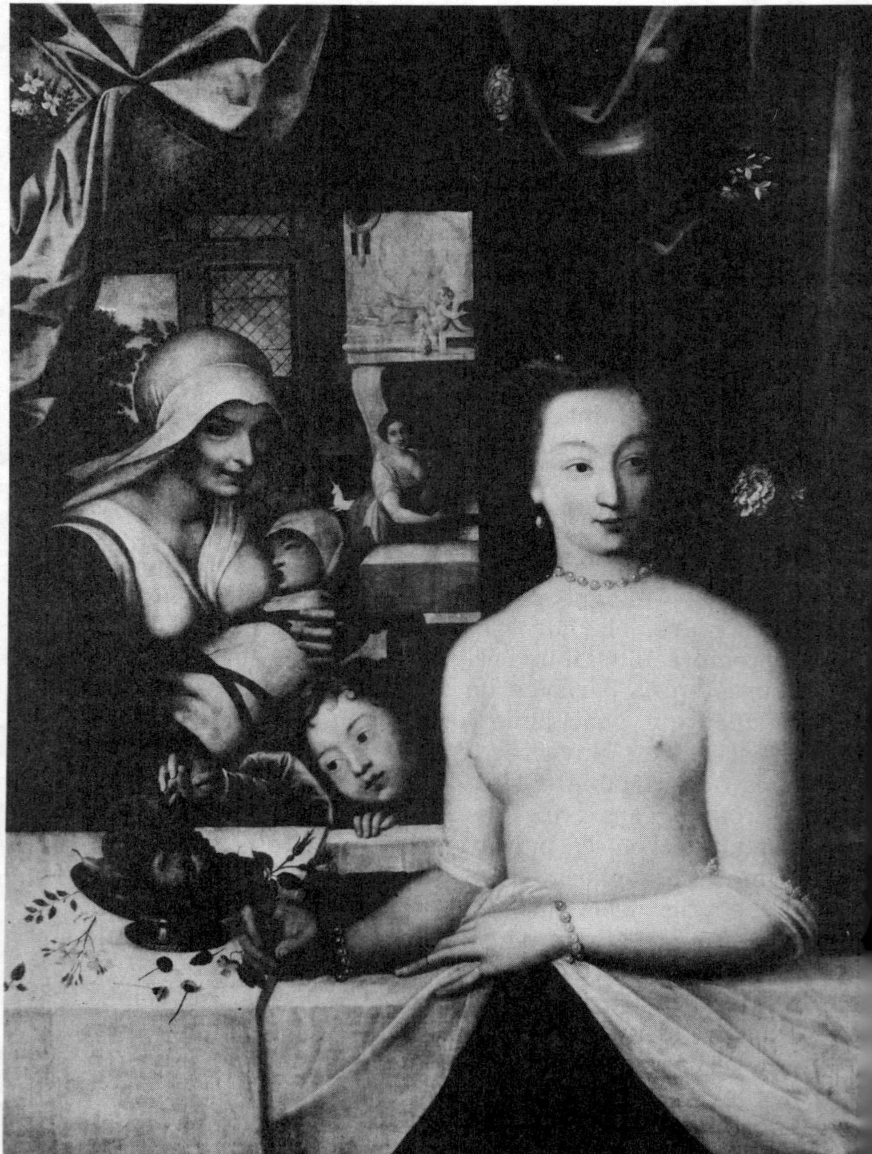

Gabrielle d'Estrées prend son bain en présence de son fils aîné, César de Vendôme, et de la petite Gabrielle encore allaitée par sa nourrice. (Bulloz)

parle même de la création d'un conseil de régence, qui abolirait l'édit de Nantes... Mais le 21 octobre, la fièvre tombe et Henri écrit à son surintendant : « Je me porte un peu mieux, Dieu merci, mais non si bien et cette dernière maladie m'a rendu tout chagrin. Je fais tout ce que les médecins veulent, tant j'ai envie de guérir. »

Il guérira...

Le 29 octobre, le roi, se croyant remis sur pied, fait un souper trop copieux et, au milieu de la nuit, il est pris de vomissements et « d'une défaillance du cœur ». La fièvre reprend. L'alerte est chaude, mais il se rétablit. Il est même entré en convalescence pour le mariage de sa chère « petite sœur » Catherine avec le marquis de Pont, futur duc de Bar, et fils aîné du duc de Lorraine, le 31 janvier 1599. La mariée est toujours protestante, le marié catholique. L'archevêque de Rouen, Charles de Bourbon, contraint de célébrer la cérémonie, demande où il pourra bénir les nouveaux époux.

— Dans mon cabinet, répond le roi en souriant, n'est-ce pas un lieu sacré ?

Gabrielle a fait preuve d'un tel amour, de tant de dévouement durant la maladie du roi, qu'il se trouve une nouvelle fois indécis. Il laisse commencer les tractations avec le grand-duc de Florence, tout en tremblant à la seule pensée de devoir annoncer à la duchesse que le bien de l'État le contraint d'épouser Marie de Médicis. Il déteste les scènes et craint les réactions de Gabrielle. Lorsqu'on lui objecte que son union avec Margot n'est pas encore rompue, il hausse les épaules. Qui pourrait l'empêcher de répudier une reine pour cause de stérilité ? Le pape n'aurait qu'à s'incliner devant le fait accompli.

Brusquement, en dépit des négociations entamées à Florence, le choix d'Henri s'arrête : il épousera Gabrielle ! Le 23 février 1599 — un mardi gras —, une grande fête se déroule au Louvre. Les convives se placent devant une table qui croule sous les pièces montées. Le grand chambellan demande que l'on fasse silence... On voit alors le roi se lever et conduire Gabrielle près de son fauteuil. Puis, élevant la voix, il proclame :

— Madame, voici l'anneau de mon sacre, l'anneau de mes noces avec le royaume de France, je vous le donne !

Il passe au doigt de sa maîtresse la bague qui lui a été remise à Chartres. La stupéfaction, le scandale plutôt, étreint l'assistance. C'est à peine si l'on entend le roi promettre, en posant ses lèvres sur la main de sa maîtresse :

— Nous célébrerons nos noces après Pâques, à la Quasimodo.

Gabrielle rayonne. Toutes ses craintes s'évanouissent. Elle commande aussitôt sa robe de mariée, incarnat pâle, brodée d'or et d'argent, en évitant la couleur blanche — il ne faut pas exagérer... Elle s'écrie avec orgueil :

— Il n'y a plus que Dieu et la mort du roi pour m'empêcher d'être reine de France !

Prévenu, Clément VIII ordonne un jeûne général dans toute la ville de Rome. Sa Sainteté elle-même entre en retraite et prie pour que le roi de France ne commette pas cette folie. Lorsque le pape sort de sa chapelle privée, il affirme avoir eu une vision, et il s'écrie, extasié :

— Dieu y a pourvu !

Moins d'un mois plus tard, la cour quitte Paris pour Fontainebleau où l'on passera la semaine sainte de l'avant-dernière année du siècle. Le roi est à cheval près de Gabrielle, mollement allongée sur sa litière tendue de velours noir, doublée de velours orange, et supportée par deux mules de robe grise dressées à aller l'amble. La future reine est enceinte de six ou sept mois et, dans son état, ne peut monter à cheval. La veille, le 20 mars, le roi lui a donné « les deniers qui proviendraient des suppléments devant être levés sur tous les officiers pourvus par le duc de Mercœur ». Gabrielle est dans le ravissement d'un bonheur qu'elle savoure. Quant à Henri, il ne se ressent plus de sa récente maladie. « Sa Majesté, écrit Villeroy, a pris aujourd'hui des pilules encore qu'Elle n'en eût pas grand besoin, mais c'est pour faire provision de santé. »

Pâques approche. Il ne s'agit peut-être pas pour Henri d'accomplir une véritable retraite spirituelle, mais il est d'usage de se recueillir et, avant tout, de ne pas vivre dans le péché. Ce qui serait le cas si celle qui est toujours la concubine royale demeurait près du roi pendant la semaine sainte. Il est plus adroit, et même politique, que les deux amants se séparent avant de faire leurs pâques. Le pape se laissera peut-être toucher par cette attitude et les prédicateurs mettront une sourdine à leurs remontrances. Le roi est convaincu du bien-fondé du conseil donné sans doute par Rosny, pourtant huguenot, mais Gabrielle accepte mal cette séparation et pleure.

C'est avec tristesse, au matin du 6 avril, que la duchesse quitte sa chambre du pavillon des Poêles à Fontainebleau. Le roi accompagne celle qu'il appelle « mon Tout » jusqu'aux rives de la Seine. La jeune femme s'embarque à Savigny-le-Temple sur une chaloupe qui doit l'amener jusqu'à Paris. Prise d'un étrange pressentiment, en embrassant le roi, elle lui recommande « son César, son Alexandre et son Henriette ».

Henri est bouleversé.

Après une dernière étreinte, il confie Gabrielle à Bassompierre et au duc de Montbazon. Puis il regarde, les yeux humides, le bateau qui s'éloigne lentement en descendant le cours du fleuve. A 3 heures, le petit bâtiment accoste devant l'Arsenal où demeure Diane, la sœur de la favorite. Gabrielle décide de souper rue de la Cerisaie, à l'angle de la rue de Lesdiguières, chez le banquier italien Sébastien Zamet, un parvenu qui la traite en reine. Deux archers se tiennent au garde-à-vous derrière son fauteuil. Puis la duchesse regagne l'hôtel de sa tante, Mme de Sourdis, situé près de Saint-Germain-l'Auxerrois.

Le lendemain, mercredi saint, elle reçoit Rosny à qui, du moins selon ses dires, elle fait un accueil « caressant », cherchant à le mettre « dans ses intérêts ». Elle prononce, nous dit-il, « quelques mots à double entente qui me faisaient envisager une fortune sans borne, si je voulais bien me relâcher sur la sévérité des conseils que je donnais au roi à son sujet ». Mais le futur duc de Sully feint « de ne rien entendre d'un discours si intelligible ».

Le jeudi saint, en grand équipage, la duchesse se rend à l'église à la mode — le Petit-Saint-Antoine — pour entendre l'office des Ténèbres. Le duc de Montbazon l'escorte à la portière. Puis elle va à nouveau souper chez Zamet. Pendant le repas, Gabrielle trouve au citron (1) qui lui est présenté une saveur âcre qui la surprend. Puisque le temps est doux, elle désire faire quelques pas dans le merveilleux jardin italien du banquier. Soudain, elle s'évanouit, sentant, dit-elle, un terrible feu dans la gorge et, surtout, elle souffre de « tranchées à l'estomac ». Assurément, elle va accoucher prématurément ! On la transporte à l'hôtel de Sourdis. Elle se sent un peu mieux, mais, le lendemain matin, vendredi saint, son état empire. Des convulsions commencent, l'éclampsie se déclare... les souffrances sont intolérables. Scène affreuse : les médecins se précipitent et arrachent du corps de Gabrielle un enfant mort-né « à pièces et à lopins ».

Trois courriers successifs partent pour Fontainebleau afin d'avertir le roi. Le troisième annonce à Henri qu'une terrible hémorragie s'est déclarée... et bien sûr, thérapeutique de l'époque, on a saigné à plusieurs

(1) A moins qu'il ne s'agisse d'une orange — les chroniqueurs ne sont pas d'accord.

reprises la moribonde. Henri saute à cheval et galope sur la route de Paris. Mais au relais de Villejuif, le chancelier Pomponne de Bellièvre se tient là, debout, attendant qu'on lui selle un cheval pour poursuivre sa route vers Fontainebleau. Il s'avance au-devant du roi.

— Sire, lui dit-il, la duchesse est mourante. Il m'a été rapporté que les convulsions l'ont défigurée et que son visage semble avoir été tordu par quelque invisible main. Quel déplaisir extrême serait le vôtre, voyant en si déplorable état, et sans remède, une personne que Votre Majesté a tant aimée !

Le valet de chambre Pierre de Beringhen arrive à son tour de Paris et, sitôt descendu de cheval, donne de nouveaux détails :

— Mme la duchesse est devenue aveugle et sourde. Elle se frappe elle-même le visage et tout le corps. Les médecins, les chirurgiens, les apothicaires ne comprennent pas la violence de son mal.

Henri, planté devant le relais, hébété par le chagrin, ne retient pas les lourdes larmes qui glissent sur son visage ridé et se perdent dans sa barbe grise. On l'entend murmurer :

— Ceci est de Dieu qui aime cet État, et ne le veut perdre. Je n'abuserai pas de ses miséricordes.

Il est si accablé, plongé dans une si terrible affliction, que ses compagnons le conduisent vers une abbaye voisine — celle de La Saussaye — où il se jette sur un lit en sanglotant. Quelques heures plus tard, en pleine nuit, il se laisse entraîner vers Fontainebleau. Dans la salle de la Belle Cheminée, devant son effigie à cheval, il sanglote. Il ne verra donc pas le visage devenu méconnaissable de la femme qu'il a passionnément aimée, ce ravissant visage, ravagé par la maladie, devenu « hideux », selon certains témoins.

Cependant la duchesse vivra encore douze longues heures de souffrances abominables. Il est impossible au prêtre de l'administrer, la duchesse se débat dans les soubresauts d'une effroyable agonie.

Le samedi saint, le 10 avril 1599, à 6 heures du matin, Gabrielle rend le dernier soupir. La nouvelle court Paris — et déclenche aussitôt une joie macabre. On affirme que la duchesse de Beaufort a fait un pacte avec le diable pour épouser le roi de France — et qu'elle en est morte.

Sully a accueilli la nouvelle de la mort de Gabrielle avec toute l'exultation que lui permet sa gravité naturelle. Il n'osa tout d'abord y croire, et interrogea fébrilement le messager :

— La duchesse est donc morte ? De quelle maladie si prompte a-t-elle été atteinte ? Et comment le sais-tu ?

Informé et rassuré, l'événement tant espéré ne lui coupe pas l'appétit, bien au contraire !

— Monte dans ma chambre, je te prie, d'autant plus que je me morfonds ici et, en déjeunant, tu me conteras toute cette histoire.

Le déjeuner terminé, il est allé réveiller sa femme.

— Ma fille, il y a bien des nouvelles ; vous n'irez point au coucher et au lever de la duchesse, car la corde a rompu.

La « remembrance » représentant la maîtresse du roi, telle celle d'une reine, a été placée sur le lit de parade sous un baldaquin de drap d'or. Mme de Sourdis a revêtu le corps de la robe que sa nièce avait commandée pour ses noces. Le mannequin est encadré par deux hérauts en cottes fleurdelysées. Le défilé n'est pas encore commencé que déjà la famille d'Estrées, le père en tête, se précipite avec des chariots pour enlever les meubles et les biens de la favorite. Tous les bijoux, même les bagues que la morte portait à ses doigts, disparaissent...

Un Parisien écrit cette épitaphe :

Ci-gît le malheur de la France,
Ci-gît le bourdeau de la cour,

Ci-gît la grand'réjouissance
Des filles et des femmes d'amour.

A Rome, le pape se réjouit : sa « vision » de l'avenir était juste ! Contarini décrit, à Venise, « l'allégresse et le soulagement qu'on éprouve en général de cet accident... Chacun reconnaît que cette grâce procède miraculeusement de Dieu, qui a voulu étendre sa protection spéciale sur la France, au moment où celle-ci en avait le plus grand besoin ».

La mort de la duchesse dénoue l'inextricable situation dans laquelle s'était mis le roi avec une coupable légèreté : annoncer à la cour son mariage avec Gabrielle tout en laissant ses représentants mener à bien les pourparlers toscans.

Le jeudi saint, chez Zamet, les Italiens ont-ils offert à Gabrielle un citron empoisonné ? Le pape n'avait-il pas annoncé que « Dieu y avait pourvu » ? Quoi qu'il en soit, la place est libre pour la plantureuse Marie de Médicis.

Le roi, prostré dans sa solitude, pleure, et écrit à sa sœur Catherine : « Les regrets et les plaintes m'accompagneront jusques au tombeau... La racine de mon amour est morte, elle ne rejettera plus !... »

Hyeronymus Vierx a représenté Henriette d'Entragues en 1600. Son nez était, paraît-il, « provocant et révélateur... » — et l'on précisait que c'était là « le trait démoniaque d'une figure qui, sans cela, serait angélique ». (Giraudon)

Chapitre XIV

« La pimbêche et rusée femelle »

Il faut maintenant que les liens unissant Henri et Marguerite soient dénoués. Rosny s'en charge et écrit à Margot : « Écoutez ceux qui sont tout à vous dans cette cour. » Margot ne demande pas mieux. Elle est horrifiée à la pensée que des enfants adultérins puissent un jour accéder à la couronne que le roi, dit-elle, « a retiré des ruines ». Elle n'a pas voulu voir à sa place une *tant décriée bagasse,* « mais maintenant que les choses sont changées par un bénéfice du ciel, précise-t-elle, je ne doute nullement de la prudence du roi et du sage conseil de ses bons serviteurs pour faire une bonne élection... ».

Ce « bénéfice du ciel », le maréchal de Fervacques en parle sans ambages au roi en lui présentant ses condoléances huit jours après la mort de Gabrielle. Puis, il ose ajouter :

— Je suis bien heureux de cet événement... En songeant à ce que vous alliez faire sans cette mort, je juge que Dieu vous a fait bonne grâce.

Henri ne se fâche pas le moins du monde... Il s'est déjà ressaisi et a puisé dans sa douleur la force et le courage de reprendre son rôle de monarque.

— Puisque Dieu m'a fait naître pour ce royaume et non pour moi, déclare-t-il, tous mes sens et mes soins ne seront plus employés qu'à son avancement et à sa conservation.

Et le roi, comme le dit Sully, « revient en son premier naturel et vaque tout comme auparavant aux affaires de son État ». Ses yeux sont toujours « flammeux et brillants » et son teint vermeil, précise le ministre avec soulagement et contentement. Bien sûr, ce serait mal connaître Henri IV que l'imaginer jouant désormais les continents et sombrant dans la misanthropie. Sans doute se vêt-il encore de noir, tenue trop mélancolique qu'il abandonnera pour le deuil violet, mais au cours de ce printemps 1599, on lui connaît au moins trois aventures. Il y a d'abord Mme de Boinville, puis une demoiselle Clein, et, enfin, il se complaît dans la compagnie d'une experte fille de joie nommée, ou plutôt surnommée, la Glandée...

***

Quelques jours avant la Saint-Jean, Bassompierre entraîne le roi au château de Bois-Malesherbes chez François de Balzac d'Entragues. Henri le connaît depuis longtemps. Encore ligueur, il avait été l'un des nombreux amants de la reine Margot. De plus, à Saint-Cloud, lors de l'assassinat d'Henri III, d'Entragues avait fait partie de ces excités horrifiés à l'idée d'avoir désormais à servir un roi huguenot : « Plutôt mourir de mille morts ! »

Il avait épousé en secondes noces la belle Marie Touchet qui, après avoir été sa maîtresse, était devenue, rappelons-le, celle du roi Charles IX dont elle avait eu un fils : Charles de Valois, titré comte d'Auvergne. De ce mariage, deux filles sont nées : Marie-Charlotte, la plus jeune, et la brune Henriette, d'une beauté à damner un saint. Rosny, peu sensible aux charmes féminins, la traite dans ses *Mémoires* de « pimbêche et rusée femelle », et précise même qu'elle « n'était pas novice »...

Ravissante, piquante, les yeux caressants et moqueurs, souple comme une liane, d'une minceur de nymphe, cette « rusée polissonne » paraît échappée du ciseau de Jean Goujon. Et, de plus, elle possède de la drôlerie et de l'esprit à revendre. Elle a sans cesse une plaisanterie gaillarde à la bouche. Voilà qui allait changer Henri de la molle et blonde Gabrielle dont les formes étaient devenues plutôt plantureuses, et dont on vantait — c'était la mode du temps — « le beau double menton ».

Car, bien entendu, dès qu'Henri le passionné rencontre la provocante petite bacchante, il tombe en extase et s'enflamme. Ce sont une nouvelle fois les feux de l'amour ! C'est aussi le démon de midi, qui le pousse d'autant plus que la rusée joue la carte de la pureté, affirmant, les yeux pudiquement baissés, que seule la lecture de saint Augustin l'intéresse...

Marie Touchet prend auprès d'Henriette le rôle qu'a tenu Mme de Sourdis aux côtés de Gabrielle. A la différence que Marie Touchet a l'avantage de l'expérience. Elle sait comment on devient favorite royale !... Vigilante, quand Henri réapparaît, elle demeure en tiers, car, on s'en doute, le ménage d'Entragues mènera rondement l'affaire. C'en est une, en effet ! La belle, suivant le conseil de ses parents, fuit le vieux soupirant.

Triste époque où l'on était vieux à cinquante ans !

Durant tout l'été 1599, pour exciter le roi, la famille, qui connaît le tempérament royal, change de château ou de demeure dès qu'Henri se trouve dans le voisinage. Lorsque le comte du Lude se présente de la part du roi pour prendre des nouvelles d'Henriette, il est éconduit. Quand Henri offre à la jeune fille, maintenant installée à Paris, un superbe collier, la petite peste joue la prude et renvoie le présent comme s'il s'agissait d'un affront. Vexé, Henri fait porter à Henriette un « beau cent d'abricots ». Peut-être n'était-ce pas sans malice, puisque l'abricot est, dit-on, le plus indigeste de tous les fruits... Henriette affecte d'être outrée et se retire à Marcoussis, non loin de Montlhéry.

Finalement — car il fallait bien en finir — la virginité d'Henriette, dont la famille fait grand cas, est une question d'argent, puisqu'on demande en contrepartie la somme effarante de 100 000 écus — soit 500 000 livres. Lorsqu'il apprend le prix de la vertu d'Henriette, l'austère Rosny, c'est lui qui rapporte ce chiffre, perd son sang-froid habituel.

Il faut ruser ! Payer une telle somme pour une « haquenaut », il n'en est pas question ! D'ailleurs, les caisses royales sont en ce moment plutôt désargentées. D'autant plus que le ministre doit verser cette même année trois ou quatre millions pour le renouvellement de l'alliance avec les Suisses. Mais le roi n'envisage même pas de marchander. Et Rosny ne peut que céder au désir de son maître. Avec un malin plaisir, il aligne soigneusement sur une table les 100 000 écus représentant la rançon de l'amour.

— Ventre-saint-Gris ! s'exclame malgré tout Henri en regardant cet étalage d'argent, voilà une nuit bien payée !

Il la paye, mais ne peut encore profiter de son acquisition. Henriette, poussée par ses parents, continue de se dérober. Elle affirme que son père la surveille étroitement et prend des mines de jeune fille effarouchée !

— Il est hors de ma puissance de trouver un lieu commode pour l'accomplissement de la promesse que je vous ai faite.

Un lieu commode ? Qu'à cela ne tienne ! Et Henri offre à la petite peste une terre, Verneuil-en-Beauvaisis, qui sera érigée bientôt en marquisat et dont Henriette portera le titre. Il lui donne aussi le château, qui domine des jardins en terrasses. Le présent est accompagné de ces vers :

Vous êtes mon unique amour,

Jour et nuit pour vous je soupire...
Je vous offre sceptre et couronne...
Roi trop heureux sous votre empire
Je croirai doublement régner
Si j'obtiens ce que je désire.

La pie est au nid, selon l'expression de Sully... Mais ce n'est pas tout, pour obtenir ce qu'il désire, Henri devra satisfaire à une autre exigence : à entendre Henriette, ses parents exigent, en échange de la prétendue innocence de leur fille, une extravagante promesse.

— Certes, une promesse verbale me suffit, affirme-t-elle avec son air de modestie habituel, mais j'ai besoin de cet écrit pour qu'il me serve d'excuse auprès de mes parents.

Il s'agit d'un engagement insensé ! En voici le texte tracé de la main du roi, en présence sans doute de la petite rouée :

PROMESSE DE MARIAGE

« Nous, Henri Quatrième, par la grâce de Dieu, roi de France et de Navarre, promettons et jurons devant Dieu, en foi et parole de roi, à messire François de Balzac, sieur d'Entragues, chevalier de nos ordres, que, nous donnant pour compagnie demoiselle Henriette-Catherine de Balzac, sa fille, au cas que, *dans six mois, à commencer du premier jour du présent, elle devienne grosse et qu'elle accouche d'un fils, alors et à l'instant, nous la prendrons pour femme et légitime épouse*, dont nous solenniserons le mariage publiquement et en face de notre sainte Église selon les solennités enquel cas requises et accoutumées pour plus grande approbation de laquelle présente promesse, nous promettons et jurons comme dessus, de la ratifier et renouveller sous notre seing, incontinent après que nous aurons obtenu de notre Saint Père le pape la dissolution du mariage entre nous et la dame Marguerite de France, avec permission de nous remarier où bon nous semblera. En témoin de quoi nous avons écrit et signé la présente. Au Bois-Malesherbes ce jourd'hui 1er octobre 1599. »

Peut-il promettre ainsi la moitié de son trône sans en aviser Rosny ? Au moment de partir pour la chasse, il appelle son ministre et, quelque peu embarrassé, lui parle presque incidemment « d'une certaine chose »... et lui tend la fatale promesse en se tournant « de l'autre côté, rapporte le futur Sully, comme s'il eût honte de la lui voir lire ».

Rosny n'ignore pas les extravagances auxquelles peut se livrer le roi lorsqu'il est poussé par un brûlant et irrésistible désir. Mais de là à partager sa couronne, il y a un pas qu'il ne faut pas franchir !

— Voilà, Sire, puisqu'il vous plaît de le savoir, ce qu'il me semble d'une telle promesse.

Et devant Henri littéralement stupéfait, Rosny imperturbable déchire le document.

— Comment, morbleu ! s'exclame Henri, je crois que vous êtes fou !

— Il est vrai, Sire, lui répond Rosny d'une voix calme, dites-vous que je suis fou et un sot, et voudrais l'être si fort que je fusse tout seul en France !

Abasourdi, reprenant avec peine ses esprits, le roi écoute Rosny lui démontrer d'un ton froid qu'il n'obtiendra jamais l'annulation de son mariage si Rome apprend le genre de la femme appelée à succéder à Marguerite de Valois. Cette aberrante promesse de mariage faite à une petite perverse vorace qu'Henri, un peu plus tard, dégrisé, appellera lui-même « une guêpe », risque de provoquer un redoutable désastre !

Nullement convaincu, Henri quitte Rosny, abandonne sa chasse et — on croit rêver — rentré chez lui, recopie la *Promesse*, dont il remettra le soir même la seconde version à M. d'Entragues (1). Peut-être Henri,

(1) Cette fameuse promesse se trouve aujourd'hui conservée au département des Manuscrits de la Bibliothèque nationale.

dans son for intérieur, pense-t-il reprendre sa parole quand il le voudra. Cette supposition, à défaut de lui donner une excuse, pourrait expliquer l'imprudence de sa conduite. L'essentiel pour lui est de tenir dans ses bras la donzelle ! Mais la diabolique Henriette continue à ergoter, à discuter et à multiplier les obstacles. Le 7 octobre, Henri manifeste enfin son impatience et lui écrit : « J'ai bien connu par votre lettre que vous n'aviez pas les yeux bien ouverts, ni les conceptions aussi, car vous avez pris la mienne d'un autre pied que je ne l'entendais. Il faut laisser ces brusquetés si vous voulez l'entière possession de mon amour. Car comme roi et comme Gascon, je ne sais pas endurer. Quand M. d'Entragues sera ici, je vous témoignerai si je vous aime ou non. Cependant, il vous sied mal d'en douter, et cela m'offense. »

M. d'Entragues n'est cependant pas satisfait. L'argent promis n'aurait pas encore été versé !... Le 13 octobre, Henri écrit à Henriette qui, cette fois, semble n'y être pour rien : « J'ai vu l'étonnement de votre père, il a bien raison, car sa procédure m'a aliéné de toute sorte de traiter avec lui. Vous me mandez que vous espérez qu'il me contentera, je vous supplie à mains jointes, ma chère âme, que je n'aie plus affaire à lui. Pouvant trouver notre contentement entre nous deux, sachons-nous-en le gré tout entier. L'argent pour vous acheter une terre est tout prêt ; rien ne vous manquera... Je vous en supplie encore le genou en terre, et que notre bonheur ne dépende plus que de nous... Aimez-moi comme celui qui n'aimera jamais que vous. Sur cette vérité, je baise un million de fois les petits *garçons*... » En désignant ainsi les seins d'Henriette, Henri nous démontre que la dévergondée, en attendant le principal, lui avait déjà accordé quelques privautés... excellent procédé pour aguicher Henri.

Le 14 octobre, nouvelle lettre : « Mes chers amours, votre père a résolu de ce que je voulais. Demain au soir mes petits *garçons* seront bien caressés par moi. Il faut faire semblant que tout est comme rompu ; mais je plierai plutôt que rompre... »

Pourtant, le 15 octobre 1599, jour fixé entre les futurs amants pour « faire toutes nos affaires », ainsi que, sans détour, Henri l'écrit à Henriette, M. d'Entragues, en vrai parâtre de comédie, poursuit son jeu. « Fort honteusement », il annonce faussement au roi, prêt à galoper vers Malesherbes, que sa fille ne s'y trouve plus. Cette fois Henri est furieux, on se joue de lui, on le fait tourner comme un toton ! Il se fâche, écrit à Henriette, et lui rapporte les paroles de son père en précisant : « Toutefois, je lui ai dit, en partant, que j'irai ce soir... Bonjour, le tout à moi, je te baise un million de fois. » Puis il bondit à cheval en direction de Malesherbes où il retrouve, ce soir-là, Henriette, qui se donne enfin à lui.

Quelques jours plus tard — le 23 —, Henri peut lui écrire : « Vous avez raison de conformer vos volontés aux miennes en ce qui vous touche, car je vous aime plus [que] vous ne vous aimez vous-même... Bonsoir, le menon à moi, je te baise un million de fois, et tous les petits garçons *à la guisarde*... » (?)

⁂

Si Margot avait appris le honteux marché signé par le roi, assurément, elle n'aurait pas, sitôt la mort de Gabrielle, activé les formalités pour dissoudre son mariage, suivant ainsi les conseils de Rosny. Au mois de juillet 1599, Henri envoie à Rome Brûlart de Sillery. L'ambassadeur du roi a pour mission d'informer Clément VIII. Il doit lui révéler que la reine Marguerite, à la veille de la Saint-Barthélemy, a accepté de s'unir au roi de Navarre sous la pression de Madame Catherine et de Charles IX : ils ont employé la contrainte pour imposer ce mariage ! Sillery est chargé de faire connaître à Sa Sainteté que le mariage a été célébré *avant* que la dispense de consanguinité ne soit parvenue à Paris.

Une pièce maîtresse est versée au dossier : Margot demande elle-même l'annulation de son mariage. Le tribunal, présidé par le nonce Alexandre de Médicis, cardinal de Florence, auquel se joignent l'évêque de Modène et le cardinal-archevêque de Toulouse, siège à Paris, au palais abbatial de Saint-Germain des Prés. Le 12 novembre, les prélats posent au roi Henri la délicate question à laquelle il était évidemment préparé :

— Le mariage a-t-il été consommé ?

Henri répond en souriant :

— Jeunes tous deux et de tempérament gaillard que nous étions, la reine et moi, pouvait-il en être autrement ?

On ne convoque pas à Paris Marguerite et, le 28 novembre, en sa sinistre forteresse d'Usson, défendue par quatre enceintes bastionnées, la reine oubliée reçoit l'archidiacre Bertier, accompagné d'un grave protonotaire joliment nommé Rossignol. Ils viennent l'interroger au nom du tribunal ecclésiastique. Margot confirme que son frère et Madame Catherine l'ont obligée à épouser Henri de Navarre dont elle ne voulait absolument pas. Bien sûr, elle tait la raison principale de son refus : son amour pour le duc de Guise ! Mais elle avance un argument irréfutable, puisque des témoins ont confirmé la véracité du fait : à la cathédrale même, le roi Charles IX, d'une main ferme, avait forcé sa sœur à courber la tête en signe d'acquiescement ! Elle a donc donné son consentement « par la parole et non par le cœur ».

Quand on soulève l'épineuse mais primordiale question de savoir s'il y avait eu consommation du mariage :

— Nous étions tous deux jeunes au jour de nos noces, répond-elle à l'instar d'Henri, et l'un et l'autre si paillards qu'il était plus qu'impossible de nous en empêcher.

Le vendredi 17 décembre 1599, les cardinaux-juges prononcent enfin l'annulation permettant « au roi Très Chrétien et à la Sérénissime reine de convoler en d'autres noces ».

Henri fait part de la bonne nouvelle à Margot. En dédommagement de la couronne qu'elle perd, il lui affirme qu'il sera désormais pour elle un frère. Margot remercie avec élégance — et un soupçon d'ironie. Elle accepte cet « office de frère » que lui offre son ex-époux. « Il est vrai, ajoute-t-elle, qu'en ce gain je perds beaucoup et le contrepoids que je trouve en la conquête de vos bonnes grâces affaiblirait ma consolation et me ferait méconnaître le changement de ma fortune, si je ne considérais que ce sont vos volontés et que vous croyez que mon dommage réussit au bien du public. Je me range donc à cette loi, non pour vous contenter, mais pour vous obéir... »

— Elle se plaint que je suis la cause de son malheur, s'exclame le roi, qui se souvient que Margot a porté les armes contre lui, mais il n'y en a point d'autre qu'elle-même, Dieu m'en est témoin !

Le 29 décembre, Henri donne à Marguerite le titre de duchesse de Valois et, afin de payer une partie de ses dettes, lui assure le versement de quatre annuités de 20 000 écus — qui ne suffiront d'ailleurs pas à éponger un lourd passif.

Margot n'a nullement l'intention de profiter de sa liberté, mais Henri ne peut se soustraire à son devoir : il doit se remarier, le royaume de France l'exige ! En dépit de la fameuse promesse, il n'épousera pas « la rusée femelle », — d'autant plus que, fort heureusement, Henriette n'attend pas d'enfant.

Il demande donc la main de Marie de Médicis.

D'ailleurs, à Florence, depuis la mort de Gabrielle, les pourparlers et les tractations ont marché bon train entre les deux chancelleries. C'est-à-dire avec une lenteur et une onction tout ecclésiastiques...

***

Au lendemain de la mort de Gabrielle, en effet, le grand-duc de Florence avait reçu cette lettre de Paris : « Maintenant, il y a une opportune commodité de bien placer votre nièce Marie de Médicis — et de fonder avec la France une amitié durable. »

Il est toujours plaisant de faire allusion aux origines bancaires de la famille de Médicis qui a donné deux reines à la France, origines fort lointaines d'ailleurs. L'ironie fait oublier que les Médicis sont issus — du moins l'affirmait-on — du chevalier français Everard, compagnon de Charlemagne. « Leurs armes — six pals de gueules au champ d'or — commémoraient le combat mythique livré par ce preux chevalier contre un géant malfaisant, Mugello,dont le fouet, garni de six boules de fer, s'était imprimé, par miracle, sur son bouclier (1). » On refusait de rappeler que le grand-père de la future reine de France, le duc de Florence, était devenu grand-duc de Toscane. Son fils et successeur, le fougueux François, avait épousé la fade et pieuse Jeanne d'Autriche, titrée reine de Bohême et de Hongrie, nièce de Charles Quint, et mère de la future reine de France.

Bien que François vécût avec sa maîtresse — la belle Bianca Capello —, chaque année son épouse autrichienne se trouvait enceinte... mais elle finit, âgée de trente-deux ans, par mourir à la tâche. Le veuf épousa sa chère Bianca. Ils devaient mourir tous deux le même jour, le 19 octobre 1587, et — nous sommes à Florence... — cette mort fut attribuée au poison. Les principaux soupçons se portèrent sur le frère cadet du prince, Ferdinand de Médicis, cardinal depuis l'âge de

(1) Françoise Kermina, *Marie de Médicis, reine régente et rebelle*, d'après des documents inédits. (Dans la même collection.)

quatorze ans et héritier du grand-duché... « Il était accouru de Rome et avait été reçu affectueusement au cours d'un banquet à trois, comportant comme d'habitude un menu incendiaire. La tourte, particulièrement violente, fut considérée comme la cause du drame. Les uns dirent que la grande-duchesse voulait empoisonner son beau-frère et s'était trompée d'assiette. Constatant qu'elle avait tué son mari, elle s'était suicidée de désespoir avec le dernier morceau de la tourte (1). » Cependant, nombreux étaient ceux qui affirmaient que le meurtrier ne pouvait être que Ferdinand, puisque, avec la disparition du grand-duc, il accédait au trône de Toscane.

Marie — elle avait quatorze ans à cette époque — devenait la plus riche héritière d'Europe. Quant au cardinal grand-duc, il se fit relever de sa dignité ecclésiastique et épousa Christine de Lorraine, petite-fille de Catherine de Médicis. Il devait à plusieurs reprises mettre son or à la disposition du Béarnais désargenté qui, à chaque emprunt, promettait de se convertir. Cette manière de chantage le sortait momentanément d'embarras, mais Henri finit par devoir à son bailleur de fonds la somme assez rondelette d'un million d'écus d'or. Le roi, ayant effectué son fameux saut périlleux, mit fin aux marchandages. C'est alors que le grand-duc et le pape estimèrent qu'il serait bon de resserrer les liens entre la France et l'Italie et qu'un mariage avec Henri IV, dès qu'il aurait recouvré sa liberté, freinerait l'ambition dévorante de l'Espagne, déjà maîtresse de Milan.

Du côté français, on se réjouissait.

Le versement de la dot de Marie amortirait en partie la dette contractée par le roi de France. Ferdinand, qui regorgeait d'or, avait donné son accord sur le principe de la transaction et s'était empressé d'exercer son influence prépondérante sur Rome, afin d'obtenir que le

(1) Françoise Kermina, *op. cit.*

mariage conclu en 1572 par le futur roi de France fût cassé.

On devine quel fut le mécontentement du grand-duc en apprenant qu'Henri était sur le point d'épouser Gabrielle d'Estrées ! Il entra dans une fureur sans bornes lorsqu'on lui rapporta que le roi, devant la cour, avait remis à sa maîtresse l'anneau de son sacre. Et Ferdinand de conclure qu'Henri avait feint de rechercher l'alliance florentine uniquement par calcul, afin de profiter de l'ascendant du grand-duc sur le pape pour en venir à ses fins : rompre les liens qui l'unissaient encore à la reine Marguerite. Marie avait vingt-sept ans — ce n'était alors plus la jeunesse — et, de ce fait, si le mariage français ne se faisait pas, elle risquait fort, en dépit de sa fortune, de rester vieille fille.

La déception du grand-duc fut de courte durée : l'éclampsie et la mort de la « bagasse » poussèrent Marguerite à hâter les démarches pour l'obtention de l'annulation de son mariage. On l'a vu, la place se trouvait disponible pour Marie de Médicis, ou plutôt, pour les diplomates chargés d'établir les conditions financières de l'opération.

Au lendemain de la mort de Gabrielle, les transactions commencent. Villeroy, secrétaire d'État aux Affaires étrangères, exige que les frais de voyage de la future reine jusqu'à Marseille soient à la charge du grand-duc. Mais les Italiens, fastueux, proposent de faire accompagner Marie par une suite luxueuse de deux mille personnes embarquées sur dix-sept galères.

— Quand à la dot de la princesse, déclare Villeroy, le roi accepte le versement d'un million d'écus d'or. Cependant, par égard pour le grand-duc, ami de la France, il veut bien consentir à ce qu'une partie de la dot soit acquittée sous forme de remise de créance.

Un million de dot ! L'adroit chanoine Baccio Giovannini lève les bras au ciel ! Il ne saurait en être question !

— Et que fait-on des mérites personnels de la princesse ? s'écrie-t-il. Une princesse vertueuse, avisée, catholique, belle et féconde ?

— Féconde ?... Vous n'en savez rien encore !

Objections, réfutations et démonstrations s'entrecroisent :

— Il y a d'autres princesses ! s'exclame Villeroy qui commence à perdre patience.

— Oui, quelque hérétique ! observe le chanoine, dédaigneux.

— Pas du tout, la fille de Bavière et d'autres !

— Aucune ne donnerait 500 000 écus, fait judicieusement remarquer le chanoine.

— Peu importe, pourvu qu'elle soit capable de faire des fils !

Les marchandages n'en finissent plus. Pour soutenir Villeroy, le chancelier Pomponne de Bellièvre se livre à un chantage sur la gaillardise royale, comme l'insinue Françoise Kermina. Si on n'assagissait pas le roi en le mariant, celui-ci deviendrait intenable. Capable de faire des folies, il épouserait sa nouvelle maîtresse Henriette d'Entragues, que le banquier toscan Jérôme Gondi appelait crûment « une putain des plus habiles qui ait jamais pratiqué la putainerie ». En résumé, le grand-duc risquait fort de ne pas rentrer dans ses débours et de ne jamais voir sa nièce sur le trône de France.

Le chanoine avait beau raisonner, et protester, Villeroy répétait sans cesse :

— On nous a promis un million !

— Vous l'avez déjà, ce million, hurlait presque Giovannini, à son tour quelque peu agacé... On n'a jamais vu des rois discuter ainsi d'une dot !

Finalement, on tombe d'accord pour 600 000 écus d'or. 350 000 seront versés comptant, et le reste de la somme servira à éteindre en partie la dette royale. Tout est enfin prêt pour les accordailles qui écarteront Henriette du trône.

⁂

— Nous venons de vous marier ! annonce fièrement Rosny en pénétrant chez le roi.

Aussitôt, Henri est en proie à une agitation fébrile. Il fait les cent pas. D'énervement, il se ronge les ongles et se gratte la tête. Quelque chose le préoccupe : serait-ce cette promesse imprudente qu'il a faite ? D'autant plus imprudente que la belle Henriette attend un enfant... qui pourrait être un fils. Enfin, il s'incline :

— Eh bien, puisque vous dites que c'est le bien de mon royaume, il faut donc me marier !

Mais il pense à Henriette, et ajoute :

— Je crains de rencontrer une mauvaise tête qui me réduira à des contestations domestiques que je redoute plus que les embarras réunis de la guerre et de la diplomatie.

Henri efface cette fatale promesse de son esprit et, advienne que pourra, signe la convention matrimoniale à la sauvette, craignant les réactions de la « mauvaise tête ».

Il donne ensuite l'ordre au ministre Sillery et au marquis d'Alincourt, fils de Villeroy, de partir pour Florence en qualité d'ambassadeurs. L'accueil que le grand-duc réserve aux diplomates français est fastueux. Leur escorte ne compte pas moins de trois cents cavaliers !

— Sa Majesté aime les beautés de Votre Altesse sans les avoir jamais vues, déclare d'Alincourt à Marie dès leur première rencontre.

La future reine ne comprend pas encore le français, mais devine qu'il s'agit d'un compliment et rougit. Certes, Marie de Médicis ne possède pas la taille de guêpe d'Henriette, mais ses rondeurs blondes paraissent appétissantes aux ambassadeurs et conviennent assurément à la mode du temps qui favorisait les femmes aux formes rebondies et au décolleté généreux. Le 25 avril 1600 voit la signature du contrat, puis d'Alincourt repart pour la France afin d'apporter au roi un portrait de sa future femme. Henri trouve les traits de Marie plus agréables qu'il ne le croyait, et lui écrit : « Je ne vous aime pas seulement comme un mari doit aimer une femme, mais comme un serviteur passionné une maîtresse... »

La vraie maîtresse est bouleversée... et gémit dans les bras d'Henri :

— Vos noces sont les funérailles de ma vie.

Le roi essaye en vain de l'apaiser — et la marquise, devenue hargneuse, se transforme en véritable harpie.

— Quand donc viendra votre grosse banquière ? interroge-t-elle méchamment.

— Quand j'aurai débarrassé ma cour de toutes les putains, répond-il agacé.

Henriette se déchaîne et fait état de sa grossesse. Si elle accouche d'un fils, elle compte assurément se servir de la promesse ! Henri prie sa maîtresse de restituer son engagement malheureux. Henriette refuse, et les scènes se succèdent, de plus en plus fréquentes et orageuses jusqu'au 21 avril — quatre jours avant la signature du contrat à Florence. A cette date, le roi, dont la patience est à bout, écrit, acerbe, à la marquise : « Mademoiselle, l'amour, l'honneur et les bienfaits que vous avez reçus de moi eussent arrêté la plus légère âme du monde, si elle n'eût point été accompagnée de mauvais naturel comme la vôtre. Je vous prie de me renvoyer la promesse que vous savez... Renvoyez-moi la bague que je vous remis l'autre jour. »

La marquise a-t-elle rendu la bague ? On ne sait ! Quant à la maudite promesse, celle-ci est toujours entre les mains de M. d'Entragues, qui n'a nullement l'intention de s'en dessaisir. Aussi Henri, irrité, lui ordonne-t-il : « Je vous envoie ce porteur pour me ramener la promesse que je vous baillai à Malesherbes. Je vous prie, ne faillez pas de me la renvoyer et si vous me la voulez rapporter vous-même, je vous dirai les

Rubens a peint cette allégorie nous montrant la présentation au roi Henri du portrait de sa future femme, Marie de Médicis. (L.A.P.)

raisons qui m'y poussent, qui sont domestiques, non d'État... »

Bien sûr, d'Entragues n'obtempère pas...

Le 2 juin, un épouvantable orage s'abat sur Paris. La foudre tombe sur l'église de Saint-Germain-l'Auxerrois... et, à deux pas de là, également sur la maison où vit Henriette. De saisissement, la jeune femme accouche d'un fils qui rend le dernier soupir peu après avoir poussé le premier.

Caprice du hasard ? Ce coup de tonnerre tombe à point nommé pour dénouer une situation inextricable...

***

Henri séjourne au mois de juillet 1600 à Lyon, d'où il s'apprête à partir en guerre contre le duc de Savoie. Il avait été convenu que la France garderait le marquisat piémontais de Saluces conquis par Henri II. En revanche, dans le cas où le duc de Savoie préférerait le récupérer, il devait remettre à la France les terres savoyardes situées sur la rive gauche du Rhône, soit le Bugey, la Bresse et le Valmorey. Charles-Emmanuel de Savoie, lui aussi fort adonné aux dames en dépit de sa bosse, s'était rendu à Fontainebleau au mois de décembre 1599, où « ce ne furent que caresses et embrassades entre Sa Majesté et Son Altesse, ensuite de quoi, on ne parla que de festins et de réjouissances ». Henri se confia même au duc en des termes qui demeurent dans toutes les mémoires :

— Si Dieu me prête encore la vie, je ferai qu'il n'y aura point de laboureur en mon royaume qui n'ait le moyen d'avoir une poule dans son pot.

A Paris, l'accueil royal est tout aussi chaleureux, mais le duc intrigue et manœuvre avec l'Espagne — il est le gendre de Philippe II. Il observe les forces françaises avec un tel intérêt — tout en fortifiant ses places savoyardes — qu'Henri perce son jeu :

— Cet homme pense être si éloquent, subtil, fin et si rusé qu'il se croit capable de me circonvenir et d'abuser tout le monde. Or, il y a longtemps qu'il m'abuse de belles paroles ; je lui ferai voir que je ne suis pas de ces oiseaux niais propres à se laisser duper.

Le duc n'en continue pas moins ses manigances et manèges, couvrant d'or l'entourage d'Henri — il a apporté dans ses bagages 500 000 écus ! — et donnant force perles et diamants à Henriette dans l'espoir qu'elle trahira son amant. Si le surintendant rejette dédaigneusement les présents de l'horrible personnage, il en est tout autrement du fastueux duc d'Epernon, du comte d'Auvergne et du maréchal de Biron. Sans doute, ce dernier refuse-t-il deux magnifiques chevaux, mais il se laisse aller à d'étranges confidences, révélant à Charles-Emmanuel l'existence d'une conspiration « faite pour détruire le roi ». Le voyant si bien disposé, le Savoyard aurait excité sa rancœur :

— N'est-ce pas vous qui avez tout fait à Fontaine-Française, à la prise de Laon, et au siège d'Amiens ? Et cependant, nous voyons votre crédit baisser... Vous a-t-on confié une seule citadelle que vous avez conquise ? Est-ce ainsi que d'autres rois de France traitaient du Guesclin et Dunois ? Ici même, j'ai vu le duc de Bouillon et le duc d'Epernon s'étonner de votre patience à dévorer des outrages. Ils ont en effet des projets étendus que leur a suggéré l'honneur de la noblesse de France ; le roi d'Espagne et moi les appuierons de nos armes, mais ils ne peuvent réussir sans le concours du plus grand capitaine de l'Europe.

Charles de Biron est un homme altier, d'un fol orgueil, et ces paroles font l'effet d'un chiffon rouge agité devant un taureau... Cependant, la rébellion du maréchal n'éclatera que plus tard.

Fort judicieusement, le roi ne veut pas supporter plus longtemps les duperies du Savoyard, il n'aime pas que l'on vienne fureter dans son royaume. L'affaire du marquisat traîne, on conseille à Henri de retenir le duc à

Paris et de profiter de son absence pour s'emparer de Saluces. En vrai gentilhomme, Henri refuse :

— J'ai tiré de ma naissance et appris de ceux qui m'ont nourri que l'observation de la foi donnée est plus utile que tout ce que la perfidie promet. J'ai l'exemple du roi François qui pouvait, par la tromperie, retenir en France un plus friand morceau, savoir Charles Quint.

Sans se servir de ruses indignes de lui, Henri fera donc la guerre pour récupérer le marquisat qui lui appartient par traité. Il l'écrit à Rosny : « Vous avez bien deviné : M. de Savoie se moque de nous ! Venez en diligence et n'oubliez rien de ce qui est nécessaire pour faire sentir sa perfidie. »

De Lyon, le 17 juillet 1600, il annonce à Marie : « Le duc de Savoie a fait le fin jusque à cette heure, et je le presse de façon qu'il soit au bout de son rouleau ; si dans huit jours il ne me satisfait, la première [lettre] que vous recevrez de moi sera datée de Chambéry... Toute son espérance est de me faire quelque méchanceté, mais Dieu m'en gardera premièrement pour vous, puis pour mes sujets. J'ai pris les eaux de Pougues, de quoi je me suis très bien trouvé, j'achevai hier d'en prendre. Comme vous désirez la conservation de ma santé, j'en fais ainsi que vous, et vous recommande la vôtre, afin que, à votre arrivée, nous puissions faire un bel enfant qui fasse rire nos amis et pleurer nos ennemis. Frontenac me dit, à son arrivée, que vous désirez avoir quelques modèles de la façon dont on s'habille en France. Je vous envoie des poupines [poupées] ; et, avec M. le Grand, je vous enverrai un très bon tailleur. » Bellegarde devait, en effet, se rendre à Florence pour chercher la future reine.

Tout se passe bien pour le roi et pour son armée forte de quarante mille hommes, d'autant plus que leur action est soutenue par une quarantaine de canons. Bientôt, ainsi qu'il l'a promis, il pourra dater de Chambéry une lettre adressée à Marie. Celle-ci lui avait envoyé un ruban que l'on portait alors à la guerre en l'honneur de sa belle et Henri, après l'avoir remerciée, précise : « Je le mettrai sur mon habillement de fer : si nous venons à un combat, je donnerai des coups d'épée pour l'amour de vous. »

Il lutte à la tête de ses hommes et possède toujours ce sixième sens qui lui fait deviner les intentions de l'ennemi. A la guerre, selon un diplomate vénitien, sa vue, « mariée avec l'expérience, jugeait de loin non seulement les quantités des troupes, mais les qualités et, à leur mouvement, si elles branlaient ou marchaient résolues » — et cela en dépit du double jeu mené par Charles de Biron. Henri l'apprendra et le révélera plus tard : le fils du vieux maréchal « avait, pendant la guerre de Savoie, telle correspondance avec le duc, que celui-ci était averti par lui, non seulement de ce que je faisais mais aussi de ce que je pensais et projetais de faire... ».

— J'aurais perdu plusieurs fois la guerre si Dieu n'eut plus eu de soin de moi et de mon royaume que moi-même.

Bientôt tout le duché est entre les mains d'Henri qui surnomme Charles-Emmanuel le *duc sans Savoie*. « Hâtez votre voyage, le plus que vous pourrez », écrit alors le roi à Marie. Il se trouve à Grenoble lorsque Henriette vient troubler sa tranquillité. Elle arrive inopinément et l'attend à la Côte-Saint-André, près de Vienne. Le roi bondit à cheval avec Bassompierre. « Je fis cette traite au trot, dont j'étais si las, racontera plus tard ce dernier, qu'à l'arrivée je n'en pouvais plus. »

Le roi n'est pas récompensé de sa hâte. Henriette l'accueille par une scène violente. Ses criailleries n'ont jamais été aussi effroyables : la marquise a appris que Marie s'apprêtait à quitter Florence et cette nouvelle la met hors d'elle. Si la future reine avait tardé à rejoindre Henri, peut-être Henriette aurait-elle eu le temps de mettre un fils au monde avant le mariage. Mais la promesse se trouve à présent quelque peu démonétisée.

Devant cette scène insupportable, le roi demande à Bassompierre de faire seller les chevaux : il veut regagner Grenoble sans tarder ! Bassompierre ne tient pas du tout à repartir pour une nouvelle chevauchée. « Je fis tant d'allées et venues pour accorder deux personnes qui en avaient bonne envie, que j'y mis la paix ; et couchâmes à Saint-André. »

Henriette est reçue à Grenoble telle une reine et Henri renouvelle le geste qu'il a déjà accompli, au lendemain de Coutras, en l'honneur de Corisande : il fait porter sur le lit de la marquise de Verneuil les drapeaux savoyards pris à Charbonnières... Par un sentiment délicat qui n'est certes pas dans ses habitudes, Henriette offre les étendards à l'église Saint-Just de Lyon.

Remettre ces trophées à sa fiancée florentine n'est pas venu à l'esprit du roi ! A nouveau, bien qu'elle soit difficile à vivre, Henriette occupe toutes ses pensées ! Et la correspondance amoureuse reprend de plus belle entre les amants terribles : « Mon cœur, écrit le roi le 11 octobre, j'étais parti si matin pour aller reconnaître les passages que je vous ai mandés, que cela m'a retardé jusqu'à cette heure du contentement de savoir de vos nouvelles, ayant trouvé à mon retour votre laquais arrivé. J'ai baisé mille fois votre lettre, puisque ce ne pouvait être vous. Ne doutez pas que je vous trouve fort à dire, nous sommes trop bien ensemble pour qu'il puisse être autrement. Je vous le montrerai bien par mon prompt retour. »

La marquise s'applique à se trouver de nouveau enceinte et le roi ne se fait point prier pour s'y employer. Sa maîtresse l'appelle d'ailleurs « le capitaine bon vouloir »...

Autoportrait de Marie de Médicis
à l'âge de quinze ans.
(B.N./L.A.P.)

Le portrait de Marie de Médicis que l'on peut admirer au palais Pitti de Florence correspond à la description que Bellegarde et les envoyés du roi à Florence firent à leur maître : « Le front élevé, les cheveux du plus beau brun du monde, le teint d'une blancheur admirable, le regard noble, la beauté de sa gorge correspond à celle des bras et des mains... » S'agit-il d'un portrait quelque peu flatté ?... (Scala)

Chapitre XV

Les premiers pas du ménage à trois

Bellegarde, accompagné de quarante gentilshommes, arrive à Florence le 20 septembre : il vient chercher Marie de Médicis. Quinze jours plus tard, le 5 octobre, le mariage par procuration est célébré dans la superbe cathédrale de Florence. La mariée est suivie par quatre-vingts carrosses dans lesquels ont pris place trois cents jeunes filles vêtues de blanc. Le grand-duc remplace Henri IV. C'est lui qui échange les anneaux et, aussitôt, selon un témoin, « une joie rieuse fait retentir toute l'église ».

A 8 heures, au vieux palais, demeure de Marie — c'est aujourd'hui la préfecture de la ville —, le banquet déploie ses fastes à la clarté de plusieurs centaines de bougies. Un imposant lys incrusté de diamants et de lapis-lazulis occupe tout le fond de la salle. Sur la table, devant la nouvelle reine de France, on a placé une figurine représentant le roi Henri monté sur un superbe cheval de sucre.

Le 13 octobre, accompagnée de la grande-duchesse, sa jeune tante Christine, Marie se met en route pour Livourne où l'attend la galère royale étincelante de pierres précieuses et ornée de marqueterie et de soie brochée d'or. La flotte suit la côte de crainte des

Barbaresques. Après avoir fait escale à Portofino, Gênes et Antibes, Marie atteint enfin Toulon.

Pour éviter le scandale, maintenant que la reine touche la terre de France, le roi a prié Henriette de s'effacer avec discrétion… très provisoirement. « Ce fut alors, a rapporté un témoin, que les brouilles et les querelles du roi avec la marquise recommencèrent. Elle ne le voulait quitter et faisait voir à tout le monde les promesses qu'il lui avait baillées, elle s'en prévalait, estimant qu'elles suffisaient pour faire déclarer nul le mariage conclu à Florence, pour obliger le roi à l'épouser. »

Henri laisse passer la tempête, caresse sa maîtresse… qui, à demi apaisée, reprend le chemin de Paris. Puis le roi, avec un « extrême déplaisir », fait savoir à Marie qu'il est bien contrarié de ne pouvoir la recevoir comme prévu à Marseille, le siège de Montmélian l'en empêchant. La guerre contre la Savoie n'est pas encore achevée, bien qu'en très bonne voie de l'être.

Le 3 novembre, la galère royale jette l'ancre en rade de Marseille, tandis que tonne la mousqueterie à laquelle répondent les canons des galères. Toujours suivie de ses quatre-vingt-dix dames en blanc, Marie débarque au bras de Bellegarde… dont la présence rappelle à certains la malheureuse Gabrielle. Un témoin, la duchesse de Bouillon, évoquera même l'ancienne favorite en décrivant la nouvelle reine : « Il n'y a rien qui approche de la défunte Gabrielle d'Estrées… La reine est une beauté brune claire [blond cendré], la bouche un peu grosse, l'œil noir, le front haut, avec une grande douceur au visage, et un fort embonpoint… » Ce qui était alors une qualité très prisée.

Le connétable de Montmorency, le chancelier de Bellièvre et le duc de Guise s'inclinent devant leur souveraine qui est accompagnée de quinze cents Toscans. Un grave problème se pose : à qui doit-on remettre la dot de 350 000 écus d'or, puisque le roi est absent ? Le secrétaire d'État aux Affaires étrangères de Toscane, le vieux Belisario Vinta, en dépit de sa santé — il avait terriblement souffert du mal de mer —, décide de suivre la reine jusqu'à Lyon « où l'on réglera le tout ». Ses amis florentins le plaignent de tout leur cœur :

— Avec ces grands froids, cette neige, et ces orages extraordinaires qu'il y a eu, c'est vraiment ennui pour votre Excellence d'être contrainte à cause de cette fameuse dot et de son récépissé, à faire de si grands voyages dans un pays comme la France, au cœur de l'hiver — d'un hiver exceptionnel — et à votre âge !

L'interminable remontée de la vallée du Rhône est, en effet, bien pénible : « Chacun était abattu et accablé de la tourmente, rapporte un témoin, l'un pantelant de çà, l'autre pâmant de là, la reine seule se riait d'eux et encourageait tantôt l'un, tantôt l'autre. » Rien n'a été préparé. La suite royale s'entasse dans des logis de rencontre, et, avec force gestes, les Italiens protestent contre ces mauvais traitements. A Avignon, l'accueil, le 19 novembre, fait réapparaître les sourires. Les Avignonnais admirent la reine, « cette beauté sans fards, sans vermillon et sans griserie, la face toujours riante ». Tous sont dans la joie, d'autant que Montmélian vient d'être pris par le roi, et l'on chante un *Te Deum* à la cathédrale. Le 16 novembre, Henri a en effet pu imposer sa paix au « duc sans Savoie ». Bugey, Bresse, Valmorey et Gex devenaient français.

Le grand prieur de Savoie, Georges de Lucinge, gouverneur de Montmélian, avait reçu d'Henri IV cette lettre lui demandant de se rendre : « Vous avez fait jusqu'à présent tout ce qu'un gentilhomme et de courage peut pour défendre et conserver cette place, ayant en ce devoir surpassé tous les autres en pareille charge… Résolvez-vous donc de faire ce que vous ne pourrez éviter. Vous y êtes conseillé et convié par un prince qui fait profession de gloire et d'aimer et d'estimer les gens d'honneur. »

Le grand prieur, qui connaissait les menées suspectes du duc, s'était incliné. Aussi, reconnaissant, Henri — « vieux chasseur qui connaît les ruses du renard » — lui adresse-t-il cette nouvelle lettre : « Mon ami, entre véritables gentilshommes de la vieille roche, ainsi que vous et moi, il ne saurait être parlé d'argent pour l'essentiel, mais je vous assure toutefois que, si je pouvais savoir que vous soyez jamais à découvert ou dépourvu, je vous saurais bien forcer en ce retranchement (1)... »

Le 3 décembre 1600 — près de trois semaines après le départ de Marseille — le long cortège s'arrête au faubourg de La Guillotière devant Lyon. Que se passe-t-il ? Les portes de la ville ne s'ouvrent pas. Une querelle d'étiquette divise les édiles : lors de l'entrée des rois Henri II et Henri IV, les magistrats avaient été autorisés à demeurer debout. Or, aujourd'hui, certains, plus galants, estiment que c'est à genoux qu'ils devraient présenter leur compliment à Marie. Ces derniers semblent avoir eu gain de cause.

Six jours plus tard, à 11 heures du soir, le roi et Rosny, dans le froid et sous la pluie, eux aussi, attendent une heure entière que l'on veuille bien leur ouvrir la poterne du pont fortifié de Lyon, « parce que Sa Majesté, rapporte Rosny, pour le plaisir de surprendre la reine, n'avait point voulu se nommer ».

A l'archevêché, Marie a pris place à une table qui a été dressée « dans une sallette fort pleine de gentilshommes servants ». Henri pénètre dans la pièce. On le reconnaît et « ceux qui étaient plus près de la porte se fendirent pour lui donner passage, ce qui fit que Sa Majesté sortit à l'instant, sans entrer plus avant... », nous rapporte le pasteur Pierre-Victor Palma-Cayet,

(1) Je remercie vivement le prince Jean-Louis de Faucigny-Lucinge, qui m'honore de son amitié, de m'avoir permis de publier ces deux lettres inédites provenant de ses archives.

ancien sous-précepteur d'Henri de Béarn et son historiographe. La reine a bien aperçu cette agitation et devine que le roi vient d'arriver. Fort émue, elle refuse la plupart des plats qui lui sont présentés et s'empresse de se réfugier dans sa chambre : « Le roi, qui n'attend autre chose, arrive à la porte d'ycelle, faisant marcher devant lui M. le Grand, qui frappe si fort que la reine juge que ce devait être le roi. » En effet, Henri entre au même instant dans la pièce avec Bassompierre. Marie se jette à genoux. Le roi la relève, l'embrasse « à la française », c'est-à-dire sur la bouche, puis ce ne sont « qu'honneur, caresses et baisers, respect et devoir mutuels ». Henri prend la nouvelle reine par la main et la conduit vers la cheminée « où il parle avec elle une bonne demi-heure », nous dit notre témoin. En quelle langue ? Certes le roi connaissait quelques mots d'italien, mais était-ce suffisant ? Quant au latin, Marie le parlait-elle ? Puis, le roi s'en va souper, ce qu'il fit assez légèrement… Henri a en effet l'intention d'être ce soir même le mari de sa femme, bien qu'on l'ait entendu, paraît-il, murmurer :

— On m'a joué, elle n'est point belle…

Cependant, Henri demande à la duchesse de Nemours d'avertir la reine que, puisqu'il était venu sans lit, « il s'attendait qu'elle lui ferait part du sien… ».

Selon la lettre d'un certain Agucchi, un *monsignor* qui faisait fonction de majordome, « quand la reine voit la résolution du roi, elle est prise d'une telle peur qu'elle devient froide comme glace… ». Il est vrai qu'il ne fait guère chaud. On doit réchauffer Marie avec des linges brûlants. Le roi, qui s'est fait déshabiller, pénètre alors dans la chambre. La reine est déjà au lit, poursuit notre *monsignor*, « et lors les princesses et autres dames donnent lieu, par leur retraite, à l'accomplissement du mariage ».

Le lendemain matin, le roi se vante « d'avoir engagé le combat à trois reprises ». Si l'on se souvient des confidences faites autrefois par Gabrielle, il faut croire que l'attrait de la nouveauté et le plaisir du changement ont agi efficacement... Quoi qu'il en soit, on interroge le roi :

— Une telle vaillance a-t-elle eu un heureux succès ?

— Très bon... Allez demander à la reine si elle est satisfaite de moi.

La reine rougit et approuve en riant. A l'ambassadeur Aguacci, Henri, avec plus de précision, l'avoue honnêtement, si la première impression n'a pas été bonne, la seconde est bien meilleure :

— Ma femme et moi avons été tous deux bien attrapés, moi, de l'avoir trouvée plus belle et gracieuse que je l'étais persuadé, et elle, me semble-t-il, de m'avoir trouvé plus jeune qu'elle ne le pensait et qu'elle pouvait le croire d'après ma barbe blanche.

« Belle et gracieuse », ce ne sont sans doute pas les termes qui conviennent à l'opulente Marie de Médicis... Marie manque de grâce, et peut friser la vulgarité. Lorsqu'elle se met en colère — et cela est fréquent — ses traits se convulsent et elle devient franchement laide. Pour tout achever, elle n'est guère intelligente. On la dit même sotte... Mais à Lyon, Henri ne s'en aperçoit pas. Marie ne comprend toujours pas le français ! Elle jacasse sans cesse avec sa favorite Léonora Galigaï-Dori, sa sœur de lait, fille d'une blanchisseuse et d'un menuisier-fossoyeur. Sa maîtresse devenant reine de France, Léonora, moyennant un peu d'or, s'est fait reconnaître, avant de quitter Florence, par un seigneur aussi cacochyme que désargenté, un certain Galigaï.

Henri est gêné par la laideur de Léonora, chargée de coiffer Marie « haut à l'italienne ». Mais Marie tient à sa noiraude. Celle-ci, guère favorisée par la nature, n'est cependant pas monstrueuse comme l'affirme un contemporain : « un nez d'éléphant, des dents en crocs, des pieds de homard et une bouche petite comme l'entrée d'un four »... Cependant, la Galigaï, comme on l'ap-

Léonora Galigaï, sœur de lait de Marie de Médicis. « Toutes deux avaient sucé mêmes mamelles et avaient été nourries du même lait ; elles avaient pris substance des mêmes choses et, depuis l'enfance, cette femme n'était jamais départie des côtés de la reine... » (B.N./L.A.P.)

pelle, n'a aucune séduction, malgré le portrait aimable, ou flagorneur, que nous en fait Tallemant des Réaux qui lui trouve la taille « assez agréable » et les traits du visage « assez beaux », mais, précise-t-il, tout cela n'apparaissait guère, gâché par la trop grande maigreur du personnage. Quoi qu'il en soit, hystérique, voire épileptique, affligée, prétendait-elle, d'une « boule qui la travaille de telle façon que le mal montait à la gorge pour l'étrangler », cette pauvre femme au physique ingrat possède un goût très sûr. Elle règne sur les parures et les innombrables bijoux de sa souveraine.

Une cohorte de gentilshommes italiens, sans attaches avec le service proprement dit de la reine, gravite autour de Marie. Tout ce monde bruyant est venu chercher fortune en France. Un homme domine ce vol de corbeaux : Concino Concini, un seigneur à « l'allure bravache ». Le cardinal de Richelieu affirmera que le père de Concino, allié aux meilleures maisons de Florence, avait été gouverneur de François de Médicis et que, selon un rapport de M. de Thou, on le considérait comme « le premier homme d'État d'Italie » — ce qui était tout de même un peu excessif... D'autres prétendent que le futur maréchal d'Ancre est le fils d'un simple notaire d'Arezzo. Noble ou roturier, Concino n'en fut pas moins croupier et se livra même à des activités assez louches avant d'aller tenter sa chance à la suite de Marie de Médicis. L'aventurier avait d'ailleurs déclaré avec franchise qu'il partait pour la France chercher « la richesse ou la mort ».

Il devait y trouver l'une et l'autre...

Concini louvoie, intrigue pour que le grand écuyer le présente au roi, mais M. de Bellegarde affecte de traiter de haut ce « coyon », ainsi que les Parisiens baptiseront les membres de la cohorte italienne qui, déjà du temps de Catherine — l'autre Médicis —, s'était abattue sur la France comme une nuée d'oiseaux chapardeurs. La présentation de Concino Concini aura lieu plus tard...

*
**

Pour célébrer le mariage, on attend la venue du légat du pape, le cardinal Aldobrandini. Une semaine après la nuit de noces, le prélat arrive... et, le 16 décembre 1600, le légat, entouré de *monsignori* friands de cérémonial, prend place dans le chœur de l'église.

Il est midi.

Les mariés se font attendre, et le cardinal grelotte de froid pendant deux longues heures. Enfin le roi — un Henri inattendu, tout froufroutant de satin blanc soutaché d'or, coiffé d'une plume de héron qui se balance gaiement sur une toque endiamantée — pénètre au son des trompettes dans la cathédrale. Marie fait à son tour son entrée, vêtue d'un lourd manteau de velours violet semé de lys d'or et de diamants. Le roi ne porte pas la couronne, car le souverain ne peut la ceindre que le jour de son sacre et sur son lit de mort. En revanche, Marie plie sous le poids de son diadème serti d'une pluie de brillants, de rubis et de perles qui scintillent de tous leurs feux. Au centre brille d'un éclat incomparable un fameux diamant, le Sancy, que son propriétaire, le diplomate et évêque Harlay de Sancy, a prêté à Henri avec le secret espoir de le lui vendre. La longueur de la messe nuptiale, ajoutée au retard pris avant la cérémonie, oblige les convives à se mettre à table avec un tel décalage sur l'horaire prévu que les premiers plats du souper sont servis avec les derniers plats du dîner.

Le matin du 1er janvier 1601, Rosny entre dans la chambre des époux. Selon l'usage, en qualité de grand maître des Finances, il apporte des bourses de jetons d'or destinées au roi et à la reine et des jetons d'argent que l'on remet au service d'honneur et aux serviteurs.

On attend pour quitter Lyon la signature de la paix avec le duc de Savoie. C'est chose faite le 17 janvier.

Henri de nouveau n'a plus qu'une idée en tête : abandonner la plantureuse Junon au regard de commère souvent maussade, et retrouver sa pétulante maîtresse, l'enjôleuse et caressante Henriette. Il prétexte vis-à-vis de Marie la lourde charge des affaires de l'État, qui réclament sa présence à Paris le plus promptement possible !

Il est hors de question pour la reine de voyager tambour battant, d'autant plus que le roi semble avoir été vite en besogne : Marie attendrait déjà un enfant. Fièrement, Henri le proclame à tout venant. Cet état exige, bien sûr, que la reine gagne le Louvre sans fatigue, par petites étapes, sous la conduite du connétable de Montmorency et de M. de Villeroy. Henri trace lui-même l'itinéraire de la longue cavalcade royale. La venue au monde d'un dauphin est un événement trop important, trop attendu, pour ne pas prendre le maximum de précautions ! Quant au roi, c'est en un temps record qu'il galope en poste de Lyon à Roanne, suivi seulement d'une douzaine de compagnons. Il s'embarque sur la Loire jusqu'à Briare, puis prend la route et, passant par Montargis et Nemours, atteint Fontainebleau le 23 janvier. Arrivé au château, il parcourt les futurs appartements de Marie, qui sont encore loin d'être prêts. Le lendemain, Henri l'annonce en ces termes à la reine : « Cette maison pleure de quoi vous la verrez en hiver ; mais il n'y a remède. Mes ouvriers n'ont fait la diligence que je pensais. Nonobstant toutes ces choses, il y fait plus beau qu'à Lyon. De ce pas, je vais à Paris. »

En effet, ce même 24 janvier au soir, toujours galopant, le roi atteint Paris pour se précipiter dès le lendemain au château de Verneuil où, durant huit ou dix jours, il « demeure en plaisir d'amour ». Les nuits sont si bien employées qu'Henriette, suivant l'exemple donné par la reine, se trouvera enceinte ! Par association d'idée, Henri pense à sa femme qui, avec sa suite, avance comme une tortue. Bien sûr, le roi ne fait rien

LALIANCE DV ROY DE FRANCE, AVEC MARIE DE MEDICIS, PRINCESSE DE FLORENCE
en decembre l'an 1600.
ieu qui voit d'un oeil doux le royaume de france
res m'auoir paisible en mon throsne esleue'
eult d'un nœud d'amitie bien ferme & esprouue'
nioindee aux lys françois les armes de Florance ;
Sire puisquil uous plaist pour espouse m'eslire
Entre mille beautes qui parent l'uniuers
Je veux faire conoistre à vos peuples diuers
Qu'enuers vous mon amour est tel que vostre empire

(B.N./L.A.P.)

pour hâter sa marche. Il se contente d'écrire à Marie, le 27 janvier : « Mandez-moi le jour où vous serez à Nemours, afin que je m'y trouve. La neige continue, et il y en a plus d'un pied dans les bois, ce qui m'empêche de courir aujourd'hui un cerf, mais ce sera demain si la neige fond… Lundi, je vais voir mes enfants. J'ai encore un peu mal aux yeux ; pour mon rhume, il diminue fort et je ne m'en ressentirai plus pourvu que je vous voie. Ce que vous m'avez écrit en français est fort bien. Si vous augmentez tous les jours d'une ligne, dans huit jours toute la lettre sera française. Ne doutez point que je vous aime bien, car vous faites tout ce que je veux ; c'est le vrai moyen de me gouverner ; aussi ne veux-je jamais être gouverné que de vous, que je baise cent mille fois. »

Il craint que l'arrivée de Marie ne vienne interrompre un peu trop tôt ses ardeurs amoureuses. « Pour Dieu, lui recommande-t-il encore le 30 janvier, ordonnez vos journées pour n'arriver que lundi, car j'irai dimanche au soir vous trouver à Nemours. »

Concini voyage bien à l'abri dans un carrosse fermé, mais Marie, dans sa litière ouverte à tous vents, est transie. Son visage est glacé, son nez bleu, et le vent lui donne de la couperose. De fort méchante humeur, elle atteint Nemours le jour de la Chandeleur. Henri n'est pas venu, mais une lettre du roi la rejoint, lui ordonnant de l'attendre. Elle aura plus chaud sur les bords du Loing ! Il est tout prêt à affirmer qu'il fait plus froid à Fontainebleau qu'à Nemours… qui est à quatre lieues du château.

Enfin, Henri rejoint son épouse pour la conduire lui-même à Fontainebleau enseveli sous une épaisse couche de neige. Depuis trente années, on ne se souvient pas avoir enduré un froid aussi vif ! La Florentine, qui est frileuse, regrette sûrement le ciel d'Italie, et de ne pas avoir épousé le prince de Parme ou quelque autre seigneur italien ! Le secrétaire du nonce Aldobrandini l'avait déjà pressenti à Lyon…

Le 8 février 1601, au son de « beaux bruits d'artillerie », la cour approche de Paris. A la porte Saint-Victor, le long cortège contourne la ville pour s'arrêter faubourg Saint-Germain devant l'hôtel de Gondi. Enrhumée par le froid, Marie n'est pas mécontente que s'achève enfin cette interminable randonnée « avec la grande espérance, écrit-elle, que continue ma grossesse ».

Le lendemain, le roi s'invite à dîner avec la reine et toute la cour à l'Arsenal, chez Rosny. « Marie, racontera le futur Sully, était suivie de toutes ses filles italiennes qui, trouvant mon vin d'Arbois fort de leur goût, en burent un peu plus que le besoin. J'avais d'excellents vins blancs et aussi clairs qu'eau de roche. J'en fis remplir les aiguières ; et lorsqu'elles demandaient de l'eau pour tremper le vin de Bourgogne, ce fut cette liqueur qu'on leur présenta. Le roi, les voyant de si bonne humeur, se douta que je leur avais joué pièce... »

La décoration des appartements du Louvre n'est pas encore terminée. Aussi, deux jours plus tard, le ménage royal s'installe-t-il chez l'inévitable banquier Zamet, où la reine occupe l'appartement que le roi avait si souvent utilisé du temps de Gabrielle. Se retrouver dans ce lieu avec sa femme ne gêne pas du tout Henri... Il ne s'embarrasse pas de scrupules et offre à Marie les bijoux dont il a couvert autrefois sa maîtresse. Puis il entraîne la reine à la foire Saint-Germain, où il s'amuse, selon son accoutumée, à marchander. Mais Marie est si pressée par la foule qu'elle revient sans le moindre achat, à la grande déception des boutiquiers à qui le roi avait annoncé que la reine « les ferait tous riches, car elle avait de l'argent frais ».

Dès leur arrivée à Paris, Henri a conduit son épouse au Louvre. Il faisait nuit. En pénétrant dans les appartements royaux, au premier étage, la reine fut consternée en distinguant dans la pénombre « quelques mauvais meubles. Partout des vieilleries usées, des misères indignes... Je lui ai ouï dire plusieurs fois, rapporte Hurault de Cheverny, qu'elle ne fut jamais en toute sa vie si étonnée et effrayée, croyant que ce n'était le Louvre et qu'on faisait cela pour se moquer d'elle ».

Ce même jour — ou le lendemain, les chroniqueurs ne sont pas d'accord — Marie croit de nouveau à quelque mauvaise plaisanterie de la part du roi lorsque se déroule la scène qui commence avec l'arrivée de Mme de Nemours. La duchesse parle fort bien l'italien et a reçu la charge de surintendante de la Maison de la reine. Ce jour-là, Henri lui a demandé « assez rudement », paraît-il, de présenter Henriette d'Entragues à la reine. Mme de Nemours a tenté de s'opposer à cette idée renversante.

— Cela m'ôterait toute audience auprès de ma maîtresse !

Mais elle a dû céder et, en pénétrant chez Marie, elle précède une jeune femme toute souriante et sûre d'elle-même.

— Cette femme est ma maîtresse, lui explique paisiblement le roi, et veut aujourd'hui être votre humble servante.

Et comme Henriette esquisse une vague révérence, qui n'est pas la grande révérence de cour, le roi lui met brusquement la main sur l'épaule, la force à s'agenouiller, et, comme l'exige l'étiquette, à baiser le bas de la robe de la reine. Marie dissimule ses sentiments, néanmoins, ainsi que l'écrit à Florence Baccio Giovannini, « elle peste intérieurement et les déplaisirs rentrés ont toute force ».

Cependant Henriette, « fort hardie de son naturel, fait si fort la familière » que Marie finit par lui répondre avec courtoisie, au grand contentement du roi que la situation semble amuser. Dans quel but Henri a-t-il agi de la sorte ? Est-ce pour éviter que la reine ne soit mise au courant de sa liaison par des commérages et ne subisse un affront ? Ou bien, tout simplement, a-t-il pensé à sa propre commodité en mettant sa femme devant le fait accompli ? Très détendue, la marquise s'assied d'ailleurs, ce même jour, près des princesses du sang... Celles-ci semblent trouver la rencontre et la situation assez piquantes, d'autant que le roi, toujours goguenard et d'une muflerie qui ne manque pas d'étonner, fait ostensiblement, sous les yeux mêmes de la reine et de la favorite, une cour pressante à l'une des filles d'honneur de Marie et annoncera peu après « qu'il ne l'a pas trouvée pucelle ».

On comprend que la plantureuse Marie n'ait pas le cœur à rire. Elle souffre de la légèreté scandaleuse de son mari, devient acariâtre, et prend un air revêche qu'Henri, selon sa tactique habituelle, feint d'ignorer. Il adresse toujours à sa femme des lettres fort tendres, tel ce billet daté du 13 mars 1601 : « Vous avez oublié de m'écrire en italien et de m'appeler votre cœur. Je vous aime plus que chose au monde. Bonsoir, mon cœur, je te baise cent mille fois. »

Marie essaye d'abord de supporter le comportement polygame du roi et la présence de sa *putane*. La reine et la maîtresse en titre ont en commun d'être enceintes du roi qu'elles se partagent — ce qui crée un certain lien... Aussi, momentanément, Marie adopte-t-elle une attitude plus souple, grâce à l'influence quotidienne de sa sœur de lait, Léonora.

Le roi voulut renvoyer « la Galigaï » en Italie. « L'affaire » commença alors que la cour se trouvait encore à Lyon. La difforme mais rusée Léonora espérait devenir dame d'atour de Marie. Le roi a d'abord refusé de lui donner cette charge importante. Il n'aimait guère Léonora :

— Elle n'est bonne qu'à faire pleurer la reine !

Il explique ses intentions à l'ambassadeur toscan Belisario Vinta en ces termes :

— Nous voulons qu'elle coiffe la reine et que nulle autre qu'elle lui touche la tête. Notre intention est qu'elle soit la première dans sa chambre ; nous la favoriserons, la comblerons de bienfaits, nous la ferons grande. Si la reine désire s'arranger de cheveux à la française, je veux que ce soit encore Léonora qui la coiffe ; elle se le fera apprendre. En somme nous voulons ce que veut la reine. Pour ce qui est de lui donner le titre de dame d'atour, outre que je l'ai déjà donné à une autre, je ne peux le faire. Mais elle aura la réalité et les attributions de l'emploi.

La comtesse de l'Isle avait, en effet, été nommée à cette charge.

Mais Marie ne veut pas se séparer de Léonora dans son carrosse. Sa présence lui est indispensable. Ne doit-elle pas porter avec elle les fleurs, les rubans et tout le matériel destiné à orner la chevelure royale avant que la reine ne paraisse en public ? Or, prendre place dans le carrosse de la souveraine était l'une des prérogatives de la dame d'atour. La première femme de chambre ne pouvait briguer ce privilège. Enfin, autre obstacle, la charge de dame d'atour ne pouvait être donnée, selon l'usage, qu'à une femme mariée. Qu'à cela ne tienne ! Léonora épousera Concini, décide la reine. Ils ne demandaient que cela tous les deux ! L'un par intérêt, l'autre par amour ! Alors que la reine tenait Concini pour « un joueur dissolu et plein du mal vénérien », la Galigaï, à qui il plaisait follement, était en effet parvenue à faire changer Marie d'opinion à son sujet. Elle y réussira même au-delà de toute espérance. Le ruffian deviendra favori de la reine et sera souvent admis à sa table. On affirme même, sans la moindre preuve à l'appui, que Marie aura des faiblesses pour le futur maréchal d'Ancre et en fera son amant.

Quoi qu'il en soit, à la demande de son épouse, Henri autorise le mariage des deux Italiens, à la condition expresse qu'ils reprennent le chemin de Florence. Soutenus par la reine, les amants — ils le sont devenus — refusent de faire leurs bagages. Partir ? Abandonner la France et son pactole ? C'est précisément ce qu'ils ne veulent pas. Bien au contraire, ils ont la ferme intention de s'installer à Paris. Une idée germe alors dans leur esprit. Ayant assisté à la scène burlesque de la présentation de la marquise de Verneuil à la reine, et bien qu'Henri lui ait infligé une sévère humiliation, ils ont senti l'emprise qu'exerçait la favorite sur le roi.

Pourquoi ne pas en profiter ?

Ils ont déjà l'appui de la reine, les faveurs de la marquise seraient un atout supplémentaire prépondérant. Léonora, habilement, demande la protection de la maîtresse d'Henri. C'est flatter la vanité de la marquise ! La sœur de lait, confidente et conseillère de la reine, qui implore son soutien !

La Galigaï, qui possède plus d'un tour dans son sac, a ajouté, perfide :

— Si vous faites notre affaire, je vous mettrai en tel pouvoir que vous voudrez avec la reine.

Autrement dit : assurez-nous les bonnes grâces du roi, qui nous permettront de nous marier tout en demeurant en France, et nous ferons accepter vos volontés à la reine notre maîtresse.

Le stratagème réussit : on ne parle plus de départ ! Léonora devient dame d'atour de la reine et le roi autorise son union avec Concini. Bien plus, influencé par ses deux femmes, le roi finit par découvrir toutes les qualités à Concino. Il confie à l'ambassadeur de Florence qu'il a été honteusement trompé sur les deux protégés de la reine.

Poussée par sa sœur de lait, le ton de Marie se radoucit vis-à-vis d'Henriette — et le roi, émerveillé par cette coexistence pacifique inespérée, installe sa maîtresse au Louvre. Quelle erreur ! L'emménagement ranime la flamme de la discorde. C'était à prévoir, le roi passe le plus clair de son temps en compagnie de la marquise, et nombreux sont les courtisans qui se bousculent à l'entrée des appartements de la maîtresse royale. La reine, à juste titre, prend la chose très mal. Les deux femmes, qui plus est, sont logées si près l'une de l'autre, nous dit Mlle de Guise, l'auteur du *Grand*

Alcandre, « que la cour ne peut dissimuler ses préférences. C'est une brouillerie perpétuelle », précise-t-elle.

Le roi en prend son parti et plaisante en évoquant la double maternité qui s'apprête.

— Il va me naître en même temps un maître et un valet, annonce-t-il.

***

Marie s'inquiète à la pensée de ses prochaines couches. Henri, qui séjourne au début du mois de septembre 1601 à Calais, la tranquillise : « Ne craignez rien, je serai l'une de vos sages-femmes. » Ne voulant « faillir l'office de bon mari », le roi arrive le 19 septembre au Louvre, où il fait la connaissance de la sage-femme.

— Ma mie, je crois qu'elle vous servira bien, s'exclame-t-il ; elle a bonne mine.

Marie approuve. C'est elle qui l'a choisie !

— Je veux une femme encore assez grande et assez allègre, avait-elle décidé ; celle-là même qui a accouché Mme d'Elbœuf.

Il s'agissait de Louise Bourgeois, dite Mme Boursier, dont le mari fut l'élève d'Ambroise Paré. Jusqu'à la naissance, elle ne quittera plus Marie. C'est à Fontainebleau que l'enfant doit venir au monde, ainsi en a décidé Henri. Le roi abat les quinze lieues en une étape, alors que la reine passe une nuit dans une méchante auberge de Corbeil.

Dans la nuit du mercredi 26 au jeudi 27 septembre, le roi réveille lui-même la sage-femme :

— Venez, venez, ma femme est malade, elle a de grandes douleurs. Reconnaissez si c'est pour accoucher.

Le futur Louis XIII va venir au monde.

Marie est étendue sur son lit de velours cramoisi dans la grande salle octogonale du palais. Des sièges pliants ont été placés dans la pièce, car un vrai spectacle va se dérouler. Les princes du sang — Conti, Soissons et Montpensier — doivent assister à l'arrivée du futur roi. Marie est horrifiée par ces trois présences masculines, mais Henri la tranquillise :

— Mamie, vous savez que je vous ai dit plusieurs fois le besoin qu'il y a que les princes du sang soient à votre accouchement, je vous supplie de vous y vouloir résoudre : c'est votre grandeur et celle de votre enfant. Je sais bien que vous voulez tout ce que je veux, mais connaissant votre naturel, qui est timide et honteux, j'ai peur que l'effort que vous allez faire en les voyant ne vous empêche d'accoucher. Ne vous en étonnez pas, je vous prie, puisque c'est la forme que l'on tient au premier accouchement des reines.

Le roi prévient également Marie de l'imprévisible réaction du prince de Conti. Le cousin du roi est, en effet, quelque peu demeuré :

— Ne pouvant entendre ce qui tourmentera ma femme, il croira que c'est la sage-femme qui lui fait mal !

Seront aussi présentes la duchesse de Nemours, la vertueuse marquise de Guercheville — celle-là même qui avait résisté aux avances royales —, Mme de Montglat, future gouvernante, et l'inévitable Léonora.

Dans la journée, « si le roi sortait pour aller manger, racontera Mme Boursier, il envoyait sans cesse pour avoir des nouvelles de la reine ». Marie souffre beaucoup, mais se retient de crier. Il y a tant de monde dans la pièce ! On attend... C'est long, interminable même, surtout pour la future accouchée. Dans la soirée du 27 septembre, le moment semble approcher. La reine s'installe sur une chaise destinée à l'accouchement et qui a été entourée par une tente fermée sur trois côtés. Pendant tout le temps que Marie « demeure en travail », Henri ne l'abandonne pas et lui recommande :

— Mamie, faites bien tout ce que votre sage-femme vous dit.

— O, je *morio* ! murmure-t-elle.

De temps en temps, le roi, dit-on, va prier en compagnie de deux moines devant les reliques de sainte Marguerite, propice aux accouchements. Elles ont été placées dans la pièce même.

Enfin, à dix heures et demie, le soir de ce jeudi 27 septembre 1601, Marie accouche. C'est un garçon ! Mais Louise Boursier n'en dit encore rien : « L'enfant était faible. Je lui ai soufflé du vin dans la bouche, il revint aussitôt. Le roi, triste et changé, s'écarta de moi. Je criai donc à la Gratienne, femme de chambre de la reine :

— Chauffe-moi un linge ! »

C'est le signal convenu entre les deux femmes. Aussitôt Gratienne se précipite vers Henri pour lui annoncer la bonne nouvelle. Mais le roi refuse de la croire :

— Si c'était un fils, je l'aurais bien vu à la mine de la Boursier !

— C'en est pourtant un, Sire.

— Est-il vrai, sage-femme ? Est-ce un fils ? interroge Henri très ému, en se tournant vers Mme Boursier. Ne me trompe pas, ce serait me faire souffrir !

« Je pris alors le parti de découvrir un petit peu le nouveau-né, poursuit la sage-femme, de faire voir au roi la vérité. Cette vue mit le père au comble de la joie, levant avec transport les mains au ciel, je vis son visage inondé de larmes aussi grosses que des petits pois. »

Le roi s'approche maintenant de la reine et lui annonce :

— Mamie, réjouissez-vous : Dieu nous a donné ce que nous désirions ; nous avons un beau fils !

Avant que l'on coupe le cordon, Henri demande aux princes de s'approcher et d'avoir ainsi sous les yeux qu'ils rétrogradent d'un rang dans l'ordre de la succession royale... De bonheur, Marie éclate en sanglots avant de s'évanouir de joie. Les portes s'ouvrent et deux cents personnes envahissent la grande salle. La reine regagne son lit, tout le monde s'embrasse et Henri montre avec fierté son fils qu'il présente de groupe en groupe. L'enfant est « grand de corps, de couleur rougeâtre et vigoureux. Il a la tête bien formée, de bonne grosseur, couverte de poils noirâtres, les yeux tannés, le nez un peu enfoncé en sa racine, épaté et relevé par le bout, les parties génitales à l'avenant du corps... » Sa tante, la duchesse de Bar, certifie même que le dauphin « a les parties les plus belles qu'elle ait jamais vues chez un nouveau-né » ! Et tout le monde rit de bon cœur.

La sage-femme croit bon d'ajouter ce détail à son journal de bord : « Ayant alors placé son épée dans les mains de l'enfant — est-ce celle offerte par le pape ? — le roi lui dit : " Puisses-tu, mon fils, l'employer à la gloire de Dieu et à la défense de la Couronne et du peuple. " »

Cependant, au milieu de l'allégresse générale, quelqu'un est triste et horriblement seul. C'est le jeune Vendôme, César, le fils de Gabrielle d'Estrées. Il explique à la sage-femme son pénible état d'âme : jusqu'à présent lorsque le roi s'absentait, il ne manquait pas de recommander :

— Embrassez mon fils Vendôme de ma part !

Aujourd'hui, le roi ne pense plus à l'embrasser.

— Il n'y a guère, chacun me parlait, personne ne me dit plus rien.

— C'est, Monsieur, lui répond la sage-femme, que chacun va voir Monsieur le dauphin qui est arrivé depuis peu ; quand chacun l'aura salué, on vous parlera comme auparavant.

Et le petit Vendôme retrouve le sourire.

Depuis la naissance du premier fils d'Henri II, le futur François II, en 1544, la France n'a pas vu naître de dauphin. C'est un déferlement de joie dans les rues de Fontainebleau. Un cavalier galope vers Paris et, à l'arrivée du messager, Rosny, apprenant la naissance du dauphin, fait aussitôt tonner les canons de l'Arsenal le plus fort possible « de manière que le bruit s'en fît entendre jusqu'à Fontainebleau », ainsi que le roi l'avait recommandé. On chante un *Te Deum* à Notre-Dame, et le soir du 21 septembre, on allume des feux de joie devant l'Hôtel de Ville de Paris. Les canons de la ville de Florence fêteront eux aussi l'heureuse nouvelle apportée à franc étrier par Jacopo Zocolli, le tailleur de Marie.

Henri, au comble du bonheur, offre à la reine, « puisqu'elle lui a fait un fils » avec tant de courage, le château de Montceaux racheté aux héritiers de Gabrielle d'Estrées... Deux jours après la naissance, l'heureux père annonce fièrement au futur Sully :

— Il est impossible de croire comme ma femme se porte bien, vu le mal qu'elle a eu. Elle se coiffe d'elle-même et parle déjà de se lever ; même elle va jusqu'à sa garde-robe. Elle a un naturel terriblement robuste et fort...

Le roi fait dresser pour lui un lit près de celui de Marie : « La reine, poursuit Louise Boursier, craignait qu'il n'en reçût de l'incommodité mais il ne voulut jamais abandonner. »

La svelte Henriette est évidemment d'une constitution plus fragile. Et, le 8 octobre 1601, Henri lui recommande : « Gardez bien ce que vous avez dans le ventre. » Ce ventre qu'étendue dans sa litière elle promène sous les yeux mêmes de la reine... comme un drapeau.

Les relevailles de Marie se passent si bien que, déjà le 30 octobre — cinq semaines après l'accouchement —, le roi peut écrire avec orgueil à Henriette : « Je pense que ma femme est grosse, dépêchez-vous de faire un fils afin que je vous fasse une fille. Bonjour, mon cher amour que j'aime plus que je ne fis jamais... Je te baise un million de fois. » Munie d'un tel viatique, Henriette ne peut mieux faire que de mettre au monde, le 4 novembre, un bon mois après la naissance du dauphin, le petit Gaston-Henri, titré comte de Verneuil. A l'âge de sept ans, il deviendra évêque de Metz — ce qui n'empêchera pas la reine Marie de l'appeler avec dédain « le fils de la *putane* ». Il en faut davantage pour troubler Henri, qui demeure imperturbable. Pour l'instant, l'heureuse arrivée de ce quatrième fils le remplit de fierté. Il trouve même cet enfant « plus beau que celui de la reine, qui, affirme-t-il, ressemble aux Médicis étant noir et gros comme eux ».

Les deux femmes vont désormais se défier dans une étrange compétition, accouchant à tour de rôle avec régularité : le 22 novembre 1602, Marie mettra au monde une fille, Élisabeth, qui sera reine d'Espagne, et la marquise, deux mois plus tard, le 21 janvier 1603, donnera le jour à Gabrielle de Verneuil.

Le roi, d'un naturel énergique et jovial, passe par des moments de dépression qui ne lui ressemblent guère. Il faut reconnaître que le climat du Louvre, entre la reine et la favorite, toutes deux difficiles à vivre, découragerait l'homme le plus solide. La mésentente entre Marie et le roi, leur perpétuel désaccord, se confirment chaque jour. Henri — il se confie à Rosny en soupirant — voudrait vivre « en bonne amitié cordiale, union et concorde » avec la compagne qui lui a été imposée par la politique, mais la reine se montre désagréable. Toujours d'humeur chagrine, elle ne cesse de se plaindre et « prend sa quinte », selon l'expression d'Henri.

— Je reviens de la chasse, je voudrais aller baiser, rire et m'éjouir avec elle. Elle ne m'offre qu'une mine froide au lieu de m'entretenir gaiement.

Son esprit de contradiction énerve le roi. Henri, inconscient, naïf même, ne comprend pas que Marie ne soit pas heureuse. La reine, qui n'a pas été élevée dans un harem, a bien des excuses. Supporter la favorite, les éphémères maîtresses, les bâtards d'Henri, les propos malveillants et injurieux qui circulent à son sujet, spécialement à la cour, peuvent aigrir un caractère. Celui de Marie, n'étant pas des plus aimables, ne pouvait que s'altérer. On lui a rapporté la comparaison peu flatteuse faite par Henri du « gros et noir » petit Louis et du « beau Gaston-Henri ». Cette indélicatesse lui cause une profonde souffrance. Les lettres du roi ont beau foisonner de termes affectueux, de mots doux et tendres, elles ne parviennent ni à apaiser Marie ni à améliorer les rapports entre les deux époux. Henri croit-il amadouer Marie en lui avouant :

— Si vous n'étiez pas ma femme, j'aurais donné tout mon bien pour vous avoir comme maîtresse.

La reine devient tellement odieuse que le roi la menacera un jour de la renvoyer à Florence avec sa suite transalpine. Henri n'a même pas le recours de se réfugier dans les bras d'Henriette, elle est aussi insupportable que « la grosse banquière », comme elle continue d'appeler avec mépris l'épouse du roi. Mais avec elle, les fâcheries, les querelles s'arrangent sur l'oreiller. Quand elle n'est pas d'une humeur exécrable, la favorite a sur Marie la supériorité d'être gaie. Entre deux disputes, pleine de vie, intelligente, spirituelle, le « bec affilé », la langue vipérine, elle amuse Henri.

— Elle a toujours quelques bons mots destinés à me faire rire, admire le roi.

La pétillante marquise exerce son talent de joyeuse luronne même à l'église. Un jour, à Saint-Gervais, pendant l'office, elle se permet de folâtrer et de plaisanter d'une manière tapageuse en compagnie de quelques jeunes dames de la cour. Pendant le prêche, la marquise ne cesse de décocher des œillades au roi, de lui faire des signes pour le faire rire. Le père Gontier, un jésuite, s'arrête net au milieu de son sermon et s'écrie :

— Sire, ne vous lasserez-vous jamais de venir avec un sérail entendre la parole de Dieu et donner un si grand scandale dans l'église ?

On devine la fureur de la marquise. On n'a pas le droit de se laisser insulter de la sorte ! Il faut faire un exemple ! Mais, le lendemain, à l'instant où le père Gontier s'apprête à monter en chaire, Henri l'assure qu'il n'a rien à craindre et le remercie de son observation :

— Je vous prie seulement, ajoute-t-il, de ne plus la faire en public.

Henri est trop faible avec sa turbulente maîtresse. Elle imite l'accent italien, raille les rotondités de la reine, la ridiculise ouvertement sans que le roi intervienne pour que cessent ces plaisanteries de mauvais goût. Marie pleure, désarmée par les sarcasmes d'Henriette. Elle n'est pas de taille à se battre, alors elle boude. Le seul système de défense que Marie envisage est de rendre son mari jaloux. Concini, consulté, l'arrête bien vite : ce serait une folie d'agir de la sorte ! Ils risqueraient d'être tous renvoyés à Florence ! Rosny, interrogé, conseille plutôt à la reine de s'accommoder de cette situation à l'orientale. Homme de bon sens, il prêche le mépris et la patience. Marie capitule, mais à la première occasion le naturel reprendra le dessus. Elle n'est pas florentine pour rien !

Est-ce parce que la méchanceté de ses traits d'esprit n'atteint plus la reine, ou simplement parce qu'elle est versatile, Henriette change d'humeur. Elle n'en démord pas : Marie occupe sa place. Et, sous l'effet de la colère, elle agite de nouveau la terrible promesse toujours en sa possession. Au lendemain de la naissance du petit comte de Verneuil, elle s'était même exclamée, menaçante :

— La Florentine tient son fils, mais moi je tiens le dauphin !

Elle injurie son amant devant des tiers et, dans l'intimité, par calcul, se refuse au roi. Mais le procédé est dangereux. Le surintendant la met en garde : Henri n'a que trop d'occasions de tromper ses deux femmes. N'a-t-il pas toujours des bontés pour Marie de La Bourdaisière, la jeune sœur de Gabrielle d'Estrées, qui possède une chevelure de rêve et une gorge appétissante qu'elle dévoile orgueilleusement ?

Mais la marquise, sûre d'elle-même, ne pense toujours qu'au trône. « Elle a un désir forcené d'être reine, annonce Giovannini au grand-duc de Toscane, et il est certain que, s'il arrivait malheur au roi actuel, elle le serait... »

« S'il arrivait malheur au roi... », Henriette serait plutôt reine-mère, car Sa Majesté Catholique, le roi d'Espagne, à qui l'on confierait la promesse signée par Henri, et sur laquelle veillent les d'Entragues — ils l'ont cachée dans une bouteille —, imposerait comme roi à la France le petit Verneuil, au détriment bien sûr du fils de Marie de Médicis. La conspiration menée par Biron fera naître bien des espoirs !...

L'ère des complots s'ouvrait.

CEſt Henry treſ-chreſtien treſ-vaillant treſ-benin
Que tu vois figuré ſur ceſte lame douce
Monſtrant le graue ſoin qui ſainctement le pouſſe
A procurer le bien de ſon treſ-cher Daufin.
Qui aprend à ſeruir la Maieſté ſupreme
En marquant les ſentiers de ſes diuines loix
Affin qu'en ſage Prince, il cõmande aux François,
Ez iours qu'il portera des lis le diademe.

(B.N./L.A.P.)

L'insolent et orgueilleux maréchal de Biron n'estimait personne : « Tout ces jean-f... de princes ne sont bons qu'à guerroyer », disait-il. La reine, a remarqué Pierre de L'Estoile, « dès qu'elle le vit à Lyon et bien regardé, le jugea traître et le dit ». (L.A.P.)

Chapitre XVI

Le roi trahi

« J'ai été à six batailles, j'ai eu six arquebusades, j'ai servi six rois, il est temps de me retirer », écrivait, le 24 mars 1590, le vieux maréchal Armand de Gontaut-Biron — on était vieux alors à soixante-six ans ! Mais l'ancien ennemi du Béarnais — et cette fois pour le compte du roi Henri IV — reprit du service. Deux années plus tard, devant Épernay, il eut la tête emportée par un boulet « et ne put même pas dire Jésus !... ».

Son fils Charles, que le roi a fait amiral de France, duc, maréchal de France, puis gouverneur de Bourgogne, est assurément intelligent, et se révèle un homme de guerre aussi admirable que son père. Mais il est d'une rare arrogance. Fanfaron, il fait étalage de ses mérites et se plaint sans cesse du roi qui, prétend-il, lui doit sa couronne — et ne lui témoigne aucune gratitude ! L'ambition du maréchal est immense. « Biron ne veut pas mourir, affirme Tallemant des Réaux, avant d'avoir vu son effigie gravée sur un écu. » Il interroge fébrilement devins, cartomanciennes, pythonisses, pour connaître son avenir, et a même recours à la magie noire. Il réussit, du moins l'assure-t-il, à faire apparaître le diable dans un miroir !...

Biron, en compagnie de son complice, Jacques de La Fin, a percé d'une aiguille portée au rouge par le feu une figurine de cire représentant le roi, tout en prononçant la diabolique incantation :

Roi injuste, tu périras,
La cire fondant, tu fonderas !

Le duc de Savoie et le roi Philippe III d'Espagne n'ignorent pas les convoitises et les prétentions du maréchal. Son physique correspond assez bien à celui d'un traître de mélodrame : de petite taille, des yeux enfoncés dans les orbites et un front barré d'épais sourcils charbonneux lui donnent un mauvais regard inquiétant.

— Il se fie plus au diable qu'à Dieu, murmure-t-on.

De plus, ce braillard boite, ayant eu la jambe brisée au cours d'une arquebusade. Il a également la réputation de ne guère aimer les femmes. En somme, il ne lui manque qu'un bandeau sur l'œil et une barbe aux reflets bleutés... Biron est le type même de l'homme susceptible de devenir l'âme, l'organisateur et l'exécutant d'une conspiration. D'autant que, enivré par les fumées de l'orgueil, ulcéré de n'avoir pas reçu du roi le gouvernement de Bourg-en-Bresse qu'il ambitionnait, il vient s'offrir de lui-même aux conjurés.

Et la conspiration se noue, ramassis de médiocres, d'ambitieux, d'aigris et de mécontents.

***

Alors qu'Henri séjournait à Calais, à la veille de la naissance du dauphin, un bateau était arrivé de Douvres lui portant un message de la reine Elisabeth. Pourquoi le roi de France ne traverserait-il pas la Manche ? « Je m'étais promis ce bonheur et contentement que de vous baiser et embrasser des deux bras, lui avait écrit la vieille souveraine, comme étant votre très loyale sœur et fidèle alliée. » Mais Henri pensait aux couches prochaines de la reine Marie. Il se devait d'y assister ! Aussi, pour le représenter, préféra-t-il envoyer à Elisabeth le duc de Biron qui, depuis Fontaine-Française, avait mené tant de combats héroïques à ses côtés. Ne l'appelait-on pas le soldat aux trente-deux blessures ?

La reine vierge, qui avait failli épouser successivement les trois derniers Valois, accueillit fort bien le maréchal :

— He ! monsieur de Biron, ainsi vous avez pris la peine de venir voir une pauvre vieille en laquelle il n'y a rien qui vive que l'affection qu'elle porte à votre roi !...

Elisabeth savait-elle alors que Biron se préparait, par ses manigances, à trahir son maître ? Avait-elle appris que le compagnon du Béarnais rêvait d'être prince souverain et menait déjà pour son propre compte de louches tractations avec Charles-Emmanuel, duc de Savoie, et avec Fuentes, gouverneur espagnol du Milanais (1) ? La reine avait-elle été avertie que ceux-ci essayaient de semer en France la révolte pour favoriser la réussite d'un complot contre la vie du roi ? Une conspiration dans laquelle Biron s'engagerait à fond ? Quoi qu'il en soit, la reine Elisabeth insista sur le sort que les souverains devaient réserver aux félons et fauteurs de troubles. Elle savait ce dont elle parlait ! Elle-même avait été trahie par le comte d'Essex qu'elle aimait pourtant de toute son âme. Les sentiments qu'elle portait à son favori ne l'avaient pas empêchée de lui faire couper la tête pour rébellion. Afin de mieux se faire comprendre, Elisabeth montra à Biron, dans la Tour de Londres, un sinistre trophée : la tête d'Essex soigneusement conservée et, précisait-on, fort bien « accommodée ».

(1) Biron ambitionnait de transformer son gouvernement de Bourgogne en principauté souveraine. Le duc de Savoie et Fuentes lui firent miroiter la Bourgogne et la Franche-Comté, tandis que le duc de Savoie s'emparerait de la Bresse, de la Provence, du Dauphiné et du Lyonnais.

— Le crédit et la faveur que je lui avais donnés l'ont tellement aveuglé qu'il pensait que je ne pouvais me passer de lui.

Biron regarda la tête avec curiosité, sans penser qu'Elisabeth pouvait être au courant de ses sourdes menées. Aussi la reine poursuivit-elle :

— Par ma foi, si j'étais à la place du roi mon frère, il y aurait des têtes coupées aussi bien à Paris qu'à Londres ! Dieu veuille toutefois qu'il se trouve bien de sa clémence !

Biron semblait toujours ne rien comprendre. Ces allusions étaient pourtant transparentes — mais ce fut l'esprit serein qu'il regagna Paris où il reprit les noirs desseins qui continuaient de rouler dans sa triste tête.

Quel était le plan des conjurés ? Assurément, la méthode la plus expéditive serait celle qui simulerait un accident. On tirerait sur le roi au cours d'une partie de chasse, ce roi qui, selon les comploteurs, avait toujours le cœur huguenot.

Henri ne se doute encore de rien. Il connaît le caractère altier du maréchal et n'ignore pas ses vantardises et ses excès de langage :

— Mais il ne faut pas toujours prendre au pied de la lettre ses rodomontades, explique le roi. Il faut en supporter comme d'un homme qui ne sait pas plus s'empêcher de mal dire d'autrui que de bien faire lorsqu'il se trouve dans une occasion à cheval l'épée à la main.

Néanmoins, Henri commence à avoir quelques soupçons. En effet, comme toujours en pareil cas, la conspiration est devenue le secret de polichinelle… Henri interroge franchement Biron, le maréchal se défend et se dérobe. Certes, en 1600, il a entretenu des intelligences avec le duc de Savoie, mais, affirme-t-il, il ne s'agissait que de négociations en vue de son propre mariage avec l'une des filles du duc Charles-Emmanuel.

Henri est à peu près tranquillisé... du moins affecte-t-il de l'être. Les projets des conjurés se précisent. Sitôt le roi supprimé, les affiliés démembreraient la France avec entrain — et déjà on se partage le gâteau ! On donnerait le Dauphiné et la Provence au duc de Savoie, le roi d'Espagne annexerait le Languedoc, la Bretagne et la Navarre. Quant à Biron, il régnerait en prince souverain — son rêve ! — sur la Bourgogne et la Franche-Comté. Les conspirateurs abandonneraient les autres provinces au petit Verneuil avec la bénédiction du Vatican. Quant au dauphin, ces messieurs, qui ne doutent de rien, emportés par leur élan, envisagent de le faire également disparaître !

Comment imaginer que la haute noblesse laisserait ainsi dépouiller la France ? Cependant Biron est soutenu « par les grands dont la plupart sont mécontents, nous explique de Thou, les uns parce qu'ils s'ennuyaient du présent, les autres par crainte de l'avenir, tous, pour mieux dire, parce que le repos ne leur était pas soutenable, et qu'ils voulaient être occupés ! ».

Au printemps 1602, tout se noue. Jacques de La Fin, conspirateur sournois, également faussaire de profession, possède l'entière confiance du maréchal depuis qu'il lui a conseillé par prudence de brûler le traité qui le liait au duc de Savoie. Toutefois, il en a conservé une copie que le perfide accepte de vendre au roi pour la coquette somme de 3 450 livres — un chiffre boiteux expliqué peut-être par la difficulté des tractations. Le fourbe fait même bonne mesure en joignant, au double du traité qu'il détient, nombre de documents — et cette fois, il s'agit d'originaux !... Bref, un dossier accablant.

Biron aurait dû se souvenir qu'un jour le roi lui avait lancé en riant :

— Prends garde à toi, La Fin t'affinera !

La lecture des pièces fournies par Jacques de La Fin

inquiète d'autant plus Henri que des troubles grondent dans le Limousin où le comte d'Auvergne, le duc de Biron et le duc de Bouillon possèdent des fiefs et où l'argent versé par le maréchal a apporté le levain nécessaire. Il faut y aller voir !... Sans tarder et en armes ! Henri reçoit le viatique de Malherbe — *Prière pour le roi allant en Limousin* —, et s'élance vers la Loire et le Massif central. L'ordre est vite rétabli, le roi n'a eu qu'à paraître ! Cependant, à son retour, Henri est perplexe.

— Mon ami, dit-il au futur Sully, j'ai envie de pardonner au maréchal et d'oublier tout ce qui s'est passé et lui faire autant de bien que jamais. Il me fait pitié, et mon cœur ne se peut que porter à un homme qui a du courage, duquel je me suis si longtemps servi et qui m'a été si familier. Mais toute mon appréhension est, si je lui pardonne, qu'il ne pardonne ni à moi, ni à mes enfants, ni à mon État.

Biron séjourne en Bourgogne. Le roi, le 14 mai 1602, commence par lui écrire une lettre faisant allusion à de « faux bruits » qui seraient venus jusqu'à lui. Le roi ne doute pas que ce sont de méchantes calomnies. Mais le mieux ne serait-il pas pour Biron de venir se disculper, et de confondre les calomniateurs en rejoignant Henri à Fontainebleau ? Le maréchal répond en assurant que les diffamateurs veulent le déshonorer... mais il ne saute pas pour autant à cheval afin de plaider lui-même sa cause. Il ne peut se déplacer, assure-t-il, car les Espagnols menacent de franchir le pont de Gresin ! Et puis, l'assemblée des Etats de Bourgogne va bientôt s'ouvrir. Il doit absolument y assister ! Henri lui délègue alors le président Jeannin, accompagné par le sieur Pierre d'Escures, ami intime et serviteur du maréchal.

— Monsieur le maréchal, je vous assure de la bonne volonté du roi, certifie Jeannin. En ne venant point, vous vous accusez vous-même !

Biron finit par accepter de se mettre en route.

Cependant, au long du chemin où il trotte sans se hâter, il reçoit plusieurs mises en garde. S'il se rend à la cour, il aura la tête tranchée ! Biron hausse les épaules. N'est-il pas innocent ? A l'écouter, il est blanc comme neige...

Le mercredi 13 juin 1602, Biron arrive à 6 heures du matin à Fontainebleau. Henri est en train de se promener dans le parc. Il vient d'affirmer à l'un de ses familiers :

— Non, il ne viendra point !

A cet instant, apparaît le maréchal qui, tout en s'avançant vers le roi, exécute trois profondes révérences, chapeau bas, et en « grande humilité ». Henri l'embrasse en le rassurant :

— Vous avez bien fait de venir, car autrement, je vous allais quérir.

Le duc donne les raisons de son retard, tandis que le roi le prend affectueusement par la main, puis lui explique, à bâtons rompus, ses projets concernant les transformations qu'il envisage pour ses bâtiments et les embellissements qu'il désire apporter au parc de Fontainebleau. On le sait, Henri a gardé cette habitude d'homme des champs, qui aime discuter de ses affaires tout en marchant au grand air. Le mouvement clarifie les idées. Aussi entraîne-t-il le félon, « tout en passant d'un jardin en l'autre », sans lui permettre cependant de se couvrir. Enfin, le roi en vient au fait, et il lui parle de ces intentions subversives qui lui sont prêtées.

— Je ne suis pas venu pour me justifier, tranche le coupable avec hauteur, mais pour savoir quels sont mes accusateurs.

Et comme Henri prononce le mot de pardon, Biron riposte avec morgue :

— Je n'ai pas besoin de pardon, puisque je n'ai pas offensé !

Le maréchal s'enferre dans cet absurde système de défense. Il est sans tache ! La Fin, avec une effarante scélératesse, ne lui a-t-il pas assuré que le roi ne savait rien des criminels projets des conjurés ? Cependant, Henri veut tout mettre en œuvre pour sauver celui qu'il considère toujours comme son frère d'armes.

— Je ne voudrais pas que le duc de Biron fût le premier exemple de la sévérité de ma justice, et que mon règne, jusqu'ici calme et serein, se chargeât tout soudain de foudre et d'éclairs.

Et encore :

— J'ai plus de place dans mon cœur pour la miséricorde que pour la haine.

Après le dîner, le roi fait appeler le maréchal dans son cabinet. Il le supplie à nouveau de dévoiler la vérité en lui assurant une totale impunité :

— Il n'y aura que vous et moi qui aurons connaissance de l'affaire.

Biron, plus buté que jamais, nie encore. Le voici presque devenu insolent :

— Tout ce que l'on dit de moi est faux !

La patience d'Henri est immense — et il entraîne le coupable pour disputer en sa compagnie une partie de paume. Le duc d'Épernon, qui joue avec Biron contre le roi et le comte de Soissons, trouve son partenaire distrait — on le serait à moins !

— Vous jouez bien, monsieur le maréchal, lui fait-il observer, mais vous faites mal votre partie.

Le soir venu, l'inattention et les absences du maréchal se répètent. Il ne mange guère et demeure soucieux et pensif. Il sort à peine de sa sombre rêverie pour écouter les exhortations du comte de Soissons :

— Il faut craindre l'indignation d'un roi et rechercher sa clémence quand on l'a offensé... Le courroux du roi est le messager de la mort !

L'obstination du maréchal est de plus en plus lamentable — et l'on est tout prêt à croire Sully lorsqu'il suggère que la manière d'agir de Biron provenait en partie « d'une légère teinture de folie ».

— On n'aura jamais autre réponse de moi, répète-t-il, que ce que j'ai dit au roi lors de mon arrivée !

Le lendemain matin, jeudi, le roi se promène dans le petit jardin situé près de la volière. Le maréchal est appelé. De loin, les courtisans guettent la scène et voient Biron « tête nue, frappant sa poitrine en parlant au roi ». Sans doute profère-t-il des menaces contre ceux qui l'ont accusé et réfute-t-il toutes les infâmes accusations qui pèsent sur lui.

La veille, après le repas du soir, Henri avait conduit le maréchal dans la fameuse salle de la Belle Cheminée, dont on peut toujours admirer le manteau fait d'un vaste marbre noir sur lequel se détache la figure équestre du roi en armes et couronné de laurier.

— Eh bien, mon cousin, s'était exclamé Henri, si le roi d'Espagne m'eût vu comme cela, qu'en dirait-il ?

— Sire, il ne vous craindrait guère !

Henri, stupéfait devant une telle outrecuidance, avait foudroyé du regard le maréchal qui rectifia :

— J'entends, Sire, en cette statue que voilà, et non pas en votre personne.

Pendant le conseil qui se déroule le 16 juin au matin, le roi soupire :

— Je ne veux point perdre cet homme, mais il se veut perdre lui-même de son bon gré.

Puis, il ouvre le dossier de la conspiration devant ses ministres consternés. Autour de la table ont pris place Rosny, le chancelier Pomponne de Bellièvre, Neufville de Villeroy, aux affaires depuis tant d'années, Nicolas Brulart de Sillery, qui succédera un jour à Bellièvre, en dépit de son insignifiance et de son ignorance du latin, carence grave à l'époque. Interrogés, les conseillers accablés répondent au roi à l'unanimité : Biron mérite la mort !

Quelques minutes plus tard, les deux capitaines des gardes — Vitry et Praslin — reçoivent l'ordre, lorsque le roi en donnera le signal, de se tenir prêts à agir. L'heure du souper venue, tous se retrouvent chez Henri. En entrant dans la pièce, le maréchal reçoit un billet de sa sœur l'avertissant « que s'il refusait de se

C'est devant cette cheminée du château de Fontainebleau, représentant le roi à cheval, qu'Henri IV interrogea Biron.
(Roger-Viollet)

retirer, dans deux heures, il serait arrêté »... Sûr de son fait, il hausse de nouveau les épaules. Il joue ensuite à la *prime* avec la reine — un jeu où l'on ne donne que quatre cartes à chaque joueur. Biron, anxieux, préoccupé, est à ce point inattentif qu'il en oublie de ramasser l'argent qu'il vient de gagner. Ses distractions redoublent... Le comte d'Auvergne s'approche de la table, le frappe par deux fois sur l'épaule et lui glisse à mi-voix :

— Il ne fait pas bon ici pour nous.

Il est minuit, la reine se retire, le roi donne alors congé et s'apprête à regagner sa chambre. Sur le seuil, il fait une ultime tentative. Il peut encore annuler l'ordre d'arrestation... et on l'entend assurer le coupable de sa grâce et de sa bonté. « S'il voulait bien se confesser, précise-t-il, il le couvrirait de sa protection », et il oublierait à jamais la forfaiture de son vieux compagnon. Le roi a du mérite ! Les trahisons lui donnent des haut-le-cœur. Étant enfant, il avait écrit ces mots sous le portrait du connétable de Bourbon :

— Je n'aurais jamais cru un Bourbon capable d'une telle lâcheté ; je le renie pour mon parent !

Mais Biron s'obstine toujours :

— Je n'ai rien à ajouter à ce que j'ai déjà dit.

Le sort en est jeté !

— Bien, maréchal, conclut le roi, je vois que je n'apprendrai rien de vous ; je m'en vais voir le comte d'Auvergne.

Ce n'est pas avec le frère d'Henriette de Verneuil que le roi veut s'entretenir... en réalité il rejoint les deux capitaines de ses gardes qui se tiennent dans son cabinet. Le marquis de Vitry arrêtera le maréchal de Biron, et le sieur de Praslin se chargera du comte d'Auvergne. Les deux officiers prennent alors quelques ultimes précautions : les salons, l'escalier et la cour se remplissent de soldats en armes. Le roi regagne sa chambre où l'attendent quelques familiers. Le maréchal est encore présent et, pour la première fois, le roi ne lui donne pas son titre :

— Adieu, *baron de Biron*, lance-t-il, vous savez ce que je vous ai dit.

Biron s'incline, quitte la chambre et, en pénétrant dans la salle Saint-Louis, Vitry s'avance à sa rencontre, pose sa main gauche sur l'épaule du maréchal et la droite sur la garde de l'épée du félon.

— Monsieur, le roi m'a commandé de lui rendre compte de votre personne, baillez-moi votre épée.

— Tu te railles ! s'exclame Biron avec hauteur.

Le marquis de Vitry s'excuse :

— Monsieur, le roi me l'a commandé.

Six gardes l'entourent. Cependant, toujours arrogant, le maréchal intime à Montbazon l'ordre d'aller demander au roi la permission de conserver son épée. Mais Henri refuse :

— Ah ! gémit Biron qui, en cet instant, a enfin perdu sa superbe, mon épée qui a tant fait de bons services au roi !

François de Bassompierre l'entend encore soupirer en remettant son arme :

— Quel traitement, messieurs, à un homme qui a servi comme moi !

Les deux prisonniers demeurent sous bonne garde « en dessous de la chambre de M. le Grand ». Le lendemain matin, ils montent en carrosse dans la cour du Cheval Blanc — aujourd'hui la cour des Adieux. Ils gagneront Paris par la Seine. Après un bref arrêt à l'Arsenal, ils seront enfermés à la Bastille, dont Rosny vient d'être nommé gouverneur.

— Afin, que si j'ai des oiseaux à mettre en cage, lui avait recommandé le roi, vous puissiez les tenir sûrement.

Ce même soir, Henri regagne Paris et, à la porte Saint-Marceau, la foule qui a appris l'événement l'acclame longuement. Le roi n'en est pas moins attristé et rêveur. Ce n'est pas de gaieté de cœur qu'il a envoyé en prison, et demain devant des juges, le soldat qui l'a accompagné au cours de tant de combats. Le sort du demi-frère d'Henriette lui importe peu, mais comment ne se souviendrait-il pas, ce soir-là, de la glorieuse journée de Fontaine-Française au cours de laquelle Biron s'était si bien battu ? Il y a déjà sept années de cela… à une semaine près.

— Son obstination l'a perdu, explique-t-il à Rosny. S'il m'eût voulu dire la vérité d'une chose dont j'ai la preuve écrite de sa main, il ne serait pas où il est. Je voudrais avoir payé 200 000 écus et qu'il m'eût donné lieu de lui pardonner !

Henri raconte ensuite au beau-frère de Biron — le duc de La Force — « les plus grandes méchancetés, perfidies et ingratitudes » des conjurés, puis, fort attristé, il ajoute :

— A peine vous le croiriez, vous qui savez combien je l'aimais.

Certains historiens ont parlé, à propos de l'arrestation de Biron, de « l'ingratitude monstrueuse » du Béarnais ! Alors qu'Henri a tout fait pour sauver le maréchal qui, avec un entêtement inexplicable, creusait sa propre tombe.

« J'espère que la justice fera son devoir, ordonne le roi, afin que l'exemple qui s'en suivra serve grandement à faire reverdir au cœur de mes sujets l'ancienne révérence et loyauté que les Français ont toujours portées et gardées à leur roi, que la longueur et l'impunité des guerres civiles avaient grandement flétries. »

Le 29 juillet, à l'issue du procès, Biron sera condamné par le Parlement à avoir la tête tranchée. Les plus grands noms du royaume demandent au roi de faire grâce. Henri, se souvenant des scènes qui se sont déroulées à Fontainebleau et de l'obstination du maréchal, demeure inflexible. Plus de compassion ! Il faut que justice soit faite !

— Les rois sont établis pour rendre justice, soupire-t-il, et non pour entrer dans des passions de particuliers.

Le matin du 31 juillet 1602, Pomponne de Bellièvre, dans la prison même du condamné, fait découdre la croix du Saint-Esprit brodée sur le manteau de Biron, puis le chancelier fait mettre à genoux le maréchal pour écouter la lecture de l'arrêt précisant que l'exécution doit avoir lieu « en la place de Grève ».

— En Grève, s'écrie le condamné en se relevant,

Quelques spectateurs entouraient l'échafaud placé dans la cour de la Bastille. Le maréchal de Biron protesta : « Que font là tant de marauds et de gueux ? Qui les a mis là et quel bruit font-ils ? » Pierre de l'Estoile l'écrira : « Sa superbe intolérable, qui lui causa ruine et malheur, selon la parole de Dieu, que : « Dieu résiste aux orgueilleux et donne grâce aux humbles. » **(Hachette)**

voilà une belle récompense de mes services, mourir ignominieusement devant tout le monde !

— Monsieur, lui fait alors remarquer le chancelier, le roi vous a octroyé la grâce que vous lui avez fait demander par vos parents, de ne point mourir publiquement. Aussi l'exécution de votre arrêt se fera en la Bastille. Il n'y aura donc point de badauds.

Et c'est la marche au supplice.

Dans la cour de la forteresse, l'exécution est interminable. Sur l'échafaud, Biron, méconnaissant les efforts accomplis par le roi pour le sauver, l'injurie cruellement, osant le traiter de fourbe et le taxer de duplicité !

— Qu'on ne m'approche pas, je ne saurais l'endurer ! crie-t-il au bourreau venu lui couper les cheveux et lui lier les mains. Si l'on me met en fougue, j'étranglerai la moitié de ce qui est ici !

Le bourreau se contente de lui bander les yeux. Tout en s'agenouillant, on entend le condamné répéter : « Il n'y a donc pas de pitié pour moi ? » Mais il se relève aussitôt, arrache son bandeau. A peine s'est-il remis à genoux devant le billot qu'il se redresse, enlève le mouchoir qu'on lui a remis sur les yeux en criant :

— Je veux encore une fois revoir le ciel !

Finalement, alors que le maréchal s'apprête pour la troisième fois à arracher son bandeau, le bourreau lève son épée et « lui coupe la tête si destrement qu'à peine vit-on passer le coup »... mais la tête roule dans la cour et rebondit par deux fois sur les pavés :

— Une fin plus brutale que chrétienne, constate tristement Henri, car ses furies et vanités naturelles l'ont accompagné jusqu'à la mort.

On enterra le corps au pied de l'autel de l'église Saint-Paul.

La reine Elisabeth approuve l'exécution :

— Les sceptres sont des tisons enflammés, qui doivent brûler les mains de ceux qui ont fantaisie d'y toucher !

Et désormais, Henri prend l'habitude de s'exclamer :

— Cela est aussi vrai que Biron était traître !

Quatre ans plus tard, le fils du maréchal, en compagnie de douze à quinze spadassins « bien montés et armés », massacrera Jacques de La Fin « comme il passait au bout du pont Notre-Dame ».

Et les complices ?

En feuilletant le dossier de l'affaire, le roi, avec un profond chagrin, a retrouvé à plusieurs reprises le nom d'Henriette placé auprès de celui de son demi-frère, le bâtard de Valois. Peut-être le nom de la maîtresse du roi avait-il été placé là à l'insu de la marquise ? On intriguait pour elle, mais Henriette l'ignorait... Et même dans le cas où elle aurait connu une partie de la vérité, pouvait-elle dénoncer son frère, alors que la conspiration se nouait à son profit ? Argument plausible, soutenable même, et auquel le roi fait tout pour ajouter foi. Pour lui, l'innocence de la femme qu'il aime est certaine, et lorsque Henriette met les ressources de sa séduction au service de son demi-frère, une fois de plus, le roi capitule. D'Auvergne ne demeure que trois mois à la Bastille. Puis on se contente de le gronder « paternellement » et de le renvoyer chez lui...

La reine Marie est en proie à une véritable crise d'hystérie. Celui qui voulait supprimer son dauphin, le frère de la *putane*, non seulement échappe à l'échafaud, mais est mis en liberté ! Henri tente de lui expliquer que le coupable est le fils du roi Charles IX, son ex-beau-frère, mais elle n'en fulmine pas moins. Marie écume ! Une nuit, même, elle égratigne le visage de son mari et Henri doit fuir le lit conjugal ! Une autre fois, Rosny n'aura que le temps d'arrêter le bras de la reine déjà levé sur le roi. Pour tout arranger, la machiavélique Henriette invoque sa conscience et se refuse une nouvelle fois à Henri sous le prétexte qu'elle en a assez de vivre en état de péché mortel ! Elle reprend son antienne préférée :

— Si le roi veut redevenir mon amant, il doit m'épouser et renvoyer sa Florentine !

Mais l'abstinence ne se prolongera guère...

⁂

Un événement va à la fois rapprocher Marie du trône et faire tressaillir d'espoir Espagnols, Savoyards et Autrichiens. Le roi tombe gravement malade au mois de mai 1603, et se croit à la veille du grand départ. Un Diafoirus avant la lettre explique la cause de la maladie du roi d'une manière assez surprenante. Il « lui a donné des boissons chaudes pour inciter au coït, ce qui lui a en grande partie consumé *l'humide radicale* ».

En réalité, en ce printemps tardif, Henri a pris froid en arpentant les jardins de Fontainebleau. Le voici atteint de douloureuses coliques néphrétiques, et il se croit mourant. Attendri, il regarde le portrait du dauphin et demande au vieux chancelier Bellièvre, dans le cas où il trépasserait, de préparer des lettres de convocation destinées aux hauts fonctionnaires. Ils devront, le jour même du décès, prêter serment à la régente et à son fils. La rétention d'urine provoque d'atroces souffrances. Henri est en proie aux remords et il annonce à Marie :

— Priez Dieu que j'en réchappe, et je ferai en sorte que vous soyez à l'avenir obéie et respectée.

Soudainement, les grandes douleurs s'estompent. « Elles s'en vont peu à peu, écrit le roi à Rosny, ayant déjà pissé trois fois et la dernière fois quasi à plein canal et sans fortes douleurs. » Tout heureux, Rosny accourt, et Henri, en présence de la reine, exige que son ministre le voie « pisser par deux fois ; ce qu'il fit avec telle facilité que tout danger en était dehors ».

Durant sa convalescence, le roi tient conseil dans sa chambre — et non plus dans le parc. Marie assiste aux réunions afin d'apprendre à gérer les affaires du royaume — et cela, explique Henri, « à l'avantage de ce pauvre peuple qu'il aime comme ses chers enfants ». Henriette se montre fort mécontente de cette innovation.

On a prescrit la diète à Henri, mais, peu raisonnable, il dévore un monceau d'huîtres, qui provoque « un grand dévoiement ». Son appétit est pantagruélique. A la première occasion il se jette, l'été, sur les melons, l'hiver sur les confits d'oie et les pièces de gibier qui s'amoncellent sur sa table. Il fallait s'y attendre, à l'automne 1603, une violente attaque de goutte étreint ses articulations. Malgré ses crises, il continue de chasser à courre, le dessus de sa botte entaillé afin que son orteil ne soit pas compressé...

La diète lui a également été recommandée en amour... Cette prescription fait perdre à Henriette son ascendant sur son amant et la continence royale a pour effet de calmer la jalousie toujours en éveil des deux rivales. Marie et Henriette se rapprochent. La marquise offre ses services à la reine :

— Je ne vous aimerai pas comme ma propre sœur, lui répond généreusement Marie, mais seulement comme une femme de bonne maison et galante.

Précisons que l'adjectif n'avait pas la même signification qu'aujourd'hui... Cependant, le terme de galante, dans le sens de femme facile, convient tout à fait à la marquise de Verneuil qui devient la maîtresse du comte de Soissons — un Bourbon-Condé. En somme, ces écarts ne sortaient pas trop de la famille ! Cette aventure est, dans l'esprit d'Henriette, une association avec le cousin du roi pour opérer certaines combinaisons financières assez louches. Par un habile stratagème, le comte et la favorite du roi auraient perçu le produit d'un nouvel impôt. Henri avait accepté et signé, puis il se rétracte à la prière du futur Sully. Avec un aplomb incroyable, Henriette proteste auprès du ministre.

— Tout ce que vous dites, Madame, lui répond Rosny, serait bon si Sa Majesté prenait l'argent dans sa bourse, mais lever cela de nouveau sur les marchands, artisans, laboureurs et pasteurs, il n'y a aucune apparence. C'est ceux qui nourrissent le roi et nous tous ; ils ont bien assez d'un maître sans avoir tant de cousins, de parents et de maîtresses à entretenir.

Pour consoler Henriette, le roi, au début de 1604 — le temps de la chasteté étant révolu —, offre à la marquise de Verneuil une part de l'héritage de sa sœur Catherine, duchesse de Bar, qui vient de mourir. Nouveau courroux de la reine. Le tempérament volcanique de l'Italienne explose, elle voue la favorite aux gémonies et se déchaîne en menaces de toutes sortes.

La marquise ironise :

— En vérité, je m'étonne qu'une Médicis n'ait pas employé contre moi les breuvages à la mode de son pays !

Henriette se met à jouer la comédie de la peur et — on croit rêver — demande à Henri de lui accorder des places de sûreté, de préférence en Normandie — une province qui fait partie de l'apanage du dauphin !

— Si vous donnez ces places à cette *putane*, vocifère la reine, vous ruinerez le dauphin !

Le rapprochement entre les deux femmes aura été de courte durée. La hache de guerre est de nouveau déterrée. Henri a une telle habitude de ces querelles qu'il n'y attache plus guère d'importance. Ce qui le préoccupe, pour l'instant, c'est de faire admettre la présence de la marquise à Fontainebleau — au moins pendant une journée !

— Étant née princesse, glapit Marie, il m'est bien difficile de supporter la présence d'une femme qui veut entrer en compétition avec moi pour le rang de reine, et prétendre que ses enfants sont légitimes et que les miens sont bâtards.

Le roi, fort malheureux, supplie la reine avec une insistance désarmante, et Marie finit par accepter la venue de la marquise, pour vingt-quatre heures.

Pas davantage !

Pendant ce temps, Mme de Verneuil fait, si l'on ose dire, le pied de grue dans une hôtellerie située à mi-chemin de la route. Elle attend la réponse. Le courrier ayant tardé, lorsque l'autorisation est arrivée, la marquise, dont l'humeur est aussi changeante que détestable, est déjà repartie pour Paris où le roi, tout penaud, vient, bien entendu, la rejoindre. Voici Marie seule à Fontainebleau !

Il fallait s'y attendre, après cet incident de parcours, Henriette ne change pas de méthode : elle gronde, fulmine, griffe et surtout se refuse. Derechef, elle agite la trop fameuse promesse — ce qui permet à l'ambassadeur de Toscane d'annoncer à son maître le grand-duc : « Mme de Verneuil s'arrange pour faire écrire et imprimer partout en France, en Italie et en Allemagne que le roi n'est pas légitimement marié avec la reine. Cela démontre clairement qu'elle a des fins diaboliques et qu'elle veut mettre sens dessus dessous ce royaume. »

La marquise est bien le diable en personne et, pour arriver à ses fins, complote en grand secret, avec son frère d'Auvergne, contre le roi. Henri, parfaitement renseigné, le confie à Rosny :

— Je lui ai parlé des avis que j'ai eus de ses intelligences avec son frère et les autres faiseurs de menées contre ma personne et mon État, elle m'a répondu avec une fierté merveilleuse et mine dédaigneuse, voire soutenu que cela était faux, absolument ; mais qu'à mesure que je vieillissais, je devenais si méfiant et soupçonneux qu'il n'y avait plus moyen de vivre avec moi.

— Le roi, interroge Rosny, ne lui a-t-il pas demandé de lui rendre la promesse de mariage ?

— Certes ! Mais elle m'a insolemment répondu que

je la pouvais bien chercher ailleurs, parce que d'elle je ne l'aurai jamais... Finalement, je me suis séparé d'elle en jurant que je lui ferai bien trouver cette promesse.

Henri n'a encore aucune preuve mais il sent que la conspiration dite d'Entragues est en train de se tramer. Henriette se sert tout naturellement du complot monté par son frère d'Auvergne et par le maréchal de Biron ! L'ambassadeur de France à Madrid prévient Henri : Mme de Verneuil a commencé une correspondance secrète avec la cour d'Espagne. Le diplomate révèle même au roi le nom de l'intermédiaire qui sert de boîte aux lettres aux conjurés et lui conseille de l'arrêter. Conseil inutile, Henri craint trop les réactions violentes d'Henriette.

— Je ne veux pas l'irriter !

Il a tort. De toutes les manières, sa maîtresse maintenant ne décolère plus, au point que le roi demande à Rosny de lui préparer à l'Arsenal un appartement où il pourra reprendre haleine et fuir l'enfer du Louvre ! Dans ses *Mémoires*, le surintendant, confident à la fois d'Henri et d'Henriette, raconte que « les mains jointes et les larmes aux yeux » il a supplié le roi d'éviter que les terribles scènes qui déchirent les deux amants « ne sortissent jamais le seuil de l'huis de leur chambre... », ajoutant que si les vociférations d'Henriette étaient perçues dans l'antichambre, elles porteraient préjudice à « cette grande réputation que le roi s'était acquise par ses armes... » ! Cependant, la colère et le chagrin mettent Henri dans un tel état d'agitation, rapporte encore le compagnon du roi, « qu'un jour qu'il avait un violent dépit de quelque procédé de la marquise de Verneuil, le bras dont il avait été saigné de la veille se rouvrit, comme il se mettait à table pour dîner ».

Au mois d'avril 1604, Henri finit par écrire à sa maîtresse une lettre dans laquelle il lui reproche son attitude incompréhensible, qui surprend leur entourage et le touche personnellement plus que tout autre. Il lui peint son chagrin : « Je souffre que vous ne m'aimiez pas, avoue-t-il, mais si vous me traitez comme vous devez, je serai plus à vous que jamais. » Cependant, il reprend et termine sa lettre par cet avertissement plein de menace : « Sinon gardez cette lettre pour la dernière que vous recevrez jamais de moi... qui vous baise un million de fois les mains. »

Et deux mois passent...

Un jour de juin, le roi descend de cheval devant le perron du château de Verneuil. Il semble bouleversé et vient interroger sa maîtresse. Ce n'est pas l'amant qui arrive pour caresser ses « petits garçons », mais un accusateur...

Henri expose les faits qui l'amènent. Horrifié, il vient d'apprendre l'ampleur de la nouvelle conspiration et a rédigé aussitôt une lettre à Rosny : « Nous avons découvert force trahisons, auxquelles le comte d'Auvergne et M. d'Entragues sont mêlés, et des choses si étranges qu'à peine vous les croirez. » Choses étranges, en effet, que le roi Jacques Ier d'Angleterre a découvertes. Un Anglais, nommé Thomas Morgan — ou Thomas Mann — espionne en France pour le compte de Philippe III d'Espagne. Si Henri pouvait mettre la main sur ce louche individu, il en apprendrait de belles ! Morgan séjournait justement à Paris. On se mit en chasse, on tomba facilement sur lui : se sachant recherché, il vivait caché dans le bois de Vincennes. Appréhendé, écroué, la seule peur de la question lui arracha des aveux sans que l'on eût recours à la torture. L'interrogatoire permit à Henri et à Rosny de dépister un vaste complot dont le comte d'Entragues, père d'Henriette, était l'âme, et l'ambassadeur d'Espagne, Jean-Baptiste de Taxis, la cheville ouvrière.

Henri précise même à Henriette que les conjurés ne s'étaient pas mis en frais d'imagination : ils avaient tout bonnement repris l'ignoble projet tissé par Biron. Une fois de plus, le point de départ de la machination reposait sur la trop fameuse promesse signée par le roi. Puis, comme les conjurés l'avaient prévu avec entrain deux années auparavant, on projetait de massacrer le roi et le petit dauphin. Ensuite, l'intrigue se nouait... Protégé par l'Espagne, le jeune Verneuil prendrait la place du fils de Marie de Médicis, on lui ferait épouser, le moment venu, une infante d'Espagne, Anne d'Autriche, par exemple...

Henriette semblait cette fois très compromise. Bien plus, deux de ses aumôniers participaient au projet de coup d'État ! Il existait même un pacte qui liait les conjurés ! C'était un nommé Chevillard qui le possédait. Il venait d'être arrêté. Incarcéré à la Bastille, on oublia de le fouiller et, lors de la première soupe qui lui fut servie, il émietta le contrat dans son bol, comme s'il s'agissait de parmesan — et l'avala...

Le roi maintenant se tait.

Penser qu'Henriette est accablée, confondue, serait mal la connaître. Elle s'agite comme un diable dans un bénitier. Elle tombe des nues et le prend de haut. Elle n'est au courant de rien et qualifie ces accusations de contes et de sornettes. Henri n'a jamais été dupe, mais il est obligé aujourd'hui de reconnaître ce qu'il a voulu toujours ignorer. Et c'est lui qui est le plus atteint des deux. Avec tristesse, il quitte Verneuil et prend sans tarder une première mesure : la marquise est astreinte à résidence dans un hôtel du faubourg Saint-Germain, puis le roi se rend à Malesherbes.

— Je ne suis pas homme qui fuit ou qui recule, répète-t-il souvent.

Aussi met-il lui-même sur la sellette le comte d'Entragues. Les agents du roi ont découvert chez le père d'Henriette des lettres du roi d'Espagne dont la teneur ne laisse pas le moindre doute sur le contenu du pacte et sur les manœuvres tortueuses qui liaient les conspirateurs. Enfin, M. d'Entragues est pris au piège ! S'il ne rend pas la promesse signée par le roi, on lui fera un procès en règle et il connaîtra le sort du duc de Biron.

Le père d'Henriette capitule.

Il va chercher sa bouteille et, en présence des ministres et du comte de Soissons, remet le lamentable document. Avec une inconscience qui frise le ridicule, il demande, en échange de sa bonne volonté, le bâton de maréchal de France. On lui fait comprendre que l'heure n'est pas à la plaisanterie… et, le 11 décembre 1604, les archers le conduisent à la Bastille.

Henriette, interrogée par le chancelier, répond aux questions qui lui sont posées avec son effronterie accoutumée :

— Je ne me soucie pas de mourir, dit-elle calmement. Au contraire, je le désire. Mais si le roi me fait périr on dira toujours qu'il a fait mourir sa femme, car j'étais reine avant l'autre.

Et comme on presse la marquise de revenir à l'affaire, elle s'exclame :

— Je ne demande que trois choses à Sa Majesté : un pardon pour mon père, une corde pour mon frère et une justice pour moi !

En attendant, le chancelier lui « baille gardes et archers du Chevalier du Guet ».

— Vous répondrez d'elle sur votre vie, leur recommande le roi.

On devine la joie de Marie de Médicis lorsque le roi lui remet la *Promesse*. Quelle victoire pour elle ! Elle la conservera précieusement.

Rosny, qui n'a pas les mêmes raisons que le roi de ménager la marquise et ne craint pas ses fureurs, lui fait subir à son tour un interrogatoire serré. Cette fois, Henriette reconnaît avoir reçu des propositions émanant de Philippe III… Elle les a même écoutées d'une oreille complaisante ! Et la « rusée femelle » explique — levant avec candeur ses yeux au ciel — que, si le roi devait disparaître, il fallait bien qu'elle trouvât une protection pour elle et pour ses enfants ! Son amant disparu, elle pouvait tout craindre de la reine Marie. En récompense de ses aveux, elle demande une rente qui la tienne à l'abri du besoin. Elle exige 100 000 livres — sinon elle quittera le pays avec ses enfants, c'est-à-dire ceux du roi...

Rosny exulte, il est aux anges, rien ne peut lui procurer une plus grande satisfaction. On peut ainsi espérer se débarrasser enfin de l'affreuse marquise et de son encombrante nichée. Mais Henri, en dépit de tout, ne peut supporter la pensée de perdre sa maîtresse et lui fait verser par Sully 20 000 écus, soit seulement 60 000 livres. Et le ministre de soupirer : « L'amour qu'Henri avait pris pour Mlle d'Entragues fut un de ces coups malheureux qui répandent un poison lent sur toute la vie ; parce que le cœur, attaqué dans le vif, sent à la vérité tout son mal mais par une fatalité n'a ni la force ni la volonté d'en guérir. Ce prince essuya toutes les hauteurs, les inégalités, les caprices dont est capable une femme fière et ambitieuse. La marquise de Verneuil avait assez d'esprit pour connaître tout l'ascendant qu'elle avait sur le roi ; et elle n'en usait que pour le désespérer... »

On ne saurait mieux dire !

Quant au frère d'Henriette, il s'est replié vers l'Auvergne et, tout d'abord, il reconnaît de loin avoir eu des contacts avec Philippe III ; puis, outrecuidant et fanfaron, selon son accoutumée, d'Auvergne ose affirmer que ces démarches étaient destinées à mieux servir le roi Henri et à espionner l'Espagnol au profit de la France ! Il se ridiculise et soulève le mépris... On l'attire à Clermont en le conviant à une revue, une « montre militaire ». La feinte réussit à merveille. Le bravache se rend tout fier à l'invitation et se fait arrêter. Il a beau « bouffonner », il se retrouve, le 20 novembre 1604, à la Bastille dans un cachot — le même cachot que Biron avait occupé deux années auparavant.

Un lieu qui pousse à la réflexion !

Rosny lui fait comprendre que l'heure n'est plus aux « figures de ballet et aux hâbleries ». Cette fois, sa superbe tombe et le comte d'Auvergne, se démasquant, avoue et donne tous les détails du complot. D'Entragues, ainsi accusé par son complice et beau-fils, est alors jeté en prison. Marie Touchet sanglote et implore le pardon du roi.

— J'ai pitié de votre misère et de vos larmes, lui répond Henri, mais si je vous octroyais ce que vous me demandez, il faudrait que ma femme fût déclarée putain, mon fils bâtard et mon royaume une proie à prendre.

Mais il appartient au Parlement de donner le verdict. Les magistrats interrogent longuement et séparément accusés et témoins. Le comte d'Auvergne, malgré ses airs gouailleurs, est condamné à mort. Quant au comte d'Entragues, avec une hypocrisie subtile et un ton patelin, il continue à nier toute participation au complot. Afin d'amadouer le roi et d'obtenir sa reconnaissance, il blanchit exagérément sa fille, mais il a beau faire le bon apôtre, il est lui aussi condamné à avoir la tête tranchée. Le 2 février 1605, quelques heures après la proclamation de l'arrêt, Mme d'Entragues, ex-Marie Touchet, se jette en sanglotant aux pieds du roi, qui se rendait à la chapelle. Cette fois, Henri est ému — d'autant plus qu'Henriette accompagnait sa mère, du moins Pierre de l'Estoile l'affirme-t-il.

— Allez, leur dit-il, priez Dieu qu'Il le veuille bien inspirer, et moi aussi, qui m'en vais présentement à la messe pour cet effet.

L'exécution est donc retardée.

Lors de ses interrogatoires, l'orgueilleuse Henriette traite de haut les robins. Elle conteste, écarte et rejette

Un déséquilibré aigrefin : le comte d'Auvergne, « toujours bouffonnant, capriolant, et sautant », dont l'esprit, précisait Tallemant des Réaux, était « plein de toutes sortes d'inventions ». (B.N.)

toutes les accusations. Les magistrats ne se laissent pas abuser et incitent la marquise à solliciter la clémence royale.

— Puisqu'il n'y a point d'offense, riposte-t-elle, je ne peux avoir de pardon à demander !

Pourtant, d'Auvergne l'a accusée. Bien plus, le méprisable bâtard précise que Bellegarde a, lui aussi, été l'amant d'Henriette ! La rouée continue à jouer son rôle de victime innocente et explique avec candeur :

— Par ses écrits et ses propos, mon frère en veut à mon honneur et à ma vie.

Mais Henriette n'a plus aucun crédit. Henri paraît satisfait d'avoir pu abattre l'indomptable morgue de sa maîtresse. A la faveur des interrogatoires — Maurice Andrieux l'a fort bien démontré — le roi espérait, tout en le craignant, acquérir la certitude des nombreuses infidélités que lui avait fait subir sa maîtresse : « Son cas n'était pas différent de ceux de tous les amants jaloux : ils cherchent partout des preuves de la trahison, tout en souhaitant de ne les point découvrir. »

Or, certains billets joliment polissons sont découverts chez Henriette, des billets signés Charles Timoléon de Beauxoncle, seigneur de Sigogne. Interrogé, le poète affirme qu'il s'agissait là de petits amusements galants et imaginaires que la favorite lui demandait pour les montrer à son amant « afin de piquer la jalousie royale ». Rosny, qui nous rapporte cette explication filandreuse, semble cette fois s'être laissé berner.

Quelques jours avant l'arrêt, le roi, incorrigible, écrit à Henriette : « Mon cher cœur, je vous permets le voyage de Boisgency comme aussi de voir votre père, auquel j'ai fait ôter ses gardes. Mais n'y demeurez qu'un jour, car sa contagion est dangereuse. Je trouve bon que vous partiez pour Saint-Germain voir nos enfants, car je veux aussi que vous voyiez le père qui vous aime et chérit trop... Aimez-moi, mon menon, car je te jure que tout le reste du monde ne m'est rien auprès de toi que je baise et rebaise un million de fois. »

La marquise est cependant « invitée » par les magistrats à se retirer au couvent de Beaumont-lès-Tours, « avec défense de parler à tout autre personne que religieuses ». Le roi, bien sûr, commence par la dispenser de partir pour la Touraine. Contrairement à l'avis du Conseil royal, d'Entragues doit à son titre de grand-père des bâtards royaux d'être gracié. Il sort de la Bastille à condition de s'éclipser dans son château de Marcoussis et de s'y faire oublier. Le comte d'Auvergne évite le tranchant de la hache, mais, enfermé à la Bastille, il n'en sortira que douze années plus tard... sous le règne de Louis XIII.

La justice royale est d'une mansuétude étonnante, quand on compare les décisions qu'elle vient de prendre aux peines qu'elle requiert généralement pour le commun des mortels. Surtout lorsqu'on lit le *Journal* de Pierre de l'Estoile. Il ne se passe pas une semaine sans que l'on pende ou brûle des délinquants dont certains ne sont coupables que de fautes d'intention. Ainsi François Richard, seigneur de La Voulte, accusé d'avoir voulu empoisonner le roi, avait été pendu et brûlé place Saint-Jean-en-Grève. Mis à la question, l'homme affirma que « jamais il n'avait eu l'intention de faire mal au roi ». Il avait proposé de commettre le régicide dans le but de soutirer de l'argent au duc de Savoie. Mais il ne s'agissait que d'une promesse qu'il n'aurait certes pas tenue ! « Ce qu'on croit être la pure vérité », telle était l'opinion du président qui le jugeait (1).

Oui, le roi et la justice ont été très indulgents avec Henriette. La seule vengeance que le roi souhaitait tirer de la trahison de sa maîtresse, c'est qu'avec humilité, elle fasse amende honorable. Il connaît l'arrogance de la marquise et son orgueil. Cependant, il la

(1) Ne refermons pas le *Journal* de Pierre de l'Estoile sans transcrire ce fait divers tragique qui se déroula au mois de novembre 1607 : « Un jeune garçon ayant été condamné à la Tournelle à être pendu et étranglé pour s'être accouplé avec une jument. » Mais ce qui semble aberrant, c'est la peine encourue par la jument, qui fut « assommée au pied de la potence », où se balançait le corps de son maître...

supplie de lui demander pardon. En échange, on lui permettra de quitter Saint-Germain et de regagner Verneuil. Le roi finit par obtenir de sa maîtresse qu'elle lui adresse une lettre demandant l'absolution. De mauvaise grâce, Henriette s'exécute, mais la première partie de sa missive est tellement alambiquée qu'elle décourage la lecture. Après quelques lignes de pathos — elle fait le parallèle entre les doux baisers qu'elle donnait autrefois au roi et les « sanglots d'affliction » qui l'étouffent aujourd'hui — elle évoque l'amoureuse intimité de jadis : « J'étais toujours collée à votre bouche et, mieux encore, à votre âme, mais si parfois je m'en séparais pour soupirer, mes amours, mes soupirs vous étaient des plus doux et des plus favorables qui puissent conduire au bord de la félicité la plus désirée ; et si j'ouvrais la bouche pour vous dire quelque chose, il vous semblait que le ciel s'ouvrait pour vous recevoir... Maintenant, tous ces contentements passés se sont changés en dégoût !... »

Coquette, la sirène trouve les mots pour ensorceler sans trop de peine le plus crédule des amants : « J'aime comme auparavant, je brûle avec autant d'ardeur qu'auparavant, mais non avec autant de félicité que je ressentais avant cette dernière amertume, parce que celui qui m'aimait plus que sa propre vie ne recherche à cette heure que ma mort ou, s'il ne la désire pas, il la cause. Vous n'eûtes jamais de l'amour pour moi ou, si vous en avez eu, il n'est guère ardent... »

Henriette sait à quel point Henri aime ses enfants, aussi, après avoir séduit l'amant, la fine mouche va-t-elle circonvenir le père, en faisant vibrer la fibre paternelle : « Nos petits enfants, nonobstant leur peu d'âge, ne laissent pas d'avoir beaucoup de ressentiment et de douleur, entendant ma juste plainte avant que d'avoir connaissance d'eux-mêmes... Si vous ne voulez pas que je doive ma liberté à mon innocence, pour le moins que ce soit à votre bonté... »

Henri n'obtiendra pas davantage !

Pour terminer, elle offre au roi d'être son esclave. Elle pose et tend de nouveaux filets. Henri s'y laissera piéger et, dix-huit mois plus tard, en octobre 1606, il lui avouera : « Je vous aime avec plus de passion que je le fis jamais... »

L'auteur des *Commandements de Maître Guillaume* se trompera en rimant :

La marquise plus ne verra.

La chute est plus juste :

Elle te hait mortellement.

L'arrestation de Biron.
(Hachette)

La reine Margot a perdu sa jeunesse.

« N'étant plus Vénus qu'en luxure,
Ni reine non plus qu'en peinture. »

(Hachette)

Chapitre XVII

Le gouvernement du roi Henri

Je fais bien du chemin et
vais où Dieu me conduit...
Henri IV

Au cours de cette année 1605, Henri redouble d'affection pour Marie. Il a tant à se faire pardonner ! « Mon cœur, lui écrit-il, il faut avouer le vrai... Je n'ai su dormir me trouvant seul... Ne doutez point, mon cœur, que je ne vous aime plus que la chose au monde ; je vous le jure, je vous en assure, aimez-moi bien aussi... » Et, le 19 octobre : « Ceux qui font courir le bruit que nous sommes mal ensemble le désireraient peut-être, mais nous les éloignerons bien de leur compte... »

Henri essaye de tranquilliser la jalousie de la reine toujours en éveil : « J'ai vu aussi ce que vous me mandez de cette dame jaune et maigre ; ce n'est plus marchandise pour ma boutique, car je ne me fournis que de blanc et gras. »

Marie n'a point tort de s'inquiéter, car, l'année précédente, le roi s'est entiché de la blonde et ravissante Jacqueline de Bueil, âgée seulement de seize ans. Mme de Conti la protège et, lorsqu'elle s'aperçoit que le roi s'enflamme, elle exige que l'on marie Jacqueline au plus vite « en figure » — autrement dit de lui faire contracter un mariage blanc. La princesse fait ensuite « marchander la jeune fille », ainsi que le rapporte Tallemant des Réaux. Moyennant 30 000 écus, le jeune Champvallon, seigneur de Cézy, le neveu du Champvallon amant de la reine Margot, pose sa candidature.

Ici, il faut donner la parole au savoureux Pierre de l'Estoile : « Le mardi cinquième d'octobre 1604, à six heures du matin, Mlle de Bueil, nouvelle maîtresse du roi, épousa à Saint-Maur-des-Fossés le jeune Champvallon, jeune gentilhomme bon musicien et joueur de luth, piètre, ainsi qu'on disait, de tout le reste, même des biens de ce monde. Il eut l'honneur de coucher le premier avec sa mariée, mais *éclairé*, ainsi qu'on disait, tant qu'il y demeura, de flambeaux et veillé de gentilshommes, par commandement du roi qui, le lendemain, coucha avec elle à Paris, au logis de Montauban, où il demeura au lit jusqu'à deux heures après-midi. On disait que son mari était couché en un petit galetas au-dessus de la chambre du roi et ainsi était dessus sa femme ; mais il y avait un plancher entre eux... »

— A-t-on jamais vu pareil bordel ! s'écrie outré le chanoine Giovannini. Il les veut donc toutes ?...

Respectueux de la tradition, Champvallon s'effacera légalement l'année suivante, grâce à la complaisance des juges ecclésiastiques.

Pour le jour de l'an 1605, Jacqueline reçoit 9 000 louis, le titre de comtesse de Moret et ce petit madrigal lyrique écrit de la main du roi :

Viens, Aurora,
Je t'implore ;
Je suis gai quand je te vois.
La bergère,
Qui m'est chère,
Est vermeille comme toi.

***

Au début de l'été 1605, la foule se presse dans les rues étroites de Paris pour assister à un surprenant spectacle : le retour d'un fantôme ! Après vingt-trois années d'absence, après un quart de siècle d'intrigues, d'amour et d'une triste retraite forcée — pour ne pas dire d'un emprisonnement —, la reine Margot, devenue duchesse de Valois, revient dans la capitale où ont régné son grand-père, son père et ses trois frères. On l'avait presque oubliée ! Elle le constate elle-même :

— A la cour, l'adversité est toujours seule, tandis que la prospérité est accompagnée.

Au château de Madrid, qui sera sa résidence provisoire, elle est accueillie cérémonieusement par un amant d'un lointain passé, le beau Champvallon,qui s'incline devant elle au nom du roi. On ignore si c'est avec malice qu'Henri avait désigné pareil représentant !

Lorsque, le 26 juillet, le roi revoit son ancienne épouse, il ne doit pas manquer d'être stupéfait. Il a pourtant été prévenu. Qu'il se trouve loin du tableau enchanteur peint par Brantôme ! La « déesse du siècle aux beaux seins découverts » dont la renommée s'est étendue à travers toute l'Europe, cette « beauté plus divine qu'humaine » est devenue une dame obèse. Sa corpulence est telle qu'elle ne pourra bientôt plus franchir certaines portes. Voici le résultat de sa réclusion dans la forteresse d'Usson, où elle menait une vie végétative dont les seuls plaisirs étaient de dévorer des sucreries et de demeurer couchée. Sa chevelure noire s'est raréfiée. A force d'avoir été « tortillés et frisonnés », ses cheveux sont tombés. Elle porte une volumineuse perruque d'un blond filasse « blanchie sur l'herbe », affirme Tallemant des Réaux. Ce sont les cheveux d'une cohorte de vigoureux et jeunes « grands valets de pied blonds qu'elle faisait tondre de temps en temps ». Ces valets de pied qu'elle accueille volontiers dans son lit... car, dans ce domaine, la pauvre femme est loin d'avoir pris sa retraite. Il est vrai qu'Usson manquait de distractions ! Elle ne veut pas admettre les flétrissures du temps, et la reine Margot fait s'esclaffer les Parisiens, exhibant une peau triste et parcheminée dans les décolletés vertigineux et plongeants de sa jeunesse, à la mode sous Charles IX.

Le roi a permis à Marguerite de regagner la capitale car, au mois de novembre précédent, elle avait donné de précieuses indications sur les agissements du comte d'Auvergne, réfugié non loin du château d'Usson. N'avait-elle pas prêté la main pour tendre le piège qui devait arrêter d'Auvergne et le faire prendre ? Ce n'est pas impossible, du moins, elle le laissait entendre.

— Je crois y avoir autant de faux que de vrai, estimait Rosny.

Cependant Margot en veut mortellement au bâtard qui, d'accord avec Henri III, l'a frustrée de l'héritage de sa mère Catherine. Il est vrai que la vieille reine avait deshérité sa fille... Durant trois longues heures, les anciens époux échangent leurs souvenirs et s'attendrissent. Il est bien loin le temps où Henri appelait sa femme l'ivrognesse.

— Pourvoyez-vous mieux à votre santé, lui recommande aujourd'hui le roi. Ne faites plus la nuit du jour et du jour la nuit, comme vous en aviez coutume.

— Je promets d'apporter ce que je pourrai pour contenter Votre Majesté, encore que ce sera fort malaisé, étant donné les longues habitudes et nourritures que j'ai prises.

L'estimant trop dépensière, le roi la supplie aussi de « restreindre ses libéralités ».

— C'est du tout impossible, répond Margot, je ne puis vivre autrement ; cela tient de ma race.

En effet, les Valois ont toujours jeté l'argent par les fenêtres. Ils ont mangé leur blé en herbe, selon l'expression du temps.

— Vous semblez avoir les mains percées, disait déjà Louis XII au futur François Ier.

Le surlendemain, l'ex-reine rend au roi sa visite. Henri la salue au milieu de la cour du Louvre. Marie, entourée de ses dames, l'attend en haut de l'escalier d'honneur — le *Grand Degré* — qui existe toujours. Au premier abord, la reine se montre d'une amabilité toute relative, mais Marguerite « a tant et trop souffert, affirme-t-elle, pour garder beaucoup de fierté », et semble heureuse de s'incliner devant celle qui est aujourd'hui « environnée de tout l'éclat » qu'elle a perdu... par sa faute.

La reine Marie se montre fort touchée par le respect que lui témoigne la souveraine qui l'a précédée au Louvre et un courant d'amitié passe entre les deux femmes, d'autant que Margot désigne le dauphin pour son unique héritier. L'enfant, à la demande de Marie, l'appelle de l'étrange nom de *Maman-fille* — une expression qui surprend...

Margot multiplie les hommages qu'elle estime devoir témoigner au roi de France et de Navarre. Alors que le roi était parti pour mettre de l'ordre en Limousin, elle lui avait écrit : « Nous attendons le retour de Votre Majesté, comme ces peuples, qui ont six mois de nuit, attendent le retour du jour... »

Marguerite s'installe bientôt à l'hôtel des archevêques de Sens, qui se dresse encore aujourd'hui non loin de la Seine. Un matin, ces vers cloués sur la porte sont livrés à la curiosité des badauds :

Comme reine tu devrais être
En ta royale maison,
Comme pute, c'est bien raison
Que tu loges au logis d'un prêtre !

Au mois d'avril 1606, Margot défraye à nouveau la chronique en agissant d'atroce façon. Le 5 avril, elle revient en carrosse de la messe des Célestins. A ses côtés se tient son bel amant, un jeune page arlésien, Dat de Saint-Julien, pour lequel Margot éprouve une folle passion. Il a vingt ans, et elle a largement dépassé le cap de la cinquantaine — ce qui, en ce début du XVIIe siècle, est le seuil de la vieillesse.

Soudain claque un coup de pistolet. Saint-Julien s'effondre, frappé à la tête, le sang jaillit et se répand sur la robe de la reine.

Qui a tiré ?

C'est un jeune garçon de dix-huit ans, un certain Vermont, prédécesseur de Saint-Julien dans le lit de Marguerite. Toujours amoureux — du moins il le clame — fort jaloux, il s'est armé d'un pistolet pour tuer son rival. Pendant qu'il s'enfuit, on entend Margot hurler :

— Qu'on tue ce méchant !...

Elle retrousse ses jupons :

— Tenez ! Tenez ! Voilà mes jarretières ! Qu'on l'étrangle !

Vermont, vivement rattrapé, est garrotté et enfermé dans une chambre d'une hôtellerie voisine. A ses côtés, on transporte le cadavre du pauvre Saint-Julien.

— Tournez-le, demande-t-il, que je voie s'il est bien mort, car autrement, je l'achèverai !

On obéit.

— Il est bien mort, vous pouvez me tuer ! s'exclame-t-il ; je ne regrette rien.

Margot annonce « qu'elle ne boira ni mangera tant que justice ne sera pas faite ». Devant cette menace d'une grève de la faim, on presse l'affaire. Le lendemain, à la demande de Marguerite, l'exécution se déroule devant la porte même de l'hôtel de Sens. « Le criminel marcha gaiement au supplice, relate Pierre de l'Estoile, disant bien qu'il ne se souciait de mourir puisque son ennemi était mort, et qu'il était venu à bout de son dessein... Il refusa de demander pardon à la reine. »

A une fenêtre, les yeux « fixes », le regard dur, Marguerite regarde tomber la tête de son ancien amant... puis s'évanouit. La nuit venue, ne voulant désormais franchir l'emplacement de l'échafaud, elle

C'est devant le portail de l'hôtel de Sens que le jeune Vermont tua d'un coup de pistolet son rival — et c'est devant cette même porte que le meurtrier eut la tête tranchée. (L.A.P.)

abandonne l'hôtel de Sens pour se réfugier à Issy, dans une maison appartenant à La Haye, orfèvre du roi.

— Qu'elle se console, s'écrie Henri, nous lui en trouverons une douzaine qui vaudront mieux que lui !

Et l'on rima :

La reine Vénus demi-morte
De voir mourir devant sa porte,
Son Adonis, son cher amour,
Pour vengeance a devant sa porte
Fait défaire à la même place
L'assassin presque au même jour.

La mort de Saint-Julien l'a affreusement meurtrie. Elle tombe malade, au mois d'octobre 1606, et le roi fait prendre de ses nouvelles. Après trois semaines de repos, Margot se porte mieux et, le 6 novembre, dicte une lettre implorant le roi de pardonner sa faiblesse qui l'empêche de tracer elle-même ces lignes : « Monseigneur, l'honneur que Votre Majesté me fait d'avoir tant de soins de la vie de sa créature serait suffisant pour me retirer du tombeau... » Elle le supplie avec humilité de croire « que le temps qu'il plaira à Dieu de la maintenir en vie » ne sera employé que pour lui rendre « le très humble et très fidèle service » qu'elle lui doit... Marguerite tranquillise Henri sur son état de santé : « Je perdis, hier au soir, la fièvre... ne me restant plus que la faiblesse d'un mal si cruel pour lequel on m'a tiré tant de sang que je crois que, quand j'aurai l'honneur de baiser les mains de Votre Majesté, vous me prendrez pour une anatomie *(sic)* ayant, à cette heure, le nez aussi long que le roi mon grand-père... »

L'ex-reine fait partie de la famille. Avec « un agréable ravissement », elle couvre de fleurs le fils de Gabrielle — la « décriée bagasse » qu'elle haïssait autrefois —, ce « Monsieur de Vendôme, écrit-elle, digne effet d'une royale naissance, tant encore parfait en beauté qu'en l'esprit qui surpasse son âge... » Et elle achève : « C'est à la vérité une royale *production (sic)* digne de Votre Majesté, qui ne fait rien d'animé ou d'inanimé qui ne surpasse l'ordinaire, comme ces beaux bâtiments que j'ai vus passant l'eau... »

C'est du nouveau Louvre qu'il s'agit, ce Louvre dont elle a été jadis le plus bel ornement. Lorsque Henriette, mère d'autres « productions » royales lui fait savoir qu'elle désire la connaître — sans doute par curiosité —, Margot écrit au roi : « Je supplie Votre Majesté me commander ce qui lui plaît que je fasse. Je ne suis née que pour La servir. Commandez donc à votre très humble servante votre volonté que j'observerai toute ma vie, en cela et en tout. »

Qu'il est loin le temps d'Agen où elle faisait attaquer par sa petite armée les troupes du roi de Navarre !

Bientôt le drame de l'hôtel de Sens est oublié. Margot s'amourache d'un certain Bajaumont, d'une parfaite sottise, mais d'une telle perfection physique que la reine en est éblouie — cet éblouissement coûte la vie à l'Apollon qui meurt d'épuisement... Le jeune Villars — un chanteur — lui succède. On le baptisera « le roi Margot » et elle l'obligera à s'habiller à la mode d'Henri III, « ayant ainsi l'impression de retrouver sa jeunesse », comme nous le dit Philippe Erlanger. Elle s'enfermera avec lui dans le magnifique palais qu'elle a fait construire sur la rive gauche de la Seine (1), ce qui permit aux chansonniers de versifier :

Cette vieille sainte plâtrée
Pour être encore idolâtre,
Bâtit son temple au bord de l'eau
Afin qu'à toute heure du Louvre
Qui, de l'autre bord la découvre,
Le roi puisse voir le bordeau.

(1) On peut encore en voir quelques vestiges du 2 au 10 de la rue de Seine. Le parc s'étendait au-delà de notre rue du Bac et ses allées s'appellent aujourd'hui les rues de Lille, de Verneuil et de Beaune. La façade de la *chapelle des Louanges* élevée par Margot dans son parc a été conservée dans la cour de l'École des Beaux-Arts, 14, rue Bonaparte.

L'hôtel fut meublé somptueusement.

— Un si bel oiseau, explique Henri, ne saurait avoir une trop belle cage.

Souvent le roi ira lui rendre visite, et c'est en se promenant avec Margot dans les allées ombragées du parc longeant la Seine qu'Henri IV eut l'idée de faire planter d'arbres la rive droite du fleuve en direction de Chaillot.

C'est ainsi que naquit le Cours-la-Reine...

*
**

L'affaire Bouillon est le dernier soubresaut des conspirations menées par Biron et François d'Entragues. Huguenot pétri d'orgueil, Henri de La Tour, vicomte de Turenne, avait épousé Charlotte de La Marck, qui lui avait apporté en dot le duché indépendant de Bouillon et sa capitale Sedan où le duc de Bouillon s'était réfugié au moment du procès d'Entragues. Les interrogatoires ayant démontré sa complicité, le roi, pour lui accorder son pardon, exige la reddition de la principauté de Sedan. Bouillon refuse de s'incliner. Henri prend alors lui-même le commandement d'une armée forte de dix mille fantassins et de six mille Suisses flanqués de cinquante canons commandés par le grand maître de l'artillerie, M. de Rosny en personne. Les forces royales sont massées devant la frontière du Luxembourg. L'ambassadeur d'Espagne s'inquiète devant ce déploiement armé, le roi lui réplique assez sèchement qu'il a bien le droit de châtier un sujet rebelle... et le diplomate n'ose souffler mot.

Le 1er avril 1606, Henri se trouve à Donchery, à une lieue de Sedan. Le lendemain matin, encore couché, il est réveillé par le duc de Bouillon qui se jette à genoux au pied de son lit. Le perfide vient implorer son pardon. Henri l'accueille « aussi bien que s'il n'eût jamais failli », mais ne l'invite pas à dîner. Aussi le duc est-il obligé de prendre place à la table des chambellans. Il se venge en les traitant de haut et en s'insurgeant « contre les contrôleurs du roi qui ne le servent pas bien à son gré ».

Marie est venue rejoindre Henri et tous deux entrent triomphalement dans Sedan... que le roi, magnanime, restituera à Bouillon deux années plus tard. Puis, par une pluie diluvienne, le roi et la reine partent pour Reims où Henri tient à montrer à sa femme la sainte Ampoule.

A la fin du mois d'avril 1606, Henri regagne Paris, escorté par huit cents gentilshommes. Le roi et la reine entrent dans la capitale par la porte Saint-Antoine. Ils sont accueillis aux cris de *Vive le roi !* et par le tir des canons de l'Arsenal. Henri a ordonné que « M. de Bouillon marchât immédiatement devant lui : ce qu'il fit, nous raconte Bassompierre, mais avec une telle assurance et audace, que l'on n'eût pu juger si c'était le roi qui le menait en triomphe on lui qui menait le roi... »

A la suite de ce succès dû en partie à la présence des cinquante canons de Rosny, Henri donne à son bras droit le titre de duc et pair. Rosny devient le duc de Sully, du nom d'une terre achetée par le surintendant quatre années auparavant.

Dès qu'il le peut, Henri s'évade du Louvre et se rend à l'Arsenal, demeure de son ministre. C'est au premier étage de ce bâtiment que le surintendant gère les affaires du royaume.

Un matin, peu avant 7 heures, le carrosse du roi s'arrête dans la cour. Henri est accompagné de cinq ou six familiers.

— Monsieur le duc écrit dans son cabinet, lui annonce un valet.

Le roi arrive chez son ami, qui, selon son accoutumée, travaille avec acharnement.

— Depuis quand êtes-vous là ? demande Henri.

— Dès les trois heures du matin, Sire.

Le roi se retourne alors vers ses compagnons :

Dans un parc — peut-être celui de Fontainebleau — Sully s'agenouille devant le roi pour lui demander de lui pardonner ses remontrances pourtant bien justifiées. (Pérony/ Société des Amis du château de Pau)

— Combien d'entre vous aimeraient mener cette vie-là ?

Le rigide et parfois brutal Sully se vantait de n'avoir jamais été « fort sujet aux femmes et débauché avec elles ». Il affirmait aussi ne s'être « jamais délecté à faire festins, collations et ballets ». Se livrer au jeu, « vraie perte de temps et de bien », le révolte. Pierre de l'Estoile affirme même « qu'il n'y avait pas un grain de bonté en lui ». En voyant ce visage sévère, barbu et bourru, aussi peu souriant que possible, nous le croyons volontiers. Bref, le surintendant devait être franchement ennuyeux. Il est parvenu à se faire exécrer de tous, sauf d'Henri, qui était pourtant tout l'opposé de son grand maître.

Mais ces deux hommes si différents l'un de l'autre — sauf l'épée à la main sur un champ de bataille — s'estimaient et s'aimaient. Henri a une immense confiance en son cher et vieil ami Rosny et lui voue une profonde admiration :

— Il désire avec passion la gloire, l'honneur et la grandeur de moi et de mon royaume ; il n'a rien de malin dans le cœur, a l'esprit fort industrieux et fertile en expédients, et grand ménager de mon bien ; homme fort laborieux et diligent, qui essaye de ne rien ignorer et de se rendre capable de toutes sortes d'affaires, de paix et de guerre.

Il accepte de son surintendant ce qu'il ne tolérerait d'aucun autre. Souvenons-nous de la promesse du roi à Henriette, que le ministre a osé déchirer devant son maître. Sully peste souvent contre le roi et ses folles fredaines qui lui font perdre tout bon sens. Si ce défaut royal ne l'attendrit pas — l'attendrissement étant incompatible avec le personnage — du moins éprouve-t-il pour ce roi qui se comporte souvent comme un enfant terrible un sentiment de compassion. Sinon, comment expliquer sa véritable résignation en face d'actes qui compromettent l'œuvre royale ? S'il critique son maître, Sully admire la vivacité de son intelligence, son courage, son acuité si prompte à saisir les pensées même les plus secrètes de ses interlocuteurs.

Henri paraît aujourd'hui, en 1606, dix années de plus qu'il n'en compte. Sa barbe et sa moustache, de grises, sont devenues presque blanches, mais il déploie une étonnante activité et ses passions sont toujours aussi vives. « Ses plus ordinaires occupations, quand les exploits militaires et les démêlements des affaires de l'État lui en ont laissé le loisir, écrit Sully, étaient des violents et laborieux exercices, tels que monter à cheval où il était fort adroit, tirer des armes qu'il maniait des mieux, tant l'épée, l'arquebuse, la pique, que la hallebarde... surtout quand de belles filles et femmes le regardaient. Il jouait fort bien et fort souvent à la longue et courte paume, au ballon, au mail, courait la bague, aimant toutes sortes de chasses, et surtout les plus pénibles et hasardeuses, comme ours, loups et sangliers. »

Les deux hommes demeurent ensemble de longues heures à travailler, « en faisant quatre ou cinq tours d'allée ou de galerie ». Nous l'avons vu, Henri n'a jamais perdu cette habitude. Parfois, il tient le surintendant par la main... et leurs doigts se nouent. Quel tableau ! Un reproche vient régulièrement dans la bouche de Sully : les dépenses du roi. « Je voyais avec un regret profond dissiper un argent qui aurait pu être si utilement employé, soupire-t-il. J'ai calculé ce qu'Henri dépensait ordinairement chaque année en bâtiments, pour son jeu, pour ses maîtresses, pour ses chiens de chasse, et j'ai trouvé qu'il ne s'en allait pas en tout cela moins de douze cent mille écus : somme suffisante pour entretenir quinze mille hommes d'infanterie... »

Le roi n'aime pas les grandes conférences, il préfère de beaucoup travailler avec un petit nombre de conseillers. En assistant un jour à une réunion du clergé, qui formait un impressionnant parterre de mitres, il remarque avec ironie :

— On assemble ainsi un grand nombre de personnes, quand on a envie de rien faire qui vaille !

L'idéal pour lui est de résoudre les problèmes en la seule compagnie de son surintendant des Finances ou de son chancelier. Quand il ne peut faire autrement, Henri convoque l'un des quatre secrétaires d'État. Tel l'ancien ligueur Villeroy, qui a servi les Valois et s'est spécialisé dans les Affaires étrangères. Sully, qui ne l'aime guère et le jalouse, affirme qu'il ne sait que « prôner, caqueter, faire la mine, écrire et sceller », mais le roi l'apprécie — et M. le grand maître grimace quand il entend Henri constater :

— J'ai fait aujourd'hui plus d'affaires avec M. de Villeroy que je n'en avais fait avec les autres en six mois.

« Avec les autres », à l'exclusion de Sully, bien entendu... Il lui arrivait de se disputer avec son cher compagnon, mais la réconciliation ne tardait guère.

— Ne savez-vous pas bien, s'exclamait le roi, que nos dépits ne doivent jamais passer les vingt-quatre heures ? Je sais que cela ne vous a pas empêché, dès le lendemain de ma colère, d'entreprendre une belle affaire pour nos finances.

***

Souvent, Henri sort du Louvre avec la seule compagnie de son capitaine des gardes. De plus en plus, il aime se promener dans les rues et s'arrêter devant les tréteaux des bateleurs et les étalages des marchands. Sans souci du danger, il se mêle au « grand flot vivant » de la foule des Parisiens et des étrangers. Il s'attarde devant les chantiers ouverts sur son ordre. Il a en effet décidé de panser Paris meurtri par les guerres religieuses. Les deux sièges que la capitale a dû supporter ont endommagé les faubourgs ; les habitants ont été obligés d'abattre leurs maisons afin d'établir un champ de tir. On les reconstruit et *le Mercure françois* écrira à la fin du règne : « On ne voyait que maçons en besogne ».

— Vous ne reconnaîtrez plus Paris d'ici deux ans, prédisait Malherbe.

Les réparations de la ceinture de Paris ne sont pas les seuls travaux envisagés par Henri : le roi veut élever une ville nouvelle sur les marais du Temple. En 1604, le

C'est en 1595 que le roi Henri IV donna l'ordre de reprendre les travaux de la Grande Galerie, commencés sous la régence de Catherine de Médicis, joignant le Louvre aux Tuileries et longue de 470 mètres. Il pouvait ainsi, en cas de troubles, quitter Paris à l'aide d'un passage conduisant au-delà de l'enceinte. (J. da Cunha/ L.A.P.)

roi a ordonné de reprendre le projet conçu par Catherine de Médicis au lendemain de la mort d'Henri II. Il s'agissait de remplacer les Tournelles — où durant dix jours le roi avait lutté contre la mort — par une vaste place qui deviendrait un lieu de fête, de carrousels et de promenades. Elle méritera bien son nom de place Royale (1). Le lotissement commence le 4 juin 1606, et les trente-six pavillons tricolores — blancs et rouges par leurs murs et bleus par leurs toits — sortiront de

(1) Après avoir été baptisée place des Fédérés en 1792, de l'Indivisibilité en 1793, la place Royale deviendra la place des Vosges pour remercier les habitants de ce département d'avoir, les premiers, en 1800, acquitté leurs contributions.

terre. Malheureusement Henri ne les verra pas achevés.

Même dessin uniforme pour les trente-deux pavillons de la place Dauphine, ancien verger du roi, un ensemble triangulaire qui sera transformé, déformé serait plus exact, au cours des siècles.

Le Pont-Neuf doit tout naturellement mener les passants vers le carrefour Buci et le bourg Saint-Germain. Aussi le roi ordonne-t-il la construction d'une rue large de près de dix mètres, qui sera nommée rue Dauphine en l'honneur du fils du roi. Le terrain où doit être construite la rue appartient au couvent des Augustins. La communauté s'insurge, ce projet priverait les moines de leur potager.

Fontainebleau ou Fontaine-Belleau, où Henri IV a vécu successivement avec ses deux maîtresses déclarées puis avec la reine Marie. Lorsqu'il gagnait au jeu, il empochait ses gains en annonçant : « C'est pour mes maçons. » En effet, le château avait bien besoin de réparations. (Roger-Viollet)

— Ventre-saint-gris ! s'exclame le roi, les maisons que vous bâtirez au bord de la nouvelle rue, mes pères, vaudront mieux que le produit de vos choux.

Les moines doivent s'incliner, et Henri IV recommande à ceux « qui commenceront à bâtir qu'ils fassent le devant de leurs maisons toutes d'un même ordre, car, précise-t-il, cela serait un bel ornement de voir au bout du pont cette rue toute d'une même façade ».

Le roi n'oublie pas les pauvres gens malades qui n'ont le plus souvent même pas de lit de misère, et en 1606, il ordonne la construction de l'Hôtel-Dieu et des hôpitaux Saint-Louis et de la Charité.

Que de progrès en quelques années ! L'agriculture est redevenue productrice, le commerce s'est épanoui, et l'on exporte aujourd'hui bien au-delà des frontières naturelles. Le roi a réussi :

— J'ai établi pour mon contentement particulier l'embellissement et l'enrichissement de mon royaume.

En 1607, Henri trace ces lignes destinées au cardinal de Joyeuse : « Vous trouverez ma grande galerie qui va jusqu'aux Tuileries parachevée, la petite dorée et les tableaux mis dans les Tuileries ; un vivier et force belles fontaines, mes plants et mes jardins fort beaux ; la place Royale, qui est près de la porte Saint-Antoine, et les manufactures, des quatre parts les trois faites et la quatrième sera achevée l'année prochaine ; plus de deux ou trois mille ateliers qui travaillent çà et là pour l'embellissement de la ville, tant qu'il n'est pas croyable comme vous y trouverez du changement... » Il en va de même des châteaux et des bâtiments pour lesquels le roi éprouve une fierté de propriétaire qui fait visiter son bien.

Il aime assister au travail de ses ouvriers. « Son grand canal de Fontainebleau, raconte Malherbe au mois d'août 1606, est aujourd'hui chez lui une passion si dominante, qu'avec ces chaleurs qui ont été excessives, s'il en fut jamais, il y était ordinairement assis sur une pierre, depuis cinq ou six heures du matin jusqu'à midi, sans parasol ni ombre quelconque à voir travailler ses maçons. »

Il a un peu tardé à faire réparer la chapelle du château fort abîmée par le temps.

— Je ne vois personne aussi mal logé à Fontainebleau que Dieu, lui fit remarquer l'Espagnol dom Pedro.

— Nous autres Français, lui répond Henri, nous logeons Dieu en nos cœurs, et non pas entre quatre murailles comme vous autres Espagnols !

«A Saint-Germain, annonce encore le roi au cardinal de Joyeuse, je fais continuer ce que vous avez vu commencer. Ici vous trouverez mon parc fermé, mon canal très avancé, et plus de soixante mille arbres que j'ai fait planter cette année dans ledit parc, par boqueteaux presque tout repris et, avant cet hiver, j'espère y planter plus de cinq à six mille fruitiers. J'ai fait nettoyer et curer tous les canaux, tant du jardin que autres. Mes palissades sont fort belles... Ma basse-cour des cuisines sera plus de moitié faite, et l'aqueduc que je fais faire pour conduire les eaux et les amener dans le château fait de façon que j'en mettrai par tous mes jardins où je voudrai... »

En 1604, un témoin fait l'éloge du château : « Le roi a fait faire à Saint-Germain plus de bâtiments qu'il n'y en avait auparavant, et l'a rendu plus plaisant que Tivoli. En ce lieu, il fait élever M. le dauphin et Madame, parce que c'est un lieu sur tous autres où l'air est tempéré et doué de plaisant aspect, et durant lequel on découvre une plaine de cinq lieues, la rivière de Seine entre les deux ; au-dessous du château nouveau, il a fait faire plusieurs escaliers artistement pris dans la croupe de la colline, au-dessous desquels sont des grottes, fontaines et jardins, de tels artifices que la nature semble y être représentée d'après le naturel... »

« Le roi, admire de son côté de Thou, fit faire des

Le château de Saint-Germain surplombant la Seine avec ses cinq étages de terrasses. (B.N./L.A.P.)

ménageries, des réservoirs à mettre du poisson, des jardins et tout cela avec tant de magnificence qu'il semble plutôt vouloir surpasser François Ier son grand-oncle, que l'imiter. Aussi était-il ravi quand on disait qu'il lui ressemblait, non pas tout à fait par la taille, mais qu'il en avait tous les traits, la grandeur d'âme et les inclinations. »

Non seulement le roi élabore des projets d'embellissements, mais, soucieux de l'intérêt public, il conçoit d'importants aménagements. « En même temps, rapporte Palma-Cayet, il fit commencer le canal de Seine et du Loir, qui coûte 183 000 écus en trois années. On proposa à Sa Majesté une entreprise bien plus hardie, de joindre les deux mers ensemble, et d'en rendre la déviation facile de l'une en l'autre au travers de la France, sans plus passer au détroit de Gibraltar, par le moyen d'un canal... »

⁂

Lorsque l'un de ses conseillers lui soumet une mesure qu'il ne trouve pas opportune, le roi lui rappelle son expérience :

— Vous savez que vous avez affaire à un roi à barbe blanche et qui a vu du pays !

Pas un souverain français n'a, en effet, autant parcouru son royaume. Sans parler de cette longue randonnée conduite par Madame Catherine pour présenter la France à son fils Charles IX, Henri a guerroyé durant des années, allant, l'épée à la main, par monts et par vaux. La paix revenue, il n'en chemine pas moins sur les routes de France, au trot de son cheval de poste. On trouvait, en effet, des montures aux relais disposés sur les grands axes. Quand le roi est suivi de quelques gentilshommes et accompagné de ses valets, il faut prévoir une soixantaine de chevaux dans chaque maison de poste.

Tout en visitant ses provinces, Henri peut ainsi mieux constater le considérable travail accompli par Sully. Du fait de la guerre, durant tant d'années, chemins et routes n'avaient pas été entretenus et se présentaient à peu près comme des pistes. Aujourd'hui, les marchands n'ont plus besoin de faire des détours de plusieurs lieues pour éviter les fondrières impraticables, les chaussées défoncées ou les ponts dont les arches se sont effondrées. Les grandes routes sont nettement améliorées. Elles sont empierrées et bordées d'ormes — ces fameux ormes du duc de Sully, qui n'ont pas été seulement plantés pour procurer une ombre agréable, mais, avant tout, pour faciliter le travail des charpentiers qui, ayant du bois à leur portée pour confectionner des affûts de canon ou des mâts destinés à la flotte, ne seraient plus obligés d'aller les chercher en forêt.

— La France et moi avons besoin de reprendre haleine, avait dit le roi au début de son règne.

Et cette halte a été bien fructueuse ! Après ces conflits qui avaient déchiré la France, il semblait qu'un véritable ouragan dévastateur s'était abattu sur le royaume. De nombreuses terres demeurées sans labours étaient retombées en friche. Beaucoup de fermes avaient été abandonnées et des villages entiers demeuraient inhabités et déserts. Yves Cazaux donne le chiffre de deux cent cinquante villages brûlés et dépeuplés ! Pour acheter des semences, les paysans ont dû emprunter souvent à cent pour cent d'intérêt. Comme ils n'ont pas pu rembourser leurs prêteurs, ceux-ci, l'échéance étant arrivée, ont saisi le maigre bétail et les instruments aratoires de leurs débiteurs.

Un peu partout, d'anciens soldats ont ravagé les campagnes. Licenciés, ils ne vivaient que de rapines, pillaient, brûlaient... et violaient. Certains, réunis en bandes organisées, mettaient parfois à leur tête un quelconque officier libéré. Tel le trop célèbre capitaine Guillery, qui ira se retrancher, en 1604, au fort des Essarts ; il faudra employer quatre mille cinq cents hommes pour le déloger.

La gêne, pous ne pas dire la pauvreté, atteignait jusqu'à la petite noblesse « désaccoutumée du ménage des champs », et qui avait dû emprunter, elle aussi, pour guerroyer et pour vivre. Un jour, les prêteurs impayés faisaient vendre à la criée les châteaux et leurs terres.

Et pourtant, ainsi que l'écrivait, en 1600, le protestant Olivier de Serres dans son merveilleux *Théâtre d'agriculture et mesnage des champs :* « L'agriculture est la plus saine, la plus naturelle occupation des hommes, comme étant la seule commandée de la bouche de Dieu à nos premiers pères. » Grâce à Sully et à son célèbre « labourage et pâturage », que tous les écoliers connaissent aujourd'hui, le spectre de la famine a disparu. Certes, il subsiste des périodes de disette et les mendiants sont encore nombreux dans le royaume, mais nous sommes loin du 4 mars 1596, de ce jour où, au cimetière des Innocents, on en dénombra sept mille sept cent soixante-deux !... On les avait comptés, tant leur quantité avait surpris.

Pour parvenir à ce résultat, il fallait faire rendre gorge aux receveurs royaux et veiller à un meilleur fonctionnement des finances. Ne nous enfouissons pas sous les chiffres. Contentons-nous, grâce à Jean d'Eblée, de mettre face à face le montant des dépenses publiques de 1597 — trente millions — et celui des recettes — seulement vingt millions de livres. Trois années plus tard, le surintendant des Finances, en améliorant la répartition et la perception des impôts, parviendra à équilibrer dépenses et recettes. A la mort du roi, le trésor de la Bastille comptait 5 millions en or, et le trésorier de l'Épargne gardera par devers lui plus de 11 millions. Le surintendant remboursera même 3 600 000 livres, montant de la dette contractée par la France auprès des Hollandais, et 6 millions de livres aux Cantons suisses — et ces paiements seront effectués sans que les contribuables soient pressurés. Pour atteindre ce résultat, Sully, en 1606, avait institué une Chambre spéciale destinée « à rompre la coutume qu'avaient prise ceux des Finances à faire profits indécents ».

Henri et son ministre vont sagement diminuer le taux de la taille « pour venir en aide au pauvre peuple appauvri ». Le roi supprime en même temps la « pancarte », cette taxe d'un sou par livre, ainsi appelée parce que la valeur de chaque denrée avait été inscrite sur une *pancarte* pour éviter à l'acheteur un calcul trop long et difficile. Mais, en revanche, on doit remplacer le produit de la « pancarte » par une augmentation de la ferme des gabelles et une imposition extraordinaire supportée par certaines villes et certains gros bourgs.

Sully est loin d'approuver les absurdes modalités utilisées pour la perception de la gabelle : « Je n'ai jamais rien trouvé d'aussi bizarrement tyrannique, écrit-il, que de faire acheter à un particulier plus de sel qu'il n'en veut et n'en peut consommer, et de lui défendre encore de revendre ce qu'il a de trop. »

Versant des « larmes de pitié sur le pauvre peuple appauvri et presque réduit à la dernière ruine, par l'effet de plusieurs années de guerre », Sully, décidé à « donner bonne odeur des desseins royaux », accorde la remise des arrérages dus pour la taille. En revanche, il retire des lettres de noblesse « à tant de galants et bravaches qui tranchent du gentilhomme » — et, de ce fait, échappent à la taille, l'impôt paysan par excellence.

Sully propose au roi une réforme révolutionnaire, immédiatement acceptée. Il s'agit d'établir l'hérédité des charges et offices des gens de justice et de finances, moyennant la perception d'un droit annuel égal au soixantième de la charge. Cette perception sera désormais affermée et le premier fermier, Charles Paulet, donnera son nom pimpant au nouvel impôt : la *paulette*.

Pour comprendre l'importance de la réforme annoncée par le roi, il faut se souvenir que tous les offices et charges étaient achetés, comme se vendent encore aujourd'hui les études d'avoué à la Cour, de notaire et d'agent de change. Désormais, les charges se transmettront de père en fils, voire à un neveu ou parent. Ainsi se constituèrent dans toutes les cours souveraines du royaume — parlements, chambre des Comptes, cour des Aides ou juridiction intérieure, offices de finances — de véritables dynasties de magistrats et de fonctionnaires.

Il ne faut pas croire qu'Henri et son ministre aient transformé une France désertique en un pays de cocagne. En dépit du fameux souhait du roi proféré devant le duc de Savoie, tous les paysans ne peuvent encore mettre le dimanche une poule dans leur pot... bien heureux encore ceux qui pouvaient la remplacer par une modeste tranche de lard !

Cependant, on a oublié le temps des économies instaurées au début du règne où, par un édit, Henri avait interdit de « prodiguer les métaux précieux en dorures sur les habits ». On devine le désespoir des dames de la cour ! Cette mesure avait été prise pour arrêter la fuite du numéraire vers l'étranger, fournisseur d'étoffes précieuses et coûteuses. Mais les artisans français étaient parfaitement capables de fabriquer des tissus de soie. En 1599, Olivier de Serres avait publié *Cueillette de la soie par la nourriture des vers qui la font*. Certes, la sériciculture était déjà connue en Avignonnais depuis deux siècles, mais Henri lui donnera un certain essor. Ici aussi, il est indispensable de citer quelques chiffres : quatre cent mille pieds de mûriers blancs, sans parler de graines, sont livrés à Paris, Lyon, Tours et Orléans. Dans chaque pays d'élection, on envoie des « hommes experts destinés à instruire les *meuriers* et à leur apprendre à faire éclore et nourrir les vers et les faire filer ». Cependant les résultats sont médiocres.

— Le Français a cela de mauvais, explique-t-on, qu'il ne persévère pas ; il n'a que la première pincte !

Si l'élevage des vers à soie rebute — il fallait attendre trop longtemps pour récolter le fruit de son travail — Henri et Sully obtiennent de meilleurs résultats avec les métiers à tisser. Alors qu'autrefois « la France possédait le renom d'avoir les meilleures draperies du monde, tant pour la teinture que pour la fabrique », il s'était glissé dans la corporation tant d'abus que l'on n'entendait plus guère parler de ces beaux draps d'écarlate du faubourg Saint-Marcel. « La teinture en avait été délaissée et semblait que celle-ci était morte avec les ouvriers. » Sur les seize cents métiers à draps de Provins, il n'en subsistait que quatre. Comme l'a constaté l'économiste Barthélemy de Laffemas, « il est connu à tous que l'on faisait avant les troubles quatre fois plus de manufactures qu'à présent ».

La barre a été fort heureusement redressée. On est

parvenu à améliorer l'art de la tapisserie de haute lisse pour laquelle Sully, à la demande du roi, a fait venir au faubourg Saint-Marcel, « dans la maison des Gobelins », des ouvriers originaires de Flandre. Pour les retenir dans le royaume, on les naturalise Français. Il en est de même pour les verriers italiens. Des Flamands ont été appelés pour apprendre aux habitants de la région de Senlis l'art de la dentelle. A Montpellier, on commence à fabriquer velours, satins et taffetas, et La Rochelle est spécialisée dans le tannage des maroquins. Sully installe dans son fief, à Mantes, des métiers et des moulins qui produiront des crêpes fins « à la façon de Bologne ».

L'effort accompli est immense et le résultat obtenu inappréciable. Un témoin, Hardouin de Péréfixe, écrit : « A l'exemple du roi, les bourgeois réparaient leurs maisons que la guerre avait ruinées. Les gentilshommes, ayant perdu leurs armes, et n'ayant qu'une houssine [une baguette] à la main, s'adonnent à ménager leurs biens et à augmenter leurs revenus. Tout le peuple était attentif au travail, et c'est une merveille de voir ce royaume qui, cinq ou six ans auparavant, n'était pour ainsi dire qu'une tanière de serpents et de bêtes venimeuses, étant rempli de voleurs, de larrons, de vauriens, de gens de sac et de corde, avoir été si bien purgé de tous ces maux par ce grand roi, et comme changé en une ruche d'abeilles innocentes, qui s'efforçaient à l'envi de donner des preuves de leur industrie et d'amasser de la cire et du miel. »

Henri IV sur le Pont-Neuf. Le fameux « cheval de bronze », exécuté par Jean de Bologne et commandé par Marie de Médicis après la mort du roi, fut jeté bas lors de la Révolution. Louis XVIII demanda à Lemot l'image équestre de son ancêtre qui fut érigée au même emplacement au mois d'août 1818. (J. da Cunha/L.A.P.)

Chapitre XVIII

Le Vert-Galant

Henriette dut éprouver une fausse joie en apprenant, à la fin de l'année 1605, un événement qui aurait pu tourner à la tragédie pour la famille royale, mais qui aurait favorisé ses ténébreux espoirs sans qu'elle eût à s'en mêler.

Le lundi 19 décembre, à 5 heures du soir, le roi, revenant de la chasse, traversait lentement, au pas de son cheval, le Pont-Neuf, qui méritait alors bien son nom car, tout éclatant de blancheur, il avait été inauguré par Henri IV lui-même plus de deux années auparavant. Inauguré est une façon de parler : le pont n'étant point terminé, le roi dut se contenter de traverser le fleuve sur un tablier de planches branlantes. Les spectateurs s'extasièrent : plusieurs imprudents s'étaient hasardés par le même chemin et s'étaient rompu le cou !

— Voyons, avait répondu fièrement Henri, il n'y en a pas un de tous ceux-là qui fût roi comme moi !

Depuis, en franchissant la Seine d'une rive à l'autre, on pouvait enfin admirer le fleuve, que les maisons construites sur les autres ponts empêchaient d'apercevoir.

Henri n'est suivi ce lundi soir de décembre que par quelques gentilshommes. Soudain, un homme, un poi-

Le Pont-Neuf dont les travaux ont commencé sous Henri III et qui fut inauguré par Henri IV. (J. da Cunha/L.A.P.)

gnard à la main, se précipite, parvient à saisir le manteau du roi et à le tirer violemment en arrière. Henri, perdant l'équilibre, est renversé sur la croupe de sa monture.

— Rends-moi mon royaume ! hurle l'homme en brandissant sa dague.

Les valets se précipitent et tirent le roi de ce mauvais pas.

— Qu'on le mène en prison sans lui faire de mal, recommande Henri.

— Au moins, je vous ai fait une belle peur, s'exclame l'homme en riant, tandis qu'on l'entraîne.

S'agit-il d'un fou ? Le président Jeannin l'interroge. L'homme, un déséquilibré, se nomme Jacques des Isles, et prétend descendre de Pharamond, que l'on prenait alors pour le premier souverain français.

— Je suis le roi de tout le monde, affirme-t-il.

Assurément, c'est un dément ! On le jette en prison où il finira par mourir. S'il avait réussi à tuer le roi, le fils d'Henriette pouvait peut-être, avec l'aide et la protection du roi d'Espagne, monter sur le trône. En somme, le plan des conjurés conçu en 1602 reprenait vie !

Jacques Clément, l'assassin d'Henri III, n'a pas manqué de successeurs ! Au début de l'an 1596, un avocat ligueur angevin, Jean Guesdon, sieur du Haut-Plessis, était arrêté à Chartres. Accusé d'avoir quitté Angers avec l'intention de tuer le roi, il fut pendu et brûlé à Paris, place de Grève, le 16 février. A la fin de cette même année, c'est un Italien qui est exécuté à Meaux pour avoir voulu tirer sur le roi avec une arbalète. Le 3 avril 1599, ils furent deux — un jacobin, Ridicauwe ou Ridicoul, et un capucin nommé Langlois — à être rompus, toujours en place de Grève, « convaincus de desseins homicides contre le roi ». Les femmes s'en mêlèrent : une certaine Nicole Mignon qui, en dépit de son nom gracieux, voulait répandre sur le lit d'Henri IV un liquide empoisonné de son invention dont l'évaporation devait faire périr le roi. Le bourreau la pendit le 2 juin 1600 et l'on réduisit le corps de l'alchimiste en cendres.

Trois ans après la tentative de Jacques des Isles, on décapitera — car il était gentilhomme — l'envoûteur normand Saint-Germain de Bacqueville « pour avoir, par des charmes et sorcelleries et quelques piqûres d'une image de cire, voulu attenter à la personne du roi ».

***

Un événement, plutôt une scène tragi-comique, permettra à Henriette de quitter son château où elle se morfondait. Le vendredi 9 juin 1606, le roi et la reine reviennent de Saint-Germain où ils ont rendu visite au dauphin. La voiture royale, un lourd carrosse tiré par six chevaux, roule pesamment vers Paris. Elle descend par la chaussée de Nanterre vers la Seine. Aucun pont ne permet à l'époque d'atteindre, rive droite, le hameau de Neuilly et la route de Paris. On emprunte un large bac installé par les moines de Saint-Denis.

Il pleut.

Le roi somnole. Tout à coup, il est réveillé en sursaut. En montant sur le bac, l'un des chevaux a glissé sur le bois mouillé par la pluie et est tombé... La voiture « donne de flanc », et verse. Voici une partie de « la carrossée » jetée à l'eau. La reine, le fils de Gabrielle d'Estrées et la princesse de Conti « s'en vont tout au fond, la tête la première ».

— Que l'on aille à ma femme ! crie Henri demeuré dans le fond du carrosse.

Il se jette aussitôt lui-même dans le fleuve, a raconté Giovannini, « sans cesser de crier qu'on secourût sa femme. La tête de la reine ayant reparu à la surface de l'eau, le baron de La Châtaigneraie, qui avait été l'un des premiers à accourir, la prit par les cheveux et, avec l'aide du roi, la tira dehors à moitié morte, car elle avait beaucoup bu. La princesse de Conti, qui avait été également précipitée à l'eau, faillit se noyer. Quelqu'un ayant vu s'agiter hors de l'eau un bras, qu'il prit pour celui de la reine, le tira vers lui, mais comme il s'aperçut qu'il n'avait point affaire à la reine, il laissa couler la princesse... » Cette désinvolture contraignit Mme de Conti à se débrouiller comme elle pouvait...

Tous les rescapés se retrouvent, trempés, sur l'autre rive, traversent à pied le hameau de Neuilly et marchent ensuite sur la route vers le jeu du Mail, notre actuelle porte Maillot. Enfin, un carrosse les rejoint et « les reconduit à Paris, sans qu'ils eussent changé de vêtements ».

La reine, craignant d'avoir pris froid, garde le lit durant deux jours et demande que l'on construise au plus vite un pont de bois afin de pouvoir gagner

Saint-Germain sans risquer le naufrage... Le souhait sera exaucé. Quant à Henri, il déclara en riant que cette manière de prendre les eaux « l'avait guéri d'un mal de dents » :

— Je n'ai jamais trouvé une meilleure recette !... Au reste, ayant mangé trop salé à notre dîner, on a voulu nous faire boire...

Henriette profite de la trempette royale pour rentrer dans les faveurs du roi. Elle quitte Verneuil et témoigne une joie sans limites de savoir Henri sorti sain et sauf de sa baignade forcée. Un seul regret, ajoute-t-elle en manière de plaisanterie, ne pas avoir assisté à l'accident, car en voyant Marie couler à pic, elle aurait pu crier : « La reine boit !... »

Des témoins sont présents et se font l'écho de la boutade de la marquise — et le roi ne peut s'empêcher de sourire. On rapporte immédiatement la scène à la reine que les facéties d'Henriette sont loin d'amuser. Ainsi *la putane* a osé quitter Verneuil ! La voici donc revenue en visiteuse au Louvre où elle va recommencer à « affrioler » le roi ! Marie refuse de quitter ses appartements tant que la marquise sera présente au palais : « Cette femme, écrit-elle à son oncle, n'a jamais eu d'autre fin que de me torturer et de m'accabler de tribulations. »

Il fallait s'y attendre, le calcul d'Henriette réussit. Après s'être fait quelque peu prier, elle accueille de nouveau le Vert-Galant dans son lit... Sans cesse, durant le mois d'octobre 1606, les courriers galopent vers celle qui est redevenue la maîtresse royale. Il suffit, pour s'en convaincre, de parcourir les lettres que lui adresse Henri et qui annoncent bien souvent l'arrivée du roi dès l'aube.

21 octobre 1606 : « Mon tout, je pensais vous servir ce soir... Ce sera pour demain que j'espère ouvrir votre rideau, et vous témoigner que je vous aime plus que je ne le fis jamais. Sur cette vérité, je vous baise un million de fois. »

25 octobre 1606 : « Mon cher cœur, je me faudrai être demain à six heures et demie ou à sept heures entre vos bras ; ne vous levez pas plus tôt, car, quand vous partirez à neuf heures de Courances, c'est assez. Je serai une heure avec vous, vous chérissant comme il faut. »

Octobre 1606 : « Ma chère âme, je vous renvoie votre haquenée avec grand regret que ce soit un peu boiteuse ; mais La Tour a dit que ce ne serait rien après deux ou trois jours de repos. Vous devez penser, mon âme, combien je l'aime pour porter comme elle fait tout mon bonheur, et peut-être lui donner exemple de si doux mouvements aux chevauchées d'amour... Attendez-vous donc à voir, derrière votre haquenée, accourir un cheval, lequel aura au ventre l'éperon qu'a son maître au cœur, qui te baise, mon menon, un million de fois par avance. »

Le mois de novembre commence par ces lignes : « Je remets toutes choses à demain que je tiendrai mes amours entre mes bras, chèrement. Faites la malade et ayez votre manteau blanc, et vous résolvez de payer la bien venue dès l'arrivée. Sur cette vérité, je finis en baisant mes petits garçons un million de fois. »

Des orages traversent, comme autrefois, leur liaison. Le 20 octobre 1607, le roi rappelle à Henriette son « langage si rude... ». Mais la petite garce n'en poursuit pas moins son jeu :

— Je vous supplie, ne me voyez jamais ; je n'ai jamais reçu que du mal de vous.

— Mais, Madame, songez-y bien que je ne mérite pas ce traitement.

— Cela est tout résolu !

Bien sûr, tout s'arrangera et l'année suivante — l'année du grand hiver — leur amour reprendra de plus belle : « Mon cher cœur, je porte envie à ce porteur de ce qu'il jouira de votre présence. Je pars avec regret de vous laisser plus que je n'avais fait de quatre ans. Je commence à croire que vous m'aimez ; pour moi, mon cœur, ne doutez pas que je vous aime mieux que tout le reste du monde ensemble... »

Le 22 mai 1608, il écrit cette bien jolie lettre évoquant leurs amours d'autrefois : « Mon cher cœur... un lièvre m'a mené jusqu'aux rochers devant Malesherbes, où j'ai éprouvé

Que des plaisirs passés douce est la souvenance.

« Je vous ai souhaitée entre mes bras comme je vous y ai vue. Souvenez-vous-en en lisant ma lettre. Je m'assure que cette mémoire du passé vous fera mépriser tout ce qui vous sera présent : pour le moins en feriez ainsi en traversant les chemins où j'ai tant passé, vous allant voir... Mes chers amours, si je dors mes songes sont de vous, si je veille, mes pensées seront de même. Recevez ainsi disposée un million de baisers de moi. »

21 octobre 1608 : « Cette lettre sera bien plus heureuse que moi, mon cher cœur, car elle couchera avec vous : jugez si je lui porte envie... Bonsoir, mon tout, je baise vous et tous vos petits garçons un million de fois. »

Cependant, cette année 1608 voit la fin de la passion royale. Il a fallu bien du temps pour dessiller les yeux d'Henri et qu'il voie enfin ce qu'il n'a jamais voulu reconnaître : la méchanceté, la sécheresse de cœur et la cupidité de cette fille démoniaque : « Vous êtes une moqueuse, lui écrit-il, et au partir de là vous dites que vous me connaissez bien. Vous êtes si mal trouvée de me vouloir mener à la baguette, que vous vous devriez être faite sage. Vous me menacez de vous en aller à Verneuil, faites ce qui vous plaira. Si vous ne m'aimez pas, je serai fort aise de ne vous voir point. Si vous dites m'aimer, c'en est un mauvais témoignage que de s'en aller quand j'arrive... Je serai jeudi à Paris aussi mal satisfait de vous, si vous ne changez de style, que je ne le fus de moi. Sur cette vérité, je vous baise les mains. »

Certes, Henri lui affirme qu'il l'aime encore, mais les reproches pour ses « manquements » pleuvent. Enfin, deux dernières lettres mettent un point final à leur longue et tumultueuse liaison :

« Je ne fus, il y a longtemps, si mal édifié de vous que je suis ; je crois que vous ne vous en souciez guère. Ce que je désirais vous voir était pour donner un grand coup à nos affaires, car j'ai découvert beaucoup de choses ; mais puisque vous avez d'autres considérations, gouvernez-vous comme il vous plaira. »

Henriette essaye vainement de reprendre son pouvoir sur son amant. Pourquoi ne lui écrit-il plus ? « Ce n'est pas paresse, lui explique-t-il, qui vous prive de mes nouvelles ; mais la créance que cinq années m'ont comme par force imprimée, que vous ne m'aimez pas. Vos effets ont, durant ce temps-là, été si contraires à vos paroles et à vos écrits, et, disons plus, à l'amour que vous me devez, qu'enfin votre ingratitude a accablé une passion qui a plus résisté que n'eût su faire tout autre. Vous ressouvenant combien de peines j'en ai portées, s'il vous reste tant soit peu d'affection, vous devez en avoir du regret... »

Henriette se mit à mener « une vie de Sardanapale, s'il faut en croire Tallemant des Reaux, elle ne songeait qu'à la mangeaille et qu'à des ragoûts. Elle devint si grosse qu'elle en était monstrueuse ».

De leurs brillantes amours ne demeurent que les sombres intrigues que « la guêpe » poursuivra dans l'ombre... et la liasse jaunie de leur correspondance que nous pouvons encore feuilleter aujourd'hui.

***

La reprise des amours d'Henri et d'Henriette n'avait nullement empêché le roi de faire un petit garçon — Antoine de Bourbon, titré comte de Moret — à Jacqueline de Bueil, la blonde bergère aux yeux bleus d'un madrigal qui se terminait par ces trois vers :

Et sa bouche
Quand j'y touche
Me parfume de nectar.

Ce nectar, cette même année, grise le prince de Joinville. Sully croit de son devoir d'intervenir : « J'avertis pendant mon séjour M. le prince de Joinville et Mme de Moret du dessein que le roi avait de les surprendre ensemble et de leur faire un sanglant affront… »

Henri n'a pas eu à découvrir *de visu* son infortune, mais il en apprend suffisamment de détails pour faire une scène violente à la belle Jacqueline. Celle-ci affirme que le prince de Joinville lui fait la cour « pour le bon motif ». Il l'a demandée en mariage ! Henri, calmé, somme le prince de remplir sa promesse. Celui-ci se dérobe et le roi lui signifie de quitter Paris et de regagner la Lorraine. La blonde Jacqueline remplit le vide laissé par ce départ en prenant un nouvel amant. Le roi se fâche, définitivement cette fois, et se sépare de la rouée.

Cette même année 1607, au mois de mars, il se glisse dans le lit de Charlotte des Essarts, qui sera bien vite titrée comtesse de Romorantin. Henri la prend pour une oie blanche, lui fait verser une pension de 2 à 3 000 livres et ordonne que l'on meuble princièrement son logement. Bref, « son train est dressé » ! Selon l'habitude, Charlotte est enceinte et une petite fille vient au monde. Henri la reconnaît sous le nom de Jeanne-Baptiste de Bourbon.

Tout se passe fort bien jusqu'au jour où le roi apprend que l'ingénue lui a joué la comédie de l'innocence. Elle a déjà connu plusieurs amants ! L'un d'eux, M. de Beaumont, d'un naturel peu galant, remet au roi les brûlantes lettres d'amour que la pseudo-jouvencelle lui avait adressées autrefois. Henri a l'habitude qu'on se moque de lui, mais cette fois, il prend fort mal la chose. Mlle des Essarts sera expédiée au couvent avec la petite Jeanne-Baptiste qui y restera et deviendra plus tard abbesse de Fontevrault. Sa mère s'évadera et, animée d'un fort appréciable tempérament, sera l'héroïne de tapageuses amours, entre autres avec Louis de Lorraine, cardinal de Guise, archevêque de Reims.

Le roi s'intéresse encore, conjointement à Jacqueline et à Charlotte, à d'autres conquêtes, telle Marie d'Entragues, la sœur même d'Henriette qui fut également la maîtresse de Bassompierre et de Bellegarde. Ces messieurs avaient décidément les mêmes goûts que le roi...

Henri s'amuse de ces chassés-croisés amoureux, tandis que Marie reste incapable de maîtriser ses nerfs. Les débordements de son mari la blessent et l'irritent de plus en plus. Elle tempête, fulmine — et les scènes entre les époux redoublent. La reine ne parviendra pas non plus à s'habituer à cette espèce de pouponnière incongrue dans laquelle Henri fait vivre ses enfants à Saint-Germain. Le roi, en effet, exige que tous ses bâtards — trois de Gabrielle d'Estrées, deux d'Henriette d'Entragues, un de Jacqueline de Bueil, et un de Charlotte des Essarts — soient élevés en compagnie des enfants que lui a donnés Marie : le dauphin Louis, Élisabeth, future reine d'Espagne, née le 22 novembre 1602, Christine de France, née le 10 février 1606, un jour duchesse de Savoie, Nicolas, né le 16 avril 1607, et qui mourut en 1611, Gaston, duc d'Orléans, né le 25 avril 1608 — cette girouette de la trahison, qui empoisonnera l'existence de son frère Louis XIII —, enfin Henriette, venue au monde six mois avant la mort de son père — le 26 novembre 1609 —, et qui deviendra l'épouse de Charles Ier d'Angleterre. La « petite troupe de Saint-Germain », ainsi que Marie a surnommé cette nichée, provient donc de cinq mères différentes (1).

(1) Voir tableau généalogique à la fin de ce volume.

Le baptistère au bout de la cour Ovale de Fontainebleau où fut baptisé le futur Louis XIII et ses deux sœurs Élisabeth, un jour reine d'Espagne et Christine, qui deviendra duchesse de Savoie. (Roger-Viollet)

Le 14 septembre 1606, le dauphin est baptisé, à l'âge de cinq ans, à Fontainebleau, en compagnie de ses deux sœurs. On a dressé une estrade dans la cour ovale et placé des gradins formant amphithéâtre et protégés du soleil par un vélum.

La procession commence au son des tambours, des trompettes et des fifres. Les Suisses ouvrent la marche, suivis par les cent gentilshommes de la Chambre, tenant des flambeaux encore éteints dans leurs poings. Les neuf hérauts d'armes, les chevaliers de Saint-Michel et du Saint-Esprit précèdent les enfants royaux accompagnés de gentilshommes qui portent aiguière, bassin, coussin et salière. La duchesse de Mantoue, sœur de la reine, est la marraine, le parrain, le pape

Paul VI, représenté par le nonce. La cérémonie est longue, le soleil baisse, et la lumière des torches, maintenant allumées, fait scintiller les épées et les pierreries qui rehaussent de l'éclat de leurs feux les capes et les habits.

— Comment voulez-vous que l'on vous nomme ? avait demandé au dauphin sa gouvernante Mme de Montglat.

— Henri, avait-il fièrement répondu, Henri comme mon père.

L'auteur de cette gravure n'ayant pas été invité, imagina le baptême donné à l'intérieur du château et présidé par le roi et la reine, mais le document est intéressant pour l'histoire du costume. (Hachette)

Mais le parrain a préféré lui donner le prénom de Louis, en souvenir du saint roi, qui vint si souvent chasser en forêt de Fontainebleau. Après le souper servi dans la salle de bal, éclate un étonnant feu d'artifice que Sully, grand maître de l'artillerie, a conçu pour l'occasion : un feu représentant un château fort assailli par des satyres et des sauvages. Pour le bouquet final, un dragon de lumière met le feu à un château fort dessiné dans le ciel.

⁂

Henri adore ses enfants. Et une scène fera la fortune des marchands d'estampes. L'ambassadeur d'Espagne, chapeau emplumé à la main, surdoré et argenté à souhait, entre dans la chambre du roi où il a été appelé en audience. Éberlué, il s'arrête sur le seuil : Henri n'est pas derrière son bureau, mais se promène à quatre pattes, le dauphin juché sur son dos.

— Avez-vous des enfants, monsieur l'ambassadeur ? lui demande le roi.

— Oui, Sire.

— En ce cas, conclut Henri en reprenant ses exercices équestres, je peux continuer le tour de ma chambre.

Dans son fameux tableau représentant la scène, Ingres ajoutera même deux autres enfants, l'un en croupe, derrière le dauphin, l'autre, une petite fille, brandissant l'épée de son père.

Si le roi n'est pas un mari idéal, il est un père attentif et tendre. Il bavarde et se promène longuement avec ses enfants qui l'appellent *papa* — et non, selon l'usage, *Monsieur*. Le 2 septembre 1604, à Fontainebleau, le médecin Jean Héroard note dans son savoureux Journal : « Le roi mène le dauphin éveiller la reine ; il lui fait voir les jardins, les canaux et les carpes, le roi leur donne du pain... » Deux jours plus tard : « A cinq heures, le roi arrive de la chasse. Le dauphin s'en va

Janinet.

„Monsieur l'Ambassadeur, avez-vous des Enfans ?„
„Oui, Sire.
„En ce cas je puis achever le tour de la Chambre.„

(Hachette)

courant à bras ouverts au-devant du roi qui blémit de joie et d'aise, le baise et l'embrasse longuement... le mène en son cabinet, le promène... »

Henri participe à la vie de ses enfants, assiste à leurs repas, se divertit en les amusant et tremble lorsqu'ils sont souffrants : « Je ne suis pas sans beaucoup d'inquiétude, écrit-il en 1608, ayant ici tous mes enfants malades : ma fille de Verneuil a la rougeole... mon fils, le dauphin, eut hier deux vomissements, hier au soir, ma fille commença à avoir un peu de fièvre. Mon fils d'Orléans a toujours la fièvre continue. » Et il soupire : « Jugez si avec tout cela je suis en peine. »

Mais, qui aime bien châtie bien, Henri recommande que le dauphin soit corrigé, particulièrement lorsqu'il s'entête, « car il est opiniâtre ». *Fouetter* indique qu'il s'agit d'une fessée donnée « par-dessus la robe ». Mais lorsque Louis est *châtié*, c'est « à nu » que s'effectue la punition. Le roi, étant enfant, a lui-même été fouetté « avec profit », précisera-t-il — mais nous l'avons déjà dit... Marie n'approuve pas les méthodes éducatives de son mari, elle estime surtout que l'importance des punitions n'est en général pas proportionnée à la gravité de la faute commise : un jour, parce qu'il a écrasé cruellement la tête d'un moineau, on donne au futur Louis XIII le fouet. La reine juge que, pour un moineau, la peine est excessive.

— Madame, lui dit le roi, priez Dieu que je vive, car il vous maltraitera, si je n'y suis plus.

Étrange prémonition ! Il est vrai que la future régente créera bien des problèmes à son fils...

— Ah ! lui réplique-t-elle, vous ne traiteriez pas ainsi vos bâtards !

— Pour mes bâtards, explique le roi, mon fils les pourra fouetter s'ils font les sots ; mais lui, il n'aura personne qui le fouettera.

Que de scènes charmantes contient le Journal d'Héroard ! Un jour, le dauphin entre dans la chambre de son père, un tambour en bandoulière et son chapeau sur la tête.

— Otez votre chapeau, lui demande Henri.

« Il se trouve embarrassé pour l'ôter, le roi le lui ôte, il s'en fâche ; puis le roi lui ôte son tambour et ses baguettes, ce fut encore pis :

— Mon chapeau, mon tambour, mes baguettes !

« Le roi, pour lui faire dépit, met le chapeau sur sa tête.

— Je veux mon chapeau !

« Le roi l'en frappe sur la tête, le voilà en colère et le roi contre lui. Le roi le prend par les poignets et le soulève en l'air comme étendant ses petits bras en croix.

— Hé ! vous me faites mal ! Hé, mon tambour ! Hé ! mon chapeau !

« La reine lui rend son chapeau puis ses baguettes ; ce fut une petite tragédie... »

Henri IV mêle ses enfants à sa vie intime, et cela avec une totale impudeur. Un matin, le roi place le petit Louis tout nu dans son lit entre la reine et lui, afin de lui donner *de visu* une manière de cours de sexologie. L'enfant n'ignore rien de la vie, et le roi l'entend expliquer comment il fera un jour un enfant à la petite infante Anne d'Autriche. « Immoral à force de naturel », Henri présente un jour au dauphin, en ces termes, la comtesse de Moret :

— Mon fils, j'ai fait un enfant à cette belle dame-là, il sera votre frère.

— Ce n'est pas mon frère, répond le dauphin en haussant dédaigneusement les épaules.

Le médecin Héroard nous rappelle dans son Journal le surprenant dialogue échangé entre les enfants royaux. « Jouant un jour avec M. de Vendôme et M. le chevalier — les fils de Gabrielle d'Estrées — le dauphin dit qu'il était fils de roi.

— Et moi aussi, dit M. de Vendôme.

— Vous ?

Le roi et la reine sont entourés par le dauphin armé d'une pique et par les deux princesses Élisabeth et Christine. Gaston d'Orléans se trouve dans son berceau. Quant à Henriette, future reine d'Angleterre, elle naîtra seulement en 1609. (Hachette)

— Oui, Monsieur, ne m'appelez-vous pas votre *féfé* (votre frère) ?

— Oh ! Oh !... mais vous n'avez pas été dans le ventre de maman, comme moi ! Qui est votre maman ?

— Monsieur, c'était Mme la duchesse de Beaufort.

— Duchesse de Beaufort ? Elle est morte ?

— Elle est bien loin, si elle court toujours, répond le chevalier. »

Un jour, Héroard lui fait observer :

— Mais, Monsieur, ils sont vos frères.

— Oh ! c'est une race de chiens !

— Et M. de Verneuil ?

— Oh ! c'est encore une autre race de chiens !

— Monsieur, de quelle race ?

— De Mme la marquise de Verneuil ; je suis d'autre race, mon frère d'Orléans, mon frère d'Anjou et mes sœurs.

— Laquelle est la meilleure ?

— C'est la mienne, puis celle de *féfé* Vendôme, et *féfé* chevalier, puis *féfé* Verneuil, puis le petit Moret, c'est le dernier, il est après ma m... que je viens de faire.

***

L'hiver de l'an 1608 est atroce : « Depuis le 1er de cet an et de ce mois, la froidure fut extrême, écrit Pierre de l'Estoile, et la gelée si grande, si âpre que, de mémoire d'homme, on ne s'en était point vue de semblable. Toutes choses renchérirent à Paris, principalement le bois, où la voie se vend de 6 à 7 écus... » Le roi affirme que sa moustache s'est gelée tandis qu'il dormait dans son lit... A l'église de Saint-André-des-Arts, le calice est un bloc de glace. « Plusieurs personnes furent trouvées mortes de froid par les champs, poursuit l'Estoile. Un homme gelé sur son cheval étant arrivé à la rue Saint-Martin à Paris, en a été descendu raide, mort de froid ; deux pauvres femmes, près de la porte Saint-Marceau, trouvées mortes, dont l'une était la laitière de Villejuif, qui fut trouvée morte ayant la tête appuyée sur son pot à lait... » Les eaux de la Seine sont gelées et même celles du Rhône.

Le printemps venu, les mauvais jours sont oubliés. Quand Henri ne chasse pas, il joue à la paume.

— Les Français, dira en 1604 l'Anglais Dalington, naissent avec une raquette à la main. Les joueurs de paume sont plus nombreux ici que les ivrognes en Angleterre.

Henri poursuit ses promenades à travers Paris. Sa piété fait l'admiration des badauds. Le jour de la Fête-Dieu, le jeudi 12 juin 1608, Pierre de l'Estoile note dans son Journal que le roi passant « faubourg Saint-Martin vers dix heures du matin, rencontrant une procession, descendit de cheval et, en pleine rue, se jeta à deux genoux pour adorer le Saint-Sacrement... ». Cependant, certains mettent en doute la sincérité de leur roi et pensent que ses convictions catholiques sont de fausses apparences. Ne lui arrive-t-il pas, étant distrait, de chanter un cantique huguenot lors d'une cérémonie catholique ?...

En cette année 1608, des excès de nourriture provoquent chez le roi une nouvelle et forte attaque de goutte. Don Pedro de Tolède, passant alors par Paris, apprend que la maladie du roi récidivait. Henri le fait venir à Fontainebleau et, se doutant que don Pedro devait se réjouir de sa rechute, il le reçoit dans la galerie François Ier qu'il parcourt à grands pas avec son visiteur. Celui-ci est vite hors d'haleine :

— Vous voyez, Monsieur, lui dit Henri goguenard, que je me porte bien, et que je ne suis pas tellement incommodé de la goutte. Si les Espagnols veulent avoir la guerre, je serai plus vite monté à cheval qu'ils n'auront mis le pied à l'étrier.

Don Pedro répond en exaltant la puissance espagnole.

— Tout cela ne m'en impose pas, lui lance Henri, si le roi votre maître veut continuer ses attentats, je porterai le feu jusque dans l'Escurial et on me verra bientôt à Madrid.

— François Ier y fut bien ! réplique fièrement l'Espagnol — allusion à la captivité du roi.

— C'est pour cela, précise sèchement Henri, que je veux aller venger l'injure qui lui a été faite, celles de la France et les miennes. Mais vous êtes espagnol et moi gascon, ne nous échauffons point.

Et la conversation se poursuivra ensuite « avec douceur et politesse »...

***

Les lettres qu'il adresse à la reine, l'année suivante, reflètent bien à la fois ses goûts, son caractère et la vie qu'il mène.

22 mars : « Mon cœur, je ne passerai plus que cette journée sans vous voir ; le temps m'a plus duré qu'à vous. Le chevalier de Vendôme faillit arsoir [ce soir] être fouetté. Tous ses parents vinrent pleurant à moi pour avoir sa grâce si pitoiement que Fontenac et le vieux Raranton se mirent à pleurer si fort qu'ils nous en firent faire de même de rire. Je m'en vais courre le cerf... »

« Mon cœur, j'eus hier beaucoup de plaisir de mes oiseaux ; je crains bien de n'en avoir pas tant aujourd'hui car le vent est fort grand et la pluie me semble prochaine. J'ai fort toussé cette nuit et mal dormi, ayant bien fort la migraine. Je m'en vais voir si la chasse du cerf me la fera passer. »

Passionné par la chasse, Henri se livre le plus souvent possible à son plaisir favori, à cor et à cri, à tir ou au vol. A l'époque où il guerroyait, il se faisait même suivre par sa meute de chiens courants, destinés entre deux combats à la chasse au loup. Et le service de la fauconnerie emboîtait le pas aux guerriers.

« Mon cœur, écrit-il à Marie en 1609, je n'ai jamais eu autant de plaisir qu'aujourd'hui. » En effet, il a galopé ce jour-là un gerfaut au poing. On le verra, après avoir chassé le matin « à l'oiseau », enchaîner par une chasse au loup, pour finir sa journée en poursuivant un cerf jusqu'à la tombée de la nuit — et cela malgré une pluie qui, durant près de quatre heures, ne cessa de tomber. Ne croyez pas qu'ensuite il ira se coucher. En revenant de la chasse, il s'adonne au jeu, « si fort, nous dit Villegomblain, que souvent il jouait dans son cabinet aux dés ou à prime et allait chercher des joueurs dans Paris, gens de peu et de petite étoffe pour la plupart, mais qui jouaient gros jeu, et avec lesquels il passait bien souvent grande partie du jour et de la nuit ».

Après avoir perdu — il est fort mauvais joueur — il abandonne de méchante humeur ses dés ou ses cartes pour regarder les filles d'honneur de sa femme danser le *branle-à-la-torche* ou au flambeau dans la salle des Cariatides du Louvre. Entre deux danses, il leur conte fleurette (1). Ses yeux brillent, sa lèvre devient gourmande… Le Vert-Galant fait son choix, toujours prêt à s'enflammer sous les yeux d'une cour que les frasques de son souverain n'étonnent plus guère.

La cohorte caquetante des Italiens gravite toujours autour de la reine. Toute une foule papillonnante de courtisans, comme le dit Louis Batiffol, « s'agite, intrigue et remplit la cour du bruit trépidant de leurs faits et gestes ». Sans relâche, ils quémandent. Henri, pour s'en débarrasser, possède une manière bien à lui de leur répondre par « des promesses de Gascon »…

On n'imagine guère le roi se pliant à l'étiquette

(1) L'expression serait née à la suite des amours du jeune Henri de Navarre avec une fille tout aussi jeune joliment nommée Fleurette.

Le visage de Marie de Médicis s'est alourdi. Elle est devenue « Junon ». L'ampleur de ses formes plut fort à Rubens. (L.A.P.)

hiératique créée par son prédécesseur, ou acceptant d'être déifié comme le sera son petit-fils, le Roi-Soleil, et devenir ainsi la figure principale d'un ballet royal qui, dans une ou deux générations, déroulera ses révérences et ses ronds de jambe à Versailles. Le roi admet tout au plus la présence au Louvre et à Fontainebleau d'un certain protocole, à la condition que celui-ci n'entrave pas trop sa vie privée, demeurée simple et accessible à tous.

Ainsi, selon l'habitude prise par les familiers du roi, on verra, le matin du 1er janvier 1609, le duc de Sully entrer dans la chambre royale où Henri est encore couché auprès de Marie. Le ministre est venu selon l'usage apporter une bourse d'étrennes à la reine, mais cette dernière, maussade selon son accoutumée, ne semble même pas s'en apercevoir.

— Donnez-la-moi, dit alors le roi, elle ne dort pas, elle est furieuse, toute la nuit elle n'a fait que me tourmenter...

Et, en chemise de nuit, il entraîne Sully vers son cabinet de travail. Selon la tradition du jour de l'An — nous l'avons déjà vu à Lyon lors du mariage du roi — Sully a également apporté avec lui des jetons d'or et d'argent destinés aux dames d'honneur et aux filles de la reine.

— Leur baillez-vous leurs étrennes sans les venir embrasser ? demande le roi pour taquiner son ministre. Laquelle baiseriez-vous de meilleur courage ?

— Ma foi, Sire, je ne vous le saurais dire, car j'ai bien d'autres choses à faire qu'à penser à l'amour, ni à juger quelle est la plus belle. Je les baise comme des reliques en leur présentant mon offrande.

Henri éclate de rire, et revient dans la chambre où Marie boude toujours.

— Réveillez-vous, dormeuse, lui lance-t-il, et ne grognez plus !

Bien souvent le ministre, pour apaiser les époux terribles, devra s'entremettre, écoutant les doléances de l'un et les reproches de l'autre, se jetant même parfois à leurs genoux dans le chimérique espoir, sinon de les réconcilier, du moins de les rapprocher. Marie est la plus rancunière, il est vrai qu'elle avait sans cesse sous les yeux les turpitudes royales qu'Henri, avec une parfaite indifférence, ne songeait nullement à lui dissimuler.

Charlotte de Montmorency. « On ne peut rien voir de plus beau et de plus enjoué », nous dit Malherbe. Après la mort du roi, elle mena une existence pour le moins agitée et bien remplie. « Je lui ai ouï dire, rapporte Mme de Motteville, qu'elle avait regret de ce que le cardinal Bentivoglio n'avait pas été élu pape, afin de se pouvoir vanter d'avoir eu des amants de toutes les conditions, des papes, des rois, des cardinaux, des princes, des ducs, des maréchaux de France, et même des gentilshommes. » (Giraudon)

Chapitre XIX

L'ultime passion

En ce début de l'année 1609, tout le Louvre résonne du chant des violes et des luths. La reine fait répéter pour le mardi gras — le jour du carême prenant, comme l'on disait alors — le ballet des nymphes de Diane. La fête doit se dérouler dans la galerie du Bord de l'eau, achevée à la fin de 1607. La pièce est la plus longue du monde — quatre cent soixante-dix mètres en nos mesures — et, rappelons-le, permet de joindre les appartements du Louvre au château des Tuileries. Henri s'y promène parfois en compagnie de ses chiens, et le dauphin, émerveillé, a pu assister à une chasse au renard organisée pour lui dans ce gigantesque passage.

Il s'agit aujourd'hui de bien autre chose !

Henri, qui jusqu'à présent n'a assisté à aucune répétition — il est toujours en froid avec la reine —, traverse la Galerie où les danseuses, des jeunes filles de la cour, répètent leurs figures. Le roi ne regarde même pas l'étoile du ballet, celle que l'on nomme la « petite Paulette » : elle est la fille de Charles Paulet qui, nous l'avons vu, a donné son nom à un nouvel impôt. Pourtant, la jeune fille possède une fort jolie voix — car le ballet est chanté — et l'on vante « sa petite chair blanche couverte d'un simple crêpe fort délié mettant en goût et appétit plusieurs personnes ». Ce n'est pas Paulette qui capte l'attention du Vert-Galant, mais l'une des autres nymphes chasseresses devant laquelle, ébloui, il reste pétrifié. Elle est blonde, lève son javelot et semble vouloir le diriger vers le cœur du roi. Jamais, dans sa longue carrière d'amoureux, le Vert-Galant n'a vu un corps et un visage d'une beauté plus harmonieuse ! Comme dans un rêve, il entend à côté de lui la voix de Bellegarde lui murmurer :

— Voyez, Sire, Mlle de Montmorency est admirable.

Le duc de Bellegarde, nous l'avons vu, connaît les goûts du roi, ayant partagé avec lui les faveurs de Gabrielle d'Estrées. Henri est fasciné et c'est à grand-peine qu'il parvient à s'arracher à cette vision ensorcelante. Il se dégage, il est vrai, un charme irrésistible de Charlotte de Montmorency.

— La nature a tout fait pour elle, constate le cardinal Bentivoglio.

Les chroniqueurs de l'époque ne tarissent pas de louanges sur la beauté et sur le « fulgurant éclat de son regard » — ce regard que Malherbe a chanté en vers :

A quelles roses ne fait honte
De son teint la vive fraîcheur ?
Quelle neige a tant de blancheur
Que sa gorge ne la surmonte ?
Et quelle flamme luit aux cieux
Claire et nette comme ses yeux ?

Cette flamme — plus sûrement que le dard du javelot brandi par la nymphe — a percé le cœur du Béarnais. Charlotte est la fille du connétable de Montmorency, chef de la plus puissante famille de France — ce qui n'empêche pas celui-ci d'être si ignorant que le roi avait un jour remarqué en souriant :

— Avec mon compère le connétable, qui ne sait pas lire, il n'y a rien que je ne sois en état d'entreprendre.

Le furieux désir témoigné par le roi n'a pas effarouché Charlotte. On vivait fort librement à Chantilly, demeure de la famille de Montmorency. Ses tantes et ses cousines étaient passées par les bras vigoureux du rude maître du logis... même les sœurs de Charlotte, affirmait-on sans preuve !

Bien que n'ayant pas encore atteint sa quinzième années, la plus jolie fille du royaume est fiancée avec le compère et ami du roi, François de Bassompierre, pour qui, sous le ciel, il n'y a rien de si beau, ni de meilleure grâce que Charlotte. Henri IV a donné son consentement à ce mariage, alors qu'il n'avait pas encore rencontré la jeune et ravissante chasseresse.

La répétition est interrompue. Le roi s'avance vers Charlotte qui exécute une profonde révérence.

— Êtes-vous contente d'épouser Bassompierre ? lui demande Henri. S'il devait en être autrement, je romprais ce projet.

— Puisque c'est la volonté de mon père, je m'estimerai fort heureuse avec lui, répond sagement Charlotte de sa voix « caressante ».

La nuit suivante, le Béarnais ne parvient pas à trouver le sommeil, torturé par une soudaine passion et par une jalousie qui lui tenaille le cœur. Il est une fois de plus mordu, et bien mordu ! A l'aube, encore couché, il envoie chercher Bassompierre, le fait s'agenouiller à son chevet sur un coussin et lui tient ce langage que le compère a fidèlement rapporté :

— Je n'ai pu fermer l'œil de la nuit, se plaint Henri, et ai souvent pensé à toi afin de te marier.

— Sans la goutte de M. le Connétable, répond Bassompierre, ce serait déjà chose faite.

— Non, reprend le roi, je pensais te marier avec Mlle d'Aumale.

Et comme le fiancé de Charlotte montre peu d'enthousiasme pour ce projet, Henri se jette à l'eau :

— Bassompierre, je te veux parler en ami. Je suis devenu non seulement amoureux, mais furieux et outré

L'insignifiant et timide prince de Condé était le fils posthume d'Henri de Bourbon, mort en 1588. En 1595, Henri IV le reconnut pour son successeur. Mais, depuis le mariage du roi avec Marie de Médicis, le prince n'était plus que le premier prince du sang. (B.N./L.A.P.)

de Mlle de Montmorency. Si tu l'épouses et qu'elle t'aime, je te haïrai ! Si elle m'aimait, tu me haïrais. Il vaut mieux que cela ne soit point cause de rompre notre bonne intelligence ; car je t'aime d'inclination et d'affection. Je suis résolu de la marier à mon neveu le prince de Condé et de la tenir près de ma femme. Ce sera la consolation et l'entretien de la vieillesse où je vais désormais entrer. Je donnerai à mon neveu qui est jeune, et aime mieux la chasse que les dames, 100 000 livres par an pour passer son temps.

Aux plaisirs de la chasse, le prince de Condé avait la réputation de préférer ceux que peuvent procurer

La résignation de Bassompierre devant le désir exprimé par le roi surprit la cour : « Il est vrai, dira-t-il, que comme sous le ciel il n'y avait alors rien de si beau que Mlle de Montmorency, ni de meilleure grâce, ni plus parfaite, elle était fort avant dans mon cœur, mais comme c'était un amour réglé de mariage, je ne le ressentais pas si fort que je devais. » (B.N./L.A.P.)

certains jeunes gens... Le roi compte que ce goût lui permettra de garder pour lui seul la future princesse de Condé — sans qu'un mari fâcheux vienne se mettre de la partie. Bassompierre, la mort dans l'âme — car il est, lui aussi, très amoureux de Charlotte —, s'incline avec une abnégation de courtisan :

— Sire, j'ai toujours ardemment désiré une chose qui m'est arrivée lors que moins je l'attendais ; qui était de pouvoir, par quelque preuve signalée, témoigner à Votre Majesté l'extrême et ardente passion que je lui porte, et combien véritablement je l'aime. Certes, il ne s'en pouvait rencontrer une plus haute que celle-ci, de quitter sans peine et sans regret une si illustre alliance, une si parfaite dame, et si violemment aimée de moi, puisque, par cette pure et franche démission et résignation que j'en fais, je plais, en quelque sorte, à Votre Majesté. Oui, Sire, je m'en désiste pour jamais, et souhaite que ce nouvel amour vous apporte tant de joies que cette perte me cause de tristesse.

Henri est attendri, et c'est en pleurant qu'il se jette dans les bras de Bassompierre.

— Je ferai ta fortune, lui promet-il, comme si tu étais un de mes enfants naturels.

Charlotte, apprenant l'attitude peu galante de son fiancé, se résigne, non sans exprimer son profond dédain pour la veulerie de celui que, ce jour même, elle cesse d'aimer. Bassompierre change, il maigrit, le chagrin le rend méconnaissable. Quant à l'insignifiant et timide prince de Condé, il se rebelle. Son futur rôle de mari trompé ne lui plaît guère et, de plus, une femme — surtout une déesse enchanteresse — lui fait un peu peur. Il n'en doit pas moins s'incliner et rend une visite protocolaire à Charlotte en présence du roi.

C'est ainsi que les parents du futur grand Condé firent connaissance.

Henri est rajeuni par son nouvel amour. « Le jour du mardi gras, l'on courait une bague (1) que donnait Mlle de Montmorency à l'Arsenal, nous raconte Tallemant des Réaux, le roi fit là toutes les folies que pouvaient faire les jeunes gens. Quoiqu'il eût cinquante-six ans, il courait la bague en damoiseau avec un collet de couleur et des manches de satin de Chine. »

La semaine suivante, le 10 mars 1609, le mariage est annoncé. Charlotte ne regarde guère son fiancé, mais ne quitte pas des yeux son royal soupirant. Le chevalier au panache blanc est déjà une figure de légende, un roi de chanson de geste qui a conquis son royaume l'épée à

(1) Il s'agissait d'enlever un anneau suspendu à un poteau au moyen d'une lance ou d'une épée.

la main ! De plus, il a été l'amant de tant de jolies femmes de la cour ! Il est très flatteur d'être remarquée par lui… et Charlotte s'abandonne sans même attendre d'être devenue princesse de Condé ! Un chroniqueur de l'époque a même affirmé que la jeune fille, en sortant d'une audience royale, avait constaté en souriant :

— Je sors *vert-moulue* de ses bras.

Les fiançailles officielles sont célébrées, nous rapporte Bassompierre, « dans la Galerie du Louvre, et le roi, par malice, s'appuyant sur moi, me tint contre les fiancés tant que la cérémonie dura ».

Le dimanche 17 mai 1609, à Chantilly, a lieu le mariage « avec peu de frais, nous dit Malherbe, mais bien de la gaieté ». Peu de frais ? Pourtant, nous savons par Sully que le roi donna 2 000 écus d'or « pour les habits de la demoiselle », et 18 000 livres de pierreries. Cependant, brusquement, Condé prend conscience de la beauté de sa femme et refuse de la partager avec le roi. La ravissante ensorceleuse serait-elle parvenue, dès la nuit de noces, à changer les goûts de son mari ? Quoi qu'il en soit, le nouveau marié entraîne sa femme loin de la cour et de son faune couronné. Charlotte est désespérée d'être séparée de celui qui règne sur son jeune cœur — car elle l'aime, maintenant ! Elle adresse à son amant des lettres récemment découvertes, commençant par « Astre que j'adore » et se terminant par « Aimez qui vous adore »…

Mais Condé ne peut se dérober à l'invitation du roi et arrive avec Charlotte à Fontainebleau où séjourne la cour qui a fui Paris. En effet, comme chaque année, on doit curer les fossés nauséabonds du Louvre. Ivre de bonheur, le roi Henri rime :

Revenez mes plaisirs, ma dame est revenue…

Il se sent une nouvelle jeunesse. Lors du mariage de son fils, le jeune Vendôme, avec Mlle de Mercœur, il « s'accoutre en amoureux ». Teignant sa barbe, soignant sa tenue, portant « un collier de senteur », nous précise un témoin. A la demande de son vieil amant, Charlotte accepte même de se prêter à une véritable mise en scène et de paraître la nuit à son balcon, les cheveux défaits. Deux flambeaux placés à ses côtés font étinceler ses boucles blondes. A la vue de ce spectacle, Henri se pâme de joie et d'émotion.

En voyant le roi « si échauffé à la chasse de cette belle proie », Condé finit par se fâcher. Cette exhibition passe les bornes ! Avec courage, il se rend chez Henri et lui demande l'autorisation de se retirer avec sa femme dans l'un de ses châteaux.

— Je vous l'interdis ! s'écrie le roi fort en courroux. Votre femme est ma sujette, je puis lui commander de rester aussi bien qu'à vous.

— C'est de la tyrannie !

— Je n'ai fait acte de tyran de ma vie que lorsque je vous ai fait reconnaître pour ce que vous n'êtes pas. Je vous montrerai celui qui est votre vrai père, à Paris, quand vous voudrez.

Henri voulait-il faire ici allusion à la bâtardise du jeune Condé ? Le cousin issu de germain du roi passait pour être le fils du page Belcastel. A moins que le roi de Navarre n'ait été l'amant de la princesse de Condé, comme on le prétendait ? Ce n'est pas impossible...

Pierre de l'Estoile l'a noté : « La marquise de Verneuil [elle manquait à la fête !], qui parle ordinairement au roi, non comme à son pareil, mais comme elle ferait à un valet, dit à Henri :

— N'êtes-vous pas bien méchant de vouloir coucher avec la femme de votre fils ? Car vous savez bien que vous m'avez dit qu'il l'était. »

Cette révélation donne au prince de Condé le plaisir que l'on devine. Sa contrariété augmente lorsqu'il apprend que le roi — et le procédé n'est vraiment pas délicat — a ordonné à Sully de ne pas payer à son neveu le prochain quartier de sa pension. Le ministre, dont on admirait jusqu'à présent la sagesse, va plus loin encore et conseille au roi de mettre l'insubordonné à la Bastille, mais le roi rejette ce plan machiavélique. Redoublant d'amour pour la belle Charlotte, il la comble de tant de « galanteries » qu'un matin le prince de Condé, « ne doutant plus de l'amour du roi pour sa femme », enlève Charlotte, la prend en croupe et galope ainsi jusqu'au château de Muret, près de Soissons.

Le roi s'y rend aussitôt, revêtu d'un déguisement de postillon et arborant une fausse barbe fluviale, avec l'espoir d'apercevoir au moins de loin celle qu'il nomme son « bel ange ». Condé prend alors la décision de fuir et de quitter le royaume. Il met sa femme dans un carrosse attelé de huit chevaux et, sous une pluie battante et un vent violent, la voiture, suivie de quelques cavaliers, s'éloigne par des chemins de traverse bourbeux vers la frontière de Flandre.

Le neveu du roi émigre !

Cependant, l'équipage s'égare. La voiture verse, on perd plusieurs chevaux... et Condé est « contraint de coucher la nuit avec Madame la princesse sa femme dans un moulin, où ils ne trouvèrent commodités quelconques, ni de vivres, ni de lits, ni de feu ; Madame la princesse étant tellement harassée des mauvais chemins et mauvais temps que, sans y penser, elle mangeait avec ses gants, ne les pouvant tirer de ses mains sans les écorcher, tant ils étaient mouillés... ». Les fugitifs arrivent enfin à Bruxelles. Une escorte d'hommes en armes a été envoyée à leur rencontre par l'archiduc, pour faire honneur au « premier prince du sang de France ».

Apprenant l'évasion, mais ignorant encore la véritable destination du jeune ménage, le roi manque tomber évanoui :

— Bassompierre, murmure-t-il accablé, je suis perdu ! Cet homme emmène sa femme dans un bois ! Je ne sais si c'est pour la tuer ou pour la conduire hors de France !

Ce fut bien pis lorsqu'il apprit que Condé était arrivé

à Bruxelles : « Je ne vis jamais un homme si transporté », racontera Bassompierre.

A 11 heures du soir, Henri fait chercher Sully à l'Arsenal par M. de Praslin. Le grand maître venait de se mettre au lit. Apprenant que le roi désirait le voir immédiatement, le duc prend fort mal l'ordre royal :

— Par Dieu ! il me fait mourir, à force de me tourmenter ; je ne saurai vivre et ne dormir point. Il faut que je me lève demain à trois heures du matin pour voir des lettres et des états que j'ai reçus et y faire répondre. Il me faut faire des agendas de tout ce que je dois faire dans la journée, de ce qui se doit faire au Conseil, de ce que je dois dire au roi et de ce que mes commis, mes secrétaires et tous ceux qui sont sous mes charges doivent faire aussi. Jugez si j'ai du temps à perdre et si m'en allant à cette heure au Louvre, d'où je ne saurai revenir, quelque diligence que je fasse, qu'il ne soit deux ou trois heures après minuit, je ne puis m'acquitter de tout cela avant qu'il ne soit huit heures du matin, qu'il faut que je me rende au Conseil.

— Je vois bien tout cela, répond Praslin, et le roi lui-même ne l'ignore pas, car il a dit tout haut devant la compagnie que j'allais vous mettre en colère en allant vous chercher à une heure aussi indue... Mais il y a un remède, Monsieur, il faut venir : car c'est pour une affaire qui agite fort l'esprit du roi et à laquelle il est persuadé que, s'il y a quelque remède à apporter, vous seul en êtes capable.

Que pouvait faire Sully, sinon se lever et se rendre chez le roi ? Il trouve Henri devant la reine et quelques gentilshommes, se promenant de long en large, très nerveux, tête baissée, les mains jointes derrière le dos.

— Monsieur de Sully, lui dit Henri sans préambule, M. le Prince est parti et a emmené sa femme.

— Sire, répond le grand maître, je ne m'en étonne point. Je me suis toujours attendu à cette escapade. Je l'avais bien prévue et vous l'avais bien dit ; et si vous eussiez cru le conseil que je vous donnai il y a quinze jours, quand il partit pour aller à Muret, vous l'eussiez mis à la Bastille, où vous le trouveriez maintenant, et je vous l'eusse bien gardé.

— C'est une affaire faite, s'exclame Henri, il n'en faut plus parler ; mais que dois-je faire cependant ? Dites-m'en votre avis.

— Pardieu, je ne sais... mais je vous supplie de me laisser dormir là-dessus, et demain je tâcherai de vous donner un bon avis, au lieu que si vous me pressez maintenant je ne vous dirai rien qui vaille.

— Non, soupire le roi, je veux que vous m'en donniez un sur l'heure.

— Il faut donc y penser, consent Sully calmement.

Bassompierre qui était présent voit le surintendant se diriger vers la fenêtre qui regarde vers la cour. « Il se met peu de temps à jouer du tambourin dessus, puis s'en revient vers le roi. »

— Eh bien, avez-vous songé ?

— Oui, répond Sully avec résignation.

— Et que faut-il faire ?

— Rien, réplique froidement le grand maître.

— Comment cela, rien ? s'écrie le roi. Ce n'est pas un avis !

— Pardonnez-moi, Sire, c'en est un. Il y a des maladies qui veulent plutôt du repos que des remèdes. Si vous ne faites rien du tout, et montrez de ne vous en soucier, on méprisera M. le Prince, personne ne l'aidera, pas même ses amis et serviteurs qu'il a par-deçà ; et, dans trois mois, pressé de la nécessité, et du peu de compte que l'on fera de lui, vous l'aurez à la condition que vous voudrez.

La présence du prince de Condé à Bruxelles n'améliore guère les relations déjà boiteuses des Pays-Bas espagnols avec la France, et pourrait même fâcheusement les envenimer. Craignant de mécontenter Henri IV, l'archiduc somme le jeune prince de quitter son territoire. Condé se réfugie à Cologne. Quant à

Charlotte, elle demeurera captive à Bruxelles. Durant cette incarcération dorée, la princesse et son roi échangent des billets passionnés. Le Vert-Galant s'apprête à commettre n'importe quelle folie. Il envisage même de répudier Marie et d'épouser son « Bel Ange » ! Pour que la paix puisse être maintenue, le pape consentirait-il à annuler les deux unions ? Rien n'est moins certain, mais le roi veut se persuader lui-même. En attendant, Henri laisse couler ses larmes et soupire par la plume de Malherbe :

Tantôt cette beauté, dont ma flamme est le crime,
M'apparaît à l'autel où, comme une victime,
On la veut égorger.

Tantôt je me la vois d'un pirate ravie ;
Et tantôt la fortune abandonne sa vie
A quelque autre danger.

En ces extrémités, la pauvrette s'écrie :
« Alcandre, mon Alcandre, ôte-moi, je te prie,
Des malheurs où je suis. »

La fureur me saisit, je mets la main aux armes ;
Mais mon destin m'arrête, et lui donner des larmes
Est tout ce que je puis.

A la suite de ses demandes pressantes, Condé reçoit de l'archiduc la permission de revenir à Bruxelles où il est reçu fort fraîchement par sa femme. La présence de son mari auprès d'elle rend Charlotte encore plus inaccessible pour son soupirant quinquagénaire. Henri IV décide donc de faire enlever la belle. Il expédie vers Bruxelles à franc étrier le marquis de Cœuvres, frère de Gabrielle d'Estrées..., avec mission d'arracher la princesse à sa geôle. Rien ne manque au programme mis au point par le marquis : gentilshommes masqués grimpant à une échelle de corde et s'engouffrant dans une brèche pratiquée dans la muraille... ; une fois Charlotte délivrée, un cavalier mystérieux — bien entendu... — doit prendre en croupe la princesse et galoper vers Paris de relais en relais secrètement disposés. Le pauvre Henri est persuadé qu'une opération préparée avec autant de soin doit réussir. Par avance, il se réjouit et, avec une naïveté déconcertante, il ne peut cacher à sa femme les plans qui viennent d'être élaborés.

Marie de Médicis prévient aussitôt le nonce, et le représentant de Sa Sainteté met au courant l'ambassadeur d'Espagne qui dépêche un courrier à Bruxelles. La ville est aussitôt mise en état de siège : des piquets de cavalerie sillonnent les rues, toute la nuit la garnison demeure sur le qui-vive et des hommes d'armes, torches au poing, montent la garde. Bref, le marquis de Cœuvres replie son échelle de corde, rappelle ses complices masqués et quitte Bruxelles... sans la princesse. Il regagne piteusement Paris où le roi le traite de sot.

Pendant ce temps, la pauvre Charlotte est séquestrée au palais même des archiducs où la sévère étiquette espagnole la protège mieux que ne le feraient des sentinelles. C'est à peine si, trompant les duègnes, elle parvient encore à envoyer quelques billets brûlants de passion « à son cœur et à son tout ».

Le Béarnais ne peut supporter cette odieuse séparation. Il l'avoue lui-même :

— Je deschois si fort de mes mérangeoises (mes angoisses) que je n'ai plus que la peau sur les os. Tout me déplaît. Je fuis les compagnies et si, pour observer le droit des gens, je me laisse mener en quelque assemblée, au lieu de me réjouir, elles achèvent de me tuer.

Et François de Malherbe de soupirer de nouveau au nom de l'amoureux :

O beauté non pareille,
O ma chère merveille,
Que le rigoureux sort

Dont vous m'êtes ravie
Animerait ma vie
S'il m'envoyait la mort !

Je m'impose silence
En cette violence
Que me fait le malheur ;
Mais j'accrois mon martyre
Et de n'oser rien dire
M'est douleur sur douleur.

Henri, moins inspiré que le poète, se contente de répéter :

— Ma princesse..., ma princesse !...

Sa princesse prisonnière des Habsbourg ! Il ne voit plus qu'une solution : la guerre ! Ce conflit, auquel le roi pense depuis longtemps, mais qui, aujourd'hui, devient inévitable, la politique française outre-Rhin et aux Pays-Bas l'exige ! Et n'est-ce pas aussi le seul moyen pour le vieux faune d'aller reconquérir sa chasseresse de quinze ans ?

Un événement inattendu va servir de prétexte.

Le protestant Jean-Guillaume le Simple, duc de Clèves, de Berg, de Juliers et seigneur d'autres lieux, n'a pas d'enfant. Il meurt le 25 mars 1609. Voici la succession des trois duchés ouverte — et les prétendants sont, bien sûr, nombreux à se mettre sur les rangs. L'empereur Rodolphe II, fort du droit féodal, agite le premier ses prérogatives impériales. En qualité de seigneur et juge souverain des fiefs, il décide d'assumer le gouvernement des trois duchés en attendant le verdict du procès qui ne va pas tarder à s'ouvrir.

L'intervention impériale n'est pas appréciée des deux principaux prétendants : Ernst, frère du margrave de Brandebourg, et Wolfgang-Guillaume, fils aîné du comte palatin de Neubourg. Ils deviennent provisoirement « princes possédants » et reçoivent le soutien des princes protestants d'Allemagne qui, le 4 mai 1608, ont formé l'Union évangélique et dédaignent l'autorité catholique habsbourgeoise. Vexé, furieux même, Rodolphe décrète le séquestre des duchés et, sans tarder, l'archiduc autrichien Léopold, avec des troupes espagnoles, s'empare de la citadelle de Juliers.

— Il ne faut pas de Léopold dans Juliers, s'exclame l'ambassadeur de France Bongars ; c'est un furet dans un garenne !

Henri se doit de soutenir les héritiers légitimes de Clèves et de Juliers. Sur ces entrefaites, l'empereur donne l'ordre au « furet » de sortir de son terrier et d'attaquer les deux princes possédants. Le roi qui, depuis 1605, n'a pas cessé de conseiller aux protestants d'Allemagne de former une Ligue contre les Habsbourg prend le parti d'intervenir. Il réunit deux cent quatre-vingt-trois mille hommes, chiffre jamais encore atteint en Europe depuis le temps des Croisades !

Pour financer la guerre, le duc de Sully prépare un budget de rigueur : d'abord une dévaluation des monnaies, décidée malgré les véhémentes protestations des cours souveraines. On opère également des compressions concernant les travaux de voirie et les plans de renforcement des fortifications aux frontières. Les intérêts de la dette publique — car on a effectué de nouveaux emprunts ! — devant être versés à la Suisse, à l'Angleterre et aux Provinces-Unies sont réduits de moitié, en dépit des récriminations des créanciers. En outre, selon l'usage, on augmente les impôts que doivent acquitter les Français...

Les archiducs refusant toujours de lâcher leur proie, et Charlotte suppliant « son cœur » de venir à son secours, Henri décide de hâter le déclenchement des hostilités. Il partira au plus tard le 16 mai 1610. On envahira les Pays-Bas et l'on franchira ensuite les frontières de l'Empire, afin de tendre la main au margrave de Brandebourg et au comte palatin de Neubourg.

Ainsi Henri, pour la « piqûre d'amour » qu'il a reçue,

prend le parti de déclencher une guerre : il mettra le feu à l'Europe pour cette nouvelle Hélène !

— Peut-être, s'écrie le roi, mais qu'on se souvienne que justement Troie fut détruite parce qu'Hélène ne fut pas rendue !

Une dernière fois, le nonce le supplie de renoncer à ses projets.

— On voudrait me faire perdre le fruit de mes armements qui m'ont déjà coûté 5 ou 600 000 écus. Je n'en ferai rien, riposte Henri.

La guerre paraît si folle que certains ont cru qu'Henri et Sully mettaient en marche leur « Grand Dessein » : la création d'une manière de confédération européenne, une association de quinze États souverains et égaux, qui seraient électifs, à l'exemple de l'Empire ou de Rome, ou encore héréditaires comme la France et l'Angleterre.

N'était-ce pas alors une vue de l'esprit, une véritable chimère que d'imaginer les Flandres libérées et l'Italie unifiée, obéissant aux directives données par des conseillers envoyés par une soixantaine d'États ? Quand on songe aux difficultés semées de terribles accidents de parcours que rencontrait, hier encore, la Société des Nations et, aujourd'hui, les Nations Unies, on peut être en droit de qualifier le « Grand Dessein » envisagé à l'aube du XVIIe siècle, dont parle Sully dans ses *Mémoires*, comme un rêve, pour ne pas dire une chimère. En revanche, abaisser la maison d'Autriche, foudroyer même si possible certains Habsbourg, tant à Madrid, à Vienne qu'à Bruxelles, leur ravir surtout la dignité impériale du Saint Empire romain germanique, en compensation grouper autour de la France, dans un but de défense commune, les petits États, paraît un plan plus réalisable.

Un prétexte tout trouvé : la succession du duché de Juliers et de Clèves, mais la raison majeure n'en est pas moins pour le roi d'aller délivrer la chère Charlotte, qui se meurt d'amour et continue d'appeler Henri à son secours.

D'ailleurs, le roi a répondu lui-même — et en vers. Il ne veut pas acquérir des lauriers ! Seulement :

Deux beaux yeux sont l'empire
Pour qui je soupire ;
Sans eux rien ne m'est doux !...

Henri ne cache pas au nonce Ubaldini que, s'il obtenait le retour de son Bel Ange, il renoncerait à faire la guerre pour libérer Juliers !

— Si l'archiduc et le Roi Catholique d'Espagne me montraient leur amitié en renvoyant la princesse à son père, précise-t-il, on pourrait accommoder les affaires de Juliers et, en tout cas, n'expédier que quatre mille hommes outre-Rhin.

En somme, une présence symbolique ! Toutefois, malgré les efforts du nonce, la guerre dont parle toute la France, et que les catholiques stigmatisent, semble certaine. On devine l'émoi de la grande majorité des Français devant les projets royaux. Les huguenots allemands seront peut-être victorieux grâce à l'armée du roi de France ! Le pape parle d'excommunier Henri. A cette menace, le roi répond par une réplique de parpaillot :

— Mes prédécesseurs ont mis le pape sur son trône ; si le pape m'excommunie, je le déposséderai !

« Je crains tant la passion de l'amour, écrit l'ambassadeur d'Espagne à son maître, et je vois ce roi si aveugle et si enflammé pour la princesse de Condé, que je ne sais qu'en dire à Votre Majesté. Je ne trouve guère de raisons de tenir la paix pour assurée en voyant les choses selon la raison d'État. J'en trouve beaucoup plus de tenir la guerre pour certaine en les voyant au point de vue de l'amour... »

C'est le poignard de Ravaillac qui évitera la guerre...

« Ravaillac, nous dit Tallemant des Réaux, avait la barbe rousse et les cheveux tant soit peu dorez. C'était une espèce de fainéant qu'on remarquait à cause qu'il était habillé à la flamande plutôt qu'à la française. Il traînait toujours une épée. Il était mélancolique, mais d'assez douce conversation. » (Roger-Viollet).

Chapitre XX

Le poignard de Ravaillac

— Il faut que vous preniez garde qu'ils ne vous en fassent autant...

Henri III mourant, à Henri IV.

En cette époque « malsaine et déréglée », un homme venu d'Angoulême, un géant vêtu de vert, dont l'allure accuse la trentaine, la chevelure hirsute, la barbe rousse, erre dans les rues de Paris. Il s'assied un soir à l'*Auberge des Cinq Croissants*, près de la porte Saint-Honoré, à deux pas de l'hôpital des Quinze-Vingts. Le visage sombre et attentif, il écoute les conversations des tables voisines.

Les rumeurs vont bon train, et le mécontentement gronde...

On parle surtout de cette guerre que le roi a décidé d'entreprendre pour aider les princes huguenots. Soudain, les yeux de l'homme se posent sur une dague, un long couteau plutôt, qui traîne sur une table. Le regard rivé sur l'acier qui brille, cette lame l'attire comme un aimant. Dans sa pauvre tête tout se trouble : ce n'est pas un couteau qu'il fixe, mais un poignard ! L'homme se sent « le dépositaire des secrets de la Providence éternelle » : c'est Elle qui l'a guidé jusqu'à Paris, où, ce soir, à l'*Auberge des Cinq Croissants*, il avait rendez-vous avec l'instrument du destin !

Personne ne le regarde. L'homme tend la main et s'empare du couteau, puis, bien vite, s'enfuit...

Il se nomme Jean-François Ravaillac.

Sans être véritablement fou, c'est un déséquilibré. Il est atteint de troubles psychiques qui se manifestent souvent par des hallucinations morbides. Quand on lui demande quelle est sa profession, il répond « qu'il est employé à solliciter des procès en la Cour ». Ravaillac a simplement été clerc et valet de chambre d'un conseiller au présidial d'Angoulême. En outre, criblé de dettes, il a été écroué pendant quelque temps :

— Là, en méditant, les mains jointes et les pieds croisés, racontera-t-il, j'ai senti des puanteurs de soufre et de feu aux pieds.

Assurément, l'emprisonnement ajouta à la confusion de son esprit déjà dérangé. On le retrouve frère convers dans une abbaye feuillantine. Pour peu de temps : le supérieur le renvoie, parce que, en méditant, il a eu des visions. On comprend les réactions des feuillants lorsqu'ils apprirent ce qu'étaient les révélations qui hantaient leur malheureux frère : elles lui commandaient de gagner Paris et d'assassiner le roi pour arrêter la lutte sans merci qu'Henri IV livrait au pape !...

Ravaillac s'est confessé au père d'Aubigny, qui a constaté que son pénitent avait « le cerveau troublé, comme sa face le démontrait ». Le père, après lui avoir donné l'absolution, lui a seulement recommandé :

— Mangez de bons potages, retournez en votre pays, dites votre chapelet et priez Dieu.

Ravaillac a essayé à trois reprises de rencontrer le roi afin de le persuader, disait-il, « de faire la guerre à ceux de la religion prétendue réformée », mais le capitaine des gardes — La Force, le bien nommé —, effrayé par la mine patibulaire du personnage, l'a repoussé et chassé de la cour du Louvre. Pour obtenir une audience royale, il renouvela des essais tout aussi infructueux en s'adressant à un écuyer de la reine Margot, puis après avoir hasardé sans succès une démarche auprès du cardinal Du Perron, il regagna Angoulême où il se recueillit longuement. Le résultat de ses réflexions aboutit à la décision de tuer le roi, puisqu'il n'était pas parvenu « à lui parler au nom de Dieu ».

Ravaillac repartit donc, toujours à pied, pour Paris.

Il est maintenant en possession du couteau de l'*Auberge des Cinq Croissants*. Mais au moment de prendre le chemin du Louvre pour accomplir ce qu'il croit être sa mission divine — ce noir dessein qui le hante et le ronge tel un chancre — la force lui manque. Il ne sait plus s'il doit assassiner le roi. Il doute et reprend la direction d'Angoulême. A Étampes, il s'arrête devant un calvaire. Le Christ couronné d'épines, le flanc ouvert par le coup de lance du centurion, semble lui reprocher sa lâcheté. Il aiguise alors la pointe de son couteau sur le fer d'une charrette qui se trouve là, sur le bord de la route, puis il rebrousse chemin vers Paris...

Ce couteau à quatre faces que le maréchal de La Force, compagnon du roi, prendra sur Ravaillac après l'assassinat, appartient aujourd'hui à Mme la duchesse de La Force, qui a bien voulu nous permettre de le faire photographier pour la première fois. (Coll. part. — J. da Cunha/L.A.P.)

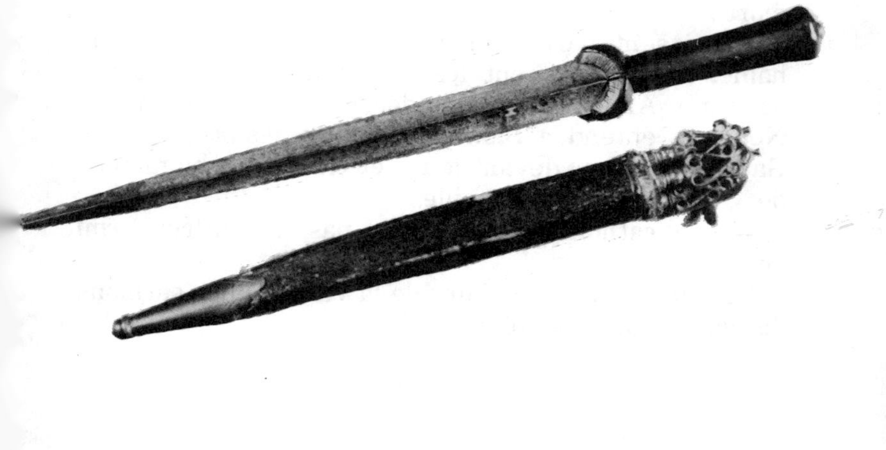

⁂

En ces premiers jours de mai 1610, on ne parle au Louvre que du sacre et du couronnement de Marie de Médicis qui doit avoir lieu prochainement. La reine a exigé de recevoir cette couronne avant le départ du roi pour la guerre.

Henri se montrait hésitant.

Il fallut toute la force de persuasion de Concini et de sa femme venus supplier le roi, au nom de leur souveraine, pour le convaincre « que ce sacre était nécessaire à la reine pour lui acquérir plus de dignité et plus d'éclat aux yeux du peuple — et même pour autoriser la régence que le roi lui confiait durant son absence ».

Henri s'est incliné, mais les préparatifs de la cérémonie le chassent du palais. La demeure est parcourue en tous sens par les membres du clergé, les tailleurs et marchandes à la toilette. Les antichambres résonnent du bruit que soulèvent les éternelles querelles d'étiquette et de préséance qui opposent les courtisans.

A l'Arsenal, où Henri s'est réfugié, il est anxieux, oppressé même. Sombrant dans des rêveries sinistres, le Béarnais sort parfois de sa torpeur pour exprimer son angoisse :

— Pardieu ! Je mourrai dans cette ville, je n'en sortirai jamais, ils me tueront ! Je vois bien qu'ils mettent toutes leurs dernières ressources dans ma mort !

Henri sent parfois monter vers lui une marée de haine. Nombreux sont les catholiques qui n'ont pas désarmé. Ainsi, au mois de décembre 1609, le jour de Noël, on entend à Saint-Gervais un jésuite, le père Gautier, prêcher devant le roi et traiter les huguenots de « vermines et de canailles » :

— Les catholiques ne doivent pas en souffrir parmi eux !

Et comme Sully se plaint de la violence des sermons du père jésuite, le roi lui réplique :

— Je m'étonne que vous n'en remarquiez point autant de vos huguenots de Charenton (1), que vous allez ouïr tous les jours. Ils font pis que lui et prêchent encore plus séditieusement qu'il ne le fait !

Les papistes n'accordent guère de confiance au roi, dont les abjurations et conversions successives ont permis à Pierre de l'Estoile de constater plaisamment :

— On disait qu'il était catholique et huguenot tout ensemble et ainsi avait plus de religion que tous ses prédécesseurs.

Dans l'ombre, certaines maisons continuent de pratiquer les rites secrets de l'envoûtement et enfoncent des aiguilles « par charmes et sorcelleries » dans des poupées de cire représentant le roi.

De trop lourds impôts s'abattent sur le peuple — et le maréchal d'Ornano de galoper depuis la Guyenne pour alerter Henri IV :

— De vrai, pour n'en rien déguiser, Sire, le peuple endure beaucoup, et n'en peut plus. Que si, pour une levée de 60 000 écus que fit faire le feu roi pour donner à MM. de Joyeuse et d'Epernon, le peuple l'eut en si mauvaise odeur qu'il ne le pouvait plus fleurer, que pensez-vous qu'il dise de vous qui ne levez pas des mille, mais des millions ? Je crains fort un désespoir et une révolte.

— Ventre-saint-gris ! répond le roi, je sais bien qu'il y a des brouillons en mon royaume qui ne demandent qu'à remuer ; j'en suis bien averti. Mais qu'ils commencent seulement, et je saurai bien les châtier. Je ne ferai pas comme le feu roi ; ils trouveront un plus rude joueur que lui.

— Sire, a repris d'Ornano, je vous prie, comme votre

(1) Les autres huguenots parisiens pouvaient, hors les murailles, assister au culte, réunis dans un vaste temple élevé par Salomon de Brosse à Charenton, et comprenant trois étages de balcons.

(L.A.P.)

serviteur, de ne le point essayer, et croire que votre principale force gît en la bienveillance de vos sujets.

Le maréchal aurait osé ajouter, mais il est permis d'en douter :

— Sire, je vous dirai librement que le feu roi avait plus de noblesse que vous n'en avez, et plus de peuple à sa dévotion que vous n'en auriez si l'inconvénient en arrivait. Pourtant le bon prince fut contraint d'abandonner Paris et sa maison à ces rebelles et mutins.

« Des brouillons en mon royaume qui ne demandent qu'à remuer... » C'est exact et il le sait ! Un étrange climat enveloppe sournoisement le roi. Les pressentiments l'assaillent. Il est hanté par l'idée de la mort et cherche de quel côté elle va l'atteindre. Comme toujours, c'est vers le confident, vers l'ami fidèle qu'il se tourne et, à l'Arsenal, Henri s'épanche dans le giron de son cher Sully :

— Ah ! mon ami, que ce sacre me déplaît ! Je ne sais ce que c'est, mais le cœur me dit qu'il m'arrivera quelque malheur...

« Il s'asseyait en disant ces paroles sur une chaise basse que j'avais fait faire exprès pour lui et qui ne sortait point de dedans mon cabinet, a raconté Sully. Livré à toute la noirceur de ses idées, il frappait des doigts sur l'étui de ses lunettes en rêvant profondément. S'il sortait de cette rêverie, c'était pour se lever brusquement en frappant des mains sur ses cuisses... »

Sans cesse, Sully l'entend répéter :

— Ah ! maudit sacre ! Tu seras cause de ma mort !

— Mon Dieu, raisonne Sully, à quelle idée vous livrez-vous là !

— Mon ami, reprend Henri, je ne veux pas vous celer qu'on m'a dit que je serai tué à la première magnificence que je ferai et que je mourrai en carrosse. C'est ce qui fait que j'y suis si peureux.

— En votre place, Sire, je partirais dès demain, je laisserais le sacre se faire sans vous, ou je le remettrais à une autre fois et, de longtemps, je ne rentrerais ni à Paris ni dans un carrosse. Voulez-vous que j'envoie à cette heure à Notre-Dame et à Saint-Denis faire tout cesser et renvoyer les ouvriers ?

— Je veux bien, répond le roi après avoir quelque peu hésité, mais que dira ma femme ? Elle a merveilleusement ce sacre en tête.

Sully, que le respect pour Marie de Médicis n'étouffe guère, s'écrie :

— Elle dira ce qu'elle voudra, mais je ne saurais

croire, quand elle saura la persuasion où vous êtes qu'il doit causer tant de mal, qu'elle s'y opiniâtre davantage.

Sully propose à son maître de se rendre au Louvre. Le roi accepte. Mais Marie de Médicis s'entête — elle veut être sacrée ! Piètre résultat, Sully obtient seulement que la cérémonie soit repoussée de trois jours. Elle avait d'abord été fixée au 10 mai ; elle aura lieu le 13 !

Le premier jour de mai, Bassompierre, en compagnie du duc de Guise, se penche à une fenêtre du Louvre qui s'ouvre sur la Cour carrée. « Nous nous appuyâmes sur les balustres de fer, qui regardent dans la cour du Louvre, a-t-il raconté. Alors le *mai* qu'on y voit planté au milieu tomba sans être agité par le vent, ni autre cause apparente, et chut du côté du Petit-Degré, qui va à la chambre du roi. »

— Voilà un très mauvais présage, remarque Bassompierre à M. de Guise. Dieu veuille garder le roi, qui est le « Mai » du Louvre.

Le vice-amiral de Hollande, qui séjourne alors à Paris, reçoit cette lettre datée d'Anvers : « Nous avons eu avis que le roi aurait été tué d'un coup de couteau. » A Bruxelles, où l'on ne parle que de la guerre prochaine, on arrête les courriers provenant de France.

Le roi Henri IV est-il mort ?

« Il fallait bien qu'il eût plusieurs conspirations sur la vie de ce bon roi, rapporte quelques semaines plus tard Mgr Hardouin de Péréfixe, puisque de vingt endroits on lui en donnait avis, puisque l'on fit courir le bruit de sa mort en Espagne et à Milan, par un écrit imprimé, puisqu'il passa un courrier par la ville de Liège, huit jours auparavant qu'il ne fût assassiné, qui dit qu'il portait nouvelles aux princes d'Allemagne qu'il avait été tué ; puisque à Montargis on trouva sur l'autel un billet contenant la prédiction de sa mort prochaine par un coup déterminé. »

Encore plus incroyable, le 3 mai, un courrier descendant de cheval à Cambrai annonce que le roi de France vient d'être tué « de deux coups de couteau ». Enfin, à Dieppe, une religieuse, angoissée, supplie son abbesse :

— Madame, faites prier Dieu pour le roi, car on le tue !

Depuis le début du mois de mai, Henri répète à tout venant :

— Je vais mourir bientôt.

Le mercredi 12, le comportement du roi paraît encore plus bizarre.

— M'amie, dit-il à la reine, confessez-vous pour vous et pour moi.

Puis, devant une porte, il s'efface devant sa femme :

— Passez, Madame la Régente !

Enfin, alors que l'on évoque devant lui l'entrée de la reine dans Paris, cérémonie qui doit s'effectuer le dimanche suivant, le Béarnais soupire :

— Cela ne me touche, je ne le verrai pas.

On eût dit qu'Henri devinait la présence de Ravaillac errant toujours dans les rues de la capitale, un couteau sur son cœur... Le meurtre ne s'ourdit même pas dans l'ombre. A bien des carrefours parisiens, on répète :

— Le tueur du roi est ici. C'est un grand diable d'homme puissant et gros de membres, le poil tirant sur le roux, vêtu de vert à la flamande.

Et ce signalement correspond exactement à celui de Ravaillac...

⁂

Le jeudi 13 mai, le sacre se déroule à Saint-Denis, avec « toutes les solennités, pompes et magnificences et cérémonies qu'on a coutume de garder et observer au sacre des reines... ». La suite de Marie ruisselle d'or, les musiciens sont revêtus de satin blanc et les Suisses habillés de velours blanc, rayé d'incarnat ou de bleu. Le roi a retrouvé toute sa sérénité. Il est, dit un témoin, « merveilleusement joyeux ». Installé dans une loge vitrée, il bavarde l'esprit détendu avec son entourage, il plaint et admire le cardinal de Joyeuse que son rôle dans la journée contraint de demeurer de longues heures à jeun. C'est ensuite avec une intense émotion qu'il entend retentir sous les antiques voûtes de la basilique la phrase rituelle que prononce solennellement le prélat :

— Prends la couronne de gloire, d'honneur et de liesse !

Pour cette apothéose, on a posé sur les épaules de Marie un manteau de velours brodé de fleurs de lys et orné d'une traîne de sept aunes de long — plus de huit mètres !

— Je n'ai jamais rien vu de si beau que ma femme ! s'écrie Henri.

Sa tristesse s'est dissipée, il est même d'humeur taquine. « A la sortie de l'église, le roi, content de cette belle cérémonie, devança la reine et s'en alla dans sa chambre, et lui jeta même, comme elle passait en dessous, quelques gouttes d'eau... »

⁂

Les premières lueurs de l'aurore se lèvent sur ce vendredi 14 mai ; jour fatidique d'après les horoscopes. Les influences astrales sont mauvaises... Ravaillac entend la messe à Saint-Benoît et, au même moment, le roi revient du service religieux qu'il est allé suivre à deux pas du Louvre, à la chapelle des Feuillants. Henri sombre de nouveau dans une profonde mélancolie. Il déclare à Bassompierre et au duc de Guise :

— Vous ne me connaissez pas maintenant vous autres ; mais je mourrai un de ces jours et, quand vous m'aurez perdu, vous connaîtrez ce que je valais et la différence qu'il y a de moi aux autres hommes.

Rubens a imaginé la scène qui devait se dérouler le 16 mai 1610. Le roi donne le pouvoir à Marie de Médicis avant de rejoindre l'armée. Celui qui sera Louis XIII tient la main de sa mère. (L.A.P.)

Bassompierre le raisonne :

— Mon Dieu, Sire, ne cesserez-vous jamais de nous troubler en disant que vous mourrez bientôt ? Ces paroles ne sont point bonnes à dire. Vous vivrez, Dieu aidant, quantité de longues et heureuses années. Il n'y a point de félicité au monde pareille à la vôtre : vous êtes dans la fleur de votre âge, en une parfaite santé et force de corps, plein d'honneur plus qu'aucun des mortels, jouissant en toute tranquillité du plus florissant royaume du monde, aimé et adoré de vos sujets, plein de biens, d'argent, de belles maisons, belles femmes, belles maîtresses, beaux enfants qui deviendront grands. Que vous faut-il de plus ? Qu'avez-vous à désirer davantage ?

Mais Henri hoche la tête et soupire :

— Mon ami, il faut quitter tout cela !

De pièce en pièce, le roi tourne dans ses appartements. Il est inquiet et nerveux. Peut-être pense-t-il à tous ces attentats dont il a failli être la victime ? Ses compagnons lui parlent du superbe manteau fleurdelysé que la reine portait la veille.

— Je voudrais une casaque semblable, je la porterais par-dessus mon armure...

Puis il ajoute, mélancolique :

— Mais ce n'est peut-être pas utile. Les princes sont ensevelis dans le manteau de leur propre sacre !

Henri ne tient toujours pas en place :

— Quelle heure est-il ?

— Trois heures, Sire, lui répond l'exempt des gardes. Mais je vois Votre Majesté triste et pensive, il vaudrait peut-être mieux prendre un peu d'air, cela la réjouirait.

— C'est bien, dit le roi, faites apprêter mon carrosse, j'irai à l'Arsenal voir le duc de Sully, qui est indisposé et qui se baigne aujourd'hui.

A l'époque, un bain exigeait, pour s'en remettre, une journée de repos, emmitouflé dans une chaude robe de chambre... En attendant la voiture, Henri se confie à M. de Castelnau :

— Ah ! mon ami, que je voudrais changer de condition ! C'est dans la solitude que je trouverais la véritable tranquillité d'esprit... Mais cette vie n'est point faite pour les princes. Ils se doivent à leurs États. En cette mer orageuse, il n'est point d'autre havre que le tombeau.

Le Béarnais sent la tête lui tourner. Cet horrible pressentiment le harcèle et l'étouffe. Il s'approche d'une fenêtre en se tenant le visage à deux mains :

— Mon Dieu, j'ai quelque chose là-dedans qui me trouble fort. Je ne sais ce que c'est, je ne puis sortir d'ici !

Dans sa chambre, il trouve un billet cacheté. Il l'ouvre et lit ces mots : « Sire, ne sortez pas ce soir ! » Contre toute logique, cet avertissement, au lieu de l'accabler, lui donne un regain d'énergie et de courage. Après tout, il avait si souvent été menacé ! Jean Châtel qui était venu jusque dans l'appartement de Gabrielle d'Estrées pour le frapper ! Le fou Jacques des Isles qui l'avait désarçonné sur le Pont-Neuf en brandissant un poignard ! Tant d'autres avaient voulu sa mort, mais sa bonne étoile l'a toujours préservé ! Cependant, il demande encore deux ou trois fois à Marie :

— Ma mie, irai-je ou n'irai-je pas ?

Il chasse vite ses dernières inquiétudes. La voiture est attelée.

— Votre Majesté, demande le marquis de Vitry, capitaine des gardes, désire-t-elle que je l'accompagne ?

Henri refuse.

— Pour le moins, reprend le capitaine, je vous laisse mes gardes.

— Non, je ne veux ni de vous ni de vos gardes ; je ne veux personne autour de moi !

Il désigne cependant quatre de ses familiers pour l'accompagner. L'on entend le martèlement des six

Le carrosse attendait dans la Cour carrée du Louvre au bas du Petit Degré du roi, à l'angle de l'aile sud, où demeurait, au premier étage, la reine Marie. Au rez-de-chaussée de la

chevaux blancs sur les pavés de la cour, le carrosse est avancé au bas du « Petit Degré du roi ». Henri descend très lentement les marches de l'escalier à vis — il existe toujours — et le dialogue s'engage :

— Quel quantième du mois sommes-nous ?

— Le treizième, Sire.

— Non, le quatorzième, reprend d'Epernon.

— Il est vrai, vous savez mieux que moi votre almanach.

On l'entend alors murmurer :

— Entre le treizième et le quatorzième...

Ce sont les termes exacts d'une prophétie qui fixait ainsi dans le temps la date de la mort du roi... de sa mort en carrosse, précisait un devin ! Mais, à l'époque, Henri

façade ouest se trouve la salle des Cariatides et au premier la salle des Gardes et l'appartement du roi. (J. da Cunha/ L.A.P.)

n'avait guère pris au sérieux cette prédiction. Il s'en était même beaucoup amusé et s'était moqué de l'astrologue Thomassin. Le prenant « tantôt aux cheveux, tantôt à la barbe, lui fit faire deux ou trois fois le tour de la chambre, et le renvoya de cette façon montrant le peu de foi qu'il ajoutait aux prédictions de ces devins » :

— Vous êtes des fous de vous amuser à ces pronostics ! s'était exclamé le roi en riant ; il y a trente ans que les astrologues et charlatans, qui feignent de l'être, me prédisent chaque année que je cours fortune de mourir.

Encore quelques marches... Henri est arrivé à l'angle sud-ouest de la Cour carrée. Il monte en carrosse.

— Où faut-il conduire le roi ? demande Liancourt.

— Mettez-moi hors de céans !

Henri fait alors un grand signe de croix, et la lourde machine s'ébranle. Le roi est accompagné par les ducs de La Force et de Montbazon, par le maréchal de Lavardin, le marquis de Mirabeau et le duc d'Epernon. Le Béarnais s'est réconcilié avec l'ancien archimignon d'Henri III ; il lui a même désigné une place à sa droite.

Et l'homme roux, vêtu de vert, qui guettait là, sous le guichet, se met à courir derrière la voiture...

Il fait beau.

Voulant admirer en passant les arcs de triomphe érigés par la ville à l'occasion de l'entrée de la reine, le roi fait arrêter la voiture entre les deux grosses tours du Louvre afin de permettre aux valets de relever les mantelets de cuir du carrosse non vitré et ouvert à tous vents. Après avoir emprunté la rue de l'Arbre-Sec, le carrosse passe devant l'hôtel de Sourdis, où est morte Gabrielle d'Estrées, et traverse la petite place de la Croix-du-Trahoir, un carrefour en *T* plutôt, où s'élèvent à demeure un échafaud et une potence — un *arbre-sec*, qui a donné son nom à la rue.

La voiture suit maintenant la rue Saint-Honoré et s'engage bientôt dans une voie très étroite, la rue de la Ferronnerie, bordée d'échoppes et de boutiques d'écrivains publics et de lingères. A cette époque, la rue, ou plutôt la ruelle, n'a que quatre mètres de large et longe le cimetière des Innocents entouré de son charnier (1). Deux lourdes charrettes — l'une chargée de vin, l'autre de foin — bouchent le passage exigu. Les valets qui, à pied, accompagnent la voiture, passent par le cimetière afin de devancer l'équipage de l'autre côté de la rue.

(1) On enterrait ici depuis cinq siècles. Des millions de corps avaient été enfouis dans l'enclos et rangés « comme tranches de lard ». Dans les caves de la rue de la Ferronnerie, le vin aigrissait et le lait tournait.

Dans le carrosse, on ne fait guère attention à ce qui se passe à l'extérieur. Tous écoutent d'Epernon. Le roi, ayant oublié ses lunettes, a demandé au duc de lui lire une lettre du comte de Soissons. Tandis que l'on dégage la rue, la voiture s'est arrêtée devant une auberge où se balance une enseigne : *Au cœur couronné percé d'une flèche* (1)... Deux valets seulement sont demeurés près du carrosse, l'un s'affaire autour du double obstacle pour que les charrettes se rangent et laissent le passage, l'autre se penche pour rattacher sa jarretière que la course a défaite...

Soudain, l'homme bondit, le poignard dans la main gauche. Il met le pied sur l'essieu de la voiture, se penche vers Henri et — il le dira lui-même — frappe deux coups « comme dans une botte de foin », deux coups si violents que la lame pénètre jusqu'au manche. Le premier coup a glissé entre deux côtes, le second atteint la carotide droite.

— Je suis blessé... ce n'est rien, soupire le roi.

Mais un flot de sang jaillit de sa bouche... L'aorte a été tranchée. Henri entend-il seulement le duc de La Force qui, penché sur lui, murmure :

— Sire, souvenez-vous de Dieu !

Ravaillac reste cloué sur place, l'air égaré, le couteau à la main. Le maréchal de La Force s'en empare. L'homme est étonnamment calme, dans une sorte d'extase mystique, « comme pour se faire voir et pour se glorifier du plus grand des assassinats ». Saint-Michel, gentilhomme de la chambre, dirige son épée vers Ravaillac.

— Ne le tuez pas, hurle d'Épernon : il y va de votre tête !

Puis le duc jette son manteau sur le corps du roi en affirmant que le souverain n'est que blessé. Au milieu de l'agitation, quelqu'un appelle : « Au vin ! Au chirurgien ! » — et le carrosse reprend au grand trot le

(1) A l'emplacement de l'actuel numéro 11.

A gauche, l'entrée du Petit Degré du roi dans la Cour carrée du Louvre. C'est là que s'arrêta le carrosse ramenant le corps d'Henri IV après son assassinat.
A droite, l'intérieur du petit escalier par lequel le roi fut remonté dans ses appartements du premier étage. (J. da Cunha/L.A.P.)

chemin du Louvre. On s'arrête au pied du Petit Degré que le roi vient de descendre. Henri donne l'impression de respirer encore. On glisse quelques gouttes de vin entre ses lèvres. Par deux fois il ouvre les yeux. Mais c'est un cadavre que l'on monte, non sans mal, assis dans un fauteuil, jusqu'au premier étage — soixante et une marches (1).

(1) Je les ai comptées... Je voudrais remercier vivement ici Mme Béatrice-Andrée Leickman, conservatrice au musée du Louvre, et Mlle Catherine Belanger, chargée des Relations extérieures, qui, avec une grande amabilité, m'ont servi de guides dans les arcanes du palais qui, depuis Henri IV, a subi tant de bouleversements.

On étend le corps sur le lit du cabinet attenant à la chambre royale, là même où Henri se retirait quand il désirait coucher seul. Sur sa bouche ouverte, M. de Vic, conseiller d'État, a placé la croix de l'Ordre du Saint-Esprit. Marie de Médicis sort de sa chambre dont le mur est mitoyen avec le cabinet, en poussant des « gémissements extraordinaires ».

— Le roi est mort ! hurle-t-elle. Le roi est mort !

Le chancelier de Sillery réplique :

— Votre Majesté m'excusera, mais les rois ne meurent pas en France.

Et désignant le dauphin qui, hébété par cet événement tragique, a rejoint sa mère, il ajoute :

— Voici le roi vivant, Madame.

— Ah ! s'exclame l'enfant un peu plus tard, si j'avais été là avec mon épée, je l'eusse tué !

D'emblée, d'Épernon s'empare de la direction du palais : il ordonne que l'on ferme les portes et fait placer des gardes jusque sur le Pont-Neuf. De quel droit le duc s'attribue-t-il un rôle qui appartient au marquis de Vitry ?

La nouvelle se répand comme une traînée de poudre à travers la ville. « Les boutiques se ferment, raconte Pierre de l'Estoile, chacun crie, pleure et se lamente, grands et petits, jeunes et vieux ; les femmes et filles s'en prennent aux cheveux. Et cependant tout le monde se tient coi, au lieu de courir aux armes, aux prières et aux vœux, pour la santé et la prospérité du nouveau roi. Toute la fureur du peuple, contre l'attente et attention des méchants, est tournée contre ce parricide scélérat et ses complices… »

Les Français abandonnent leurs rancunes. Le poids excessif des impôts, l'affaiblissement des monnaies, les derniers édits « pernicieux et dommageables », et même les extravagances, les dérèglements amoureux du Vert-Galant sont oubliés… Et pourtant ces ressentiments ont largement contribué à la réalisation du

La salle des Cariatides, au rez-de-chaussée de l'aile Lescot du Louvre, est devenue un musée. Dans le fond de la pièce, l'on voit, soutenue par les Cariatides, la tribune des musiciens. Que de fêtes se sont déroulées ici avant l'exposition de la Remembrance d'Henri IV et celle du lourd cercueil avant son départ pour Saint-Denis ! (Roger-Viollet)

meurtre. « Il n'était pas sans défaut, écrit d'Aubigné, mais en récompense, il avait de sublimes vertus. » Ce sont d'elles seules qu'on veut se souvenir. Les Français sont débarrassés de la hantise de cette guerre impopulaire qui amenait le roi, poussé par la passion, à s'allier aux huguenots allemands... pour combattre des armées catholiques. Les homélies vengeresses chères aux prédicateurs ne sont plus de mise !

Tout est effacé ! Le bon roi est mort...

Il est 7 heures du soir. Le président Beaumesnil, accompagné de dix conseillers du parlement, prend le chemin du Louvre. Les magistrats s'inclinent devant le corps d'Henri dont le visage est recouvert d'un voile. On l'a vêtu de satin blanc et placé sur un lit de parade au milieu de flambeaux tenus par des religieux qui psalmodient les vigiles. Beaumesnil jette de l'eau bénite sur le défunt, puis, les yeux pleins de larmes, il salue bien bas la reine avant de lire l'arrêt du Parlement : « Ladite Cour a déclaré et déclare ladite reine, mère du roi, régente en France, pour avoir l'administration des affaires du royaume pendant le bas âge dudit seigneur son fils, avec toute-puissance et autorité. »

Le nouveau roi de France et de Navarre est âgé de huit ans, sept mois et dix-huit jours. On le couche et il murmure :

— Je voudrais n'être point roi, et que mon frère le fût plutôt ; car j'ai peur qu'on me tue, comme on a fait au roi mon père.

La nuit tombe sur Paris, « et éteint la lumière du plus grand roi de la terre et le meilleur ». En province, sur les chemins, des paysans hagards, les bras croisés, guettent courriers et voyageurs susceptibles de leur donner quelques détails sur « la désastreuse nouvelle ». Puis, « ils se débanderont à travers champs, comme brebis sans pasteur, ne pleurant pas seulement, mais criant et bramant comme forcenés ».

Le corps embaumé, mis dans un cercueil de plomb, est placé dans la chambre de parade. Des archers et des hérauts d'armes veillent le roi. Durant dix-huit jours, les prêtres se succèdent pour célébrer chaque jour, dans la pièce même, cent messes basses, et six grand-messes. Puis l'on transporte le lourd cercueil au rez-de-chaussée, dans la salle des Cariatides, où se trouve déjà exposée une effigie du roi. La« remembrance » est revêtue d'un pourpoint de satin rouge et d'une robe de velours violet fleurdelysé.

Le 29 juin, un long cortège accompagne solennellement le roi à Notre-Dame, puis le lendemain, vers Saint-Denis. Henri III, dont le corps vient d'être ramené de Compiègne il y a peu de jours, accueille en sa dernière demeure la dépouille mortelle d'Henri IV,

Le seul roi dont le peuple ait gardé la mémoire !

⁂

Il est bien difficile de conclure, et l'on ne peut s'empêcher de s'interroger. Comment expliquer, en effet, le silence des jésuites, des moines cordeliers ou jacobins, ces confesseurs à qui Ravaillac avait confié son intention de tuer le roi — cet ancien hérétique ! — et qui ne le dénoncèrent pas ? Alors que le meurtrier n'avait cessé durant plusieurs mois de brandir son couteau sous les yeux des Parisiens qui l'avaient identifié et le rencontraient dans tous les coins de la ville, comment ne s'en est-il pas trouvé un seul pour le signaler à la justice du roi ? Peur de se créer des ennuis, ou connivence instinctive ?

Michelet avait raison lorsqu'il écrivait : « Sur la mort du roi, tous s'entendaient à demi-mot, ne se compromettant pas, mais laissant aller le fou. » *Tous !* C'est aussi Henriette d'Entragues qui, déçue dans ses ambitions, continuait à conspirer contre son ancien amant ;

c'est Concino et Léonora que la mort du roi rendront tout-puissants auprès de la reine ; c'est, enfin et surtout, le duc d'Épernon, qui avait trempé dans les conspirations du maréchal de Biron, puis dans celles d'Entragues et du comte d'Auvergne.

Il n'existe aucune preuve définitive à l'appui de cette terrible thèse, mais on se trouve en face de troublantes présomptions et notre ami Philippe Erlanger (1) a découvert cette dépêche de l'ambassadeur Foscarini : « Mlle du Tillet [une entremetteuse qui servait, entre autres pratiques, le duc d'Épernon] a confessé qu'elle connaissait l'assassin du roi à qui elle avait donné plusieurs fois de quoi vivre, point que les juges ont estimé important. » Les magistrats seront convaincus que le duc d'Épernon, gouverneur d'Angoulême, avait rencontré Ravaillac et qu'il l'avait envoyé et recommandé à sa maîtresse Charlotte du Tillet.

Au mois de décembre 1608, le jour de Noël, la marquise de Verneuil, accompagnée de sa suivante Jacqueline d'Escoman, s'était rendue à l'église Saint-Gervais-de-Grève pour entendre la messe. Le duc d'Épernon se trouvait là, seul, devant une rangée de sièges vides. Il semblait prier. En réalité, il attendait l'ancienne maîtresse du roi.

— La marquise monta droit au pupitre où était M. d'Épernon, déposera la demoiselle d'Escoman, lors du procès de Ravaillac. Alors la marquise me fit passer derrière leurs deux chaises de peur qu'ils ne fussent entendus de personne et alors conclurent à la mort du roi. Auquel lieu ils tinrent tels propos et si abominables, que je les tairai de peur de faire rougir le papier et faire horreur aux lecteurs... Quelques jours après Noël, la marquise m'envoya le traître Ravaillac et m'écrivit ces mots de Marcoussis : « Mademoiselle d'Escoman, je vous envoie cet homme par Étienne, valet de chambre

(1) *L'Etrange mort d'Henri IV*. Librairie Académique Perrin (dans la même collection).

de mon père. » Je le reçus, lui fis bailler à manger et à boire...

La pauvre d'Escoman, dépositaire d'un tel secret, tenta d'avertir le roi par l'intermédiaire de la reine — mais ce fut sans succès. On ne la reçut même pas !...

— Comme au désespoir, ne sachant plus à qui m'adresser, soupire-t-elle, voyant tant de monde entaché de mal que par mon soin je voulais empêcher, alors, j'écrivis encore à une femme de la reine à Fontainebleau pour savoir si, avec loisir, je pourrais parler au roi et à la reine, vu que le mal pressait.

Sa lettre demeura sans réponse.

— A la Fête-Dieu, poursuivra-t-elle, je rencontrai le traître Ravaillac, lequel s'en vint droit à moi avec pleurs, me pria, me conjura de ne rapporter ni dire son malheureux et damnable dessein qu'il m'avait déclaré. Il me dit qu'il s'en repentait, qu'il n'y songerait jamais plus...

Jacqueline d'Escoman ne crut pas à ces promesses et décida de se rendre chez les jésuites où elle demanda à parler au père Cotton. Mais le confesseur du roi étant absent, le père procureur reçut la demoiselle et lui répondit simplement « qu'il ferait ce que Dieu lui conseillerait ».

Puis il lui donna l'habituelle bénédiction :

— Allez en paix et priez Dieu !

— Je lui répondis, ajoutera encore Mlle d'Escoman, qu'il me fallait ainsi laisser tuer le roi, et que je l'en chargeais et me déchargeais sur lui. « Si vous y manquez, lui dis-je, je vous accuserai... Je ne suis point folle ! »

Elle n'obtient que cette réponse :

— Ce n'est pas à vous de vous mêler de telles affaires.

Et la malheureuse repartit avec son terrible secret. Arrêtée au lendemain de l'assassinat, on la traita de démente et elle fut condamnée, le 30 juillet 1610, à finir ses jours « entre quatre murailles »...

Était-ce une mythomane ? Ses propos sont-ils le reflet d'une terrible vérité ? Répétons-le, les fils s'emmêlent. On peut se perdre en conjectures, mais il est difficile de tirer une conclusion. La justice royale tranchera net le problème. Au lendemain de l'exécution du régicide, le tribunal rendra un arrêt stupéfiant : l'affaire était ajournée « vu la qualité des accusés ».

Quelqu'un avait-il conseillé à l'assassin de commettre son crime le lendemain du sacre de Marie de Médicis ? Ravaillac — et ce fut l'un de ses rares aveux — reconnut d'ailleurs qu'il s'était bien gardé de frapper avant le sacre :

— J'attendais que la reine fût couronnée et retournée à Paris, estimant qu'il n'y aurait pas tant de confusion en France de tuer le roi après le couronnement que si la reine n'eût pas été couronnée.

Et l'on songe...

On songe, après Philippe Erlanger, qu'une guerre idéologique, une guerre voulue et conçue par le roi, devait commencer et dresser contre Henri IV à la fois le parti espagnol et le parti ultra catholique. L'Église, en effet, voyait avec anxiété venir le spectre d'un conflit qui allait certainement amener la victoire de la religion protestante.

On songe à l'insistance qu'avait manifestée Marie de Médicis pour être couronnée, et au peu d'empressement du roi à la satisfaire ! Comme elle avait espéré cette régence, la Florentine ! Elle n'aurait, bien sûr, aucune décision à prendre ! D'Épernon, Concini, d'Entragues, tous trois amis — et même plus ou moins agents de l'Espagne —, agiraient au mieux de ses intérêts et de ceux du parti hispano-ultramontain.

Il faut bien reconnaître que le coup de couteau de Ravaillac permettra la réalisation de tous les désirs de ces éventuels conspirateurs : l'armée sera licenciée, le traité avec le duc de Savoie rompu, les princes d'outre-Rhin abandonnés, Sully renvoyé. Le parti espagnol gouvernera, la reine devenue régente, d'Épernon et

Le supplice de Ravaillac dont les effroyables détails évoqués par cette gravure se passent de commentaires. (B.N./ L.A.P.)

Concini se trouveront pour un certain temps maîtres du royaume. Quant à Henriette de Verneuil, elle reviendra à la cour, fort bien accueillie par Marie de Médicis, et les deux anciennes rivales deviendront amies inséparables. Enfin — fait sans exemple — le nonce et l'ambassadeur d'Espagne auront le droit de siéger au conseil de régence.

La France était retournée comme un gant !

On songe encore aux derniers mots de Ravaillac sur l'échafaud où, le 27 mai 1610, il allait être démembré par quatre chevaux :

— *On* m'a bien trompé quand *on* m'a voulu persuader que le coup serait bien reçu du peuple, puisqu'il fournit lui-même les chevaux pour me déchirer.

Pour mieux faire souffrir le régicide, on ajouta à l'huile bouillante et à la poix brûlante du plomb fondu, de la cire et du soufre que l'on appliqua sur ses articulations. « On ne pouvait inventer une douleur plus sensible et pénétrante. » La main droite fut ensuite brûlée comme le voulait la coutume et, nous dit un témoin, « ce misérable, pour voir comment cette exécrable main rôtissait, eut le courage de hausser la tête et de la secouer pour abattre l'étincelle de feu qui se prenait à sa barbe... ».

« Le corps du supplicié démembré, rapporte encore le chroniqueur, l'exécuteur l'ayant fendu et mis en quartiers, le peuple de toute qualité se jeta avec épées, couteaux et bâtons sur les quatres membres, et les ravirent au bourreau si furieusement qu'après les avoir frappés, coupés et déchirés, ils les traînèrent par les rues de tous côtés, avec telle fureur que rien ne put les arrêter. Tellement que le bourreau demeura fort étonné de voir qu'il ne lui restait que la chemise pour achever l'exécution qui voulait que le corps soit réduit en cendres... »

Ravaillac, pauvre fou qui croyait être l'instrument de la Providence et qui ne fut, sans doute, que le jouet d'une sordide machination...

***

Si l'on en croit la légende, il se passa un événement surnaturel qui fascina les Palois au point qu'ils voulurent le faire attester devant notaire. Au cours de la nuit du 14 au 15 mai 1610, alors que l'on se trouvait sous le signe zodiacal du Taureau, des centaines de vaches landaises descendirent vers la ville de Pau, ayant à leur tête un puissant taureau que les bergers appelaient *le roi*. Les habitants, réveillés par le martèlement des sabots sur le sol et les mugissements, virent l'immense, l'incroyable troupeau s'arrêter net devant le château.

Les bêtes encornées, portant des clarines d'or, autrement dit des clochettes, semblables à celles qui ornent le blason de la maison de Béarn, poussaient de sourds beuglements, longues plaintes qui se prolongeaient dans la nuit obscure.

On assista alors à un hallucinant spectacle : le taureau-roi fonça sur la porte qu'il essaya vainement de briser en donnant de furieux coups de cornes, puis, tandis que le troupeau poursuivait ses sinistres meuglements, il s'élança d'un bond dans le fossé et se tua dans sa chute...

Annexe

Masque de Henri IV. Moulé sur le cadavre du Roi à St-Denis le 12 octobre 1793. (Giraudon)

Le 31 octobre 1919, on vendait à l'hôtel Drouot la succession de Mme Nallet-Poussin. Soudain, le commissaire-priseur se mit à crier :

— Nous vendons maintenant une tête momifiée : la tête d'Henri IV. Mise à prix 3 francs.

Quelqu'un leva la main. Il n'y eut pas de surenchère et l'acquéreur emporta la tête. Il se nommait M. Bourdais, était antiquaire à Montmartre, et devait passer le reste de sa vie à essayer d'authentifier son acquisition.

Il est tout d'abord un fait certain : lorsqu'on ouvrit, sous la Terreur, les tombes royales de Saint-Denis, afin de jeter les restes des rois et des reines dans la fosse commune, le corps d'Henri IV apparut miraculeusement bien conservé. Le commissaire des Beaux-Arts, Lenoir, lui serra même la main avec un respect dont il ne put se défendre, racontera-t-il, « quoiqu'il fût vrai républicain ». Ce vrai républicain (soit dit en passant) avait une âme de collectionneur et il vola une omoplate d'Hugues Capet, un fémur de Charles V, un tibia de Charles VI, une vertèbre de Charles VII et une côte de Philippe le Bel. On les retrouva pêle-mêle dans un carton après sa mort. Vola-t-il aussi la tête d'Henri IV ? On ne sait. Avant d'être jeté dans la fosse commune, le Béarnais demeura deux jours debout à l'entrée du passage conduisant aux chapelles. Nombreux furent les visiteurs qui vinrent contempler « le bon roi ». Un certain Comparot prit même un moulage de la tête. La photographie de ce moulage, que nous repro-

duisons à notre tour, ornait autrefois bien des manuels scolaires.

En 1815, lorsque Louis XVIII fit ouvrir les fosses communes où avaient été jetés, vingt-trois années auparavant, les restes de ses ancêtres, le corps du Béarnais fut trouvé sans sa tête. Or, selon les anthropologues consultés, la tête achetée pour 3 francs à la salle Drouot aurait indéniablement été sectionnée longtemps après la mort. Selon eux, elle aurait appartenu à un homme de cinquante-cinq ans, décédé au début du XVIIe *siècle, de mort violente. En outre, elle portait à la lèvre une coupure, trace de la balafre faite par Jean Châtel, lors de l'attentat du 27 décembre 1594. Enfin — et surtout — le cou porte une large entaille tranchant la carotide droite. Cette blessure, qui avait provoqué la mort du propriétaire de la tête, est semblable à celle faite par Ravaillac.*

En dépit de ces preuves, M. Bourdais n'a jamais pu réussir à faire « reconnaître » — si j'ose dire — sa tête par les services officiels. Le Louvre, à qui l'antiquaire la légua à sa mort, en 1947, la refusa. La sœur de M. Bourdais en hérita, et plaça la tête d'Henri IV sous son lit, roulée dans un linge, ne la sortant que les jours de grand nettoyage.

Autre fait troublant, la tête momifiée d'Henri IV ne portait pas de moustaches ; la raison en est simple et authentifie la tête achetée 3 francs salle Drouot. En effet, un soldat révolutionnaire, le jour où l'on prit le moulage de la tête, s'appropria les moustaches et les colla au-dessus de ses lèvres en criant :

— Je n'aurais plus désormais d'autres moustaches !

Il ne les garda pas longtemps et les offrit à la jeune fille qu'il aimait. Celle-ci conserva les moustaches toute sa vie. Lorsqu'elle mourut, très âgée, ses héritiers trouvèrent la relique ; ils crurent qu'il s'agissait d'un souvenir de jeunesse, un souvenir d'amour conservé par la défunte, et par respect pour sa mémoire, jetèrent au feu les moustaches du Vert-Galant...

CHRONOLOGIE

1548 Mariage d'Antoine de Bourbon et de Jeanne d'Albret (20 octobre).

1553 Naissance du futur Henri IV à Pau (13 décembre).

1555 Mort de son grand-père Henri d'Albret (mai).

1559 Le traité franco-espagnol du Cateau-Cambrésis met fin aux guerres d'Italie (avril). Mort du roi de France Henri II (10 juillet). Avènement de François II.

1560 Édit d'Amboise, adoucissant les mesures contre les protestants (23 février). Échec de la conjuration d'Amboise, dont l'instigateur est le prince de Condé : les protestants voulaient enlever le roi pour le soustraire à l'influence des Guise, catholiques (mars). Michel de L'Hospital devient chancelier de France (mai). Mort de François II (5 décembre). Catherine de Médicis régente, pendant la minorité de Charles IX. Antoine de Bourbon, lieutenant général du royaume. Réunion des états généraux (décembre).

1561 Début du séjour d'Henri de Navarre à la cour de France (août). Échec du colloque de Poissy entre catholiques et protestants (septembre-octobre). Les haines religieuses s'exacerbent.

1562 Édit de tolérance de Saint-Germain-en-Laye, ou de Janvier. Massacre de Vassy (1er mars). Début de la première guerre de Religion (avril). Antoine de Bourbon est mortellement blessé au siège de Rouen (octobre).

1563 Assassinat de François, duc de Guise, par Poltrot de Méré, devant Orléans (18 février). Signature de la paix, puis de l'édit d'Amboise (mars).

1564 Début du grand voyage de la cour à travers la France. Henri l'accompagne (24 janvier). Édit fixant le début de l'année au 1er janvier (juillet).

1566 Grande ordonnance de Moulins sur la réforme de la justice (février). La cour regagne Paris (avril).

1567 Jeanne d'Albret ramène son fils en Béarn (janvier). Début de la deuxième guerre de Religion (septembre). Les protestants sont battus à la bataille de Saint-Denis, mais le connétable de Montmorency y est mortellement blessé (10 novembre).

1568 Paix de Longjumeau (23 mars). Catherine de Médicis renonce à la politique de conciliation et écarte L'Hospital (mai). Jeanne d'Albret et Henri de Navarre rejoignent les chefs protestants à La Rochelle (novembre). Début de la troisième guerre de Religion.

1569 Défaite des protestants à Jarnac, mort de Condé (13 mars). Son fils et Henri de Navarre deviennent chefs nominaux des réformés, l'amiral de Coligny étant leur chef effectif. Nouvelle défaite protestante à Moncontour (1er octobre).

1570 Paix de Saint-Germain-en-Laye, on en revient aux clauses de l'édit d'Amboise (8 août). Marguerite de Valois épousera Henri de Navarre.

1572 Jeanne d'Albret rejoint la cour à Blois (mars) et la suit à Paris où elle meurt le 9 juin : Henri est roi de Navarre. Mariage d'Henri de Navarre et de Marguerite (18 août). Massacre de la Saint-Barthélemy (24 août). Henri abjure le protestantisme (26 septembre).

1573 Quatrième guerre de Religion (janvier). Le duc d'Anjou, frère cadet de Charles IX, est élu roi de Pologne (11 mai). L'édit de Poitiers met fin à la guerre (24 juin). Le duc d'Alençon prend la tête des « mal contents » ou « politiques ».

1574 Mort de Charles IX (30 mai). Henri III, roi de France.
1575 Accord entre protestants et politiques, sous l'influence de Damville (janvier). François d'Alençon s'enfuit et rejoint Condé. Cinquième guerre de Religion (septembre). A Dormans, Henri de Guise reçoit la blessure qui lui vaudra son surnom (10 octobre). Trêve, suivie d'un armistice (novembre).
1576 Henri de Navarre s'évade (5 février). Paix de Beaulieu, ou de Monsieur, jugée humiliante par les catholiques (7 mai). Formation de la Ligue, contre les avantages donnés aux protestants (juin). Elle est dirigée par les Guise. Réunion des états généraux de Blois (décembre).
1577 Les états de Blois votent la rupture de la paix de Monsieur (janvier). François d'Anjou se rallie à son frère. Sixième guerre de Religion, qui s'achève par la paix de Bergerac (17 septembre).
1578 François d'Anjou abandonne une nouvelle fois son frère (février). Catherine, accompagnée de Margot, part pour la Guyenne afin d'y ramener le calme (août). Rencontre entre Catherine et Henri de Navarre (2 octobre).
1579 Conférences de Nérac entre catholiques et protestants, maintien de la politique d'équilibre (février).
1580 Septième guerre de Religion (avril). Henri de Navarre prend Cahors (30 mai), mais les catholiques reprennent La Fère (septembre). Traité de Fleix (26 novembre).
1581 A Montauban, réunion des Églises (protestantes) de France, qui reconnaissent Henri de Navarre comme leur protecteur.
1582 Le duc d'Anjou, qui se dit fiancé à la reine d'Angleterre et s'intitule duc de Brabant, entre à Anvers (15 février). Marguerite quitte son mari pour la cour de France (avril). Catherine de Médicis conteste la conquête du Portugal par Philippe II et tente en vain d'y organiser une expédition (octobre).

1583 Lamentable échec du duc d'Anjou aux Pays-Bas (janvier). Henri III essaie de se rapprocher d'Henri de Navarre (mai). Le roi chasse sa sœur de la cour (août). Catherine essaie en vain de réconcilier Henri III et Monsieur (18 octobre).

1584 Mort du duc d'Anjou : Henri de Navarre devient l'héritier du trône (10 juin). La Ligue se prépare à reprendre la lutte contre les protestants, et contre Henri III (décembre).

1585 Le cardinal de Bourbon, qui se considère comme l'héritier du trône, quitte la cour (janvier). Marguerite quitte son mari et se rallie à la Ligue (mars). Henri III, contraint à Nemours de se rallier à la Ligue, prend la tête des armées catholiques contre les protestants (juillet). Publication de la bulle de Sixte Quint qui excommunie Navarre et Condé (9 septembre). Début de la guerre des trois Henri, dans l'Ouest et le Sud-Ouest.

1586 Poursuite de la guerre. Échec des conférences de Saint-Brice et Cognac (décembre).

1587 La Ligue, toute-puissante à Paris et dans les principales villes du royaume, refuse le compromis. Mort du prince de Condé (5 mars). Journée des barricades à Paris, Henri III est contraint de s'enfuir (12 mai). Henri de Guise, maître de la capitale, place des ligueurs aux postes importants. Henri III est contraint de signer à Rouen l'édit d'union (juillet). Henri de Guise, lieutenant général du royaume, le cardinal de Bourbon, héritier présomptif du trône sous le nom de Charles X (4 août). Henri III convoque les états généraux à Blois (septembre). Le roi humilié par les états (novembre-décembre). Assassinat d'Henri de Guise et du cardinal de Guise (23-24 décembre). Le duc de Mayenne seul chef de la Ligue.

1589 A Blois, mort de Catherine de Médicis (5 janvier). Le Parlement, l'Université, Paris, et d'autres villes, se dressent contre Henri III. Les Seize étendent leur mainmise sur Paris (janvier). Le duc de Mayenne, lieutenant général du royaume pour la Ligue, refuse de négocier avec le roi (avril). A Plessis-lez-Tours, réconciliation entre Henri III et Henri de Navarre (30 avril). Leurs troupes réunies occupent l'Ile-de-France et entreprennent le siège de la capitale (juillet). Assassinat d'Henri III à Saint-Cloud (1er août). Avènement d'Henri IV mais, à Paris, Mayenne fait proclamer roi le cardinal de Bourbon. Henri dirige ses troupes vers la Normandie. Vaincue autour d'Arques, l'armée des ligueurs se retire en Picardie (8 septembre). Échec d'Henri IV devant Paris, le duc de Mayenne refuse le combat (3 novembre). Le roi se retire vers Etampes, Châteaudun, Vendôme et Tours, qu'il prend successivement.

1590 Henri IV reprend sa marche victorieuse, à travers la Touraine, le Maine et la Normandie, jusqu'à la bataille d'Ivry (14 mars). Les armées royales encerclent la capitale, défendue par le duc de Nemours (avril). Mort du cardinal de Bourbon (8 mai). Paris résiste à l'assaut, malgré la famine (27 juillet). Le duc de Mayenne réussit à joindre ses troupes à celles de Farnèse, et accourt au secours de Paris. Farnèse parvient à rompre le blocus de la capitale, Henri doit se retirer (octobre).

1591 Chartres se rend au roi (début mai). Elizabeth d'Angleterre propose son aide à Henri IV. Grégoire XIV renouvelle l'excommunication du roi, et l'étend à tous ceux qui le soutiendront (3 juin). Philippe III d'Espagne, non content d'aider les ligueurs, songe à faire valoir les droits de sa fille sur le trône de France. Prise de Noyon (17 août). Début du siège de Rouen (décembre). A Paris, désaccord et scission entre les chefs de la Ligue.

1592 Le prince de Parme libère Rouen (avril). Échec des royaux en Normandie contre Farnèse, et en Bretagne contre le duc de Mercœur (mai).

1593 Réunion à Paris des états généraux de la Ligue (janvier). Ouverture des conférences de Suresnes (29 avril). A Saint-Denis, abjuration d'Henri IV (25 juillet). Trêve de cinq mois entre royaux et ligueurs (2 août). L'une après l'autre, les villes rallient le camp du roi.

1594 Le Parlement d'Aix reconnaît l'autorité royale (3 janvier). Henri IV est sacré à Chartres (27 février). Avec la complicité du gouverneur, Brissac, le roi entre dans Paris (22 mars). Le gouverneur de Rouen livre la ville à Henri, les ralliements se multiplient. Le roi assiège Mayenne, enfermé dans Laon (15 mai). Début du soulèvement des Croquants du Limousin et du Périgord (mai). Capitulation de Laon (2 août). Charles de Lorraine, fils du Balafré, se soumet au roi (novembre). Attentat de Jean Châtel (27 décembre). Les jésuites sont chassés du royaume (29 décembre).

1595 La guerre continue. Henri déclare la guerre à l'Espagne (janvier). Il part rejoindre Biron en Bourgogne, vers où marchent aussi Espagnols et ligueurs (mai). Victoire du roi à Fontaine-Française (5 juin). Dans le Nord, en Bretagne, en Provence, les affaires d'Henri sont moins brillantes. Entrée solennelle d'Henri IV à Lyon (4 septembre). Clément VIII absout le roi (18 septembre).

1596 Par le traité de Folembray, Mayenne et Joyeuse reconnaissent Henri IV (24 janvier). Les troupes du duc de Savoie et de Philippe III sont refoulées de Provence (février). Soumission du duc d'Épernon (février). Henri IV réclame des subsides au notables réunis à Rouen (mai). Maximilien de Béthune entre au Conseil des finances (août).

1597 Les Espagnols prennent Amiens par surprise (11 mars). Un édit décrète l'obligation du travail en jurande (20 avril). Le roi doit venir en personne devant le Parlement pour obtenir des fonds (mai). Amiens capitule, malgré l'armée de secours espagnole conduite depuis les Pays-Bas par l'archiduc d'Autriche, Albert (19 septembre).

1598 Prise de Dinan par les royaux (13 février). Traité de soumission des ligueurs bretons, la fille du duc de Mercœur épousera César de Vendôme (18-20 mars). Signature de l'édit de Nantes (avril).

Traité de paix de Vervins, avec l'Espagne (2 mai). Henri prend la décision d'épouser Gabrielle d'Estrées. Grave maladie du roi (octobre).

1599 Brûlart de Sillery est chargé de négocier à Rome le « remariage » du roi (janvier). Le Parlement de Paris se résout à enregistrer l'édit de Nantes (25 février). Premier édit sur l'agriculture, celui de Fontainebleau sur l'assèchement des marais (avril). Mort à Paris de Gabrielle d'Estrées (10 avril). Tout en couvrant de cadeaux sa nouvelle maîtresse, Henriette d'Entragues, Henri IV envisage d'épouser Marie de Médicis (octobre). Annulation du mariage du roi et de Marguerite de Valois (17 décembre). Sully est nommé surintendant des finances. Il est aussi grand voyer de France, grand maître de l'artillerie et surintendant des fortifications.

1600 Guerre de Savoie (juin-août). Henri IV épouse par procuration Marie de Médicis (5 octobre). Marie débarque à Marseille (3 novembre). A Lyon, bénédiction du mariage royal (17 décembre).

1601 Traité de Lyon entre la France et Charles-Emmanuel de Savoie (17 janvier) : la France acquiert la Bresse et le Bugey. Dans les provinces, la levée de nouveaux impôts provoque des troubles (mai). Sully poursuit le redressement des finances. Naissance du dauphin (27 septembre) et du fils d'Henriette d'Entragues (4 novembre).

1602 Signature du traité de Soleure avec les cantons suisses (29 janvier). Le roi est averti de la conspiration de Biron (mars). Arrestation de Biron et du comte d'Auvergne (14 juin). Exécution de Biron (30 septembre). Mesures financières : diminution de la taille, suppression de la pancarte, augmentation de la ferme des gabelles (novembre). Création du Conseil du commerce.

1603 Voyage du roi en Lorraine (janvier-mars). Rappel des jésuites (septembre). Mécontentement des protestants. Les habitants des Grisons appellent Henri IV à l'aide contre les Espagnols. Grave maladie du roi (décembre). Création de la compagnie de la Nouvelle-France.

1604 L'agitation reprend dans le Midi et dans l'Ouest, les protestants s'agitent (janvier). Les d'Entragues conspirent avec le comte d'Auvergne, Bouillon, les princes protestants d'Allemagne, et même le roi d'Espagne et le duc de Savoie. La perception des aides est regroupée en un seul bail, le taux de la gabelle est relevé (15 mai). La conspiration des d'Entragues est éventée (juin). Voyage du roi vers le Limousin révolté (août-septembre). Signature d'un traité de commerce avec l'Espagne (octobre). Après un nouveau complot, le comte d'Auvergne est embastillé (20 novembre). Arrestation de d'Entragues (11 décembre). Institution de la paulette (12 décembre).

1605 Protestation des rentiers contre la révision générale de la dette publique souhaitée par Sully (avril-mai). Elle n'aura pas lieu, mais le surintendant parvient à assainir et diminuer la dette. Attentat d'un fou, Jacques des Isles, contre le roi (19 décembre).

1606 A Paris, signature d'un traité de commerce entre Henri IV et le roi d'Angleterre Jacques Ier (24 février). Voyage de Sedan et soumission du duc de Bouillon (avril). Édit sur la réforme du clergé catholique.

1607 Le domaine royal (Béarn et Navarre, entre autres) est réuni à la couronne. Édit sur la voirie. Henri IV continue de pousser les princes protestants d'Allemagne à s'unir en une ligue (décembre).

1608 Découverte d'un nouveau complot contre Henri IV (avril). Champlain fonde Québec (3 juillet). Vaines négociations sur le projet de mariage entre Christine de France et don Carlos d'Espagne (juillet-août).

1609 Le roi tombe amoureux de Charlotte de Montmorency (janvier). Mort du duc de Clèves, Juliers et Berg : Henri IV s'opposera à l'élection du candidat de l'Autriche (31 mars). Pour financer la guerre qui se prépare, Sully met au point de nouvelles mesures fiscales fort impopulaires (été). Henri IV fait lever des soldats en Suisse (août). Condé enlève sa femme Charlotte de Montmorency vers les Pays-Bas (29 novembre).

1610 A Halle, signature d'un traité entre Henri IV et l'Union des princes protestants (11 février). Les préparatifs militaires s'accélèrent. Fort mécontentement des Français, catholiques comme protestants (printemps). En prévision de la guerre, Henri désigne un Conseil de régence, qui assistera la reine, régente en son absence (4 avril). Le nonce Ubaldini multiplie les démarches pour empêcher la guerre (avril-mai). Sacre de la reine (13 mai). Assassinat d'Henri IV (14 mai). Le Parlement proclame la reine mère régente.

Louis IX
(Saint Louis)
(1214 † 1270)

Robert
comte de Clermont
(1256 † 1317)
(Sixième fils de Louis IX)
ép.: Béatrix de Bourbon

Six générations, puis:

Charles de Bourbon
(† en 1537)
ép.: Françoise d'Alençon

Antoine de Bourbon
duc de Vendôme
(1518 † 1562)
ép.: Jeanne d'Albret

Charles
cardinal de Bourbon
(1523 † 1590)
(le Charles X de la ligue)

Henri IV
roi de France
et de Navarre
(1553 † 1610)
ép.: 1°) Marguerite de Valois
2°) Marie de Médicis

Catherine
(1559 † 1604)
ép.: Henri
marquis de Pont-à-Mousson,
puis duc de Bar

du 2e lit

Louis XIII
(1601 † 1643)
ép.: Anne d'Autriche
fille de Philippe III
d'Espagne

Elisabeth
(1602 † 1644)
ép.: Infant Philippe
futur Philippe IV
d'Espagne

Christine
(1606 † 1663)
ép.: Victor-Amédé
prince de Piémon
futùr duc de Savoi

Enfants naturels légitimés d'Henri IV:

de Gabrielle d'Estrées:

César
duc de Vendôme
(1594 † 1665)
ép.: Françoise
de Lorraine-Mercœur

Catherine-Henriette
(1596 † 1663)
ép.: Charles de
Lorraine
duc d'Elbeuf

Alexandre
chevalier de
Vendôme
grand prieur
de Malte
(1598 † 1629)

d'Henrie

Gaston-Henr
duc de Verne
(1601 † 1682

TABLEAU GÉNÉALOGIQUE SIMPLIFIÉ DE HENRI IV

Louis
prince de Condé
(1530 † 1569)
ép. : Eléonore de Roye

Henri Ier
prince de Condé
(1552 † 1588)
ép. Charlotte-Catherine
de la Trémoille

Nicolas
ıc d'Orléans
607 † 1611)

Gaston-Jean-Baptiste
duc d'Anjou, puis
d'Orléans
(1608 † 1660)

Henriette-Marie
(1609 † 1669)
ép. : Charles
prince de Galles
futur Charles 1er
d'Angleterre

Henri II
prince de Condé
(1588 † 1646)
ép. : Charlotte-
Marguerite
de Montmorency

ı'Entragues :

ıbrielle-Angélique
(1602 † 1627)
ép. : Bernard
duc d'Epernon

de Jacqueline de Bueil :

Antoine
comte de Moret
(1607 † 1632)

de Charlotte des Essarts :

Jeanne-Baptiste
abbesse de Fontevrault
(1608 † 1670)
et
(non légitimée) :
Marie-Henriette
abbesse de Chelles
(1609 † 1629)

Charles de Valois
comte d'Angoulême
ép. : Louise de Savoie

François Ier
ép. : Claude de France
(fille de Louis XII)

François
(1518 † 1536)

Henri II
(1519 † 1559)
ép. : en 1553
Catherine de Médicis
(1519 † 1589)

François II
(1544 † 1560)
roi de 1559 à 1560
ép. : Marie Stuart
reine d'Ecosse
(1542 † 1587)

Elisabeth
(1545 † 1568)
ép. : Philippe II
d'Espagne

Claude
(1547 † 1575)
ép. : Charles III
duc de Lorraine

Charles IX
(1550 † 1574)
roi de 1560 à 1574
ép. : Elisabeth
d'Autriche
fille de Maximilien II

Fils naturel
(né de Marie Touchet)
Charles de Valois
Comte d'Auvergne,
puis duc d'Angoulême
(1573 † 1650)

GÉNÉALOGIE SIMPLIFIÉE DES VALOIS

Marguerite
d'Angoulême
ép. : Henri
duc d'Albret
roi de Navarre

Jeanne d'Albret
reine de Navarre
ép. : Antoine
de Bourbon

Henri III
(1551 † 1589)
roi de 1574 à 1589
ép. : Louise
de Lorraine-
Vaudémont

Marguerite
(1553 † 1615)
ép. : Henri
roi de Navarre
(mariage annulé
en 1589)

François
(1554 † 1584)
duc d'Alençon
puis d'Anjou

Henri IV
ép. : Marguerite
de Valois
puis Marie
de Médicis

BIBLIOGRAPHIE

ALBRET (Jeanne d'), *Mémoires, poésies*, 1893. *Lettres inédites*, 1910.
ANDRIEUX (Maurice), *Henri IV*, 1955.
ANQUEZ, *Henri IV et l'Allemagne*, 1887.
AUBERGY, *Histoire du cardinal de Joyeuse.*
AUBIGNÉ (Agrippa d'), *Histoire universelle*, 1886-1897. *Mémoires*, 1731.
AUMALE (duc d'), *Histoire des princes de Condé*, 1885-1886.
BABELON (J.-P.), *Les Travaux de Henri IV au Louvre et aux Tuileries. Demeures parisiennes sous Henri IV et Louis XIII*, 1965. *La Reine Margot*, 1965. *Henri IV*, 1982.
BALLIEU (J.), *Henriette d'Entragues*, 1887.
BARBICHE (Bernard), *Sully*, 1978.
BASSOMPIERRE (François de), *Journal de ma vie*, 1665.
BATIFFOL (L.), *La Vie intime d'une reine de France au* XVIIe *siècle, Marie de Médicis*, s.d. ; *Le Louvre sous Henri IV et Louis XIII*, 1930.
BATUT (G. de La), *Les Amours des rois de France.*
BELLEFOREST (Fr. de), *Grandes Annales*, 1579.
BERGER DE XIVREY (Jules), *Recueil des lettres missives de Henri IV.*
BERTHOLD-ZELLER, *Henri IV et Marie de Médicis, Henri IV et Biron.*
BESCLE DE LAGREZEF, *Henri IV*, 1885.
BORDONOVE (Georges), *Henri IV le Grand*, 1982.

BOURGEOIS (Louise), *Récit véritable de la naissance de Messeigneurs et Dames les enfants de France*, 1625.
BRANTOME (Pierre de Bourdeille, seigneur de), *Vie des hommes illustres et des grands capitaines*, 1665. *Vie des dames illustres*, 1740.

CAPEFIGUE, *Gabrielle d'Estrées*, 1859.
CARMONA (Michel), *Marie de Médicis*, 1981.
CARRÉ (H.), *Sully*, 1932. *Gabrielle d'Estrées plus que reine*, 1935.
CASTELNAU, *La Reine Margot, reine de Navarre*, 1981.
CASTELOT (André), *Grandes Heures des cités et châteaux de la Loire*, 1959. *François Ier*, 1983.
CASTRIES (duc de), *Henri IV, roi de cœur, roi de France*, 1962.
Catalogue de l'exposition *L'Assassinat de Henri IV*, 1968.
CAZAUX (Yves), *Henri IV ou la Grande Victoire*, 1977. *Henri IV, les horizons du règne*, 1986.
CHAMIER, *Journal...*, 1858.
CHAMPION (P) et FRANÇOIS (M.), *Lettres de Henri III*, 1959-1972.
CHAMPION (P.), *Catherine de Médicis présente à Charles IX son royaume*, 1937. *Henry III*, 1941-1951.
CHAUNU (P.) et GASCON (R.), *Histoire économique et sociale de la France*, 1980.
CHEVALLIER (Pierre), *Henri III*, 1985.
CHEVERNY (Philippe Hurault de), *Mémoires*, 1636.
CIMBER (L.) et DANJOU (F.), *Archives curieuses de l'Histoire de France*, 1834-1841.
CLOULAS (I.), *Catherine de Médicis*, 1979. *Henri II*, 1985.
CONDÉ (Louis, prince de), *Mémoires*, 1839.
CORNEIO, *Histoire du siège de Paris*, 1820.
CRETE (Liliane), *Coligny*, 1985.

DESCLOZEAUX, « Le Mariage et le divorce de Gabrielle d'Estrées. » *Revue historique*, 1886, t. XXX.
DUBY (Ch.), *Histoire de France*.
DUFOUR (A.), *La Guerre de 1589-1593*.
DUHAMEL (Pierre), *Henri de Guise*.

DUHOURCAU (François), *Henri IV, libérateur et restaurateur de la France*, 1941.
DUPLESSIS-MORNAY (Philippe), *Mémoires*, 1624.
ELBEE (Jean d'), *Le Miracle d'Henri IV*, 1946.
ERLANGER (Philippe), *La Vie quotidienne sous Henri IV*, 1956. *Henri III*, 1960. *Les Plus belles lettres d'amour de Henri IV*, 1962. *L'Étrange mort d'Henri IV*, 1965. *Marguerite de Valois*, 1972.
D'ESCOMAN. *Véritable manifeste de la Demoiselle d'*.
ESTAILLEUR-CHANTERAINE (Philippe d'), *Henri IV de France et de Navarre*, 1954.
ESTOILE (Pierre de l'), *Journal pour le règne de Henri III et de Henri IV*.
FAFYN (Henri), *Antoine de Navarre*, 1612.
FELS (Marthe de), *Quatre Messieurs de France*, 1975.
FONTENAY-MAREUIL (marquis de), *Mémoires*, 1826.
FORNERON (Henri), *Histoire des ducs de Guise*, 1877.
GÉRARD (Jo), *Henri IV, le plus vert des galants*.
GROULARD (Claude), *Mémoires*, 1826.
GUADET, *Henri IV*, 1879.
GUISE (Marguerite de, princesse de Conti), *Les Amours du Grand Alcandre*, 1651.
GUTH (Paul), *Henri IV*, 1962.
HARDOUIN DE PÉRÉFIXE, *Histoire d'Henri le Grand*, 1661.
HAUSER (Henri), *Les Sources de l'Histoire de France*, XVIe *siècle. Les Guerres de religion (1559-1589)*, tomes III et IV, 1906-1915.
HAYEM (Fernand), *Le Maréchal d'Ancre et Léonora Galigaï*.
HENRARD (P.), *Henri IV et la princesse de Condé*, 1870.
HENRI IV, *Lettres et missives*.
HÉRITIER (Jean), *Catherine de Médicis*, 1959.
HEROARD (J.), *Journal sur l'enfance et la Jeunesse du roi Louis XIII*, 1868. *Histoire de la vie, conspiration et mort du maréchal de Biron*.
JOUSSET (Abbé), *Henri IV*, 1893.
JUBIMAL (A.), *Henri IV et Montaigne*, 1873.
KERMAINGANT (P.-L. de), *Le Siège de Rouen par Henri IV*, 1891.
KERMINA (Françoise), *Marie de Médicis*, 1979.
LA BARRE DU PARCQ (de), *Henri IV*, 1884.

LA BATUT (G. de), *Les Amours des rois de France, Henri IV*, 1928.
LA BRIÈRE, *La Conversion de Henri IV*.
LABROUSSE (Elisabeth), *La Révocation de l'Édit de Nantes*, 1985.
LACOMBE, *Henri IV et sa politique*, s.d.
LACOUR-GAYET, *Renaissance financière*, 1959.
LACRETELLE (Charles), *Histoire de France pendant les guerres de religion*, 1814-1816.
LACRETELLE (Jacques de), *La Galerie des amants*, 1963.
LAFFEMAS (Barthélemy de), *Règlement pour dresser les manufactures de ce royaume*, 1597. *Ruine et disette d'argent...*, 1608.
LA FERRIÈRE (H. de), *Henri IV, le roi amoureux*, 1890.
LA FORCE (duc de), *Le Maréchal de La Force*, 1924.
LA GRANGE (marquis de), *Mémoires du duc de La Force*.
LA HUGUERYE (Michel de), *Mémoires*, 1877-1880.
LA NOUE, *Discours politiques et militaires*, 1967.
LANUX (Pierre de), *Vie d'Henri IV*, 1927.
LAVISSE, *Histoire de France*, 1903-1911, tomes VI et VII.
LEROY-LADURIE (E.) et MONNEAU (M.), *Paysannerie et croissance*, 1980.
LESCURE (A.-M. de), *Lettres d'amour d'Henri IV*, 1874-1876.
LEVIS-MIREPOIX (duc de), *Henri IV*, 1973.
LEVRON (Jacques), *Henri IV*, 1949. *Les Rois de France ne divorcent jamais*, 1986.

MAINDRON (Robert), *Introduction à la France moderne*, 1974.
MALET et ISAAC, *L'Age classique*, 1959.
MARIEJOL (J.H.), *La Vie de Marguerite de Valois*, 1928.
MARTIN, « Sully, Henri IV et l'organisation de l'Europe », *Revue des deux-mondes*, 15 octobre 1955.
MATTHIEU (P.) *Histoire de la mort déplorable de Henri IV* (Archives curieuses de l'Histoire), 1611. *Histoire des derniers troubles de France sous Henri III et Henri IV*, 1594-1595.

MÉDICIS (Catherine de), *Lettres*, 1880-1905.
MERKI (Charles), *La Reine Margot et la fin des Valois*, 1905. *La Marquise de Verneuil*, 1912.
MICHELET, *Histoire de France*, 1855-1856-1857.
MILLON (C.), *Cérémonial du sacre des rois de France*, 1931.
MIQUEL (Pierre), *Les Guerres de religion*, 1985.
MONTAIGNE (Michel de), *Essais*, 1580-1592.
MONTLUC (Blaise de), *Commentaires*, 1592.
MOUSNIER (Roland), *L'Assassinat de Henri IV*, 1964.
NEVERS (duc de), *Lettres à la reine Marie de Médicis*, 1614.
NOAILLES (vic. de), *La Mère du Grand Condé*, 1924.
NOUAILLAC (J.), *Henri IV raconté par lui-même*, 1913.
PAGES (G.), « L'Edit de Nantes », *Revue d'Histoire moderne*, 1936.
PALMA-CAYET (Pierre-Victor), *Chronologie novenaire*, 1589-1598. *Chronique septenaire*, 1605.
PASQUIER (Ét.), *Au roi, congratulation*, octobre 1570.
PATRY (R.), *Philippe Duplessis-Mornay*, 1933.
PÉROT (Jacques) : *Henri IV à cheval*, 1982 ; *Henri de Navarre et le royaume de France*, 1984 ; *Catalogue de l'Exposition « Henri de Navarre »*, 1985 ; *Quinze années d'acquisitions*, 1985.
PERRON (du), *Discours véritables...*, 1600.
POIRSON, *Histoire du règne de Henri IV*, trois vol., 1805.
POISSON (Georges), *Histoire du règne de Henri IV*.
POURRAT (H.), *Sully*, 1942.
REINHARD (Marcel), *Henri IV*, 1943. *La France sauvée*, 1943.
Revue des Questions Historiques (1878 ; 1883 ; 1887 ; 1902 ; 1905 ; 1911 ; 1936.)
RIGAL (J.), *Nérac et la jeunesse de Henri IV*. Bulletin des Amis du Château de Pau.
RITTER (Raymond), *Le Château de Pau, étude historique et archéologique*, 1919 ; *Cette grande Corisande*, 1937 ; *Charmante Gabrielle*, 1947. *Henri IV lui-même. L'homme*, 1944 ; *La Petite Tignonville*, 1945 ; *Lettres du Cardinal de Florence*, 1955.
RIVAL (P.), *La Folle Vie de la reine Margot*, 1929.
RONSARD (P. de), *Hymnes* et *Amours*, 1560.

ROUPNEL (Gaston), *La Ville et la Campagne au* XVIIe *siècle*, 1952.
ROYER (L.-Ch.), *Les 51 maîtresses du Vert-Galant*, 1956.
RUBLE (A. de), *Le Mariage de Jeanne d'Albret*, 1877. *Antoine de Bourbon et Jeanne d'Albret*, 1881-1886.
RUSSEL (Edward), *Henri IV*, New York, 1970.

SAINT-RENÉ TALLANDIER (Georges), *Henri IV*, 1934.
SCHLOSSEN (Louis), *La Vie de Nostradamus*, 1985.
SERRES (Jean de), *Histoire des choses mémorables avenues en France (1547-1597)*.
SERRES (Olivier de), *Théâtre d'agriculture et mesnage des champs*, 1600. *Cueillette de la soie par la nourriture des vers qui la font*, 1599.
SEWARD (D.), *Henri IV*, Boston, 1971.
SLOCOMBE (Georges), *Henri IV*, 1933.
SULLY (Maximilien de Béthune, baron de Rosny, duc de), *Mémoires*, 1664.

TAMIZEY DE LA ROQUE, *Lettres de Marguerite de Valois à Pomponne de Bellièvre*, 1897.
TAVANNES (Maréchal Saulx de), *Mémoires*, 1787.
TESTARD (Louis), *Henri IV*, 1904.
THARAUD (J. et J.), *La Tragédie de Ravaillac*, 1913.
THOU (Jacques-Auguste de), *Histoire universelle (1544-1607) ; Discours politiques et militaires*.
TŒSCA (Maurice), *Le Château de Fontainebleau*, 1949.
TURENNE (Vicomte de), *Mémoires* (1515-1588).
TRISCH (Walter), *Henri IV*, 1938.

VAISSIÈRE (P. de), *Henri IV*, 1928. *Tableaux du règne de Henri IV*, 1935. *Scènes et tableaux du règne de Henri IV*, 1935. *La Jeunesse de la reine Margot*, 1940.
VALOIS (Marguerite de), *Mémoires*, 1628.
VALORI (comte de), *Journal militaire de Henri IV*, 1921.
VIENOT (John), *Histoire de la Réforme*, 1926.
VILLEGOMBLAIN (François-Racine, seigneur de), *Histoire des troubles*, 1667.
VILLEROY (Nicolas de Neufville), *Mémoires*, 1622.

Table des matières

ACHEVÉ D'IMPRIMER LE 24 AOÛT 1987
SUR LES PRESSES DE L'IMPRIMERIE HÉRISSEY
POUR LE COMPTE DE FRANCE LOISIRS
123, BOULEVARD DE GRENELLE, PARIS

Imprimé en France

Dépôt légal : Août 1987
N° d'imprimeur : 43289 — N° d'éditeur : 12882